JN186888

韓国経済発展論

高度成長の見えざる手

●

朴 根好 著

御茶の水書房

静岡大学人文社会科学部研究叢書№.50

まえがき

　筆者は、1993年に『韓国の経済発展とベトナム戦争』（御茶の水書房）と題する書物を刊行した。この書は、ベトナム特需と韓国のベトナム派兵によって生み出された韓国をとりまく国際経済環境の変化、という二つ要因こそが1960年代後半の韓国経済の飛躍を可能ならしめた直接の動因である、という見解を示したものである。すなわち、韓国の高度経済成長の出発点が、直接的には、外資の流入、輸出の拡大、政府の介入、新興財閥の形成、という四つの要因によってきづかれたのだが、その四つの要因がベトナム戦争を背景としてはじめて形成され相乗効果をもったという視角である。とりわけ、従来、韓国経済の発展は輸出志向型経済政策や韓・米・日三角構造によるものである、というのが定説になっているが、この本ではこうした定説の基礎をなす実態の原型が1965年以降にできあがったということを実証的に明らかにしようと試みたものである。

　本書は、この書の続編にあたるものである。1993年に『韓国の経済発展とベトナム戦争』を上梓して以来、私の心を捉えていたのは、南アジアから東アジアへという、アジアの間に起こった「経済成長の重心移動」を歴史的現象として理解したいという想いであった。韓国経済に関する発展要因など、いくら分析してもそれだけでは意味を成すとは限らず、「木を見て森を見ず」に陥りかねないという想いであった。その想いに応えるためには比較経済発展論という手法をもちいるしかない、という想いがあったのである。

　これまでのアジア研究のなかにベトナム戦争関連のものは少なくはないが、その多くは戦争史、政治史に関するものである。経済をあつかったものであっても「ベトナム特需」またはアメリカ経済への影響を論じたものがほとんどである。しかし、実際にはベトナム戦争がアジア経済に与えた影響は大きいのだが、これまでのところ、本書で試みた「成長の明暗」という視角で捉えたものは見当たらない。このため、インドの工業化停滞と韓国の経済奇跡という「同時性」に焦点を合わせながら、ベトナム戦争が両国の工業化の明暗に如何なる影響を与えたかという課題に、筆者なりに学際的に分析を試みたのがこの本である。インドとの比較を重視したことが本書の特徴で

あり、アジア経済論あるいは開発経済論にささやかながらも「新しい風」を吹き込むものと期待している。

　本書は「韓国の経験」を、現代の発展途上国の発展のための一般論をさぐりだそうとするものではない。むしろ、韓国経済の発展の具体的な道程でみのがすことのできないベトナム戦争の影響を一歩進めて学際的な分析により、韓国経済の奇跡とそのダイナミズムを生き生きと描き出そうとしたものである。

　この書は、いくつかの幸運に恵まれていたことがあって、前著の宿題に応じることが出来たと、いまにしてつくづく思う。一つは、勤務先の静岡大学から1998年より１年半の海外研修の機会が与えられたことである。この間、米国国立公文書館（NARA）所蔵の国務省文書（RG59）の韓国関連文書のほかに、リンドン・B・ジョンソン大統領図書館（テキサス州オースティン）所蔵の国家安全保障会議文書及びベトナム戦争関連文書などをゆっくりと吟味出来たが、こうした研究に専念する機会がなかったならば本書の構想は出来なかったであろう。もう一つの幸運は、2007年に大韓民国大統領記録物管理に関する法律（第8395号）が制定され、朴正熙大統領記録物の一部が秘密文書から解除されたことである。これを機に、大統領秘書室文書、経済企画院文書、経済科学審議会文書、財務部文書、商工部文書、総務処文書などより、当時の経済政策の背景や課題を読みとるだけではなく、韓米政策協調の実態なども伺えることができたのである。とりわけ、本書のなかで重要な意味をもつのが「３億ドル輸出計画」という大統領関連文書の秘密解除である。この秘密解除文書のお陰で、輸出政策と輸出実績の間にはどのくらい因果関係が認められるかという分析が可能となり、その結果、韓国の高度成長および輸出志向工業化の進展における政府の役割についても再検討することができたからである。

　奇妙なことに、韓国側の史料とアメリカ側のそれは組み合わせによって「新しい絵」が浮上してくるのである。まさに「パズルゲーム」である。この「パズルゲーム」には実に多くの時間とエネルギーを費やしてきたが、「終わりなきゲーム」になるかもしれない。幸運なことに、組み合わせを繰りかえすなかで、今までに想定すら出来なかった「新しい絵」がいくつかも浮かびあがってきたのである。読者にも「新しい絵」が見えることができると信じている。

　書物にするにあたっては、実に多数の人々のご指導や支援をいただいた。布川日佐史先生（法政大学）と山本義彦（静岡大学名誉教授）の両先生には草稿を読んでいた

だき、貴重なコメントをいただいたが、本の内容が草稿よりも改善しているとするならば、それは両先生のコメントの賜である。両先生には御礼を申し上げたい。また、研究会または共同調査などを通じて李泳采（恵泉女学園大学）氏との楽しい議論も有益であった。心より感謝の意を表したい。編集の過程で草稿を丁寧に読んでいただき、日本語の校訂のみならず、丁寧なコメントをいただいた韓興鉄さんと土屋昌子さんに、心より御礼を申し上げたい。

　今回も本書の出版を引き受けいただいた御茶の水書房社長・橋本盛作氏、ならびに編集・製作をご担当いただいた小堺章夫氏にも、厚くお礼を申し上げたい。アカデミックな出版事情が厳しいなか、度重なる筆者のわがままな申し出を快くお受けいただき感謝にたえない。本書は静岡大学人文社会科学部研究叢書No.50として刊行される。

　最後に、筆者が韓国だけではなくアジア諸国に関心を高めるに当たり、故村井吉敬先生と内海愛子先生のお二人から学んだことはかけがえのないものであった。朝鮮半島の問題しか興味を持っていなかった私がアジアに興味を惹かれたのも、成長優先主義に偏っていた私がオルタナティブを考えはじめたのも、自民族優越意識に陥った私が文化の多様性に関心を寄せたのも、お二人に出会っていなければ、ありえない。本書の執筆中に69歳で他界された、そして本の刊行を心待ちにして下さった故村井吉敬先生と、公私にわたって格別の指導と暖かい励ましをいつも頂戴している内海愛子先生のお二人に、この本を捧げたいと思う。

目　次

まえがき ─────────────────────────── i

序章　新たなパラダイムを求めて ──────────────── 3
 1．アジア経済論とNIES論　*3*
 2．問題の提起──NIES論の限界　*7*
 3．本書の狙い　*11*

第一部　アジア諸国の発展経路と工業化

第一章　1960年代初期のアジア経済 ─────────────── 16
 第一節　1960年代初期の韓国経済　*16*
 第二節　アジア諸国の発展経路と工業化　*22*
 第三節　アメリカの対外援助政策とアジア重視　*40*

第二章　転機としての1965年 ────────────────── 55
 第一節　東アジア経済と外向型経済発展　*55*
 第二節　東アジアの輸出指向工業化とアメリカ市場　*66*
 第三節　「インドの工業化停滞」と「漢江の奇跡」　*70*

第二部　政策なき高度成長

第三章　高度成長の時代へ ─────────────────── 86
 第一節　「停滞」から「漢江の奇跡」へ　*86*
 第二節　高度成長と政府の役割：経済開発計画の帰結をどうみるか　*94*

第四章　輸出政策の過大評価：
　　　　輸出計画のフィット＆ギャップ分析 ─────── 108
　第一節　果敢な輸出政策　*108*
　第二節　第一次三ヵ年輸出計画のフィット＆ギャップ分析　*115*
　第三節　輸出主導成長の実像と虚像　*132*

第五章　電子産業の政策なき発展 ───────────── 159
　第一節　電子産業の発展と特徴　*160*
　第二節　政府の産業政策　*169*

第三部　高度成長の見えざる手

第六章　輸出主導成長と「バイ・コリアン政策」─────── 186
　第一節　アメリカへの驚異的な輸出拡大　*187*
　第二節　驚異的な輸出成長の要因：衣類製品を中心に　*194*
　第三節　アメリカの「バイ・コリアン政策」　*204*

第七章　電子産業の振興とバテル記念研究所 ──────── 219
　第一節　韓国の産業振興と「韓国版バテル記念研究所」　*221*
　第二節　電子産業の振興とバテル記念研究所　*237*
　第三節　電子産業とアメリカの直接投資　*252*

第八章　米国家安全保障と「ショーウィンドウ戦略」───── 262
　第一節　ベトナム戦争と米韓関係の変容　*263*
　第二節　米国家安全保障戦略と「韓国モデル」　*272*

第三節　アメリカの「直接的な役割」　279

終章　韓国の高度成長をどう見るか ──────── 295
　　1．韓国経済のターニングポイント　295
　　2．政策なき高度成長　298
　　3．「成長の神話」と見えざる手　303

参照文献 ──────────────────── 307

索　引 ────────────────────── 333

韓国経済発展論
──高度成長の見えざる手──

序章　新たなパラダイムを求めて

1．アジア経済論と NIES 論

　韓国経済は1960年代より輸出指向工業化を成し遂げ、NICS（Newly Industrializing Countries；新興工業国）あるいは NIES（Newly Industrializing Economies、新興工業経済地域）として注目を浴び、今や先進国の仲間入りを果たしている[1]。韓国経済は第二次大戦後、発展途上国から先進国の仲間入りを果たした稀なケースといえよう。当然、多大な研究関心が韓国経済のこのような経験に集中し、その発展の構造がさまざまな角度から分析されてきた。というのも、なぜ韓国が現在のような高度経済成長を実現させ、NIES 化をはたすことができたのか、その問いに答えることがエコノミストにとり、そして韓国から教訓を得ようとする発展途上国の政府官僚や財界人にとり、大きな課題であったからである。

　韓国経済に関する研究のなかで最も注目すべきものに、OECD の『新興工業国の挑戦』が挙げられよう。1979年に OECD から発表された『新興工業国の挑戦』が、アジア経済論または韓国経済論に与えた影響は計り知れないものがある[2]。当時、発展途上国研究の潮流は、なぜ発展途上国の経済は停滞しているのかについて、その停滞要因を先進国との経済関係から探ることが課題であった。しかし、OECD レポートの登場により、今度は一変して NICS の成長を解明することが大きな課題となったのである。しかも、いわゆる従属論アプローチに対するアンチテーゼとなり、発展途上国地域の経済成長について悲観的な見解を示していた多くの研究者が高度成長の実体を

　1）韓国は、1989年に IMF14条国から 8 条国に移行したのをはじめ、96年に先進国クラブである OECD（経済協力開発機構）に加盟し、すでに世界銀行や IMF など国際機関においては先進国グループとして分類されている。2009年には OECD 開発援助委員会（DAC）の加盟国の一つとなり、2010年の 1 人当たり GDP も 2 万ドルを超えており、韓国は名実とも先進国であることは間違いあるまい。

　2）OECD (1979), *The Impact of the Newly Industrializing Countries on Production and Trade in Manufactures*, Paris : OECD（大和田悳朗訳 (1980)『OECD レポート新興工業国の挑戦』東洋経済新報社）。

認め始める契機にもなった[3]。その結果、NICS の概念は広範な波及を示すとともに、NICS の代表格とされる韓国経済については、その発展の構造がさまざまな角度から分析された。

『新興工業国の挑戦』では、韓国を含む NICS が他の発展途上国と異なる点として、さらに急速な工業化を促進する方法として、外向きの成長政策を採用したことが主張されている。外向きの成長政策は、対外的には貿易政策と為替レート政策であり、対内的には産業政策と需要管理政策である。そして、外向きの成長政策を実施するうえで重要なのは、社会的能力並びに経済的能力、そして政治的安定である。具体的には、1）規律に富む、教育された熟練都市労働力、2）積極的で有能な企業家層、3）安定した政治体制、と強調されている。

一方、渡辺利夫氏はガーシェンクロン・モデルを基礎にした「後発性利益」という見解にもとづき、韓国の急速な工業化を説明しようとした。渡辺氏がとりわけ注目したのは、後発性利益を内部化するための社会的能力、すなわち、1）政府の政策転換能力、2）企業家の経営能力、3）熟練労働などである。なかでも、政府の政策転換能力、具体的には1960年代の中頃に保護主義的工業化政策を排し、いわゆる「輸出指向工業化」政策に転じたという点を高く評価したのである[4]。すなわち、韓国が、資源配分をゆがめる従前の輸入代替工業化政策を放棄して、国際分業論的開発理論が教える通りの、要素賦存比率の特質に適合的な「輸出指向工業化政策」へと果敢に転換したことを指摘したのである。そして、実際に先進国向け労働集約的商品輸出増大に牽引された高度成長が実現できたのは、この政策転換に際し、対内的にも「市場自由化政策」を果敢に転換したからだと強調している。

もうひとつ注目すべきものは、1993年に発表された世界銀行の『東アジアの奇跡──経済成長と政府の役割』である[5]。その背景として、アジア NIES 論の登場が挙げられよう。というのは、NICS の間でもパフォーマンスの相違が著しく、その相違が

3）たとえば、ウォーラースティンの世界システム論など新しいアプローチが登場したものの、次第にその影響力は薄れていったのである。

4）渡辺利夫（1982）「第2章輸出志向業工業化の政策体系」『現代韓国経済分析──開発経済学と現代アジア──』53〜82頁を参照。

5）World Bank（1993）, *The East Asian Miracle : Economic Growth and Public Policy*, New York : Oxford University Press（世界銀行（1994）『東アジアの奇跡──経済成長と政府の役割』白鳥正喜・海外経済協力基金開発問題研究会訳、東洋経済新報社）。

新たな課題になったからである。すなわち、NICSと呼ばれていたラテンアメリカの二ヵ国、ブラジルとメキシコが累積債務危機に陥ったのに対して、韓国、台湾、シンガポール、香港などのアジアNICSは持続的な成長を成し遂げ、発展途上国から「卒業」するという動きが見られたのである[6]。同時に、ラテンアメリカNICSの経済失速は、言い換えれば新古典派の見解の「失速」を意味するものでもあった。1980年代以降、ラテンアメリカ諸国に対する経済政策の理論的な背景として、新古典派の見解がしだいに強くなり、その開発理論をひとつの政策プログラムにまとめたものが、IMF・世界銀行の構造改革プログラムである。しかし、ラテンアメリカ諸国をはじめ多くの発展途上国がこの構造改革プログラムを導入したものの、あえなく経済停滞に陥った。こうした対照的な結果も、アジアNIES及び韓国への関心を一層拍車かけることに一役買っていたのである。

　世界銀行の『東アジアの奇跡——経済成長と政府の役割』では分析対象を、「四匹の虎」と呼ばれる韓国、台湾、香港、シンガポールに、新たに「新興工業国（NIES）」と称されたインドネシア、マレーシア、タイ、及び日本を加えて、その成長の要因を分析した。世界銀行は、東アジア8ヵ国（High Performing Asian Economies：HPAEs）の経済的成功を、サブタイトルにも示された通り、なによりも政府が重要な役割を果たしたものと述べている。すなわち、市場の機能を働かせる上で必要な「基本的政策」と、より効率的な資源配分及び生産性向上をめざす上で役に立つ「選択的な介入」、そして政策の策定・実施を成功させる上での「機構及び制度」などが三位一体となって有効に機能することが強調された。

　この研究が注目を浴びたのは、世界銀行のエコノミストみずからが、新古典派経済学に異議を唱え、しかも政府の役割を重視するアムスデン、ウェードらの主張に歩み寄ったからであろう。このことは、市場メカニズムを重視する新古典派までもが政府の役割を評価する姿勢に変わったことを意味し、これを機に政策と並んで「制度・組織」への関心がさらに高まった。そして、政府の積極的な役割や政府官僚組織の仕組み、さらにその歴史的背景などに関して、東アジアの研究者のみならず、より広範な分野の研究者の関心を引きつけ、さまざまなアプローチによる学際的研究が行われる

6）アメリカ政府は1989年1月にアジアNIESに対してGSP（一般特恵関税）供与の適用除外を決定したこと、日本政府が1990年をもって借款供与対象国から韓国を除外したこと、などの動きがそれである。

ようになったのである。「権威主義体制論」や「開発独裁論」、「比較制度分析」、「植民地近代化論」など研究の多様化が進んだのも、まさにこのときからであった。とりわけ、韓国の急速な工業化を可能にした要因として経済・産業政策への政府の役割を重視する見解が浮上したことで、「権威主義体制論」や「開発独裁論」が注目されるようになる。「開発独裁論」を通じて、構造的矛盾などを指摘しながらも、工業化・経済成長が進展した事実が評価されるようになり、経済発展分析に新たなパラダイムの転換が期待されていた。そして、歪み・影を強調するあまり、成長・発展の側面を見落としてきたのではなかろうかという問題意識の転換と、事実に基づいた冷静かつ客観的な分析を試みようとする動きが、ようやく本格化したのである。

　こうした問題意識は、植民地期朝鮮経済の研究にも向けられ、開発・近代化の側面を評価しようとする研究に反映されるようになった。今日、「植民地的近代化論」と呼ばれる一連の研究がそれで、日本の植民地支配が朝鮮経済の工業化を促進したという側面を積極的に評価すべきとする研究動向である[7]。そして「植民地近代化論」では、植民地期工業化が背景となって、1960年代の輸出主導型の経済発展が可能となったと強調されるのである。他方で、アメリカではポスト・コロニアル研究の進展にも影響され、タニ・バーローの「植民地近代性」の概念を用いて植民地期朝鮮の経済を研究しようという流れもある[8]。これまでの植民地期朝鮮経済の研究が、「侵略と抵抗」または「収奪と低開発」という政治的抑圧と経済的収奪により、朝鮮の工業化を徹底的に阻害したということに焦点を置いた研究方法であったことを考えると、まさにパラダイム・シフトである。彼らは、日本の植民地支配が朝鮮経済の「近代化」を促進したという側面を肯定的に評価するだけではなく、韓国の高度成長を植民地期工業化の「遺産」として、植民地時代と韓国の高度成長期との「連続性」を主張する。その代表者でもあるカーター・エッカートは、植民地期工業化の遺産が韓国の急速な工業化を促進したと主張するが、とりわけ1930年代における工業化の進展、産業関連社会資本、マン・パワーの形成などを重視し、それが韓国の高度成長の土台となった

---

[7] 朝鮮の植民地期工業化が、韓国の工業化に果たした役割はきわめて重要であると、その植民地的起源を強調する。例えば、中村哲・安秉直編（1993）、堀和生・中村哲編（2004）、安秉直（2005）などを参照。

[8] その代表者であるカーター・エッカートは、植民地期の産業関連社会資本に注目し、それが60年代の工業化の発展の基盤であったと主張する。Carter J. Eckert（1991）、エッカート（1994）、趙利済・渡辺利夫・カーター．J．エッカート編（2009）などを参照。

と強調する[9]。エッカートは、植民地末期の10年間を中心に分析を行い、その遺産がどのように形成されたかについて詳しく論じる。今日の韓国での経済発展をどう評価するかという多くの論者が念頭においた共通の視点であり、植民地期工業化とNIES化の連続と断絶をどう考えるかという論点であったと言い換えてもよい。

2．問題の提起――NIES論の限界

OECDの『新興工業国の挑戦』と世界銀行の『東アジアの奇跡』などの研究が、アジア経済及び韓国経済の研究に量的・質的にきわめて大きな役割を果たしたことは確かである。しかし、その反面、つぎのような問題を指摘しておかなければならない。まず、これまでの多くの研究が、たとえそれが韓国という一国経済の成長過程を分析しているものであっても、そのなかから現代の発展途上国の発展のための一般論をさぐりだそうとする姿勢に偏っていた、という点である。韓国の経済発展に関してはかなりの数の書物や論文が著されているものの、それらは外向的開発戦略の典型として描き出され、発展途上国のモデル・ケースとして論じるものが多いのもそのためであろう。しかし、冷静に考えれば、「共通点」に目が奪われると、実証の方法や要因の分析に「バイアス」がかかり、「真因」を見逃す可能性がないとは限らない。それは、経済成長理論を支持する実証結果が、成長率の高い国においてその他全ての指標についても良好なパフォーマンスを示す傾向があったために、どの要因が真に経済成長に影響しているのか、また、各国間の成長率のばらつきが非常に大きく、それを説明し尽くせるような要因を探し出すことは容易ではなかったからである。また、韓国経済の発展の具体的な道程で見逃すことのできないベトナム戦争の影響についての論考が、これまであまり見られないのは、つまり、経済発展論のためにはベトナム戦争のような特殊な要因はむしろ捨象すべきである、という姿勢に偏ってきたことも否めない。

もう一つ指摘しなくてはならないのは、問題関心がこのようであったために、多くの研究が結論を急ぐあまり、基礎研究にはほとんど目を向けず、そのため研究の発展可能性を著しく制限させていたという点である。この点に関していえば、とくに政策の有効性や政府の役割を重視する見解において、そのような傾向が強く見られるのが

---

9) Carter J. Eckert（1991）、エッカート（1994）など参照。

それである。というのは、政策実績評価方式、すなわち、計画の帰結と政策の方向と関連した具体的な分析が無きに等しいということである。一般的に、目標の達成度を評価する際に、政策目標ごとに実績値とその目標値を比較し、そのギャップ及び乖離度を分析することが必要不可欠であるにもかかわらず、それは「経済開発5ヵ年計画」の評価においても例外ではない。否、韓国の場合、政策実績評価方式が用いられていないのは、なぜ目標と実績の間には大幅な乖離が生じたか、またはなぜ目標と実績との間で政策方針との負の相関関係が見られるか、という問題を避けたいという思惑が働いているせいかもしれない。

　韓国の場合、政策の有効性や政府の役割を論ずるためには、経済政策が輸出指向工業化の形成にどの程度の有効性を持っていたかを検証しなければならないであろう。というのも、韓国の輸出促進政策は輸出目標値の達成を必須とし、輸出企業や輸出業者組合に対しても「輸出目標」を割当てるなど、他のアジア諸国とは完全に異なる特徴を持っていたということがしばしば指摘される。例えば、第1に、輸出の極大化を政策目標のなかで最優先される目標とし、輸出拡大のための最も包括的な措置を実施するのみならず、輸出業者に対する様々なインセンティブも提供したこと、第2に、政府は輸出企業の実績を監視し、大統領は輸出拡大会議を毎月ごとに主催し、大きく貢献した企業には褒賞を授与したこと、などがそれである。

　しかし、このような積極的な介入は果たして合理性をもっていたのであろうか。その合理性の説明は、客観的な経済学的分析に裏打ちされる必要があろう。その場合、最も基本的な分析方法としてフィット＆ギャップ分析は欠かせないであろう。なぜなら、政府による介入の合理性を説明するためには輸出計画を実施した結果、商品別及び国別の輸出目標とその実績がどれだけ適合し、どれだけギャップが生じるかを分析し、その因果関係を検証することがなによりも重要であるからである。しかし、大統領主催の輸出拡大会議において、毎月、輸出目標の達成が評価されていたという点が強調されながらも、その裏付けは元官僚の回顧録に基づいたものが多く、具体的かつ体系的な輸出計画のフィット＆ギャップ分析を用いたものがほとんど見られないのは否めない。

　それとともに、ことに1960年代から70年代にかけて、韓国政府は産業振興を促進するための積極的な産業政策のシステムを作り上げたが、なお産業政策を立案し実行できる組織・制度及び優秀な官僚の存在が不可欠であった、ということもよく指摘され

る[10]。韓国の産業的成功をもたらしたのは積極的な産業政策であるという見解が根付いているのもそのためであろう。しかしながら、韓国の産業政策が具体的にどのように行われ、またその政策決定がどのようなプロセスを経て行われているのか、この問題についての政策関連資料（政策審議会や閣僚会議など）に基づいた実証的研究はほとんど存在しないといってよい。当然のように、韓国の産業政策の全体像を適確に捉え、その政策形成のプロセスを分析し、その意義を評価するという作業がなされてきたとは言い難い。これまでのところ韓国の産業政策の実態は各種の断片的な情報によるところが大きく、全体としての産業政策システムを明確に捉えることは困難であったのである。その内容の多くが、元官僚の回顧録や証言などに基づいていることもあり、産業政策を肯定的かつ過大評価している向きが多いように見受けられるのである。

とりわけ、韓国の電子産業における顕著な発展ぶりに対しては、世界的に強い関心が寄せられているが、韓国政府による電子産業振興政策を重視する見方が支配的である。しかし、そのような産業政策が電子産業の発展にとって有効であったか、という点についてはいささか疑問に思うところもある。というのも、まず第1に、電子産業の発展動向と産業政策の関係を見ると、産業政策は必ずしも電子産業の発展に先行するとは限らず、時期によっては後追いの関係にある場合もあるからである。すなわち、電子産業のクロノロジーを振り返って見ると、(1) 1966年7月27日に第2次経済開発計画（1967年～71年）が公表されるが、「電子」という言葉すら見当たらない、(2) 1966年12月5日に朴忠勲商工部長官は記者会見を通じて、韓国政府として初めて電子工業育成に関する方針を表明する、(3) 1967年から電子産業の発展が本格化する、(4) 1969年1月28日に電子工業振興法が制定され、それに基づいて1969年6月19日に「電子工業振興8ヵ年計画」が樹立される、という展開となっている。このことから、韓国の電子産業は、政府の育成方針が表明されたものの、本格的な支援政策の実施を待たずに、本格的な発展が始まっていたことが伺えよう。

---

10) 例えば、世界銀行も『東アジアの奇跡』では制度構築の可能性は曖昧なまま残されたが、1997年版『世界開発報告』では「制度能力」を前面に打ち出している。つまり、「このようなエリート官庁は、しばしば国家経済のたどるべき道を定める上で、非常に重要な役割を果たす。日本の通産省と韓国の経済企画院は、国家の産業政策に行政指導活用の第一考案者と考えられている。(中略)。これらの中央官庁のスタッフは、実力主義による、非常に競争的な試験によって採用された専門的で高い能力を持つ人材によって占められている。」という点である（世界銀行（1997）『世界開発報告1997——開発における国家の役割』129頁）

第2に、韓国の電子産業は、全く新しい産業を育成・発展させたにもかかわらず、その振興策がどのような背景で打ち出されたか、なおその意思決定がどのようなプロセスを経て行われたか、などの政府関与の実質的内容に基づいた実証的分析がほとんど存在しないといってもよいからである。韓国の産業政策及び諸制度は日本と類似していることもあり、当然のように日本との比較のものが多いように見受けられるものの、その具体的な実態分析という点では著しく不十分であるように思われる。日本の場合、重要な政策については審議会の議を経て主務大臣に答申され、その答申に基づいて政策を決定するという「審議会方式」が政策決定プロセスに重要な役割を果たしたが、韓国の場合は明確に説明されていない。なお、日本において産業政策の意思決定上その中心的な役割を演じたのは、政府各省庁の「原局」または「部局」であり、韓国の場合は経済企画院がそのような役割を果たしてきたといわれているが、電子工業振興法（1969）や電子産業の育成方案（1967）などの電子産業に関連する政策立案については定かではない。

　いずれにせよ、当時の電子産業は世界の最先端分野であって、電子産業のエキスパートが無きに等しい韓国で、電子産業について全般的な責任を負う政府の事務当局や、電子産業に関する審議会または調査会が存在しただろうか。仮に、政府の事務当局や審議会または調査会などが存在しなかった場合は、そのような役割を果たしたのは何であったのだろうか。そこで、電子産業の振興策に関しては、とりわけ「第三者」介入の可能性も視野に入れながら、その政策の背景及び政策決定プロセスの実態などを検討する必要があり、この検討いかんでは、産業政策全般に関する評価が大きく変わる可能性もあると考えられる。

　ここで結論を先に述べるならば、アメリカ政府とその背後にある「バテル記念研究所」の特別支援がなかったならば、韓国の電子産業育成策の成功は望めなかったのである。すなわち、アメリカ政府とバテル記念研究所が協力し合って韓国の電子産業ロードマップを作成し、外国人投資誘致や研究技術開発体制の構築を図ったのであって、それを背景として韓国政府は電子工業振興法や電子工業8ヵ年計画を打ち出していた、というのが筆者の考えである。これを説明するためにも、韓国の産業発展に対する「韓米政策協調」の実態と、その見えざる手として「バテル記念研究所」の役割を明らかにする必要があろう。同時に韓国の電子産業振興と「バテル記念研究所」の役割を検討することは、韓国の産業発展を解明する上で一つの大きな鍵になることは

3．本書の狙い

　韓国経済の研究を進める上で留意をしなければならないのは、次の二点であろう。第1に、高度成長期においては朴正熙独裁政権による国家統制下にあったため、韓国の経済政策の全体像や詳細な中身などは「機密」扱いとされ、長くベールに包まれていたことである。というのも、韓国政府は経済政策などに対する批判を厳しく統制し、かつ「情報の非対称性」を貫いたことにより、経済政策に対する客観的な分析がきわめて厳しい状況であったことを思い起こす必要があるからである。このような政府統制下の「情報の非対称性」の存在は、学術研究の振興を妨げ、政府刊行物や元政策担当者の回顧録など「一方的な情報」に頼るしかない状況を生み、情報操作の罠に落ち込みやすくする。このため韓国経済を分析する者は、特に実証研究に必要な信頼性の高い統計や資料の確報が限定され、研究上の深刻なジレンマに陥っていたといっても差し支えないだろう。したがって、こうした深刻なジレンマを克服するためにも、データを裏付けるための文献や新しい発見となる史料及びアーカイブズ資料を活用することが必要不可欠であろう。

　第2に、アメリカの対外政策は、ソ連の経済的影響力を競い合うかたちで進展したことから、米ソによる「開発モデル競争」をバネとして国際関係の中心に組み込まれ、アジアの経済開発もアメリカの安全保障戦略に大きく左右されやすい構造的な問題を抱えていたということである。アメリカの対外援助政策は、被援助国の自助努力や吸収能力が重視され、それに応じて対外援助の規模と配分が定められるなどいわば「選択と集中」が行われ、被援助国の離陸が目論まれた。そのため、被援助国に対する援助配分もトレードオフの関係を見出し、アジアにおいても南アジア重視、とりわけインドに強く傾斜していったのである。しかし、ベトナム戦争の拡大とともに、対外援助政策は「東アジア」に傾き、とりわけ韓国の比重が拡大し、南アジアから東アジアへのシフトが進んだ。このことは、この時期のアメリカの対外援助政策が、インドを重視する方針から、アジアの「最貧困」韓国に衣替えを行ったことを示している。

　当然のごとく、アジア経済の成長と停滞を国際政治環境という視点から、とりわけアメリカの安全保障戦略がアジア経済にいかなる影響を与えたかについても、まだ明らかにされていない。そのような影響について知るための情報は今日でもブラックボ

ックスのままであるために、それを的確に評価することは至難の業といえよう。しかしながら、米国立公文書図書館（NARA）の秘密解除外交文書のほかに、韓国政府の公開外交文書と近年公開されている大統領関連公文書などを丹念に分析することで、アジアの経済パフォーマンスに、開発戦略の採用の可否だけではなく、アメリカの安全保障戦略がどのような影響を与えたかを明らかすることも可能であろう。

特に韓国においては、2007年から大韓民国大統領記録物管理に関する法律（第8395号）に基づき、朴正熙大統領記録物の一部が秘密文書から解除されるとともに、公開されつつある[11]。このような資料が高度成長期における経済政策の全体像やその実態を知る上で、不可欠なものであることはいうまでもなかろう。そこで本研究では韓国政府の公文書に関しては、韓国外交史料館所蔵の外交文書及びベトナム戦争関連文書のほかに、国家記録院大統領記録館所蔵のものとして、朴正熙大統領記録物（大統領秘書室文書、経済科学審議会文書、経済企画院文書、財務部文書、商工部文書、総務処文書）なども参考にした。加えて、アメリカの公文書に関しては、米国政府の公刊外交文書集のほかに、米国国立公文書館（NARA）所蔵のものとして、国務省文書（RG59）の政治・国防文書、経済文書、極東局の韓国関連文書（RECORDS RELATING TO KOREA, 1952-1969）、ジョンソン大統領図書館（テキサス州オースティン）所蔵の国家安全保障会議文書（ジョンソン・ファイル、バンディ・ファイル、ロストウ・ファイル、コマー・ファイル）、主題別文書（首脳会談ファイル・対外援助ファイル）、その他の国別文書（韓国ファイル、ベトナムファイル、日本ファイル、フィリピンファイル、インドファイル、タイファイル）なども参考とした。

本書は三部構成となる。第一部がアジア諸国の発展経路と工業化、第二部が政策なき高度成長、第三部が高度成長の見えざる手である。第一部では、韓国の開発経験を、これまでにはあまり考察されてこなかった他のアジア諸国との比較分析を通して、その特徴を探る。また、時期的に見ると、1965年を境に、韓国は高度成長を成し遂げるのに対して、当時アジアの工業先進国であったインドは長期停滞に陥るが、こうした成長の明暗に焦点を合わせて、同時代史的な視点から分析を試みる。

次いで第二部では、経済政策の有効性についての検証を試みる。「第一次三ヵ年輸出計画」のフィット＆ギャップ分析を通して、ギャップの大きさ及び政策方針とのズ

---

11) 大韓民国大統領記録物管理に関する法律（第8395号）は2007年7月28日に施行される。

レを計り、輸出政策との不一致が比較的に多いことを明らかにする。また、電子産業の場合、振興政策の形成プロセスに焦点を当てながら、電子産業育成関連法及び支援策などの実施を待たずに、本格的な輸出成長が開始されたという実態を分析し、時期によって産業政策が産業発展の後追いするという関係を明らかにする。

さらに第三部では、韓国の高度成長にアメリカ政府がどのような役割を果たしたかを分析する。とりわけ「バイ・コリアン政策」、「韓国援助クラブ」、産業振興や研究開発システム構築、成長のトライアングル形成などに対する役割を中心に、その背景としてアメリカ国家安全保障戦略の一環とする「ショーウィンドウ戦略」についての分析を試みる。

第一部　アジア諸国の発展経路と工業化

第一部　アジア諸国の発展経路と工業化

第一章　1960年代初期のアジア経済

第1節　1960年代初期の韓国経済

1．朝鮮戦争と経済復興

　1945年、韓国は第二次世界大戦の終結とともに日本の統治から解放された。日本の植民地統治からの解放は、日本資本主義の食料・原料供給地、商品市場、資本市場であることを強要される状態からの解放を意味する。同時に、しかしそれは各工業部門間・民族間における有機的連関をほとんどもっていなかった「砂上の楼閣」の崩壊を意味するものであった[1]。日本の植民地統治は、その遺産として未成熟な産業資本やアンバランスな産業構造など脆弱な経済基盤を残した。他方、朝鮮半島の解放は、南側がアメリカの軍政下に、北側が実質的にソ連の支配下におかれるなど、南北の分断という悲劇の始まりでもあった。南北分断は、これを経済的側面から見るならば、単なる国土の分断に止まるものではなく、南にとっては重要な鉱物資源の喪失を意味し、「南農北工」（南は農業、北は工業）の分断という経済構造の断絶を意味したのである。植民地時代における工業化は朝鮮全地域で均衡的に進展していたのではなく、北側に化学工業（84.5％）、金属工業（88.5％）、窯業（73.6％）など重化学工業が集中していた[2]。また、インフラについては、植民時期に建設された大規模な発電施設のほとんどが北側に位置したため、北側は発電力の86％を占めていた。また、工業生産にとって最も重要な鉱物資源である鉄鉱や石炭なども北側に偏在し、金銀鉱などは70％以上が北側で産出していた。それゆえ、南北の分断による鉱物資源の喪失、産業活動の原動力である発電量の激減、工業構造の不均衡な状態など経済開発の条件の悪化は、それだけ韓国の自律的な工業発展の可能性を著しく制限するものであった。
　最も、1950年に勃発した朝鮮戦争は全土を戦争に巻き込み、その打撃は経済のあら

---

1) 許粋烈（2005）、倉沢愛子他編（2006）などを参照。
2) 河合和男・尹明憲（1991）、189頁。

ゆる分野に及んで、韓国の経済的損失をさらに拡大させた。工業やインフラの大半が破壊され、経済の規模は再び縮小せざるを得なかった。朝鮮戦争による物的被害をみると、産業面では、繊維、機械、金属など近代的施設をもつ工場における施設破壊・消失が甚だしかった。なかでも最も深刻だったのは、当時の工業部門で70％の比重を占めていた繊維工業であり、その64％が破壊され、インフラ面では、わずかに韓国に残っていた電力設備も80％が破壊され、電力資源を大幅に失うことになったのである。

　かくして、韓国経済の復興は、南北分断の状況や朝鮮戦争により、ほとんどゼロから再出発することを余儀なくされた。そのため自力復興は極めて困難となり、韓国経済の再建はアメリカの援助に全面的に依存しながら進められた。1954年の米韓相互安全保障法の改正とともに、アメリカを中心とする大規模な復興援助が開始された。そして韓国経済を特徴付ける自律性を欠いた極端な消費財工業の肥大化が進行した。いわゆる「三白産業」（製粉・製糖・綿紡）といわれた消費財工業がそれであり、外国援助への過度依存という体質を形成することになったのである。綿紡績工業はこの援助依存工業の典型であり、資金、原料、設備など全ての面において、アメリカの援助によって形成された部門であった。

　また、アメリカによる援助中心の経済再建は消費財加工部門が中心であったために、1950年代後半に入って早くも国内市場が飽和状態となり、韓国綿工業は相対的な停滞に陥った。このため韓国政府は海外市場の開拓と駐韓米軍への綿製品納入の増大を追求した。さらに、韓国政府は1957年に輸出五カ年計画を作成し、輸出の増大に力点を置き、各種の支援施策を実施した。輸出製品に充当する原棉輸入は関税が免除され、輸出品についての物品税も免除されたのである。綿製品の輸出は57年から開始され、香港、アメリカなどに輸出された。しかし、アメリカの経済援助は、57年をピークとして減少に転じた。この援助縮小は、消費財工業部門だけでなく、財政や貿易収支の赤字補填までもアメリカに全面的に依存してきた韓国経済に大きなショックを与えた。それは経済成長の鈍化として表れた。1957年は、前年の成長率が1.3％と低かったせいもあり8.8％の高成長を遂げたが、その後は停滞を続けて58年に5.5％、59年に4.4％、60年には2.3％にまで低下した。1958年以降、消費財産業の停滞と農業部門の不振とが重なり、韓国経済ははなはだしい不況に落ち込んだのである。

2．第1次経済開発5ヵ年計画の「行き詰まり」

　こうした状況のなかで、1961年に成立した朴正熙将軍の軍事政権は、韓国の経済発展の方向を重化学工業化におくと共に、62年には第1次経済開発5ヵ年計画をスタートさせた。第1次開発計画は基本方針に、韓国経済の自立的発展と工業化基盤の造成という目標を掲げ、1962年から66年にかけて実施された[3]。GNPは基準年度2322億7000万ウォンから目標年度には3269億1000万ウォンとし、計画期間中に40.7％の成長を目標とした。これは50年代後半から停滞し続けている経済成長率を、計画第一年度の5.7％から目標年度の8.3％までに年々増大することにより、自立経済達成のための成長を実現するものであった。第1次開発計画の成果については、経済開発計画評価教授団の評価報告書によると、計画期間中の経済成長率は目標の7.1％に対して、それを上回る8.5％の高水準を達成したのである[4]。産業部門別の成長率で見ると、第一次産業が目標5.6％を下回る5.3％の成長率であった。これに対して、第二次産業は14.8％の目標成長率を上回る15％の成長率を達成した。また、第三次産業も目標の4.3％を大幅に上回る8.1％の成長をとげた。確かに、第1次開発計画において、経済成長の面からすれば一定の成果を上げたものと見ることができる。

　しかし、ここで強調しなくてはならないことは、第1次開発計画は計画第2年次から行き詰まり、当初の目標を大きくはずれた修正計画が打ち出されていたということである。韓国政府は、農作物の不作、資金調達の停滞、さらに緊急通貨措置の失敗などが重なって、計画期間の途中で、計画の再検討と修正を余儀なくされていた。1964年1月に発表された「下方修正計画」によれば、初年度の経済成長率は目標5.7％に対して実績2.2％、63年同6.4％に対して5.8％という結果にとどまっていた。このため、表1-1に示されたとおり、当初計画では64年7.3％、65年7.8％、66年8.3％としていたのを、それぞれ5％に引き下げ、計画期間中の成長は、当初目標の40.7％から20.9％に引き下げられた。一人当たりGNPも当初目標の19.0％から8.8％へと下方修正されたのである。また、産業別成長率を見ると、特に第二次産業の引き下げが目につく。第一次産業は年平均5.8％から3.8％に、第三次産業は4.3％から2.7％に変更されたのに対して、第二次産業は年平均16.8％から11.1％へと大幅に引き下げられている。

---

[3] 経済開発計画評価教授団編（1967）、19頁。
[4] 経済開発計画評価教授団編（1967）、43頁。

表1-1　産業別成長率（当初目標と修正目標）

	GNP		第一次産業		第二次産業		第三次産業	
	当初	修正	当初	修正	当初	修正	当初	修正
1964	7.3%	5.0%	5.5%	3.9%	17.0%	11.1%	3.6%	2.9%
1965	7.8%	5.0%	5.7%	3.7%	16.0%	11.1%	4.7%	2.8%
1966	8.3%	5.0%	6.2%	3.8%	16.8%	11.3%	4.6%	2.4%
年平均	7.8%	5.0%	5.8%	3.8%	16.8%	11.1%	4.3%	2.7%

（出所）経済開発計画評価教授団編（1967）、27頁。

　これは、産業構造の高度化を図ろうとした当初の方針とは大きく矛盾した「下方修正計画」であったことを明瞭に示している。

　さらに、計画の行き詰まりが、然るべき絶対的な資本不足を伴ったものであることにもあわせて留意しなければならないであろう。いうまでもなく、工業化を推し進める上では投資活動をいかに活発化させていくかが何よりも課題であった。韓国が高い成長を成し遂げ、しかも基幹産業やインフラを拡充するためには、投資規模をできるだけ高い水準に保たなくてはならず、膨大な資金調達が必要である。投資活動がスムースになされる上で肝心なのは、その基盤とも潤滑油ともなる貯蓄水準である。投資循環のシステムがいかにスムースに動いていくかが、問題のポイントとなろう。このため、投資率を基準年度（1960年）の13.5％から目標年度（1966年）には22.7％へ、計画期間中の投資率を年平均22.6％までに引き上げる予定であった。ところが、計画初年度（1962年）から早くも資金調達の不振が続き、投資活動は低迷していたのである。初年度の投資率は12.4％にとどまり、目標の20.1％を大きく下回ったことがそれである。それは、国内貯蓄率が目標3.7％に対して0.8％、海外貯蓄率が目標16.4％に対して11.2％という状況下で、いずれも資金調達が不振に終わっことに起因する[5]。意欲的な投資計画にもかかわらず、資金調達の面では十分に目標を達成するまでには至っていなかった。こうした事情により、表1-2に示されたとおり、投資率は年平均17.0％、国内貯蓄率は7.2％、海外貯蓄率は9.9％と、かなり目標を引き下げた修正計画が行われたのである。韓国の経済はいわゆる「貧困のスパイラル」に陥ったため

5）経済開発計画評価教授団編（1967）、26頁。

第一部　アジア諸国の発展経路と工業化

表1-2　投資率と貯蓄率（当初目標と修正目標）

	総投資率		国内貯蓄率		海外貯蓄率	
	当初	修正	当初	修正	当初	修正
1964	24.1%	17.0%	11.3%	6.0%	13.7%	11.3%
1965	23.3%	15.9%	9.5%	7.3%	13.8%	9.7%
1966	22.7%	16.9%	12.7%	8.2%	9.8%	8.7%
年平均		17.0%		7.2%		9.9%

（出所）経済開発計画評価教授団編（1967）、28頁。

に、投資活動と資金調達の面で不均衡をもたらし、それが「下方修正計画」を余儀なくされたと考えられよう。

　第1次開発計画において、経済成長の面からすれば、結果的には一応成果を上げたものの、絶対的な資本不足のもとで計画が行き詰まったとすれば、この点を軽視するわけにはいかない。1964年、高度成長前の韓国経済をとりまく環境は、内には資金調達の不振による投資活動の萎縮と経済計画の失敗、外には外国援助の削減に基づく国際収支難という問題を抱え、その後の高度成長は容易ではなかったからである。しかも、1960年代初期の韓国は、国内資源に乏しく、農業部門は依然として天候に左右される状況下にあり、国内貯蓄率は非常に低く、外資導入の不調も加わり、それが異常な資金調達の不振を招くなど「貧困のスパイラル」に陥っていたが、この点が韓国経済の初期条件として、注目されなくてはならない。

3．北朝鮮との経済格差

　1950年から53年まで続いた朝鮮戦争は南北全土を戦場にまきこみ、韓国のみならず、北朝鮮の経済にも決定的な打撃を与えた。対照的なのは、朝鮮戦争後の工業化の進展である。韓国経済の復興はアメリカの援助に全面的に依存しながら進められ、いわゆる「三白産業」という消費材工業の肥大化をもたらした。これに対して、北朝鮮は社会主義諸国からの多額の援助に依存しながら、積極的な産業の高度化政策をとり、鉄鋼、機械、化学及び肥料、電力の生産設備の拡大に乗り出した。その結果、機械工業をはじめとする重化学工業の基盤を築き、工業生産の能力を高めてきたのである。

　1960年代初めになると、韓国と北朝鮮における工業生産の格差はかなり顕著に現れ

る。まず、鉄及び鉄鋼の生産能力を見ると、1965年の韓国の生産能力は、銑鉄8万トと、鉄鋼32万トン、圧延鉄鋼56万トンであったが、同年北朝鮮の生産能力は、銑鉄147万トン、製鋼213万トン、圧延鉄鋼159万トンに達していた[6]。鉄鋼業は韓国の経済開発計画において化学肥料と並んで最も高い優先順位を与えられていたが、北朝鮮に大きく遅れていたことが分かる。

　北朝鮮の場合は、化学肥料工業もかなり発展していたことを指摘しなければならない。例えば、北朝鮮の化学肥料生産は1963年に85万3000トンに達したが、これは、同年韓国の生産4万4900トンに比して、約20倍近い大きな規模である[7]。化学肥料工業というのは、韓国のような食糧不足の国では経済政策の中でなによりも優先度の高い部門であった。韓国は第1次開発計画において、農業と工業の接点に位置する化学肥料工業を最優先プロジェクトとして位置づけていたことにも表れている。韓国経済にとり、農業部門はGNPの4割以上及び、就業人口の6割を占めるなど最も重要な産業であった。そのように農業生産に基盤をおく韓国の経済政策の中心が、食糧増産、肥料増産に置かれたのは当然であった。しかし、韓国は、著しい人口増加にもかかわらず、食糧の自給が達成できないばかりではなく、全農家の3割ともいわれる「春窮農家」を抱えていた。したがって、韓国の自立経済の達成を担う農業生産力の向上と農村所得の拡大、そしてなによりも食糧の自給を達成するためにも、化学肥料工業の発展は急務であったのである。

　化学肥料工業が最優先プロジェクトとして位置づけられていたもう一つの理由は、化学肥料需要の増加に国内供給が追いつかず、年間5000万ドル以上の外貨を肥料の購入に当てていたことによる。例えば、1964年の国内需要が36万4100トン（窒素質）で、国内生産はその18％にすぎず、その不足分の約5600万ドルは輸入に頼らざるを得なかった[8]。加えて、食糧の自給もできずにいたので64年だけでも約6100万ドルの穀物を輸入しており、化学肥料と穀物の輸入額を合わせると、1億1700万ドル余りの貴重な外貨を化学肥料と穀物の輸入のために費やさなければならなかったのである。これは、64年の輸出額1億1900万ドルと同規模であり、外貨事情の悪化が著しかった韓国経済にとり決して軽い負担ではなかった。当然その分だけ、工業化に必要な設備機

---

6) 統計庁（2004）『南北韓経済社会像比較2004』58頁。
7) 木村光彦（1999）、206頁。
8) 経済開発計画評価教授団編（1967）、419頁。

械の輸入ができず、工業化の立ち遅れに拍車をかけることにもなる。

　実際、1964年 1 月に修正計画が発表されたが、化学肥料工業も例外にはならなかった。化学肥料工業の育成は最も重要な位置を与えられていたものの、国内資金調達の不振と外資の不足が重なり、その計画は困難に直面したからである。そして、窒素室肥料は1966年の生産目標が当初10万9500トンから 7 万トンへ削減された。これは、湖南肥料の完成が遅れるなどの理由により、生産実績が1964年 6 万4900トンと大幅に遅れていたためである。しかし、たとえ1966年における窒素室肥料の生産目標10万9500トンを達成したとしても、同年の需要41万6300トンと比較してみれば、その 4 分の 1 にすぎない。なお、1963年の北朝鮮の生産量85万3000トンと比べると、韓国産業の立ち遅れを端的にうかがい知ることができよう。

第二節　アジア諸国の発展経路と工業化

1．韓国経済の初期条件：アジア諸国との比較

　韓国経済は「貧困のスパイラル」から抜け出すことができず、アジアでも最も貧しい国の一つであった。ここでは、他のアジア諸国と比べて、韓国経済の初期条件の特徴について記しておこう。第一に、低い所得をもって特色づけられるアジア諸国のなかにあっても、韓国の所得水準の低さはとくに際立っていたという点である。アジア諸国の一人当たり国民所得（1964年）をみると、グラフ 1-1 に示された通り、韓国は85ドルに過ぎない[9]。これはインドネシア81ドル、インド88ドル、パキスタン89ドルなどと肩を並べ、アジアで最も低い水準である。この絶対水準の低さは、フィリピンやマレーシアのそれに半分も満たない。他のアジア NIES 諸国の台湾175ドル、シンガポール486ドル、香港537ドルなどと比べても格段に低かった。シンガポールと香港の一人当たり国民所得は韓国の約 6 倍となり、すでに日本並みの高さに達していたことも留意しなければならない点であろう。ちなみに、韓国の所得水準を世界的にみると、たとえば、アフリカ地域のコンゴ66ドルやケニア77ドルよりは高いものの、ザンビア144ドル、アルジェリア195ドル、ガーナ215ドルなどと比較すると低いことがわ

---

[9] 但し、経済企画院の統計では1964年は91ドルとなり、同年の一人当たり GNP は102ドルである。経済企画院（1975）『主要経済指標』。

第一章　1960年代初期のアジア経済

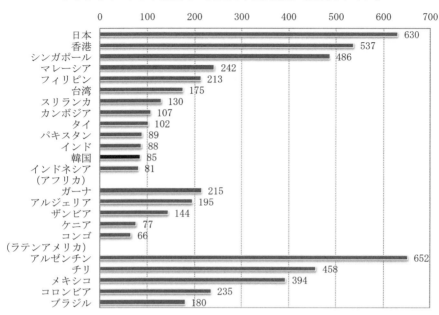

グラフ1-1　アジア諸国の一人当たり国民所得（1964年、ドル）

（出所）総理府統計局（1968）、160頁より作成。

かる。また、順調な経済成長を遂げているラテンアメリカ諸国を見ると、ブラジルは180ドル、コロンビアは235ドル、メキシコは394ドル、チリは458ドル、アルゼンチンは652ドルなどを示しており、韓国はその低い水準が目立つのである。韓国の所得水準は世界的に見てもかなり低いものであったといわざるを得ない。

　第二に、韓国経済の特徴は、産業別国民所得において農業部門の比率の高さとともに、もうひとつ、製造業部門が相対的に低い地位を維持しているという点にある。まず、産業別国民所得の動向を見ると、第一次産業は1962年から64年までの間に45.4％から48.0％へと拡大しているのに対して、第三次産業の構成比が42.9％から39.9％に減少した。一方、第二次産業は11.7％から12.1％に横ばい状態であったが、これは製造業が10.0％から10.5％へ、この間ほとんど横ばい状況であったことによる[10]。次に、アジア諸国の産業別国民所得の構成（1964年）を見よう。グラフ1-2の通り、第一次

10）韓国銀行（1973）『経済統計年報』268〜269頁。

第一部　アジア諸国の発展経路と工業化

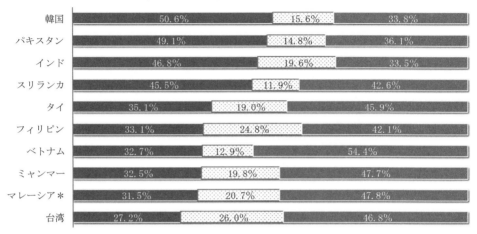

グラフ1-2　産業別国民所得の構成（1964年）

（出所）日本銀行統計局（1967）『アジア・大洋州主要国の国際比較統計』3頁、国際連合編（1967）『アジア経済年報1966年』301頁、韓国銀行（1973）『経済統計年報1973』268〜269頁、などより作成。

産業の比重は韓国が50.6％と最も高く、続いてパキスタン49.1％、インド46.8％、スリランカ45.5％、タイ35.1％、フィリピン33.1％、ベトナム32.7％、ミャンマー32.5％、マレーシア31.5％、台湾27.2％という順である。韓国は、同じNIESの台湾と比べても傑出して第一次産業の比率が高く、熱帯農産物輸出をもって知られる東南アジア諸国さえも凌いでいる。しかも、韓国の場合、工業化の育成に政策の重点が置かれていたわりには、製造業の伸びは比較的に低い水準にとどまっていたことも述べておかなくてはならない。例えば、台湾は第二次産業の構成比が26.0％であるのに対して、韓国は15.6％として著しく低く、なお台湾とはすでにかなりの開きを持っていたことがわかる。

　第三の特徴は、韓国の労働分配率の水準がかなり低く、しかもその水準が低下の傾向を辿っていた、という点である。1964年の労働分配率を他のアジア諸国と比較すると、スリランカの48.1％、台湾の44.9％、フィリピンの41.6％などと比して、韓国はわずか28.4％に過ぎず、その水準は低かった。しかも、労働分配率は低下の傾向を辿っていたことも忘れてはならないであろう。韓国政府は、第1次開発計画では、労働

分配率を基準年度（1960年）の38.5％から64年には41.0％に引き上げる予定であったが、64年の実績は28.4％に減少し、なんと10.1ポイントという大幅な低下を余儀なくされたのである。これは、農業所得が大きく増大したことによるものである。すなわち、1964年の国民所得は6301億ウォンであったが、その内訳を見ると農業所得が2684億ウォン（全体の42.7％）、雇用者所得が1790億ウォン（同28.4％）、個人企業が919億ウォン（同14.6％）、財産所得が633億ウォン（同10.0％）となっている。このように韓国の国民所得は多くが農業所得に占められている。この農業所得比率は、1960年の34.2％から64年に42.7％へと大きく増加したのである[11]。したがって、この時期の国民所得が農業所得への依存度を高めていたことがわかるであろう。

　第四に、韓国は消費性向が著しく高く、その分貯蓄性向は低く、生活及び消費水準も極めて低かったという点である。1964年の韓国の平均消費性向は98.2％と高い反面、平均貯蓄性向は1.9％にすぎない。韓国の平均貯蓄性向は、他のアジア諸国と比べると、最も低い方に属するのである。たとえば、1964年に台湾が14.5％、フィリピンが7.8％であったが、韓国の絶対水準の低さが目立つのである。しかも、1960年代初期の平均貯蓄性向を時系列で見ると、グラフ1-3にあるように、60年代に入って台湾とフィリピンが上昇傾向を示しているのに対して、韓国はマイナス4％から2％までの圏内をさまよっているのがわかろう。

　第五に、韓国は高い消費性向に反して、消費の水準が極めて低かった、という点である。一般にアジア諸国は高い消費率・低い貯蓄率によって特徴付けられる。韓国も例外ではない。まず、韓国の消費率は1964年に92％となっていたが、これは、スリランカの90％、パキスタンの89％、タイとフィリピンの82％、台湾の81％、マレーシアの80％、ミャンマーの79％と比して、アジアでは最も高い水準を示している。韓国政府は貯蓄の増強のために、消費支出を抑制する方針であった。しかも、基本目標の「自立経済の達成」を反映して、国内貯蓄の増強にウェイトを置いていた。ところが、消費率は62年から64年の間に92％から87％に下げる目標だったのが、64年の実績は92％と変化しない一方、国内貯蓄率は、62年から64の間にGNPの3.7％から10.3％へ引き上げる計画であったものが、実績は0.8％から6.5％に増大したものの、目標には大きく及んでいない。この目標を十分達成できなかったことは、それだけ資本形成

11）韓国銀行（1973）『経済統計年報』270〜271頁。

第一部　アジア諸国の発展経路と工業化

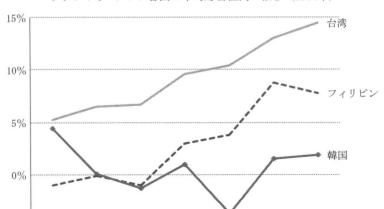

グラフ1-3　アジア各国の平均貯蓄性向の推移（1964年）

（出所）日本銀行統計局（1968）『日本経済を中心とする国際比較統計』25頁より作成。

の可能性が低くなったことを意味する。この問題は、国際的に見て、韓国経済の持つ最も大きな問題であったといわなければならないであろう。

六番目として、韓国はエンゲル係数が相対的に高かったために、これが工業製品の潜在市場としての拡大の可能性を弱め、結果的に生活水準の低さ及び内需の不振を招いた、という点である。1964年の個人消費支出の内訳を見ると、グラフ1-4に示されたように、日本と比べて、アジア各国の飲食費構成比（エンゲル係数）は相対的に高い。韓国は67％を占め、他のアジア各国と比べてもかなり高い水準にあった。エンゲル係数は、一般に消費生活が豊かになるにつれ低下していく傾向を示すのだが、韓国の場合、必ずしもそうとはいえなかった。というのは、1956年に67％であったエンゲル係数が、その後徐々に低下を見せ始めて60年には58％まで下がったものの、60年代初めに再び上昇していたからである[12]。いいかえれば、1960年代初期の韓国は、エンゲル係数が高まり、その分他の費目の消費を相対的に縮小せざるを得なかったといえよう。実際、飲食費以外の構成比について見ると、雑費の支出について相対的に格差

---

12) 韓国銀行（1973）『経済統計年報』282～283頁を参照。

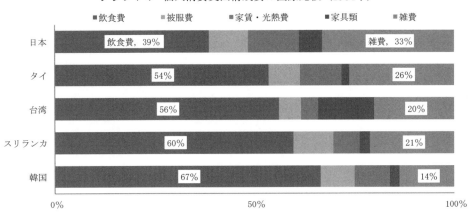

グラフ1-4　個人消費支出構成費の国際比較（1964年）

（出所）日本銀行統計局（1968）『日本経済を中心とする国際比較統計』26〜27頁及び、韓国銀行（1973）『経済統計年報』282〜283頁より作成。

が見られる。雑費は、医療等、交通・通信、教養・娯楽の三つがそのほとんどを占めているが、他のアジア各国と比べて、韓国の割合が最も低い水準となっている。当時の韓国の消費は、生存のための飲食費という段階を越えず、他の文化的な消費に手を広げるまでには至らなかったことを示唆するものであろう。すなわち、韓国は家計において消費財、サービス財などを購入する余力が限りなく少なかったことを意味し、それが国民の生活水準の低さ及び国内需要の低迷に反映されていたといっても差し支えなかろう。

　さらに七番目として、工業化資金の確保をめぐり、外国援助の低迷と国内資金調達の混迷により、工業化及び社会間接資本部門における固定資本形成に要する機械設備の輸入資源の獲得面において隘路に逢着していた、という点である。グラフ1-5は、GNPに対する固定資本投資率と国内貯蓄率（1964年）を示したものである。まず、1964年の国内貯蓄率を他のアジア諸国と比較してみると、タイの21.7％を筆頭に、ミャンマー20.2％、フィリピン19.3％、台湾19.0％、シンガポール18.8％、マレーシア18.3％、インド16.1％、カンボジア14.6％、パキスタン13.0％、インドネシア11.5％、スリランカ9.7％であり、韓国の6.5％は最低であった。アジアのなかでも韓国の低さは際立っており、10％にも大きく及んでいない。これに対応して固定資本投資率も極めて低い。韓国が11％であるのに対して、20.4％のタイを筆頭に、マレーシア17.6

第一部　アジア諸国の発展経路と工業化

グラフ1-5　固定資本投資率と国内貯蓄率（1964年）

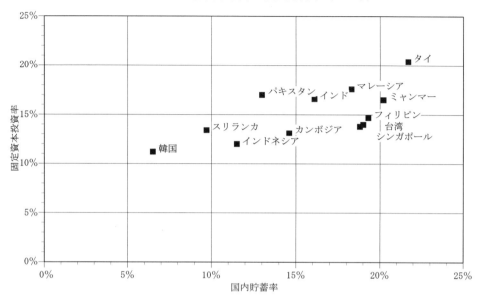

（出所）U.N.（1978），*Economic Survey of Asia and the Far East*, p.20及び、国際連合編（1968）『アジア経済年報1967年』19及び24頁、溝口敏行編（2008）393頁、より作成。

％、パキスタン17.0％、インド16.6％、ミャンマー16.5％、フィリピン14.7％、台湾14.0％、スリランカ13.4％、カンボジア13.1％、インドネシア12.0％となっている。いずれも韓国を上回っており、韓国が最も低い水準である。しかし、工業化の進展と固定資本投資の規模とは密接に関係している。このため、韓国は、第1次開発計画において固定資本投資率を基準年度（1960年）の10.5％から目標年度（1966年）には16.9％へ引き上げる予定であった。すなわち、固定資本投資率を年次的に見ると、62年に13.8％、63年に16.9％、64年に17.6％、65年に16.3％、66年に16.9％となる。つまり、1964年をピークとし、後半になると16％台の水準を保つのである。このことは、計画前半期において、経済成長の基盤づくりに重点が置かれ、基幹産業の建設や社会間接資本の拡充のための投資が集中していることを意味する。ところが、実績では62年に13.9％であったのに対して、63年にも13.9％と伸び悩み、64年には逆に11.6％に後退

第一章 1960年代初期のアジア経済

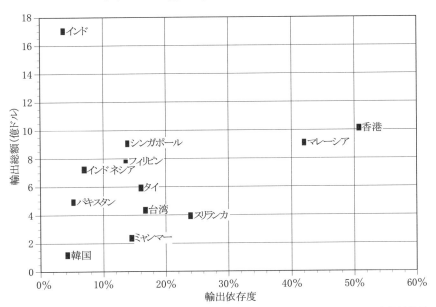

グラフ 1-6　輸出総額と輸出依存度（1964年）

（出所）U.N. (1967), *Economic Survey of Asia and the Far East*, p.117及び、日本銀行統計局（1967）『アジア・大洋州主要国の国際比較統計』16〜17頁、より作成。

しているのである[13]。こうした貯蓄率と固定資本投資の遅れこそ、韓国のおかれていた状況を如実に示している。すなわち、韓国においては貯蓄率が極めて低く、これが固定資本投資の不調になって、絶対的な設備投資の不振が続くなど、工業化の進展を遅らせていた大きな原因であったからである。まさに「貧困のスパイラル」である。

　最後に八番目として、韓国の輸出規模が他のアジア諸国と比べて著しく低い、という点である。グラフ 1-6 は、アジア諸国における輸出総額と輸出依存度（1964年）を比較したものである。まず、1964年の輸出総額を見ると、インドの17億1000万ドルを筆頭に、香港が10億1000万ドル、マレーシアとシンガポールが9億1000万ドル、フィリピン7億7000万ドル、インドネシア7億2000万ドル、タイ5億9000万ドル、パキスタン4億9000万ドル、台湾4億3000万ドル、スリランカ3億9000万ドル、ミャンマーが2億4000万ドルであり、いずれも韓国の1億2000万ドルを凌いでいる。韓国はミャ

---

[13]（出所）韓国銀行（1973）『経済統計年報』258〜259頁を参照。

ンマーの二分の一、スリランカの三分の一の規模に過ぎず、アジアで最も低い。しかも、輸出依存度も極めて低く、インドの3.9％に次ぐ低さである。一方、最も高い輸出依存度を示しているのは、香港の50.9％、マレーシアの42.2％である。香港はもちろんのこと、マレーシアも比較的に輸出工業化率も高く、輸出主導型工業化の進展が著しい。言い換えれば、アジアにおいて輸出主導型工業化の典型として香港とマレーシアが挙げられていたといっても差し支えなかろう。

　以上のように1960年代初期の韓国は農業以外の産業がなく、天然資源も乏しい典型的な農業国であった。国民の多数を占める農民の所得水準は絶対的に低く、一人当たり所得も100ドルに満たず、貯蓄はほとんどなかった。投資もわずかでその半分はアメリカの経済援助によって調達されていた。エンゲル係数も依然高かったため、工業製品の潜在市場としての拡大の可能性を低め、それが国内市場の狭小化をもたらした。同時に、輸出はきわめて少なく、国際収支は慢性的な赤字の状態が続き、1961年の末に2億500万ドルあった外貨保有高は1964年の末には1億3000万ドルまで減少したため、64年末には外貨危機に陥った。アジアで最も貧しい韓国にとりこのうえない「貧困のスパイラル」である。1960年代初めまでの韓国経済は、世界銀行をはじめとする多くの外国の研究者によって、「ほとんど絶望的」であり、「自分自身の資源だけでは高い成長率の達成の可能性がないので、外国援助に永久に依存しなければならないという運命を負わされている」とみなされていたのもそのためであろう[14]。

　したがって、韓国経済が輸出指向工業化の出発点において、所得水準が際立って低かったこと、しかも投資活動と資金調達の面で不振が続いたことは、韓国の高度成長を考察するうえにおいて最も肝心な点である。いうまでもなく、韓国経済の「貧困のスパイラル」という問題を解決することなしには、輸出指向工業化の進展も考えにくいからである。その意味で、60年代前半におけるこういった「貧困のスパイラル」からいかに脱却できたかというのは、1960年代後半の輸出指向工業化スパートを考える上でも重要なポイントとなろう。

---

14) 栗本弘（1970）、1～2頁。

2．アジア諸国の発展経路と工業化

(1)「圧縮された工業発展」：韓国とインドの比較

　ここで注目しなくてはならないのが、ロストウの『経済成長の諸段階』である。ロストウは工業化に成功した西欧先進国の経験に基づき、経済発展を次の5つの段階に区分した。すなわち（1）伝統的社会、（2）離陸のための先行条件、（3）離陸、（4）成熟への前進、（5）高度大衆消費時代、である。ロストウによると、経済発展を実現するにあたって決定的な意味を持つのはテイク・オフの段階であるという。発展途上国のなかで離陸を開始しているのは、1960年当時、アルゼンチン（1935-）、トルコ（1937-）、インド（1952-）、中国（1952-）の4ヵ国のみであった[15]。すなわち、インドは中国と並んで、すでに1950年代においてテイク・オフ段階に達したといわれるが、アジアで最も早い時期であることはいうまでもない。

　産業構造の変化を各国の経済発展段階の差に応じて類型化した試みに、赤松要の雁行形態的発展論があるが、近年、この立場でアジアの経済発展を捉えようとするものが多くなっている。これは、発展途上国の工業化過程は、当初は消費財工業品の輸入であったものが、次第に国内で生産されるようになると輸入に代替し、ついにはそれが輸出されるという経路をたどる。さらに一段階遅れて生産財工業品についても輸入から始まり、やがて国内生産から輸出へと進む。したがって輸出拡大の前には必ず国内投資が先行し、発展途上国は先進国を追いかける形をとるというものである。したがって、アジア経済発展のダイナミズムは日本を皮切りにアジアNIES、アセアン、中国、インドシナ諸国、そしてインドへと「構造転換連鎖」を起こし、アジア全体が経済発展の波に乗ると主張するのである。

　しかし、アジアの経済発展のダイナミズムをふり返ると、1960年代はじめまでにインドは、アジアの発展途上国の中では工業が最も発展し、世界の注目の的であった。たとえば、アジア経済研究所の『アジア経済の20年の展望』（1967年）では、「インドは東南アジア諸国のなかで、工業生産の先進国なのである。その国民性として、商才に富み、インド商人の活躍は世界各地にわたっている。加えて、過去におけるインド文明の輝かしい栄光がある」とアジア諸国のなかではもっとも工業化が進んでいるこ

15）W. W. ロストウ（1961）『経済成長の諸段階』ダイヤモンド社。

とが指摘されている[16]。また、注目すべき文献として、アジア経済研究シリーズ『東南アジア経済の将来構造』がある。アジアの経済発展を雁行形態的発展論で捉えたものであり、アジアの工業化の段階を貿易構造と関連付けて論じ、第一段階に第1次産品生産国、第二段階に軽工業化過程の国、第三段階に軽工業品生産国、第四段階に重工業化過程の国、第五段階に重工業品生産国、という5つの段階に区分している。工業化の最後の段階となる第五段階の重工業品生産国は当時のアジア諸国には該当する国がないとしたうえで、第四段階の重工業化過程のカテゴリーに属する国は、アジア諸国においてはインドのみであると指摘されている[17]。なお、アジアの経済発展のダイナミズムにおいては、インド→パキスタン・フィリピン→タイ・インドネシアという順番で移行すると指摘されていたことも興味深い。

またドイツの経済学者G．ホフマンは、一国内の消費財部門純生産額の生産財生産部門純生産額に対する比率を基準として、産業構造の高度化の水準を示したが、このホフマン比率を国際比較してみると、インドの重化学工業化の進展は著しい。渡辺利夫はホフマン比率に基づき、韓国の工業化を「圧縮された工業発展」と強調したが、インドの場合、韓国よりも速い速度で「圧縮された工業発展」が進展していたことに注目すべきであろう。中村平治編『インド現代史の展望』によると、「工業構成の高度化を先のホフマンの指標によって見るならば、47年の3.47、55年の2.0から、64年の0.9％へと低下し、急速な工業化が示している。66年には0.8で、ちなみにこれは1927年のアメリカ、35年のドイツ、40年のイギリスの工業構成に相当し、この工業構成の変化でみる限り、インドの55年から66年までの11年間はアメリカの1860年から1927年までの60年間に相当する」と、欧米諸国に比較してインドが、はるかに短い期間に重化学工業を成し遂げていることが分かる[18]。韓国の場合、ホフマン比率が2.0に達したのは1965年であるが、これはインドより10年も遅れていたのである。また、インドのホフマン比率が2.0から0.8に下がったのは、1955年から66年の11年間においてであるが、韓国は1965年から1980年までの15年間となっており、インドがより短い期間にこの移行を成し遂げていたことがわかる。

インドは1950年代後半より、積極的な産業構造の高度化政策をとり、鉄鋼、電力、

16）矢野誠也（1967）、149頁。
17）小島清（1962）、170～173頁。
18）中村平治編（1972）、120～121頁。

グラフ1-7 アジア諸国の工業化率と機械部門の比重（1963年）

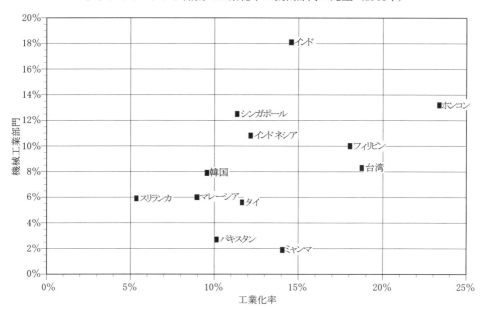

（出所）U.N.（1967）, *Economic Survey of Asia and the Far East*, p.114より作成。

機械、化学及び肥料の生産設備の拡充に乗り出した。その結果、重化学工業化が最も発展し、世界の注目を浴びていたのである。グラフ1-7は1963年を中心としたアジア諸国の工業化率と機械部門の比重を示している。インドが韓国を大きく引き離しているのがわかろう。とりわけ、機械部門の比重を見ると、インドは18.1％ともっとも高く、香港とシンガポールがそれぞれ13.2％と12.5％と続き、韓国の8.0％はインドネシア（10.8％）やフィリピン（10.0％）をも下回る水準であった[19]。インドは、アジアの中で機械工業部門が占める割合が高い点を見ても、重化学工業がすでにかなりの発展を遂げていることが伺えよう。

韓国とインドにおける製造業の付加価値ベースでのシェアを見ると、グラフ1-8に示された通りである。すなわち、韓国は1963年に、製造業の中でもっとも高いシェアを占めていたのが食品工業の31.6％、次いで繊維・衣類・皮革の20.0％、ゴムの12.0

---

19) 但し、インドネシアは1960年実績、台湾、香港、ミャンマなどは1961年実績、インド、パキスタン、フィリピンなどは1962年実績、シンガポールは1964年実績となる。

第一部　アジア諸国の発展経路と工業化

グラフ1-8　産業構造の比較（インドと韓国）

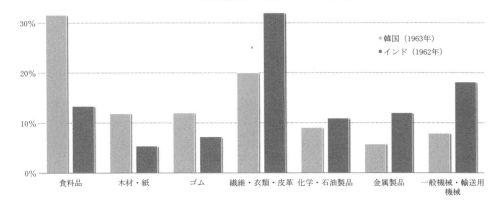

（出所）UN（1968），*Economic Survey of Asia and the Far East 1967*, p.114、より作成。

％、木材・紙の11.9％と続く。この軽工業部門が約76％を占めて、この時期における工業生産の担い手となっていたことがわかる。これに対して、インドは繊維・衣類・皮革が32.0％で最も多く、次いで一般機械・輸送用機械の18.1％、食料品の13.4％、金属製品の12.0％、化学・石油製品の10.9％と続く。インド経済を牽引していたのは繊維・衣類・皮革工業であるものの、一般機械・一般機械・輸送用機械をはじめとし、金属製品、化学・石油製品が40％を超えているのが目立つ。このようにインドは繊維・衣類・皮革工業が大きな比重を占める経済ながら、急速な重化学工業化も進めつつある国の一つであったと見て差し支えないであろう。

　インドは、日本を別とすれば、19世紀後半以降、綿、ジュート等繊維産業を中心に工業化がアジアでは最も早く進んでおり、60年代前半においてはすでに他のアジア諸国に比し、はるかに高い工業生産力を有していた。綿織物、ジュート等繊維製品はもちろん、鉄鋼、自動車、化学品をはじめとする重化学工業品に至るまで、アジアの中でインドが最大の生産量を誇る品目は多岐にわたっていた。とりわけ、自動車の生産能力はアジアのなかではズバ抜けたものであった。しかも、インドは、他のアジア諸国のような輸入部品による組立生産とは違って、国産化部品による生産であったことにも注目しなければならない。インドで自動車の国産化の動きは1954年に始まり、インド政府が自動車産業に対して数々の保護・助成策を講じたこともあり、輸入代替化が急激に進展した。たとえば、国連アジア極東経済委員会の特集「輸入代替と輸出多

第一章　1960年代初期のアジア経済

グラフ 1-9　アジア主要国の乗用車生産の推移

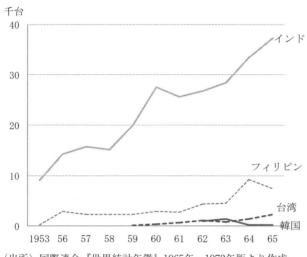

（出所）国際連合『世界統計年鑑』1965年〜1973年版より作成。

角化」によると、インドの場合、「自動車の生産が150％伸びてその輸入は96％が減り、1962年には自動車産業はほぼ自給の域に達した」とともに、1962年当時の自給率が99％に達したと指摘している[20]。すなわち、輸入台数は49年3万9000台から50年代末には数千台の規模に低下した一方、国内生産は1953年の1万3900台から65年には7万2600台に達したのである[21]。こうした輸入代替の進展は、自動車部品産業の発達によるところが大きく、自動車部品の生産額は62年180万ルピー、65年には400万ルピーと急増した[22]。

アジア主要国の乗用車の生産実績を見ると、グラフ1-9に示された通り、インドは65年に3万7300台に達し、アジアの中では群を抜いて大きい。次いでフィリピン、台湾、韓国の順で生産量が大きくなっているが、これらの生産はすべて輸入部品による組立生産である。ここで特記すべきことは、韓国が、62年に日本の自動車メーカーと

20）国際連合編（1964）、67〜68頁。
21）また、自動車生産実績を用途別では、乗用車が1953年の9000台から65年には3万7300台に、商用車が53年の4900万台から65年には3万5300台に伸びている。国際連合『世界統計年鑑』1965年〜1973年版を参照。
22）山岡喜久男（1971）、267頁。

第一部　アジア諸国の発展経路と工業化

表1-3　アジア諸国の輸出工業化率

	60年	64年
香　　　　港	89.6%	84.8%
韓　　　　国	14.4%	48.5%
イ　ン　ド	45.1%	43.8%
シンガポール	21.0%	36.8%
台　　　　湾	33.9%	34.4%
マ レ ー シ ア	4.2%	32.1%
パ キ ス タ ン	27.1%	21.5%
フ ィ リ ピ ン	3.2%	5.4%
ミ ャ ン マ ー	2.4%	2.8%
タ　　　　イ	1.4%	1.7%
ス リ ラ ン カ	0.9%	0.6%
インドネシア	0.7%	0.1%

（出所）U. N. (1968), *Economic Survey of Asia and the Far East 1967*, p.117及び、総理府統計局編（1967）『国際統計要覧 '66』126頁、より作成。

共同で組立生産を開始したものの、外貨事情の悪化により部品の輸入は中止され、ほとんど生産できない状態に陥ったという点である。すなわち、その生産は62年の1000台から63年に1400台に増えたものの、64年と65年には200台の水準に落ちたのである。このことは、韓国における機械産業の立ち遅れはいうまでもなく、外貨事情の悪化が韓国の工業化の足枷となっていたことを示すものであろう。

(2) **アジアの工業化と貿易構造**

韓国の64年の輸出工業化率は、他のアジア諸国と比べて、表1-3に示されているように、香港の84.5%には及ばないものの、インド43.8%、シンガポール36.8%、台湾34.4%、マレーシア32.1%、パキスタン21.5%、フィリピン5.4%を凌いでいる。すなわち、韓国はアジアのなかでも比較的に高い水準を示したのがわかるだろう。ちなみに、次の二点を付け加えておきたい。一つは、香港の水準が並みはずれて高く、日本91.1%、ドイツ88.7%、イギリス83.1%、イタリア78.3%、フランス72.0%、アメリカ

第一章　1960年代初期のアジア経済

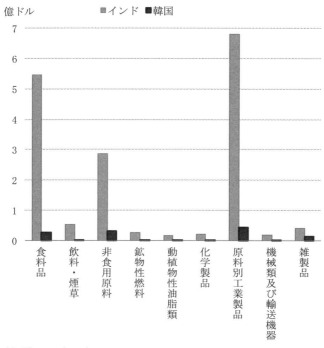

グラフ1-10　商品類別輸出実績の比較（1964年）

（出所）UN（1970）, *Statistical Yearbook for Asia and The Far East 1970*, より作成。

63.7％など先進国と比べてもきわめて高い数値を示していることである。二つめは、インドの輸出工業化率がアジアのなかでは比較的に高く、タイやフィリピンなど東南アジア諸国よりはるかに高いだけではなく、アジアNIESのシンガポールや台湾さえも上回っていることである。しかも、1960年のインドの輸出工業化率は45.1％と、香港を除き、他のアジア諸国と比べて著しく高かった。このことから香港とインドの輸出指向型産業が1950年代から比較的高度な経済成長を遂げてきたといえよう。

韓国とインドの商品類別輸出（1964年）を見ると、グラフ1-10に示された通りである。両国とも食料品、非食用原料、原料別工業製品が輸出の主力であるのは変わりないが、その規模はインドの方が圧倒的に大きい。また、工業製品の輸出について見ると、韓国の5830万ドルに比して、インドは7億7000万ドルと韓国の13倍の規模となっている。韓国では、政府の手厚い保護政策により繊維製品、合板、雑貨などの労働

集約的工業製品を中心に輸出拡大が実現した。しかし、こうした労働集約的工業製品は輸出規模の小ささに加えて、その原材料のほとんどを輸入に依存せざるをえなかったため、輸入依存度がきわめて高く、輸出採算が改善しにくいものであった[23]。とくに、繊維製品の場合、原綿輸入の大部分がアメリカの援助によるものであるために、良質の原綿を自由に選び使用することができず、製品の品質は国際水準に達しないだけでなく、コスト面からも安価とは言えなかったのである。

インドに関しては、ジュート製品などの繊維製品以外に、薬品類や鉄鋼・機械などの重化学工業品が輸出商品として台頭しているのが注目される。インドの場合、他のアジア諸国と比べて多くの重化学工業品が自給化ラインに近づき、それだけ輸出拡大が可能な技術集約的工業製品が非常に多くなっていた[24]。たとえば、一般機械では製糖機械、ディーゼル・エンジン、動力ポンプ、ミシン、電気機器では電動モーター、変圧器、ラジオ、冷暖房装置、輸送機械では自転車、オートバイ、自動車などは輸入が激減する一方、輸出は拡大しつつあった。その結果、機械類及び輸送機器の輸出は、1959年の500万ドルから64年には1700万ドルに伸びたが、これは年平均28.7％の増加率によるもので、同期間の工業製品の6.6％を大きく上回ったのである。とりわけ、インドの自動車については、韓国が外貨事情の悪化により生産中止の状態に陥ったのとは対照的に、輸出が59年の37万ドルから64年には440万ドルに伸びていた点を強調しなければならない。このことは、他のアジア諸国が組立生産の域を超えていないなかで、自動車製造といった資本及び技術集約的な部門でもインドはすでに輸出拡大が可能な段階に達していたことを意味するであろう。

グラフ1-11は、アジア各国の輸入額と輸入額に占める資本財のシェアを示したものである。韓国の輸入額は、スリランカなどと並んで、アジアで最も低い水準であった。しかも、輸入額に占める資本財のシェアも比較的に低く、スリランカの16％に次

---

23) 例えば、韓国の綿糸類輸入額は64年に4970万ドルであるのに対して、繊維製品及び衣類の輸出は2525万ドルである。なお木材の輸入は1850万ドルであるが、合板の輸出は1135万ドルに止まっている。原材料の輸入額には国内消費用も含まれているが、いいかえれば、消費財工業の場合、内外需とも外国原料に依存せざるを得ない状態であったことを物語る。

24) 国連アジア極東経済委員会（エカフェ）の特集「輸入代替と輸出多角化」によると、1962年当時自給率が90％を超える主要な機械類は製糖機械、タイプライター、ミシン、冷暖房装置、自動車、ラジオ、電気扇風機、家庭用冷蔵庫などに至っている。国際連合編（1964）『アジア経済年報1964』67～68頁。

第一章　1960年代初期のアジア経済

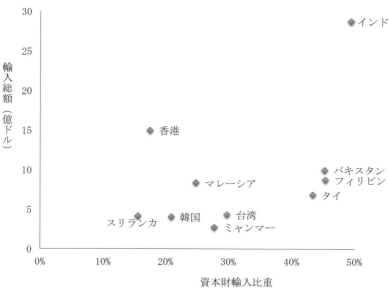

グラフ1-11　輸入総額と資本財輸入比重（1964年）

（出所）日本銀行統計局（1967）『アジア・大洋州主要国の国際比較統計』20〜21頁などより作成。

ぐ低さである。一方、比較的高いシェアを示しているのは、インドの49％、フィリピンとパキスタンの45％、タイの43％である。このことは、韓国の工業化の立ち遅れを示唆するものでもある。この点も、インドとの対比において、強調されるべきであろう。

　1960年代前半のインドは、資本財生産に中心を置いた急速な工業化の時期に相当し、この期間の輸入の多くは、国内市場向け財・サービス生産のための資本財やインフラ整備に結びついていた。当時、インド工業は他のアジア諸国と比べればかなりの発展を示したとはいえ、資本財や中間財に対する依存度が高く、輸入需要は拡大する一方であった。とりわけ、第3次計画（1961年4月〜66年3月）において、基本的には第2次計画の政策を継承し、機械、化学に重点をおき一層の産業高度化を図ろうとするものであったために、機械・設備部品を中心とする資本財の輸入需要はむしろ高まっていたのである。インドの輸入は、60年代前半の旺盛な開発投資に伴う鉄鋼、機械、設備を中心とした資本財の輸入急増に加えて、年間2億ドルにも上る食料輸入に

39

より、大幅な増加を示し、巨額の赤字を積み上げていた。しかし、このような膨大な貿易赤字は、巨額の経済援助の受け取りによって埋め合わされていたのである。

しかし、60年代前半の韓国経済は国際収支の危機、食糧不足、計画の行き詰まりに直面し、輸入の不振が続いていたのである。1962年にスタートした第1次経済開発5ヵ年計画に伴い資本財と消費材の輸入が63年の5億6000万ドルに達したが、輸出はわずか8680万ドルにとどまり、貿易赤字は4億7300万ドルであった。しかも、外貨準備は63年には1億300万ドルと最低水準に落ち込み、外貨不足の危機的状況に陥った。このため、資本財及び資本財原料の輸入も63年の2億700万ドルから64年には1億900万ドルへと大幅な低下を余儀なくされていたのである。

もっとも、韓国の資本財輸入の低い水準を考える上でより注目されなくてはならないのは、外資導入計画が不調であったという点である。外資導入は、単に国際収支のバランスを保つというだけの意味にとどまらず、資本財の輸入などを通じて国内供給能力の不足を補填する意味をも持つ。なかでも、機械輸入の増加は、輸出産業ないしは重点産業の育成と拡大を推進する中核となる意味で、極めて重大である。しかしながら、外資導入の不調により、工業部門及びインフラ部門における固定資本形成に要する機械設備の輸入資金を十分確保できず、工業化の進展にマイナス影響を与えたのは確かである。機械をはじめ資本財の輸入計画は、年度別に見ると、1962年に1億2370万ドル、63年の1億4320万ドル、64年に1億4570万ドルへと増加する予定であった。ところが、輸入実績は、62年に6980万ドルから63年に1億1560万ドルに一端増加を示したものの、64年に6950万ドルに急減し、いずれの年も目標額を大幅に下回った。輸入総額に占めるシェアも、64年に29.6％と全体の30％近くを占めるはずであったが、17.2％にとどまり、計画に大きく及ぶことができなかった。このことは、アメリカによる援助の減少に伴い、借款調達計画が行き詰まったことが大きい。

第三節　アメリカの対外援助政策とアジア重視

1.「南北問題」と米ソ援助競争

1960年代は、「国連開発の10年」と呼ばれた時代であり、まさしくアメリカ援助の黄金時代でもあった。1961年の国連第16回総会において、ケネディ大統領の提案にも

とづき、1960年代を「国連開発の10年」という計画が採択され、期間中の年平均成長率5％の達成が課題とされていたのである。そのため、先進諸国から発展途上国に対して、様々なかたちでの多額の援助が供与されていた。OECDのDAC（開発援助委員会）の資料によると、DAC加盟国より発展途上国への政府開発援助（ODA）は、1960年の47億ドルから1969年には67億ドルに増大した[25]。1960～69年の累計で、591億ドルに達している。その累計額のうち、331億ドルは、アメリカから供与された援助である。DAC加盟国のなかでもアメリカのウェイトは圧倒的に高く、一国でODA総額の半分以上を占めているのが特徴である。これを見るかぎり、60年代においてアメリカはアジア諸国に対して大きな役割を果たしていたことがわかろう。アメリカの対アジア経済援助は、1950年代後半から急速に増大し、60年代を通じて増加の一途をたどった。このような経済援助の増大は、アメリカの援助政策の変換を反映したものである。まず、アメリカの援助政策の変換が、どのような国際政治経済の環境のもとで生まれてきたか、その背景について検討してみよう。

　1955年の春、インドネシアのバンドンで開かれたアジア・アフリカ会議（バンドン会議）が、国際政治・経済に与えたインパクトはきわめて大きかった。この会議はアメリカとソ連の対外政策に大きな刺激をあたえ、資本主義経済対社会主義経済は、軍事的競争ではなく、経済的な競争によって体制の優劣を争う時代に向かったからである。バンドン会議を契機として、発展途上国の政治的成長とともに、経済ナショナリズムも次第に高まりを見せ始めた。朝鮮戦争が終わり、世界経済は不況に陥ったため、多くの発展途上国は深刻な経済不振に悩まされていたが、それは発展途上国の主な輸出商品である一次産品価格が低落したことが主な要因であった。そこで、先進工業国と発展途上国との経済格差が問題とされるようなったのである。いわゆる「南北問題」の登場である。そのゆえ、バンドン会議では、発展途上国の「経済開発」が緊急課題であることを強調し、国際経済協力を求める声が一段と高まったのである。

　実際、50年代後半には「南北問題」に対する国際世論の盛り上がりが見られる時期でもあり、発展途上国は相互の連帯を次第に強めていった。バンドン会議を皮切りに、1958年に第1回アジア・アフリカ経済会議がカイロで開催された。かかる連帯をテコにして、経済開発のための援助のみならず、貿易上の特恵供与などによる市場開

25）アジア経済研究所経済協力調査室監訳（1973）、249頁。

放、貿易拡大の要求を高く掲げ、発展途上国に不利な国際経済体制そのものの変革を追求しようとする動きが強まる。たとえば、1958年には国際貿易の不均衡とその対策の重要性を訴えた「ハーバラー報告」がGATT総会に提出されるなど、発展途上国諸国が連帯して先進国との交渉にあたろうとする機運はより高まったのである。そして、オリバー・フランクス卿が1959年にアメリカでの演説のなかで、「東西問題」との対比において「南北問題」という言葉を用いたことからこれが広く使われるようになったといわれている。

また、「南北問題」を理論的にバックアップしたのが、グナール・ミュルダール（Gunar Myrdal）、サイモン・クズネッツ（Simon Kuzunets）、アルバート・ハーシュマン（Albert O. Hirschman）などである。ミュルダールは、1955年に「南北問題」についての講演をエジプト国立銀行で行ったが、その内容はのちに『経済理論と低開発地域』として刊行される。ミュルダールの主要関心の一つは、先進国と発展途上国との間に存在する経済的不平等の拡大原因を分析した上で、どうすればこのような経済的不平等を取り除き、発展途上国の経済水準を引き上げることができるか、ということを明らかにすることであった[26]。そしてもう一つは、南北問題および発展途上国の経済停滞を前置きしながら、自由放任論や国際貿易理論など従来の経済理論が、発展途上国の経済開発や南北問題の基礎理論として適切ではないと批判し、その改善に役立つ経済理論の必要性ついて力説した上で、「南北問題」の現実に即して自己の理論を作り上げることであった。

また、クズネッツは、1956年に数量データの緻密な考証・分析を踏まえて世界各国の国民所得の推計を使い、世界の所得分配についてまとめたが、先進国はかなりの速度で成長しているのに対して、ほとんどの発展途上国は停滞していたことを検証している[27]。国民所得の統計がつくられたことによって、国際比較研究が可能となり、そ

---

26) ミュルダールの問題関心は、たとえば、「国際情勢のある特定の側面、すなわち開発国と低開発国の間のきわめて大きな、しかもますます増大する経済的不平等に注意を集中することにした。これらの不平等とその増大の傾向は、かくれもなき現実であり、現在世界における国際的緊張の基本的な原因を形づくるものであるけれども、それは多くの場合、低開発や開発に関する文献においては中心的問題として取扱われていない。しかし、私が、取上げたいのはまさにこの不平等の問題である。私の目的は、なぜ、そしていかにしてこれらの不平等が存在するにいたったか、なぜそれが存続し、なぜ増大する傾向にあるか、を探求する」ことであった。グーナル・ミュルダール（1959）、ii頁）

27) Kuznets, S. (1956), p.17.

の結果、南北問題の実態がデータで裏付けられるようになったことも注目されなくてはならないであろう。なぜならば、この国民諸国の統計によってはじめて、北の先進国と南の発展途上国との経済格差の度合いが示されるからである。こうした問題意識を踏まえて、「南」と「北」という二分法の概念を経済学的に最初に提示したのが、アルバート・ハーシュマンであった。彼はその著書『経済発展の戦略』（1958年）のなかで、地理的・国際的な経済格差が存在しているという現実の問題を、「南」と「北」という独自の概念を用いていた[28]。ハーシュマンは、発展途上国の経済発展にとって適切な戦略とはどういうものであるかを明らかにしようして、「不均衡発展論」という野心的なビジョンを描き出したことで有名である。

　一方、「南北問題」が大きくクローズ・アップされるとともに、ソ連は、発展途上国の「経済開発」に素早く乗り出した。東ヨーロッパ、中国もこれに加わり、東西の接点にある南アジアを中心に経済・技術援助の供与を始めた。インド、インドネシア、ビルマなど発展途上国の国々が、アジア・アフリカ会議において示した「非同盟中立主義」運動はソ連にもアメリカにも等距離を保つという、独自の平和・中立外交を展開したため、ソ連としても発展途上国との友好強化に力を入れざるをえなかったのである。発展途上の国々が「アメリカ陣営」に参加することを差し控えさせるためでもあり、ソ連はこれら諸国との友好強化に積極的な姿勢を見せた。55年秋のフルシチョフのアジア・中近東訪問が象徴的である。ソ連は、「55年のバンドン会議の『不偏の精神』を採用して新興国家へ無差別の援助を与える態度を示して」[29]から、インド、インドネシア、ビルマなどの間に援助協定を締結し、アジアと中近東へ経済協力の手をのばした。

　ソ連の対外援助政策は、「社会主義経済体制」の下で、経済の急速な復興と発展を成し遂げ、人工衛星や原水爆に成功し、社会主義の資本主義に対する優越性を経済面で示そうとするものであった。とりわけ、1957年10月に打ち上げられた人類初の人工衛星、すなわちスプートニク1号の成功は、冷戦の相手であるアメリカに「スプートニク・ショック」を与えた。しかも、アメリカ政府はスプートニクに対抗して、1958年1月31日にエクスプローラー1号を打ち上げたのだが、これが見事に失敗に終わったのである。こうした動きは、発展途上諸国にとり、ソ連が科学技術の分野で最先端

28）ハーシュマン（1958）、pp.321〜328.
29）鹿島平和研究所編（1973）、284頁.

であるという意識が芽生える絶好のチャンスともなる。一方、ソ連の経済援助は、東西冷戦体制における政治目的達成のための援助の典型的なもので、非同盟主義国の経済発展を促進させ、その地位の向上をもたらすことを目的としている。これはインド、インドネシア、アラブ連合などのような、非同盟主義国に比較的集中し、主に発展途上国が援助を期待していた経済戦略上きわめて重要な工業部門のプロジェクトに供与された。こうしたソ連の援助政策は、直ちに世界の注目を浴び、華やかな宣伝となり、政治的にみれば、一つの政策キャンペーンとしてこのうえなく大きな効果を及ぼした。ソ連から発展途上国への経済援助は、認可ベースでは1954から64年までの間に、累計38億ドルに達する。地域的な配分を見ると、南アジア（14億ドル）と中近東（14億ドル）諸国に集中していたのである。

2．アメリカの援助政策と「選択と集中」

このような国際政治経済的環境を背後として、アメリカの援助政策も、発展途上国の「経済開発」を重視する方向への転換を余儀なくされた。アイゼンハワー大統領が、1957年5月に米議会に対外援助特別教書を送り、新しい対外援助政策を打ち出したのもそのためである。アメリカの新たな援助政策の基調は、第一に、従来の一年単位の無償援助方式から長期の有償援助方式へ改め、贈与から借款への転換を重視する。第二に、かつてのプロジェクト援助方式から国家開発計画方式を導入し、被援助国の開発能力や自助努力の程度を重視する。第三に、経済援助の効率をより高めるために援助配分の傾斜方式を取り入れ、被援助国の経済自立を大規模な経済援助で後押しする。これを一言で言えば、「選択と集中」であろう。

アイゼンハワー政権のもとで次第に拡大した経済援助は、ケネディ政権の登場とともに、一層強化された。1961年「対外援助法」（Foreign Assistance Act of 1961）により、同年9月には国際開発局（Agency for International Development, AID）が発足した。国際開発局の大きな意義は、それまでの国際協力局、開発借款基金、国務省および輸出入銀行の一業務を吸収し、経済援助体制を一本化すると共に、地域別、国別機能を著しく強化するものであった。同時に、アメリカ政府は、アメリカ国内のみならず、国際社会に対しても発展途上地域開発への協同の努力を呼びかけている。具体的には1958年に世界銀行・IMFの年次総会においてIDA（International Development Association, 国際開発協会）の設立を提案するなど、一連の援助多角化方策を推進し

表1-4 アメリカの地域別経済援助の変化

(単位：億ドル)

	1951～57年		1958～65年	
	金額	構成比	金額	構成比
ア ジ ア	56	34%	125	55%
中 近 東	23	14%	43	19%
ラテンアメリカ	12	7%	41	18%
ア フ リ カ	3	2%	20	9%
ヨーロッパ等	67	40%	－18	－8%
そ の 他	5	3%	15	7%
経済援助合計	165	100%	226	100%

（出所）アメリカ合衆国商務省編（1986）『アメリカ歴史統計：植民地時代～1970年〈第2巻〉』872～875頁より作成。

た。アメリカの提唱により、1960年1月にOEEC（Organization for European Economic Cooperation、欧州経済協力機構）の下にDAG（Development Assistance Group、開発援助グループ）が設置されたが、1961年9月のOECD発足に伴い、開発援助委員会（DAC：Development Assistance Committee）に改組された。また、1961年9月の国連総会で、1960年代を「国連開発の10年」とし、各国が協調して発展途上国の経済開発に取り組むようアメリカが提案したのもこのような動きの一環であった。

アメリカの援助政策の転換は、発展途上国の経済開発とならんで、地理的にはアジア地域に重点を置いたことが最大の特徴である。まず、アメリカの対外援助（軍事援助の含み）の変化についてみよう。アメリカの対外援助額について、政策の変更前（1951～57年）と変更後（1958～65）の累計額を比較してみると、変更前が361億ドル、変更後は372億ドルでほぼ変わっていない。しかし、これを経済援助と軍事援助を分けてみると、経済援助は変更前の165億ドルから変更後には226億ドルへと大幅な増加を示している。また、軍事援助額は196億ドルから140億ドルへと減少した。その結果、対外援助累計額に占めるシェアも、経済援助が46％から61％に増えているのに対して、軍事援助は54％から38％に減少したのである。このことから、アメリカの対外援助が、軍事援助と経済援助とはトレード・オフ関係にあり、なお経済援助へ重心が移されていたことがわかろう。

つぎに、アメリカの経済援助の変化を地域別に見てみよう。表1-4は、アメリカ援

助政策の変更前後の累計額を、地域別に示したものである。変更前は、地域配分は全体としてヨーロッパ地域が経済援助額の40％を占め、ついでアジア、中近東、ラテンアメリカ、アフリカの順となっていた。しかし、変更後は、アジアに対する伸びが著しい。それに対して、ヨーロッパ地域はマイナスに転じたが、これは多くのヨーロッパ諸国が返済に回ったためであり、それだけ発展途上地域への伸びが大きくなった。とりわけ、この時期にはアジア地域に対する援助額が多くなり、他の地域との規模は確然とした違いを示している。すなわち、アジア地域への援助額は、変更の前の累計額が56億であったのが、変更後のそれは125億ドルとなり、2倍以上も増大した。そして、経済援助の累計額に占めるシェアも31％から55％に拡大し、援助総額の半分以上を占めるに至ったのである。

アジア地域に対するアメリカからの経済援助の流れを、東アジアと南アジアに分けると、南アジアに対する援助の伸びは目を見張るものがある。すなわち、東アジアは変更前の累計額の44億ドルから変更後の累計額は58億ドルに増えたのに対して、南アジアは11億ドルから67億ドルへと六倍以上も増大している。その結果、南アジアの累計額のシェアは、7％から30％へと急増したのである。東アジアが27％から26％へとわずかにシェアを落としたのとは対照的である。南アジアのシェアが大幅に拡大したということは、アメリカの対外政策における南アジアの地位もそれだけ高まったことを意味するものであろう。

ここで注目されなければならないのは、インドとパキスタンに対する動向であろう。グラフ1-12で示されているように、アメリカの援助政策の変更に伴い、インドとパキスタンに対しては増加の傾向を示しているのに対して、韓国に対しては減少の傾向を示しているのがわかる。とりわけ、インドに対する56年以降の伸びは、目を見張るものがある。インドに対する援助額は、50年代初頭より増え続けていたものの、その規模は比較的小さく、1957年には1億8700万ドルに過ぎなかった。ところが、59年には3億200万ドル、60年には5億2300万ドルに急増し、61年には3億7300万ドルと一時減少したものの、62年から再び増大して、64年には8億6400万ドルまでに加速化している。また、パキスタンに対する援助額も、インドのそれには及ばないものの、1957年に1億ドルにすぎなかったものが、64年には3億7700万ドルに達したのである。その結果、全体のシェアも、インドとパキスタンが急速に高まり、代わって韓国は次第に減じたのである（グラフ1-13）。この時期の韓国の地位低下は著しく、

第一章　1960年代初期のアジア経済

グラフ1-12　アメリカの経済援助供与額の推移（アジア主要国別）

（出所）アメリカ合衆国商務省編（1986）『アメリカ歴史統計：植民地時代〜1970年〈第2巻〉』872〜875頁より作成。

1957年の14.4％の水準から64年には4.6％までに減少していた。ところが、この間インドは1957年の7.2％の水準から、59年に16.9％と60年に19.9％に拡大し、61年に14.6％に一時低下した後、64年には25.3％まで急速に拡大したのである。なお、パキスタンは、57年の3.9％から次第に拡大して、62年の11.6％と63年の11.3％を経て、64年には11.0％となっている。とりわけ、1964年の時点で見ると、インドとパキスタンのシェアが全体の36.3％を占めており、この二ヵ国に対する集中が目立っている。

この時期におけるインドとパキスタンの規模は、他の地域と比べても、非常に大きかった。すなわち、変更後の1958〜65年の8年間の累計額を見ると、インドは44億ドル5100万ドルとなり、パキスタンは21億6300万ドルとなった。二ヵ国あわせて66億1400万ドルに上り、これは同期間の東アジア諸国の58億700万ドルを越える規模である。しかも、同時期のラテンアメリカ諸国が40億6600万ドルとなり、アフリカ諸国が20億700万ドルとなっていたが、パキスタンは一国でアフリカ諸国のそれを超えてお

グラフ1-13　アメリカの経済援助供与額に占めるシェア（アジア主要国別）

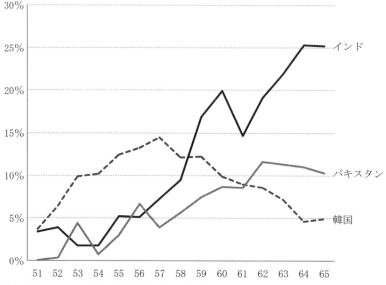

（出所）アメリカ合衆国商務省編（1986）『アメリカ歴史統計：植民地時代〜1970年〈第2巻〉』872〜875頁より作成。

り、インドも一国でラテンアメリカ諸国のそれを超えているのである。この数字はこの時期、アメリカの経済援助の流れがいかに特定国、すなわちインドとパキスタンに集中していたかを物語っている。

3．「ロストウ路線」とインド重視政策

ここでもう一つ考察を要するのは、アメリカの援助政策がインド重視に転換されたという点である。なぜなら、韓国に対する援助削減は、単なる量的な問題というより、アメリカの対外政策における「地位の変化」という、より本質的な問題として捉える必要があるからである。しかも、援助供与の基準からすれば、インドの開発能力や自助努力が優れていたと分析されていたことを意味し、逆に韓国のそれは「優れていない」とされていたことを意味するからである。

アメリカのインド重視政策を考える場合、援助政策の基調をバック・アップしたのは、「テイク・オフの理論」で著名なウォルト・ロストウを中心とするマサチューセッツ工科大学国際研究センターのグループであったという点も、政策的背景として、

合わせて注目しなければならない。というのは、かの有名な「ミリカン・ロストウ提案」がインド重視の起爆剤となるからである[30]。ミリカン・ロストウ提案には、援助の方針として、1) 軍事援助と経済援助を分離し、経済援助の実施機関を新たに新設する、2) 政策の連続性を図るため長期的な援助を供与する、3) 経済援助の効果を高めるため被援助国の吸収能力を重視する、などが盛り込まれていた。とくに、強調されなければならないのは、援助対象国の選定に関して、従来のような政治性や軍事性といった基準ではなく、経済基準によって判断すべきであると提案したという点である。国家開発計画の評価が重視されたのはそのためである。なお、援助の国家間配分にも、その計画の総合的な評価に基づいて開発援助を傾斜配分する。

　ミリカン・ロストウ提案の核心は、次の四点が指摘できよう。一つは、発展途上国が自立的な経済発展に向けてテイク・オフ（経済離陸）することは、結果的に、共産主義の脅威を排除するというアメリカの国家利益に合致するとされた点である。二点めは、アメリカ及び自由世界の平和と安全を確保するためには、共産主義侵略を阻止するための軍事援助に依存するだけでは不十分で、むしろ発展途上国の経済発展を積極的に支援し、これら諸国の国民生活水準を引き上げることにより問題の抜本的解決を図る必要があるということである。三点めは、政策提案として、「選択と集中」という方針が強調されたことである。発展途上国経済が自立経済へのテイク・オフをするためには、政府の計画的な開発戦略によるビッグ・プッシュ、すなわち、高度成長する製造業部門や社会間接資本部門に外部から巨大な経済援助を加えることが、必要不可欠な条件になるということである。四点めは、政策提案として、「選択と集中」という方針が強調されると同時に、社会主義に対する資本主義の優越性を経済面で示そうとしたもので「インドモデル」のプロトタイプを提示したことである。これが「ロストウ路線」である。

　この「ロストウ路線」は、ゆくゆくは、アメリカの対外政策の大きな布石となる。ケネディ大統領はインド重視の政策論者であり、「ロストウ路線」の遂行者であった。彼はミリカンとロストウらをブレーンに加え、「ロストウ路線」を積極的に実行する[31]。ミリカンは対外経済政策問題大統領顧問を、ロストウは、国防省で短期間国

---

30) Max F. Millikan and W. W. Rostow (1957) を参照。
31) ケネディの政策づくりをバック・アップしたのは、「ベスト・アンド・ブライテスト」と総称される多くの知識人であった。その中心的メンバーには、ミリカン、ロストウ、ガルブレイス、メイソ

家安全保障担当大統領次席特別補佐官を経て、国務省政策企画本部長を勤めた[32]。アメリカ経済学会の会長を務めたこともあったガルブレイスも、ケネディ・ブレーンの一員として、1961〜63年の間にインド大使を務めていた。彼の回顧録によると、「わたしの在任中、われわれは、食糧援助を含めて約八億ドル相当の経済援助を供与していたが、これは他のどの国にたいするよりも多額であった。六百万ドルをちょっと下まわるわれわれの広報計画もまた、最大の規模のものであった。（中略）1963年の夏にわたくしが離任したとき、AIDの組織はニューデリーに106人のアメリカ人を抱えていたし、国務省が40人、USISが33人を擁していた」とその規模を記している。インドでの援助活動に参加している職員数の多さからも、いかにインドを重視していたかを端的に伺うことができよう[33]。

さらに、ジョンソン大統領は、ケネディ政権の対外政策を基本的に踏襲し、ロストウらのブレーンを再任し、インドの経済開発に深く関わる。そしてアメリカの対インド政策は、インドの近代化＝工業化を進めるにはどうしたらよいかという政策論におかれ、その主たる関心は成長へ向けていかにテイク・オフするかということに重点が置かれていたのである。それは、インドの工業化をめざす経済開発戦略が世界の注目の的であったことを反映したものであり、資本主義が社会主義に対する優越性を経済面で示そうとしたものでもある。というのは、インドの経済発展を中国の経済発展と対比し、その優越が発展途上国に与えうる影響を非常に重視していたからである。

そこで、アメリカは、先進諸国に向けてインド開発への共同の努力を呼びかけ、1958年に対インドコンソーシアム（債権国会議）が発足することになる。このコンソーシアムは、世界銀行の主宰の下、アメリカ、イギリス、カナダ、西ドイツ、日本などがメンバーとなり、長期にわたる開発援助の供与を実現する。このコンソーシアム

ン、ローゼンスタイン＝ローダンらの面々が含まれていた。

32）ミリカンは、アイゼンハワー大統領の時期からカルカッタのインド統計研究所（当時の所長がマハラノビス）をしばしば訪れ、いわゆるマハラノビス・モデルと呼ばれるインドの第2次5ヵ年計画の立案にも加わった。「マハラノビス・モデルについては、ノールウェーのラグナー・フリイシュ、ポーランドのオスカー・ランゲ、フランスのシャルル・ベトレーム、ケンブリッジ大学のリチャード・グッドウイン、ソビエトアカデミー会員ノデグタイアー、あるいはMITのM．ミリカン教授が協力し、その後、グンナー・ミュルダール、わが国では都留重人や大来佐武郎が検討に参加した」（原覺天（1975）、202頁）。

33）小原敬士・新川健三郎訳（1972）、240頁。

第一章　1960年代初期のアジア経済

がそもそもインドの開発を前提にしているものであることから、事実上「ロストウ路線」の一環として発足させたものとして考えられよう。ちなみに、岸信介首相が就任直後、南アジア諸国を歴訪するのもこの時期である。それも日米首脳会談を前にして、1957年5月20日から16日間にわたってインド、パキスタン、スリランカ、ビルマ、台湾、タイなどアジア6ヵ国を訪問しており、南アジアを重視する姿勢があきらかに見られるのである。日本のいわゆる「円借款」が最初に供与されたのも、インドに対するものであった。すなわち、1958年からの日本の対インド借款は、アメリカの提案を契機にして実現されたといえよう。

　ジョンソン大統領の外交文書によると、開発援助の核心は、「全世界にばらまくより、いくつかの戦略国家に対して集中プログラムを提供すること」と記されている。その上で、主要戦略国家の「キャロット＆スティック」に関する方針について、インドの場合、「厳しい貧困問題を解決すると共に、民主主義体制を築くためのモデルケースである」[34]と、その戦略的位置づけが行われている。この時期のアメリカの対外政策は、いわゆる「キャロット＆スティック」を遂行していたが、アメリカとインドの関係はとりわけその色が強かった。そして、「アメリカの対インド支援戦略」と題した外交文書には、主な戦略的利益として、(1) 国家の分裂を避け、共産主義から守ること、(2) 共産中国の拡大をブロックすること、(3) 核兵器拡散のリスクを減少させること、(4) 自由世界の最大の発展途上国が民主的制度とミックス経済により、発展を遂げたことについてのデモンストレーションを行うこと、など四点を挙げていたのである[35]。アメリカのインドに対する「キャロット」は、他の国と比して決して少ないものではなかったのだが、それだけアメリカにとってインドが戦略的にいかに重要であったかがわかるであろう。

4．アメリカの対韓援助削減と「最大の失敗の一つ」

　多額の援助のほとんどがアメリカから供与されたために、韓国経済はアメリカの対外援助政策によって大きな影響を受けざるを得なかった。とりわけ、朝鮮戦争による

---

34) "Cabinet and Review: Summary", Cabinet Committee on Aid, Files of McGeorge Bundy, Box 15, NSF, LBJ Library, November 3, 1965.
35) "A UNITED STATES ASSISTANCE STRATEGY FOR INDIA", AID Meeting" Thursday", Files of McGeorge Bundy, Box 16, NSF, LBJ Library, November 8, 1965.

破壊から韓国経済が立ち直るうえでアメリカの援助が果たした役割は計り知れない。経済復興期間に相当する1954年から58年までに総額14億ドルが投入され、経済復興の主軸的役割を果たした。朝鮮戦争からの経済復興を支えたのは、アメリカを中心とする膨大な外国援助であったのである。しかし、アメリカの政策変換に伴い、援助導入額は1957年をピークとして減少に転じたのである。韓国の援助導入額は、朝鮮戦争が始まった1950年の5900万ドルから1957年に3億8300万ドルに急増したが、その後は減少傾向が続き、64年には1億7400万ドルに低下した。

また韓国に対する軍事援助も、朝鮮半島の緊張状態にもかかわらず、58年をピークに減少に転じた。このようなダブルパンチにより、この時期経済の成長は鈍化し、なお工業化資金の確保をめぐって混迷が続いたのである[36]。国内資源に乏しい韓国において、農業部門は依然として天候に左右される状況下にあり、貯蓄率は非常に低く、それが外国援助の大きな依存を惹起せざるを得ない要因となっていた。すなわち、外国援助の減少は、工業部門やインフラ部門における固定資本形成に要する機械設備の輸入資金の獲得面において混乱をきたし、工業化の進展を遅らせていたのである。

一方、アメリカの援助政策の転換による影響は韓国政府の経済政策に及び始めた。一つは、アメリカの国家開発計画重視の方針に沿って、韓国政府が長期の開発計画を立案することに力を注ぎはじめたということである。李承晩政権では、1959年4月に自立経済の基盤形成を目的とする「経済開発3ヵ年計画（60～62年）」が作成された。この計画はアメリカ政府の勧告によるものであった。この計画担当者でもあった李起鴻（当時復興部企画局企画課長）によると、「アメリカ援助の急減が予想される1957年の半ばからAID官吏は、韓国政府の政策担当者（金顯哲復興部長官）にその代案として長期経済開発計画案を作成・提出するよう強く勧告した」と指摘した[37]。ただし、この計画は、1958年を基準年とし、年平均経済成長率5.6％を見込んだものであったが、その実施前に李承晩政権そのものが60年4月の学生革命で崩壊してしまったのである。また、1960年8月に発足した張勉内閣も、経済開発5ヵ年計画（62～66年）を立案したが、これも61年5月の朴正熙将軍の軍事クーデタによって、実施に

---

36) 例えば、経済成長率をみると、57年の7.7％から次第に低下し、58年に5.2％、59年に3.9％、60年に1.9％、61年に4.8％、62年に3.1％となり、50年代末からの成長率の低下が目につくのである。韓国銀行（1973）『経済統計年報』264～265頁を参照。

37) 李起鴻（1999）、263～272頁。

は至らなかった。そして、朴正熙政権では61年に第1次経済開発5ヵ年計画が立案され、62年から実施された。これは、アメリカ政府に対してクーデタの正当性を説明し、さらに支援と援助を確保するための資料として活用するために、急ピッチで作成したものであった[38]。しかし、それに対するアメリカの反応は冷たいもので、経済開発計画というより「ショッピング・リスト」に過ぎないという評価であった[39]。

当時、アメリカと世界銀行の勧告により、世界経済に対し新たな経済開発計画及び修正計画が次々と立案・実施されていたことも見逃すことはできない。アジア諸国は一様に、50年代後半より60年代初めにかけて、経済開発省、経済企画院、経済計画局など開発を担う新しい行政機関を設立し、これが経済政策の立案および推進に大きな影響を行使するようになる。そして、これらの行政機関は、強力な権限を持つ官僚機構として、一様に4～6年を一区切りとして目標成長率を掲げ、「総合開発計画」の実施に移していった。原覚天によると、従来の個別プロジェクトを寄せ集めた計画から、国民所得なり雇用の増加見通しや産業間のバランスなどを明確に割り出した総合的なものに発展したという[40]。その結果、アジア諸国の計画も、1960年代に入ってからは、そのほとんどが総合的なものとなっていると指摘する。例えば、タイの場合、「タイのように独立を維持しつづけた国においては、かえって計画への関心が低く、この国の開発計画が正式に取り上げられたのは、1957年に世界銀行に調査立案を依頼しその勧告に基づいて1959年に国家計画庁を設けて1961年から実施にはいる予定の6ヵ年計画が立案されたのが始めであった」と指摘する[41]。また、フィリピンの開発機構は歴史的にアメリカの影響を強く受け、1946年の独立直後においては、開発計画の策定は国家経済審議会（NEC；National Economic Council）が担っていたが、1962年に計画実施庁（PIA；Program Implementation Agency）が設置された。また、1963年から社会経済開発5ヵ年計画（1963-67年）が実施されている。いずれも、1961年夏にフィリピンに派遣された世界銀行により、総合開発計画の作成と実施機関の新設が勧告されたのである[42]。

---

38) 金興起（1999）、22頁と64頁。
39) 金興起（1999）、65頁。
40) 原覚天（1967）、164～165頁。
41) 原覚天（1975）、184頁。
42) M. F. モンテス・坂井秀吉編（1990）、6頁及び荒川英編（1968）、197頁。

第一部　アジア諸国の発展経路と工業化

　もう一つは、他の先進国からの経済援助を受け入れることに重点を置く外資促進策を打ち出し始めたということである。1960年1月李承晩政権は「外資導入促進法」を制定、外国人投資の許容範囲、外資導入促進委員会の構成、外国人投資家に対する特恵、またこれらに対する保障と保護などを盛り込んだ。同時に「韓・米間の投資保障協定」を締結したことである。また、朴正熙政権は、外資の円滑な導入のため、主に借款導入の増大を目的として、61年12月に「外資導入法の全面改定」及び「外資導入運用に関する方針樹立」などの法改正に踏み切った。さらに、62年には「借款に対する支払保証に関する法律」及び「長期決算方式による資本財導入に関する特別措置法」を制定し、政府の支払保証を定め、外資導入を積極的に求めたのである。

　しかし、さまざまな政策が実施されたとはいえ、破産寸前の韓国経済を救うには至らなかった。この点に関していえば、ジョンソン政権が韓国を「最大の失敗の一つ」として捉えていた事実からも窺い知ることができるだろう。1964年4月のジョンソン大統領と崔斗善総理との会談の前に、コウマー国家安全保障担当大統領次席補佐官がロバート・ストレンジ・マクナマラ国防長官に宛てたメモには、「韓国は未だに混沌状態にあり、経済開発のために数億ドル援助を供与したにもかかわらず、最大の失敗の一つとなった。もう少しの安定策を講じることで、我々の予算も多少の削減が可能となろうが変わらず年間3億ドルくらいにはなろう」と明記されている[43]。すなわち、この「最大の失敗の一つ」という文言こそ、当時の韓国経済の全てを物語るものであろう。

---

43) "Memorandum of conversation between the President and the Prime Minister of Korea", Korea memos Vol.1 (11/1963-6/1964), KOREA, Box 254, NSF, LBJ Library, April 13, 1964.

第二章　転機としての1965年

　東アジア諸国の成長過程を見ると、製造業の発展と並行して、工業製品の海外への輸出が盛んに行われていたのであるが、その場合、東アジア諸国では工業部門に多額の外資導入が行われており、かつ製品の輸出にあたっては輸出先としてアメリカを初めとする主要先進国が大きな比重を占めていたという、共通の特徴を持っている。これらの特徴は1950年代から60年代前半にかけて、多くの発展途上国が指向した輸入代替工業化とは明らかに異なった面を持っている。それは最初から海外市場を指向した輸出指向工業化であり、1960年代後半における東アジア諸国工業化の新しい動きであった。したがって、東アジア諸国における対外経済関係、とりわけアメリカとの関係の検討は、アジア経済の地殻変動を解明する上で一つの鍵となる。そこで、東アジアの経済がこの時期にどのような変容をたどったのかを、南アジア諸国のそれと対応しながらチェックしてみることにしよう。

第一節　東アジア経済と外向型経済発展

1．東アジア経済と輸出成長

　まず経済発展の生命線ともいうべき輸出の動向から見てみよう。グラフ2-1は、1960年代におけるアジアの輸出を、東アジア諸国と南アジア諸国に分けて、その推移を示したものである[1]。東アジアの輸出は、南アジアの輸出と比べ、60年代前半（1961〜65年）より後半（1966〜70年）において急速に伸びている。すなわち、年平均輸出成長率をみると、前半では東アジア4.2％、南アジア4.1％であり、いずれも4％台の水準であった。ところが、後半になると、南アジアが3.3％と後退したのに対して、東アジアは12.8％と大幅な伸びを示したのである。これを輸出額で比較する

　1）東アジアとはタイを含んだ地域の東部に位置する東アジア及び東南アジアを指す。具体的に韓国、台湾、香港、シンガポール、タイ、マレーシア、フィリピン、インドネシアなどの8ヵ国を指す。また、南アジアとはインド、パキスタン、スリランカを指す。

第一部　アジア諸国の発展経路と工業化

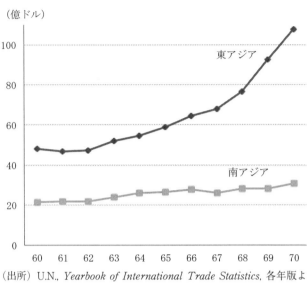

グラフ2-1　アジアの輸出の推移（地域別）

（出所）U.N., *Yearbook of International Trade Statistics*, 各年版より作成。

と、南アジアの輸出額は、1960年の20億ドルから64年の26億ドルを経て、70年には31億ドルへと伸びた。これに対し東アジアの輸出額は、1960年の48億ドルから64年の54億ドルを経て、70年には107億ドルへと大幅に拡大したのである。アジアの輸出総額に対する両地域の比重をみると、南アジアは1960年の28.0％から64年には29.5％に伸びたものの、70年には21.4％に減少しているのに対して、東アジアは1960年の62.5％から64年の61.9％へとやや減少したものの、70年には74.4％へと拡大したのである。

また、輸出先に関しては、アジアの場合20世紀前半は、歴史的にヨーロッパ諸国の植民地であった国が多かったことから、ヨーロッパとの経済交流が盛んな状況であった。それが、ベトナム戦争とともにアメリカの影響力が強まったこともあり、アメリカ向けの伸びが著しくなる。まず、輸出額を60年と64年を比較して見ると、ヨーロッパ向けは21億ドルから23億ドルに、アメリカ向けは12億ドルから14億ドルに、それぞれわずかな増額にすぎなかった。しかし、1965年以降アメリカ向けは急速に伸び、70年には34億ドルに達した。それに対して、ヨーロッパ向けは28億ドルの水準に止まっている。その結果は、グラフ2-2で示された通り、ヨーロッパの比重が相対的に低下

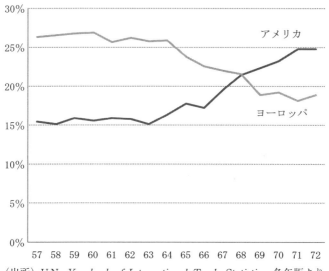

グラフ2-2 アジア諸国の主要輸出先の推移

(出所) U.N., *Yearbook of International Trade Statistics*, 各年版より作成。

し、代わってアメリカが次第にその比重を増しつつあったことがわかるのである。このように、60年代におけるアジアの輸出先をみると、後半に入ってアメリカの需要が急速に高まっていたことがわかる。

2．東アジア経済と外国援助

次にアジア諸国に対する外国資本の動向についてみよう。国連は、ケネディ大統領の提案にもとづき、1960年代を「国連開発の10年」と称して発展途上地域の経済成長率を年率5％に向上させるという目標に取り組んだ。これを受け、OECDの開発援助委員会（DAC：Development Assistance Committee）も「GNPの1％の援助目標」とし、発展途上国に対して多額の経済援助を供与した。すなわち、1961年から1970年までの10年間に、先進国から発展途上国に630億ドルが供与されたのである。アジア諸国は61年の22億ドルの水準から、70年には40億ドルに伸びていた。その結果、先進国援助総額に占めるアジアのシェアも、61年の45％から70年には53％に伸びてきたのである。このことはこの10年間に、南北問題を背景に、アジアの地位が徐々に高まった

第一部　アジア諸国の発展経路と工業化

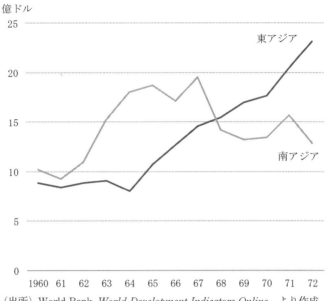

グラフ 2-3　アジア地域の経済援助受入額の推移

（出所）World Bank, *World Development Indicators Online*、より作成。

ことを示しているといえる。さらに先進国の経済援助の流れのなかで、アジア諸国に対する経済援助の受け入れ状況を「東アジア」と「南アジア」に分けてみると、グラフ2-3のように、両地域ではトレードオフの関係が示されている。1960年代を通じて、東アジアにおける傾向は前半の横ばい状態から後半に上向きに変わってきたことがわかるが、最も注目される変化は、60年代後半における南アジアの急減であろう。南アジアの経済援助の受け入れは、60年代に入ってしだいに拡大の傾向を示していたにもかかわらず、後半において減少の傾向に転じているからである。つまり、地域配分の衣替えである。こういった地域配分の衣替えは、アメリカの対外援助政策と非常に共通するものがあり、興味深い特徴といえよう。

また、アメリカの対外援助政策にベトナム戦争が及ぼした影響はきわめて大きいものがある。ベトナム戦争の本格化は、経済援助における東アジア地域の比重の拡大となって現れる。グラフ2-4にしたがってアメリカのアジア向け経済援助額の推移を見ると、60年代後半に入り、南アジアが著しく減少するのに対して、東アジア地域は再び拡大に転じている。このことは、ベトナム戦争の拡大とともに「東南アジア開発構

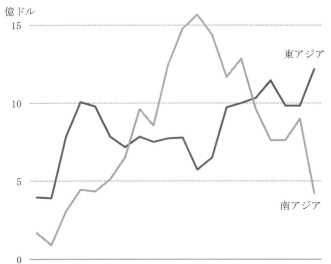

グラフ2-4　アメリカのアジア地域向け経済援助の推移

（出所）アメリカ合衆国商務省編（1986）『アメリカ歴史統計：植民地時代～1970年〈第2巻〉』斎藤眞・鳥居泰彦監訳、原書房。872～875頁より作成。

想」が持ち上げられたが、この構想が援助政策に反映されていたことを示すものであろう。

　また、日本の経済援助も、60年代後半より、かなり大きな変化を示している。日本は、1958年にインドに対して第1次円借款5000万ドルを供与したが、これは日本の最初の政府借款であった。これは、日本がインド・コンソーシアムのメンバーでもあり、アメリカの対外援助政策を反映したものである。すなわち、インドに対する援助は、日本の政府開発援助の中で最も大きなウェイトを占め、60年代の前半まではインドは日本の最大の援助供与国であった。政府開発援助に占めるインドの比重を見ると、60年の13.4％から64年には大幅に伸びて30.4％に達した。その援助は、インド政府の開発計画の遂行に必要な特殊鋼工場、肥料工場や発電所建設などのために、日本からの資本財輸入に重点的に使用された。また、パキスタンに対する援助も64年に13.9％を占めるなど、南アジアの2国だけで日本の政策開発援助の約半分を占めていたのである。このことから、日本の援助政策も南アジア重視に傾斜していたことが伺

グラフ 2-5 日本のアジア地域向け経済援助の推移

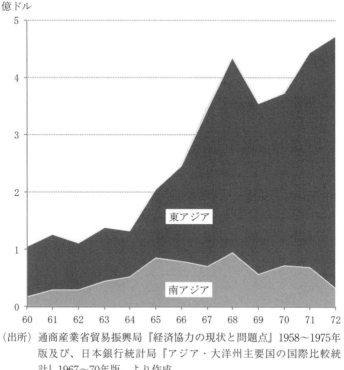

（出所）通商産業省貿易振興局『経済協力の現状と問題点』1958〜1975年版及び、日本銀行統計局『アジア・大洋州主要国の国際比較統計』1967〜70年版、より作成。

えよう。しかしながら、60年代も後半に入ると、アメリカの援助政策の変化を反映して、日本の政府開発援助の中に占める南アジアの地位は後退され、70年には15.8％に低下した。この時期における最も大きな特徴は、援助規模が大きく拡大したということだけではなく、南アジアから東アジアへの力点のシフトにある。援助規模では、60年代前半には1億ドル程度であったのが、65年に2億ドルを超え、70年には4億5800万ドルへ増大した。その地域構成では、グラフ2-5の示すように、65年以降の東アジア地域への集中が目立つ。こうして日本は、65年を境に、東アジアに援助の主力をおいた半面、南アジアへの援助は全体的に消極的となり、その性格も緊急措置的なものに変わったのである。

また、ベトナム戦争の拡大に伴い、軍事援助ではこの動向はさらに顕著となり、東

グラフ2-6　アメリカのアジア地域向け軍事援助額の推移

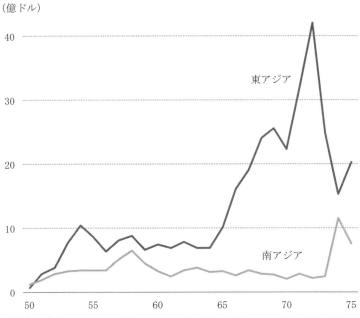

（出所）U.S. Department of Commerce, *Statistical Abstract of the United State*, 各年版より作成。

アジアへの傾斜が目立つようになる。アメリカのアジア向け軍事援助の規模を見ると、グラフ2-6に示されるとおり、東アジア向け軍事援助額は、60年代前半（1961～65年）の累計で約39億ドルであったのが、後半（1966～70年）の累計では107億ドルに達している。その結果、全体に占めるシェアも、前半の49％から後半にはなんと82％を占めるに至ったのである。ここで肝心なのは、こうした多額の軍事援助が、東アジア各国において軍事費の負担を軽減し、財政状況の改善を図るのみならず、その分だけ経済開発資金にまわすことができるという点からも、東アジアの経済開発と密接な関係があるということである。

3．東アジア経済とベトナム特需

　ベトナム戦争の本格的拡大は1965年以降である。1965年2月の米軍の北爆を起点にしてエスカレートしたが、69年7月に米軍の撤退開始を皮切りに、パリでの和平協定

第一部　アジア諸国の発展経路と工業化

調印（73年1月）を経て、75年に南北統一によって終止符が打たれる。このように、長期にわたりしかも大型化したベトナム戦争が、韓国をはじめ東アジア諸国の経済面に及ぼした影響は計り知れない。とりわけ、ベトナム特需は、その流入が長期に及んでいるため、東アジア諸国の経済に及ぼした影響はきわめて大きいものであった。

1961年末の「軍事顧問団」1万5000人派遣に始まったアメリカのベトナム派兵は、65年2月の北爆開始以後、同年末には18万人をこえ66年末には40万以上となり、68年のピーク時には54万8400人に達していた。1969年以後は撤退計画に基づいて米軍の撤退と削減が続けられ、1972年には3万人にまで削減されていたのである。また、これに呼応して韓国、タイ、フィリピン、オーストラリア、ニュージーランドなどの派兵も加わり、その規模は急速に拡大し、その最高時の第3国軍は約7万人に達した。そして、ベトナム戦争に参加した米軍及び第三国軍の数は延べ300万人を超えていたのである。これだけ見ても、ベトナム戦争は局地戦にもかかわらず、大規模な戦闘であったことが窺われる。

ベトナム戦争の大型化にともなって、アメリカの国防費も「東南アジア特別費」を中心に急速に膨張した。アメリカの国防支出の推移を見ると、65年度の486億ドルから69年度の802億ドルへと増大の一途をたどっていたが、69年7月からの米軍撤退開始に伴って、70年に793億ドル、72年には774億ドルと減少している。これらのうちベトナム戦費、すなわち「東南アジア特別費」は、65年度の1億ドルから、67年度には201億ドル、さらに69年度には288億ドと急速に膨張していたが、これはそれぞれ国防支出額の0.2％、29.1％、35.9％に当たる[2]。ベトナム特需の発生は、アメリカのベトナム戦争の全面介入にともなう「東南アジア特別費」に基づくものである。これは「東南アジア特別費」のうち、アメリカ軍が海外で財・サービスの購入に直接用いた海外軍事支出によるもので、とくに、アメリカの東アジア地域に対する軍事支出は、①アメリカ軍支出、②在ベトナム米軍の軍需物資調達、③アメリカ軍帰休兵の支出、などを通じて東アジア地域にばらまかれたものである。

アメリカの海外軍事支出の推移を見ると、グラフ2-7に見られるように、64年度の29億ドルから70年度の49億ドルへと増大の一途をたどっていた。しかし、ここで強調しなければならないのは、東アジア地域に集中的に散布されていた、という点であ

---

2) U.S. Department Commerce (1975), *Statistical Abstract of the United States 1975*.

グラフ 2-7 アメリカの海外軍事支出とベトナム特需の推移

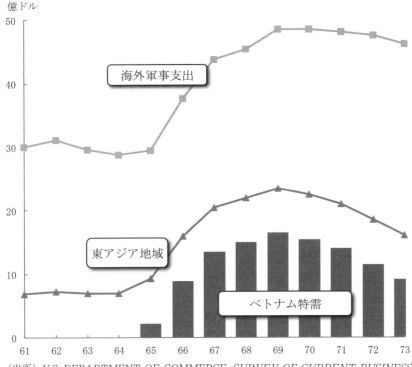

（出所）U.S. DEPARTMENT OF COMMERCE, *SURVEY OF CURRENT BUSINESS*, *FEB*. 1972、p.26及び APR. 1975, p.58より作成。

る。すなわち、アメリカの海外軍事支出はベトナム戦争の本格化とともに急膨張を遂げ、なかんずく東アジア地域に対しては、64年度の7億ドルから、65年度には9.3億ドル、69年度の23.5億ドルをピークに低下し始め、70年度は22.5億ドルとなった。その結果、東アジア地域への支出は65～70年の累計で114億ドルに上ったが、これは同期間の海外軍事支出額の約半分を占めるものである。また、アメリカのベトナム戦争参戦以前の対東アジアへの軍事支出をノーマルな水準とみなせば、ベトナム特需は65年の2.2億ドルから、70年約15.5億ドルと見積もられ、1965年～70年までの総額は71.5億ドルに達するのである。このような長期にわたり、相当規模の特需がベトナムを取り巻く東アジア諸国を中心に散布されたのである。

これを各国別に見ると、表2-1に示された通りで、その規模、推移などは各々であ

第一部　アジア諸国の発展経路と工業化

表 2-1　東アジア各国のベトナム特需と対 GDP 比率

(単位：百万ドル)

	1965年	1966年	1967年	1968年	1969年	1970年	累計額
タ　　イ	22	106	197	266	225	197	1,013
	0.5%	2.0%	3.5%	4.4%	3.4%	2.8%	2.9%
韓　　国	19	80	153	197	257	204	910
	0.6%	2.2%	3.6%	3.8%	4.0%	2.5%	3.0%
シンガポール	14	60	78	98	125	88	463
	1.4%	5.5%	6.3%	6.9%	7.5%	4.6%	5.6%
香　　港	45	50	46	47	50	71	309
	1.8%	2.0%	1.7%	1.7%	1.6%	1.9%	1.8%
台　　湾	6	81	53	27	48	40	255
	0.2%	1.9%	1.1%	0.5%	0.7%	0.5%	0.8%
フィリピン	17	33	55	72	36	8	221
	0.3%	0.5%	0.8%	0.9%	0.4%	0.1%	0.5%
小　　計	123	410	582	707	741	608	3,171
南ベトナム	108	457	597	505	521	531	2,719
日　　本 (沖縄含む)	32	234	384	466	557	567	2,240
合　　計	263	1,101	1,563	1,678	1,819	1,706	8,130

(出所) 日本銀行調査局 (1973)、115～116頁及び溝口敏行編 (2008)、393頁、統計庁 (1995)、315頁、World Bank, *World Development Indicators Online*、より作成。

るが、東アジア各国の経済を浮揚するのに必要な呼び水として、大きな役割を果たした。1965年～70年間の累計額を見ると、タイでは米軍による空港、道路など軍事基地の建設や米軍の駐留あるいは帰休兵の増加などから10億1300万ドル、韓国では国連軍の物資調達やベトナム派遣兵の送金などから9億1000万ドルに達した。また、シンガポールでは南ベトナム向けの石油精製品の中継貿易などから4億6300万ドル、香港では米軍帰休兵の支出及び海運収入などから3億900万ドルに上った。さらに、台湾は米軍の支出及び南ベトナム向け輸出などから2億5500万ドル、フィリピンは駐留軍あ

るいは帰休兵の支出などから2億2100万ドルに上ったのである。このような多額のベトナム特需が、東アジア各国に対し長期間にわたり国際収支の改善や経済成長の促進などに寄与した役割はきわめて大きなものがあった。たとえば、東アジア5ヵ国の外貨準備高は、1969年末には39億と64年末比23億ドル、70％の増加を示し、各国の輸入余力を大幅に上昇したのである。

　また、ベトナム特需を東アジア諸国のGDPに対する比率で見ると、1965年～70年間において、シンガポールの5.6％をはじめとして、韓国3.0％、タイ2.9％、香港1.8％、台湾0.8％、フィリピン0.5％となっており、シンガポール、韓国、タイ経済において特需の占める比重は大きく、台湾、フィリピンは小さい。また、同期間におけるGDPの増加額に対する寄与率を見ると、シンガポールの45％をはじめとして、タイでは32％、香港では20％、韓国では18％、フィリピンでは16％に及んでいるほか、台湾5％に達した。ベトナム特需は、その恩恵を享受した国々の分布についてみる限り、東アジア地域に集中しており、とくにタイ、韓国など参戦協力国に集中している。このようにベトナム特需は、東アジアの各国ごとに程度の差こそあれ、東アジア経済に少なからぬ影響を与えていたことは否定できない。

　以上の点から、アジアを取り巻く国際経済環境の変化は、東アジア地域にとって有利な方向に転じ、これが経済発展の促進要因として作用した一方で、南アジア地域にとっては不利な方向に転じたために、経済発展の足枷要因となってしまったと考えられよう。というのは、ベトナム戦争の拡大とともに、南アジア地域と東アジア地域では成長の明暗がはっきりと分かれていたからである。すなわち、東アジア地域は、すでに60年代前半に年平均6.6％の成長率を実現し、南アジア地域の3.9％を上回っていた。そして60年代後半になると、東アジア地域9.8％と速度を増したのに対し、南アジア地域は2.2％に低下したのである。すなわち、東アジア地域ではその成長がベトナム特需や国際経済環境の好転によって拍車をかけられたのに対して、南アジア地域はベトナム特需の恩恵に浴さなかったばかりか、国際経済環境の悪化をもたらした。このようにベトナム戦争は、アジア諸国の対外経済面に大きな影響を与え、成長の明暗をはっきりさせたことによって、いわゆる「東アジアの奇跡」を生み出したといえる。この場合、東アジア諸国に関していえば、経済援助は拡大されるとともに、輸入代替工業化から輸出指向工業へ切り替えられつつあった。そのため、東アジア諸国にとって、ベトナム戦争は自立的経済発展から外向的経済発展への重要な契機となり、

第一部　アジア諸国の発展経路と工業化

逆に南アジア諸国にとっては、対外依存型の経済発展経路から「内向きの」戦略へと足がかりを提供した、重要な役割を果たしたと言える。

第二節　東アジアの輸出指向工業化とアメリカ市場

　東アジア諸国が輸出促進に乗り出した1960年代後半は、まさしくアメリカ経済が異常なほどの拡大を続けたことに加え、ベトナム戦争をエスカレートさせた影響で軍事需要も急速に拡大されたことで、輸入需要が旺盛な時期でもあった。表2-2は1960年代におけるアメリカのGDP伸び率と輸入の伸びを示したものである。アメリカの輸入は60〜70年には年平均増加率10.2％の高水準で拡大していた。これは50年代の年平均増加率5.3％を大幅に上回るもので、この結果60年の輸入額は151億ドルから、70年には400億ドルへと2.7倍の増加を示したのである[3]。とくに1965年以降はベトナム戦争の拡大とともに急速に伸びはじめ、60年代後半の伸びは年平均13.3％と、60年代前半の7.3％を大きく上回り、アメリカの輸入拡大が1965年以降において著しく加速化してきたことを物語っている。すなわち、1950年代に輸入伸び率はGDP伸び率を下回り、なお個人消費より低い水準であったものが、60年代後半の輸入伸び率は、GDP伸び率の2倍強となっている。この結果、GDPに対する輸入シェアも、1960年の2.9％に対し1964でも2.9％で横ばい状態であったものが、70年には3.9％にその地位を高めたのである。これを世界貿易に占めるシェアの変化で見ると、アメリカの輸出シェアは60年代を通じて低下したのに対して、輸入のシェアは65年から大きく上昇した。すなわち、アメリカの輸出は64年の15.5％から70年には14.2％へ低下したのに対して、輸入は同期間に10.7％から12.5％に拡大したのである。

　グラフ2-8は、アメリカの輸入を先進工業国と発展途上国に分けて示したものである。1965年以降は先進工業国からの輸入が著しく増加したのに対して、発展途上国からの輸入は漸増にとどまったことがわかる。すなわち、先進工業国からの輸入は65〜70年において年平均15.5％の伸び率を示し、その総額は64年の118億ドルから70年には2.4倍の287億ドルの規模に達した。その結果、輸入総額に占めるシェアも64年の62.9％から70年には71.8％に高まった。一方、65〜70年の発展途上国からの伸び率は

---

[3] U.N., *YEARBOOK OF INTERNATIONAL TRADE STATISTICS 1965–1973*.

表2-2 アメリカのGDP伸び率と輸入の伸び

	50〜60年	60〜70年	(60〜65年)	(65〜70年)
GDP	6.0%	7.0%	6.4%	7.6%
個人消費	5.6%	6.9%	6.0%	7.9%
設備投資	3.8%	6.8%	8.4%	5.2%
政府支出	9.1%	7.7%	6.3%	9.1%
輸　出	7.2%	8.1%	6.3%	9.9%
輸　入	5.3%	10.2%	7.3%	13.3%

(出所) インデックス株式会社 (2009)、U.N., *YEARBOOK OF INTERNATIONAL TRADE STATISTICS*, 各年版、より作成。

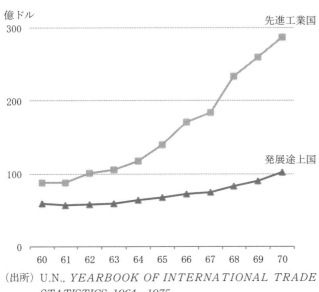

グラフ2-8　1960年代アメリカの輸入の推移

(出所) U.N., *YEARBOOK OF INTERNATIONAL TRADE STATISTICS, 1964−1975.*

年平均8.6％であり、64年の64億ドルから70年には102億ドルと1.6倍となり輸入総額に占めるシェアは64年の34.0％から70年には25.6％に低下したのである。このように60年代後半のアメリカ輸入は、先進工業国の伸長と発展途上国の後退が顕著であること

グラフ 2-9 アメリカの発展途上地域別輸入の推移

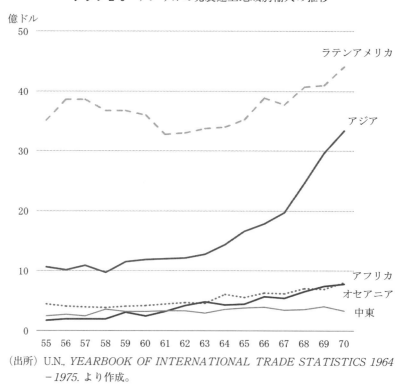

(出所) U.N., *YEARBOOK OF INTERNATIONAL TRADE STATISTICS 1964 - 1975.* より作成。

がわかる。

　しかしながら、発展途上国の地位後退が目立つ中で、グラフ2-9で見られるように、アジア地域は他の発展途上地域に比べ高い成長を示したのである。アメリカ輸入の発展途上地域別構成の変化を見ると、他地域と比べアジアからの輸入増加が突出している。とくに、65〜70年のアジアからの輸入は年平均伸び率で15.0％の高水準で拡大した。これは60年代前半の年平均伸び率6.9％を大幅に超えるもので、70年の輸入額は33.3億ドルと64年の14.4億ドルに比べ、約2.3倍の規模に達した。一方、ラテンアメリカからの輸入平均伸び率は4.6％で、64年の34.0億ドルから70年には44.1億ドルと約1.3倍増である。アメリカ輸入に占めるシェアを見ると、アジアは64年の7.7％から70年には8.3％へ、ラテンアメリカは18.1％から11.0％へ、アフリカは3.3％から2.0％へ、オセアニアは2.3％から2.0％へ、中東は1.9％から0.8％となっており、アジアのウ

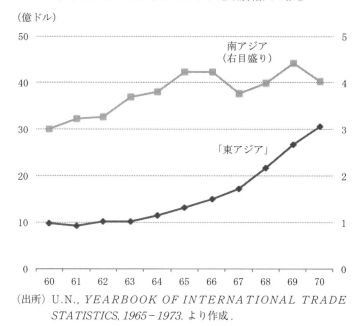

グラフ 2-10　アメリカのアジア地域別輸入の推移

（出所）U.N., *YEARBOOK OF INTERNATIONAL TRADE STATISTICS, 1965–1973.* より作成．

ェイトが高まったのに対して、他の4地域のシェアは低下の一途をたどったのである。このように、ラテンアメリカ、アフリカ、オセアニア、中東はいずれも地位後退を余儀なくされていたのと対照的に、アジアのみが地位を上昇させたのは、60年代後半からであったという時期的な特徴には、やはり目を向ける必要があろう。

　1960年代において、アメリカの対アジア輸入動向の中で注目すべき点は、同じアジア諸国といっても、地域によって成長パターンがかなり異なっており、アジア地域を「東アジア」と「南アジア」の二つに分けてみると、両地域が非常に対照的な動きを示していることであろう。とくに、60年代後半に入ると、グラフ2-10に見られるように、南アジアからの輸入が低迷状態に陥るのに対して、「東アジア」からの輸入は急速に拡大し続けるという著しい対照を示すのである。すなわち60年代前半は、60〜64年の平均輸入伸び率は、「南アジア」が6.0％で、「東アジア」の4.0％を上回っており、アメリカの輸入総額伸び率5.6％よりも大きかったのに対し、64〜70年に至ると「南アジア」からの輸入伸び率は0.9％に急に低下するのと対照的に、「東アジア」は

17.8％という高い伸びを示し、アメリカの輸入総額伸び率13.4％をはるかに上回るものとなった。この結果、「東アジア」からの輸入は、64年の14.4億ドルから70年には30.6億ドルへと約2.7倍の増加を見せ、アメリカ輸入に占めるシェアを64年の6.1％から70年には7.7％に拡大した。このように見ても南アジアからの輸入は低迷状態に陥ったのに、「東アジア」からの輸入が上昇に転じたのは、1965年以降であることが鮮明に現れていたという点が指摘されよう。「東アジア」経済において、その最大の特徴は優れた輸出パフォーマンスであったことがしばしば取り上げられているが、そのスパートが1965年以降であったということは最も重要なポイントとして指摘しておきたい。

第三節　「インドの工業化停滞」と「漢江の奇跡」

1．外向型経済成長の明暗

韓国経済が、当時の悲観的な経済の見通しをまったくくつがえして、非常に急速な経済成長を成し遂げたのは1965年以降であることを繰りかえし述べてきた。このことと対照的に、アジアの工業先進国であったインドが、1965年を境に経済成長の鈍化を示しはじめたが、この点を見逃すわけにはいかない。こうした成長の明暗は相互に関連し合っていると考えられるからである。アジア経済における成長の明暗を、すなわち「韓国の成長」と「インドの停滞」という対極的な動きを考慮しながら整理することは、韓国の高度成長を解明するうえで重要であろう。したがって、1960年代における韓国の成長を単線的な発展段階史観による「経済的達成」として捉えるのではなく、インド経済の「経済的失速」とそれにもとづく工業化の停滞という同時的な現象として捉え、その相関関係を検討してみたい。

まず、GDPの推移について見ると、グラフ2-11に示されているように、1965年以降きわめて対照的な動きを示している。すなわち、韓国は加速的な上昇傾向を辿っているのに対して、インドの落ち込みは著しい。インドのGDPは70年になってようやく65年の水準に回復した。このような経済パフォーマンスの相違は、結果的に1人当たり所得に反映されているのがわかる（グラフ2-12）。すなわち、韓国の一人当たりGDPは1970年には253ドルと65年の2倍以上に跳ね上がった。一方、インドは60年の

グラフ 2-11　韓国とインドの GDP 推移

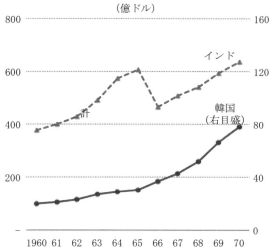

（出所）統計庁（1995）、World Bank, *World Development Indicators Online*、より作成。

グラフ 2-12　韓国とインドの一人当たり GDP 推移

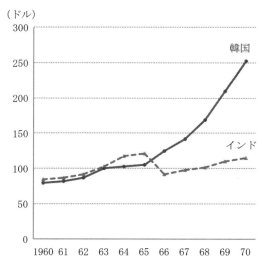

（出所）統計庁（1995）、World Bank, *World Development Indicators Online*、より作成。

第一部　アジア諸国の発展経路と工業化

表 2-3　アジア各国の製造業平均成長率（1960年代）

	1960〜65	1965〜70
韓　　　　国	11.7%	22.1%
台　　　　湾	12.8%	17.7%
シンガポール	10.0%	16.2%
香　　　　港	—	13.4%
タ　　　　イ	11.2%	10.2%
マレーシア	10.2%	9.7%
フィリピン	6.1%	5.1%
インドネシア	2.0%	8.0%
イ　ン　ド	9.1%	2.6%
パキスタン	14.0%	8.7%
スリランカ	5.2%	7.3%
アジア太平洋地域	7.7%	4.6%

（出所）U.N.（1979）、p.40及び、溝口敏行編（2008）、398頁より作成。

84ドルから65年に122ドルにまで伸び続け、同年韓国の105ドルを上回るまでに至ったが、70年には114ドルの水準に低下したのである。

　韓国経済は製造業部門を中心として、著しく経済規模を拡大した。特に、60年代後半の高い成長を支えたものは、製造業部門の発展であった。表2-3で見られるように、韓国の製造業平均成長率では、前半（1960〜65年）が年平均11.7％であったのに対し、後半（1965〜70年）には22.1％という驚異的な高である。一方、インドは前半の9.1％に対して、後半には2.6％に大きく低下したのである。しかし、肝心なことは、インドの工業部門が1965年を境にして成長率は減速し、その後も成長率は容易に回復せず、インドは長期停滞のわなに落ち込んでゆくことになる、という点である（グラフ2-13）。ここで強調しなくてはならないのが、65年を契機として特に不振を極めたのが資本財産業であったことである。その年平均実質成長率1961〜65年の19.6％から1966〜70年にはマイナス1.4％へと落ち込んだ。それだけでなく、それ以降ほぼ80年代半ばに至るまでの20年間、インドの資本財産業は長期にわたる停滞を経験し

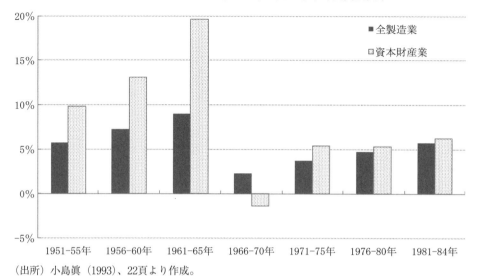

グラフ2-13　インドにおける工業生産の年平均実質成長率

（出所）小島眞（1993）、22頁より作成。

たのである。

　インドの工業化が停滞を迎える契機となった原因としては、65年の印パ紛争と2年間の干ばつによる農業生産の停滞、国際収支面での危機的状況、といった点が強調される[4]。振り返って見ると、これらの議論は表面的なものに過ぎず、そもそもベトナム戦争をめぐるアメリカとの軋轢が欠けているのは、危機の原因を「インド政府のガバナンス」に委ねようとする動きが強かったに違いない。すなわち、ベトナム戦争をめぐる米印関係の悪化に伴うアメリカの「インドの見捨て」行為を表面化せぬということであろう。いずれにせよ、1965年を境にインドを取り巻く国際政治経済環境の悪化がインド経済に与えた影響については決して軽視することはできない。というのも、前に述べたように、1960年代前半までのインドは、韓国と比べても輸出指向工業化が進み、しかも外国資本をテコに産業の高度化をはかるなど、いわゆる「外向き開発戦略」の典型といっても過言ではなかったからである。こうした観点からもインドをめぐる国際経済環境の重要性は無視し得ないものがあり、とりわけ韓国を取り巻く

4）絵所秀紀（1991）、第2章を参照。

グラフ 2-14　先進国からの経済援助受け入れの推移（韓国とインドの比較）

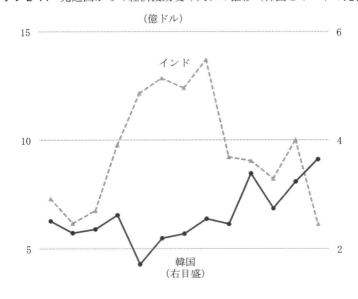

（出所）World Bank, *World Development Indicators Online*、より作成

国際経済環境と比較しながら、両国の明暗を検討してみたい。

2．成長の明暗を分けたもの

(1) 外資導入

　第1に、インドの工業成長の重要な部分を支えた経済援助の動向に注目しなくてはならない。グラフ2-14は先進国からの経済援助受け入れを示したものであるが、韓国とインドの劇的な変化が目につくのである。インドは60年代前半の増加傾向から後半の減少傾向に急転したに対して、韓国は逆に減少傾向から増加傾向に転じている。インドに対する経済援助の流れは、60年代初めにはかなりの急上昇を見せたものの、60年代後半より急ブレーキがかかり、70年には7億8000万ドルに大きく減少した。このため先進国の援助総額に占めるインドの比率も64年の20％から70年には10％に落ち

グラフ 2-15　インドの目的別援助額（1963年末承認額、279億ルピー）

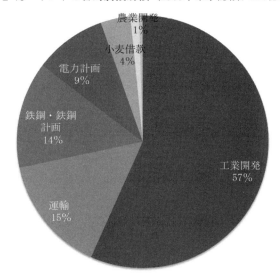

（出所）原覺天編（1967）、37頁より作成。

た。インドの援助承認額（1963年末）を目的別に分けてみると、グラフ 2-15のとおり、工業開発に対するものが最も大きく、総額の57％に及んでいる。それについでは運輸部門の15％、鉄鋼部門14％、電力部門9％、小麦借款4％、農業部門1％である。農業部門に対するものは全体の1％にすぎず、工業及びインフラ部門に対するものがほとんどである。したがって、援助減少の影響は、海外よりの借款をテコとして工業構造の高度化を推進していたインドにとり、当然の帰結として、工業及びインフラ投資が低迷し、それが工業生産拡大の足を引っ張る結果となったのである。

　インドの対外経済援助受け入れではアメリカからのものが最も多く、60年代前半の外国援助総額の約60％を占めるなど、インドの対米依存度は非常に高いものがある。その援助も主として工業開発とインフラ、食糧の三つに使用されたが、それらはプロジェクトに基づいて行われていた。しかし、60年代後半の減少傾向は著しいものがある。すなわち、1964年の8.6億ドルから72年には1.1億ドルへと急減した。その結果、64年にアメリカの経済援助の25％を占めていたのが、72年には3.3％までに低下したのである（グラフ 2-16）。

　アメリカの対インドへの援助を打ち切りの理由として、しばしばパキスタンとの関

第一部　アジア諸国の発展経路と工業化

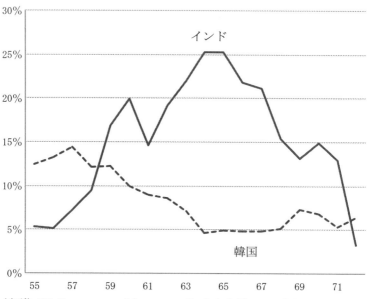

グラフ 2-16　アメリカの対外経済援助とインドの地位

（出所）U.S. Department of Commerce, *Statistical Abstract of the United State, 1966–1975.* より作成。

係悪化が挙げられているが、これは表面的過ぎるものであろう。というのは、第一にベトナムでの支出の増大に伴って安全保障のための資金配分の比率が高まり、従来のごとき大量の開発援助が供与されなくなったこと、第二に東南アジア開発構想により、南アジアだけに援助を集中できなくなったこと、第三にアメリカの安全保障面からインドの戦略的地位が相対的に減退したこと等々の事情が重なり、アメリカの対インド援助は消極化せざるを得なかったといえよう。いずれにせよ、この時期の援助政策はアメリカの安全保障上の要請を強く受けていたものであり、その主役はインドであったというのは前に述べたとおりである。すなわち、アメリカの対インド援助が、インドの工業化の成功のもつ世界経済的重要性として、位置づけられていたことから考えれば、事実上「インドモデルのギブアップ」を意味するものであり、この点を強調しなければならない。

(2) 生産財の輸入

　第2に注目されなくてはならないのは、輸入の動向である。グラフ2-17は、韓国

第二章　転機としての1965年

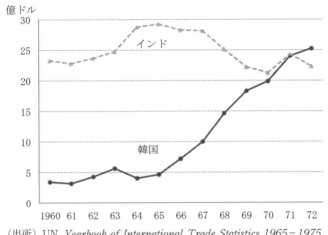

グラフ2-17　韓国とインドにおける輸入額の推移

（出所）UN, *Yearbook of International Trade Statistics 1965-1975.* より作成。

とインドにおける輸入額の推移を示したものであるが、その対照的な動きには目を見張るものがある。すなわち、1965年を境として、韓国は、横ばい状況から驚異的な増加傾向に転じたのに対して、インドは増加傾向からマイナス傾向に転じているのである。

　ここで強調されなくてはならないのは、1960年代後半にインドの輸入額が急速に減少したのは、この時期に先進国から援助供与額が大幅に削減されたことが大きいということである。インド経済にとり援助の重要性は、インドの輸入のうち外国援助によって賄われる部分の割合によっても示されよう。インドの輸入は60年代前半に、とくに基幹産業の拡充や電力開発のための主要プラントの輸入、重機械、石油精製など輸入資本財が大きな割合を占める重化学産業の開発のための資本財輸入は、年間10億ドルを超えていたが、これはほとんど先進国からの援助によるものであった。すなわち、60年代前半の輸入に対する援助依存率も、資本財輸入の急増に伴い、61年に29％であったのが、62年29％、63年39％、64年42％、65年には44％となり、65年では輸入額の約半分が外国援助によってカバーされた。いうまでもなく、1958年の世界銀行及び先進12ヵ国からなるインド・コンソーシアムメンバーからの積極的な援助が供与された結果、貿易収支の逆調にもかかわらず、インドの工業化のための資本財を順調に

グラフ2-18 インドの対米輸入額及び援助受入額、貿易赤字の推移

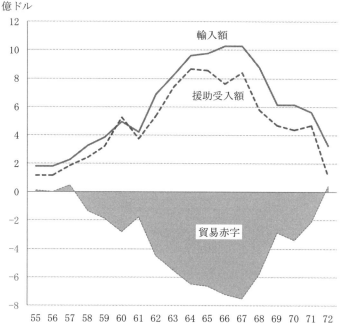

（出所）U.N., *Statistical Yearbook for Asia and The Far East 1965-1975*及び、U.S. *Department of Commerce, Statistical Abstract of the United State*, *1960-1975*. より作成。

輸入することができた。しかしながら、60年代後半に入り、インド・コンソーシアムメンバーによる援助の大幅な削減も相まって、66年4月から実施される予定であった第4次5ヵ年計画は資金調達の見通しがたたず、その調整のため3年間延期を余儀なくされたのである。

グラフ2-18は、インドの対米輸入額及び援助受入額、貿易赤字の推移を示したものである。1957年以降、アメリカからの輸入は大幅な増加を示し、とくに第3次5ヵ年計画（1961年4月〜66年3月）を遂行していく過程で、アメリカへの依存度は大幅に拡大した。アメリカに対する輸入依存率を見ると、56年の12%であったものが、65年には33.3%までに高まり、輸入額の3分の1を占めるに至ったのである。なお、アメリカからの輸入は、PL480による食糧輸入に加えて、工業開発ならびにインフラの

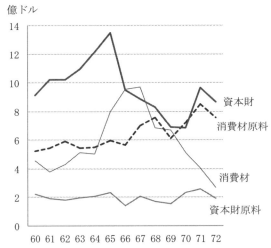

グラフ2-19 インドの用途別輸入額の推移

(出所) U.N., *Statistical Yearbook for Asia and The Far East 1970–1975.* より作成。

強化のための資本財輸入が急増したが、一方対米輸出は輸入需要を大きく及ばず、巨額の赤字を積み上げていた。すなわち、アメリカからの輸入の実績は、61年と65年に4億ドルから9億ドル以上に増大したのに対して、輸出は2億〜3億ドルにとどまり、貿易収支の赤字は約2億ドルから6億ドル以上に拡大した。こうした赤字の拡大が、経済援助の大幅な増額によって埋め合わせていたのはいうまでもない。

もうひとつ強調されなくてはならないのは、先進国の対インド援助の急減に伴い、輸入能力の低下という状況下で直接的な打撃を被ったのが、資本財の輸入減少であったということであろう。60年代前半には、インドがとってきた工業化戦略を反映し、資本財生産に必要な技術集約的設備の輸入や工業原料の輸入によるものであった。輸入額を用途別に見ると、グラフ2-19で見られるように、資本財が最も多く、ついで消費材原料と消費材の順で多くなっている。とりわけ、資本財の輸入は順調に伸び、65年には13億5000万ドルに達したが、これは輸入総額の46％を占めるものである。これは積極的な経済構造の高度化政策により、鉄鋼、電力、機械、化学及び肥料の生産設備の拡充に乗り出したことが大きい。ところが、60年代後半に入り、先進国からの援助削減により、特に不振を極めたのが資本財の輸入であったのである。

第一部　アジア諸国の発展経路と工業化

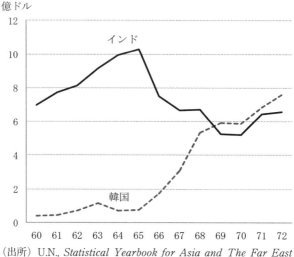

グラフ 2-20　機械類輸入の推移（韓国とインド）

（出所）U.N., *Statistical Yearbook for Asia and The Far East 1970-1975.* より作成。

　しかし、インドの資本財の輸入が急減したのとは対照的に、韓国のそれは驚異的な伸びを示したのである。1960年代前半の韓国経済は国際収支の危機、食料不足、計画の行き詰まりに直面し、輸入の不振が続いていた。1962年にスタートした第1次経済開発5ヵ年計画にともない資本財と消費材の輸入が63年に5億6000万ドルに達したが、輸出はわずか8680万ドルにとどまり、貿易赤字は4億7300万ドルであった。しかも、外貨準備は63年には1億300万ドルと最低水準に落ち込み、外貨不足の危機的状況に陥った。このため、資本財の輸入、なかでも機械類は63年の1億1560万ドルから64年には6950ドルへと縮小せざるを得なかったのである（グラフ 2-20）。ところが、60年代後半に入り、外国借款の急増とともに機械類の輸入は驚異的な増大を示した。その結果、輸入総額に占める機械類のシェアも、65年の15.9％から70年には29.7％へと大幅に上昇したのである。同様に、韓国の輸入構造も60年代前半の消費財中心から後半の資本財中心に劇的な変化をもたらしたのである。こうした劇的な変化は、いうまでもなく巨額の外国援助の受け取りによって実現された。

　特記すべきことは、両国とも輸入の動向と、先進国からの経済援助受け入れの動向が完全といってもよいほど一致しているということである。言い換えれば、両国の輸

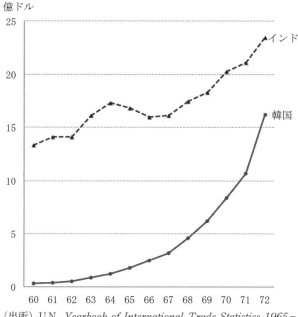

グラフ2-21 韓国とインドの輸出額の推移

(出所) U.N., *Yearbook of International Trade Statistics 1965-1975.* より作成。

入パフォーマンスは先進国からの経済援助により明暗が分けられたのである。

(3) 工業製品の輸出

　第3に、工業製品への輸出需要の低下も、この工業化停滞の背景として重要であろう。グラフ2-21は、韓国とインドにおける輸出額の推移を示したものである。とりわけ、60年後半に入り、韓国の輸出が驚異的に伸びたのとは対照的に、インドのそれは伸び悩んでいるということが目につくのである。インドの輸出パフォーマンスが低下したのは、品目別ではジュート、綿織物、衣類といった繊維製品の輸出が急減したこと、なお国別では西ヨーロッパ諸国とアメリカへの輸出が停滞したことによるものである。なかでも、65年を契機として特に不振をきわめたのがアメリカへの輸出であり、その年平均成長率は61〜65年の7.7％から66〜70年にはマイナス2.4％に落ち込んだ。

　興味深いのは、アメリカ輸入市場における韓国とインドの動きに顕著な対照が見ら

第一部　アジア諸国の発展経路と工業化

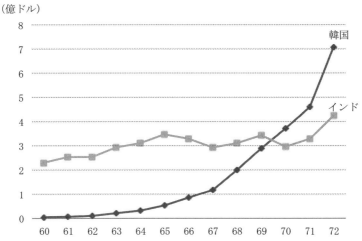

グラフ 2-22　アメリカのインドと韓国からの輸入

（出所）U.N., *YEARBOOK OF INTERNATIONAL TRADE STATISTICS 1965-1973.* より作成。

れることである。グラフ2-22で示されるように、60年代後半、韓国からの輸入が飛躍的な上昇へと向かったのに対して、逆にインドからの輸入は停滞状態に陥るという対照的な動きが特徴である。これを具体的に見ていこう。60年代前半においては、インドからの輸入は上昇傾向にあり、韓国との差は歴然として大きかった。60年代前半の韓国からの輸入は、60年の500万ドルから64年には3100万ドルへと、年平均伸び率は57.8％という高い伸び率を示したものの、依然としてアジア諸国の中ではその規模が小さなものであったのである。ちなみに、64年のアジア各国からのアメリカの輸入額を見ると、スリランカ3100万ドル、シンガポール3800万ドル、パキスタン3900万ドル、台湾7700万ドル、マレーシア1億5900万ドル、インドネシア1億6000万ドル、香港2億4900万ドル、フィリピンは3億9600万ドルとなっており、韓国はスリランカと並んで最も規模が小さい国の一つであったことがわかる。ところで、インドからの輸入額は、60年の2億3000万ドルから64年には3億1000万ドルと拡大し、アメリカ市場におけるインドのシェアも1.53％から1.67％へと上昇している（グラフ2-23）。64年のインドからの輸入額は、アジア諸国の中ではフィリピンに次ぐ二番目の規模であり、韓国からの輸入額の10倍を超える規模でもある。

82

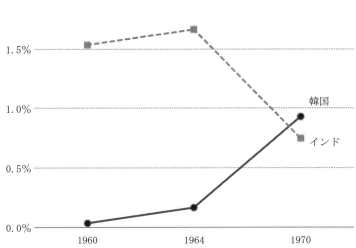

グラフ2-23 アメリカ輸入市場における地位変動（インドと韓国）

（出所）U.N., *YEARBOOK OF INTERNATIONAL TRADE STATISTICS 1965-1973.* より作成。

　しかしながら、70年のインドからの輸入は２億9800万ドルとなり64年より減少したのに対して、逆に韓国からの輸入は３億700万ドルへと飛躍的に増大したのである。これはインドと韓国に対する輸入速度の違いを如実に示したものであるが、その結果、アメリカ市場でのシェアも、70年には韓国は0.93％へと増大し、インドの0.75％を凌いでそのプレゼンスは一段と上昇したのである。また、この時期における韓国と他のアジア諸国との間のパフォーマンスの相違は明確である。70年の輸入実績をみると、韓国の３億7000万ドルに対して、スリランカは2400万ドル、パキスタンは8000万ドル、タイは１億ドル、シンガポールは１億7200万ドル、インドネシアは１億8200万ドル、マレーシアは２億7000万ドルとなっており、韓国はきわめて短期間にこれらの諸国を追い抜いていたことがわかるのである。

　しかしより重要な問題は、工業化の停滞という表面的な状況よりも、アメリカがインドに対する開発戦略をどう変化させたか、ということであろう。すでに何度も言及したように、アメリカの対外戦略は、中国とならんでインドを発展途上国経済発展に一つのモデルを提供する可能性のある国として「ロストウ路線」を後押ししていたか

らである。こうして見る限り、韓国では、1966年にアメリカを中心とした「韓国援助クラブ」が結成され、積極的な援助が与えられた結果、外貨の絶対的な不足にもかかわらず、資本財及び輸出用原資材などの輸入が急速に増加したのである。逆に、インドでは、インドコンソーシアムの「見捨て」が外貨不足の引き金となり、計画産業の施設材や機械輸入の減少を余儀なくされ、同時にそれが計画の行き詰まりを招来し、インド経済の危機を構造的なものにしていたといわざるを得ない。このことは、アジア経済における見えざる手、すなわちアメリカ政府の戦略により、その成長の明暗が左右されていたことを示唆するものであろう。

第二部　政策なき高度成長

第二部　政策なき高度成長

第三章　高度成長の時代へ

第一節　「停滞」から「漢江の奇跡」へ

1．高度成長を支えたもの

　ここで想起すべきことは、韓国経済は60年代初めに「貧困のスパイラル」に陥ったために、投資活動と資金調達の不振をもたらし、それが「計画の下方修正」を余儀なくしたということである。韓国経済が停滞状態に陥っていたということは、それらの問題を解決することなしには、工業化の進展も考えにくいからである。その意味で、60年代前半における「貧困のスパイラル」からいかに脱却できたか、同様にそれが時期的にいつおこったのか、というのも、1960年代の工業化スパートを考える上でもっとも重要なポイントとなろう。そこで、韓国経済がどう変貌したかを時系列的に考察しよう。

　韓国の需要項目別平均成長率及び寄与率の推移を見よう（表3-1）。需要項目別の年平均成長率に関して、60年代前半と後半に分けてみると、いずれも前半より後半の伸びが大きい。その間、民間消費支出は前半の5.0％から9.4％へ、政府支出は2.0％から9.2％へ、総固定資本形成は15.0％から27.2％へ、輸出は24.0％から36.6％へ、輸入は4.9％から33.8％へと伸び、前期の成長率に比べて2～6倍という急速な伸びを示している。なかでも、総固定資本形成と輸出、そして輸入の伸びはきわめて大きく、GNPの伸びをはるかに凌駕している。また、GNPに対する年平均寄与率を見ると、前半より後半の伸びが著しい。総固定資本形成の寄与率は、前半の24.6％から後半には42.9％へと大幅に拡大した。輸出と輸入の寄与率もそれぞれ輸出は13.2％から28.4％へ、輸入は8.0％から46.5％へと大きく伸びた。

　グラフ3-1は、総固定資本形成の推移を示したものである。このグラフで注目すべきは、その実質額と構成比の増加が、60年代後半以降で著しいことである。すなわち、総固定資本形成は、60年の970億ウォンから63年に1678億ウォンに増大した後、

第三章 高度成長の時代へ

表3-1 韓国の需要項目別平均成長率及び寄与率の推移（1970年実質価格）

	民間消費	政府支出	総固定資本形成	輸出	輸入（−）	GNP
（年平均成長率）						
1961-70	7.2%	5.5%	21.0%	30.1%	18.5%	8.6%
（61-65）	5.0%	2.0%	15.0%	24.0%	4.9%	6.2%
（66-70）	9.4%	9.2%	27.2%	36.6%	33.8%	11.1%
（年平均寄与率）						
1961-70	64.5%	8.0%	37.9%	24.2%	36.0%	100.0%
（61-65）	64.6%	4.3%	24.6%	13.2%	8.0%	100.0%
（66-70）	64.5%	9.5%	42.9%	28.4%	46.5%	100.0%

（出所）韓国銀行（1973）『経済統計年報1973』より作成。

グラフ3-1 総固定資本形成の推移（1970年実質）

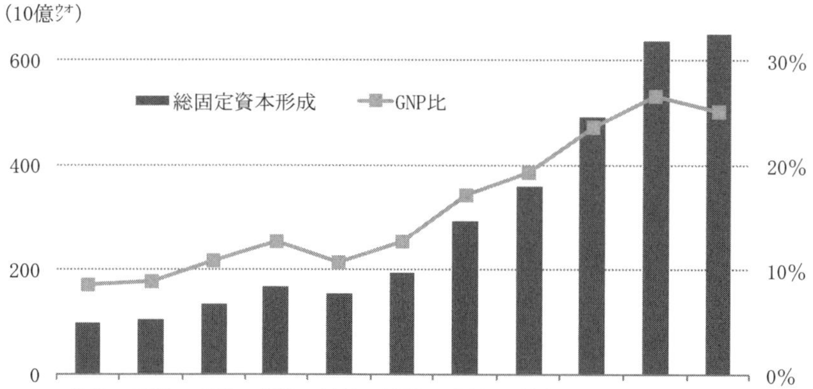

（出所）韓国銀行（1973）『経済統計年報1973』より作成。

64年には1551億ウォンに減少した。ところが、1965年以降は急速な増加の傾向をたどり、70年には6502億ウォンにまで増大したのである。わずか6年で4倍以上も増大したことになる。また、そのGNP構成比は、60年の8.6％から63年の12.6％に拡大した後、64年には10.8％に低下していた。しかし、65年以降急速に拡大し、66年17.1％、

第二部　政策なき高度成長

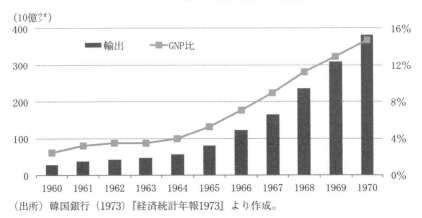

グラフ 3-2　輸出の推移（1970年実質）

（出所）韓国銀行（1973）『経済統計年報1973』より作成。

68年23.6％、70年25.1％と、64年までは伸び悩みの状況にあったことを考えると、まさに奇跡的な成果と見ることができよう。

また、輸出は60年代を通して最も著しい成長をとげた項目であった。年度別に見ると、輸出額は60年の274億ウォンから64年の571億ウォンへと2倍に増え、1965年以降さらなる急増により、70年には3812億ウォンまでに増大したのである。実に64年から約7倍もの増加を示したのであった。その結果、そのGNP構成比は、60年の2.4％から61年に3.2％に拡大した後、全く横ばいを続け64年に4.0％となった。しかし、65年から急上昇に転じ、グラフ 3-2に示されたとおり、68年には、遂に11.3％を記録して10％の大台に乗り、70年には14.7％に達したのである。一方、GNPへの寄与率を見ると、61年の19.7％から62年の13.0％に、63年の3.0％へと減少傾向をたどり、64年には9.6％にやや回復したものの、61年のそれを大きく下回っていた。しかし、65年以降の寄与率は大きく拡大し、65年の26.5％、66年の22.2％、67年の32.7％、68年の29.5％、69年の23.9％、70年の37.7％と、65年から70年まで常に20％を超えていたのである。ここで注目すべきことは、61年から65年までの平均寄与率は13.2％であり、平均実質成長率の24.0％をかなり下回っていることである（表 2-1 参照）。すなわち、1961年から65年に至る期間の輸出は、表面的には高い成長を示していたのとは対照的に、韓国経済に対する寄与の面では相対的に低いものにとどまっていたことを物語っている。このことは、輸出の拡大が韓国経済に重要な役割を果たしたのは、60年代後

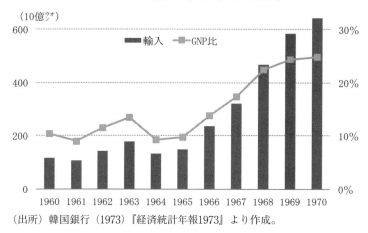

グラフ3-3　輸入の推移（1970年実質）

（出所）韓国銀行（1973）『経済統計年報1973』より作成。

半であったことを意味するものであろう。

　1960年代における輸入の大幅な増加にも当然注目すべきである。グラフ3-3は輸入の推移を示したものである。輸入額は、64年まで不安定な成長に陥ったのに対して、65年以降急速な成長を遂げている。輸入は、輸出を上回って急増しており、64年の1333億ウォンから70年には6424億ウォンに達した。その結果、輸入構成比は64年の9.2％から、わずか6年後の1970年には約3倍増の24.8％に急増したのである。このため、貿易収支の赤字幅は年々拡大の一途をたどった。すなわち、1964年に760億ウォンだった輸出入ギャップは70年には2610億ウォンにも達し、GNPに対する輸出入ギャップも64年の5.3％から70年には10.0％へと大きな拡大を見せたのである。こうした貿易収支の悪化は、生産設備の老巧化や関連産業の未発達によるところが大きい。つまり、韓国経済が、輸出そのものを拡大させるのに、原材料や部品と機械設備などを輸入せざるを得ない消費財加工産業の基盤の上に立っていたためである。いずれにせよ、このような機械設備や輸出用原材料の輸入が、韓国の輸出指向工業化を促進する要因となっていたことは確かであり、その意味で輸入の増大は評価されるべきであろう。

　以上のことは、韓国経済が1965年以降にドラマティックな変化を遂げたことを意味する。確かに、総固定資本形成や輸出及び輸入、そして産業構造など主要指標からも、1965年以降の顕著な変化が見られた。このことは、韓国が「貧困のスパイラル」

第二部　政策なき高度成長

表 3-2　産業別経済成長率の推移

	1961年～70年	前　半 （61～65年）	後　半 （66～70年）
GNP	8.6%	6.2%	11.1%
第一次産業	4.5%	5.3%	3.8%
第二次産業	15.8%	11.7%	20.0%
（製造業）	16.5%	11.8%	21.3%
第三次産業	9.2%	5.6%	13.1%

＊1970年実質価格
（出所）韓国銀行（1973）『経済統計年報1973』より作成。

から脱皮した時期は、1965年以降であることを物語る。

2．高度成長と経済構造の変化

(1) 産業構造の変化

　1960年代における韓国経済の発展はめざましく、1960年代を前半（61年～65年）と後半とに分けると、表3-2に示されたように、前半の成長率が年平均6.2％であったのに対して、後半は年平均11.1％と高い成長を示している。60年代初めまでの韓国経済は「貧困のスパイラル」に陥っていたのだから、60年代後半の高度成長は、まさに「漢江の奇跡」と呼ぶべき激しい変化であったといえよう。
　まず注目しなくてはならないのは、産業構造の変化である。特に、60年代後半の高い成長を支えたものは、第二次産業と第三次産業の発展であった。産業別の平均成長率を見ると、60年代後半、第一次産業は3.8％であるのに対して、第二次産業が20.0％、第三次産業が13.1％となっている。また、製造業の伸びは著しく、なんと21.3％の増加を示している。このようなパフォーマンスの違いは、結果として、その経済に占める比重に変化をもたらしたが、この点を強調されなくてはならないであろう。グラフ3-4から明らかなことは、60年代後半以降、第一次産業の相対的な低下と、第二次と第三次産業の相対的な比重の拡大である。すなわち、第一次産業は1960年から64年の間は常に40％を超えていた構成比が、65年から急低下し、70年には28％まで低落したのに対して、第三次産業は64年の44％から70年には49％に上昇している。また、第二次産業は64年の14％から70年の23％に著増し、とりわけ、製造業が12％から22％

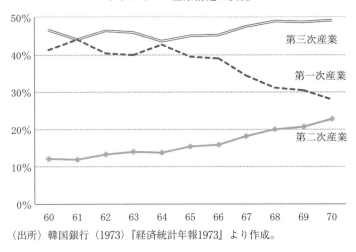

グラフ3-4　産業構造の変化

（出所）韓国銀行（1973）『経済統計年報1973』より作成。

へ大幅に増大したのは注目すべきであろう。すなわち、韓国において産業構造の転換が急速に進んだのは、製造業の飛躍的な伸長によるところが大きく、その変化も、65年以降で著しいのが明瞭である。

(2) 成長のトライアングル形成

韓国が、日本から輸入した原資材及び中間財、資本財に、国内での安い労働力を利用して組立加工した最終製品を、アメリカ市場に輸出するという、いわば「成長のトライアングル」が形成されたのも、1965年以降である。

韓国の輸出先は、日本とアメリカに大きく依存しているのが特徴である。1960年代を通じて、日本とアメリカとの二国で、輸出額の60～70％を占めてきた。韓国の輸出総額に占める日本向けシェアは、1961年の47.4％、1962年の42.9％と、1960年代初めは、40％台を占めていたが、1965年以降はずっと、20％台に減少している。一方、アメリカ向け輸出シェアは、1962年21.9％、1963年28.0％、1964年29.5％と、1960年代初めは、20％台を占めていたが、1965年以降、年々、そのシェアを増加させた。とくに、1968年及び1969年には51.7％、50.1％と韓国輸出の半分以上がアメリカに輸出されるようになっている。すなわち、60年代初めの日本市場依存から、65年以降にはアメリカ市場依存に転換したといえる。

韓国の対米輸出の急速な拡大は、言うまでもなく、工業製品の輸出増加によるもの

第二部　政策なき高度成長

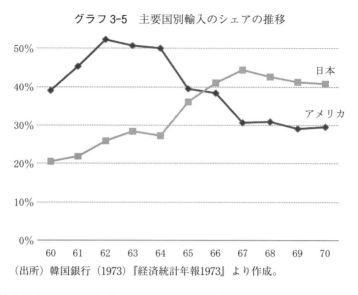

グラフ3-5　主要国別輸入のシェアの推移

（出所）韓国銀行（1973）『経済統計年報1973』より作成。

である。対米輸出は、1960年代初めに重石など工業用原料が対米輸出総額の60％以上を占めていたが、65年以降、そのシェアが急速に減少し、1970年には25％に下がった。一方、衣類、履き物、電子製品など工業製品は、1960年代初めには、わずか20％台を占めていたが、65年以降次第に、そのシェアを増加させ、1968年には衣類、履き物、合板、かつら、電子製品などの5品目で対米輸出の80％以上を占めるに至った。これらの製品は、もっぱら、アメリカ市場に輸出され、それらの品目の輸出が伸びるにつれて、韓国輸出におけるアメリカ向け輸出シェアが上昇していたのである。

輸入額に占める主要国別シェアを見ると、グラフ3-5で示された通り、60年代前半まではアメリカへの依存が目立っている。対米依存度は、とくに1962年から64年までは常に50％を超えていた。これに対して日本は64年で見ても27.2％のシェアしか占めておらず、アメリカの約半分の水準にとどまっていた。しかし、65年以降日本の比重が急上昇し、66年には40％を超え、アメリカを抑えて第一位を占めるに至ったのである。

韓国の日本からの輸入は、65年から急増している。1964年には外貨危機説が流れたこともあり、63年の1億6000万ドルから64年の1億1000万ドルへと対日輸入は減少していたが、1965年には1億6600万ドル、1966年には2億9400万ドル、1967年には4億

4300万ドル、1970年には8億900万ドルへと急速に伸びた[1]。輸入増加にともない、韓国の輸入総額に占める日本のシェアも、1960年代初めは20％台でしかなかったものが、1965年には36.0％、1966年には41.0％、1967年には44.5％、1968年には42.7％、1969年には41.3％、1970年には40.3％と、60年代後半は40％を上回っている。

輸入相手国が、アメリカから日本に転換した要因としては、輸出増加に伴い、資本財及び輸出用原資材の大部分を日本から輸入したことが挙げられよう。韓国の対日輸入に占める資本財のシェアは、1963～65年の平均は26％であったのが、1966～69年の平均では43％に拡大した[2]。また、韓国の原資材の輸入は、60年代初めにはアメリカからの無償援助によるものが大部分を占めていたため、対日依存度は1960～64年には28％に過ぎなかったものが、65年以降対日依存度は急速に増え、70年代初めには58％に達したのである[3]。

とりわけ、輸出用原資材の約半分は日本に依存したのである。主要輸出商品別の原資材輸入依存度を見ると、衣類、メリヤス、合成樹脂が各々70％、鉄鋼製品、合板が各々80％、織物及び原糸、履き物が各々60％、電子部品が60％、電子機器が50％である。これらの輸出用原資材の輸入相手国は、合板と電子部品を除くすべてが圧倒的に日本に偏っている。すなわち、原資材輸入に占める日本のシェアは、衣類、メリヤス、織物及び原糸、鉄鋼製品、合成樹脂が各々100％、履き物が50％、電子部品が10％で、電子部品を除くすべてのものを日本に依存している[4]。例えば、綿製品及び衣類の対米輸出の拡大につれて、原材料（化学繊維及び化学繊維原料）と繊維機械及びミシンの輸入も増大し、これら原材料及び機械の輸入先は、ほとんど日本に偏っていった。輸出用衣類の使用原材料は、合成織物が全体の81％、スフ織物が14％、綿織物が5％などである[5]。1965年度の日本からの繊維品輸入を見ると、繊維品輸入は3645万ドルで前年比66.6％と大幅増である。これは合繊織物161万ドル8.6倍増、スフ織物の245万ドル51.8％増、綿織物の204万ドル70.6％増によるものである[6]。また、繊維機械の依存度はとても高く、90％を輸入に依存している。1960年代始めは、西ドイツか

---

1) 韓国銀行（1978）『経済統計年報1978年』。
2) 韓国銀行（1974）『調査月報』1月号、29頁。
3) 同上書、29頁。
4) 韓国商工会議所（1971）、21～37頁。
5) 全国経済人連合会（1971）、256頁。
6) 日本関税協会（1966）、87頁、日本関税協会（1967）、80頁。

らの繊維機械の輸入が多数を占めていたが、その後、日本からの輸入が増大し、大部分を占めるようになった。1965年に、ミシンは115万ドルで前年比6.2倍、繊維機械が664万ドルで22.1％増である[7]。

　日本からの優れた機械の導入や高品質の輸出用原資材及び中間財などの輸入が、韓国の工業化を促進する要因となっていたことは確かであり、それによって生産を拡大するとともに、輸出を増大させる。言い換えれば、生産財の輸入により固定資本形成を行い、その結果もたらされた工業化の進展によって可能となった工業製品を、海外市場に輸出する、そして獲得した外貨をもって生産財の輸入を増やすという循環メカニズムが築かれたこととなる。すなわち、日本から輸入した原資材及び中間財、資本財に、韓国での安い労働力を利用して組立加工した最終製品を、アメリカ市場に輸出するという、いわば「成長のトライアングル」である。こうした「成長のトライアングル」が輸出指向工業化の進展と一致するものとして高く評価されるべきであろう。

第二節　高度成長と政府の役割：経済開発計画の帰結をどうみるか

　第一節で見たように、1965年以降韓国は「貧困の悪循環」から奇跡的な成長を遂げ、急速な輸出指向工業化を成し遂げた。この時期、あらゆる分野で全面的な経済政策が実施されていた。この二つの事象、すなわち輸出指向工業化の達成とあらゆる分野における経済政策とを因果関係で結びつけて、政府の役割が積極的に評価されてきた。そのような評価が導く、政府の役割への関心は、経済開発計画の目標を実績が大幅に上回るという経緯から、そうした計画の立案者・実施者でもある「経済企画院」の機能をも含めた「政府の能力」にも及んでいる。しかし、そのような評価の前提となっている輸出指向工業化の達成とこの時期の政府の経済政策の間にみられる因果関係とは具体的にどのようなものだったのかについては検討すべき余地がある。そこで、経済開発計画の帰結を踏まえながら、韓国政府の政策介入と経済パフォーマンスとの間にはどのような因果関係があったのかを検証してみたい。

　表3-3は第１・２次開発計画の目標と実績を要約したものである。第２次開発計画の経済成長率は年7.0％の目標を上回り、9.7％の年平均成長率を記録した。産業別に

7）アジア経済研究所（1975）、112頁（表35参照）。

第三章 高度成長の時代へ

表3-3 第1次開発計画と第2次開発計画の目標と実績

	第1次開発計画（62〜66）		第2次開発計画（67〜71）	
	目標	実績	目標	実績
経済成長率	7.1%	8.5%	7.0%	9.7%
第1次産業	5.6%	5.3%	5.0%	2.0%
第2次産業	14.8%	15.0%	10.7%	20.9%
第3次産業	4.3%	8.1%	6.6%	13.2%
投資率（GNP対比）	22.6%	15.1%	19.0%	26.4%
国内貯蓄率	9.2%	6.1%	11.6%	13.1%
海外貯蓄率	13.4%	8.8%	7.5%	12.9%
（海外貯蓄額：億ドル）	14.3	12.1	14.2	37.0
貿易規模（億ドル）	6.3	9.3	13.5	33.1
輸出（目標年度）	1.4	2.5	5.5	11.3
輸入（目標年度）	4.9	6.7	8.0	21.8

（出所）経済企画院（1982）、360〜361頁及全国経済人連合会（1986）、75頁より作成。

見ると、第一次産業が目標成長率5.0%を下回る2.0%の年平均成長率であったのに対して、第二次産業はなんと20.9%の増加を示し、目標の10.7%を大幅に上回っている。また、第三次産業も目標6.6%を上回る13.2%の成長を成し遂げた。この計画でとくに注目されるのは、高い投資活動であろう。まず、投資率の目標と実績を見よう。この計画にあって、計画期間中の総投資額は9,800億ウォンと見込まれ、投資率は年平均GNPの19.0%という高い水準であった。これは、第1次開発計画（1962〜66年）の投資率15.1%と比べ、3.9ポイント高い水準である。また、その実績を見ると、期間中の総投資額は1兆9840億ウォンとなり、目標額の実に2.0倍の規模となる。これは、GNPの26.4%という高い水準となり、目標値の19.0%を大きく上回るものである。しかしながら、第1次開発計画の実績と比べると、対照的な結果が示されている。第1次開発計画の投資率は、目標の22.6%に対して、実績は15.1%にすぎなかった。すなわち、第2次開発計画の投資率と比べて、高い目標を掲げていたにもかかわらず、実績は目標を大きく下回る水準にとどまっているのである。さらに、資金調達の面でいえば、第1次開発計画では停滞に陥った反面、第2次開発計画では急成長を成し遂げたといった、その成果が対照的であったという点についても見落としてはならない。

第二部　政策なき高度成長

1．資金調達計画

　こうした背景を考えるとき、もうひとつ検討しなければならないのは、資金調達の問題であろう。第2次開発計画においては、国内資金調達の増強が最も重要な目標であった。第1次開発計画の資金計画との違いは、外資導入計画の挫折にもとづき、投資財源調達の自立化という政策方針が強く打ち出されたことである。国内貯蓄のウェイトが大きく引き上げられ、外資依存からの脱却という目標が鮮明に打ち出されたことがそれである。計画期間中、総投資額の9801億ウォンのうち61.5％にあたる6029億ウォンを国内貯蓄で調達し、残り38.5％（3772億ウォン）を海外貯蓄でまかなうとした。第1次開発計画では、外資依存度がきわめて高く、総投資額の60％以上を外資に依存していたが、これが第2次開発計画では38.8％に引き下げられている。また、投資計画を財源で見ると、国内貯蓄率はGNPの11.6％の水準に対して、海外貯蓄の7.5％の水準となる（表3-3を参照）。第1次開発計画では、海外貯蓄は13.4％、国内貯蓄率は9.2％であった。すなわち、第1次開発計画から第2次開発計画にかけて、海外貯蓄は13.4％から7.5％に大幅に低下したのに対して、国内貯蓄率は9.2％から11.6％に上昇したのである。基本目標にある「自立経済の達成」を反映して、外資依存傾向は後退し、国内貯蓄の増強にウェイトがおかれている。これは、総投資額の増加とともに外国資金の調達を抑制し、国内貯蓄の増強を目指すものであった。その意味において、外向きの成長戦略であったとは言いがたいものであろう。

　つぎに、グラフ3-6によって、財源別に投資実績を検討しよう。とりわけ、第2次開発計画の実績では、国内貯蓄が13.1％、海外貯蓄が12.9％と、いずれも計画を上回っている。しかし、目標との対比で見ると、国内貯蓄は1.5ポイント増大したのに対して、海外貯蓄は5.4ポイント増大し、海外貯蓄のウェイトが大きく拡大したことを示している。このことは、すなわち、この同期間、韓国経済が海外貯蓄を大きな支えにしていたものであることを物語る。したがって、外資依存からの脱却という政策方針とは必ずしも一致しない、という事実が判明する。ちなみに、第1次開発計画の実績を見ると、海外貯蓄は目標の13.4％を大きく下回る8.8％に、国内貯蓄率は目標の9.2％を下回る6.1％であり、海外資金の停滞が著しい。かくして、第1次開発計画において、海外貯蓄に重点が置かれていたにもかかわらず、その実績と政策方針とは不一致を示している。つまり、資金調達計画の帰結からいえば、政策方針と実績との関

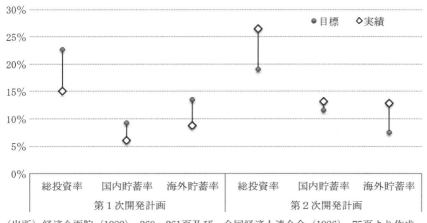

グラフ3-6 投資計画と実績（対GNP比）

（出所）経済企画院（1982）、360～361頁及び、全国経済人連合会（1986）、75頁より作成。

係は必ずしも一致していない。したがって、経済政策と投資資金調達との因果関係についてはきわめて疑問が生じるところである。ちなみに、資金調達の帰結を見る限り、資金計画により大きな影響を与えていたのは、外国資金である。第1次開発計画においては、計画を大幅に下回る投資率を招いていたのは、海外貯蓄の停滞に負うところが大きかった。これに対して、第2次開発計画においては逆に、計画を大幅に上回る投資率を実現させたのは、海外貯蓄の急速な増大に負うところが大きい。すなわち、資金調達計画の明暗が、外国資金の導入実績に大きく左右されていた、といっても過言ではなかろう。

また、投資財源の年度別計画を見ると、国内貯蓄の総投資に占める比率は1965年の48.3％から71年には72.3％に拡大する予定であった。このため、1965年には478億ウォンであった国内貯蓄を、71年には1684億ウォンに増強することとなる。実に、3.5倍の拡大である。そして、GNPに対する国内貯蓄率も、1965年の5.8％から71年には14.4％へと8.6ポイントも増大する。一方、海外貯蓄に関しては、1965年から71年までに511億ウォンから646億に拡大が見込まれ、26.4％の伸びが計画された。国内貯蓄の3.5倍増の計画に比べて、かなり控えめな目標である。このことは、第1次開発計画における外資導入計画の挫折という外部的条件の反映と見ることができよう。

グラフ3-7は海外貯蓄の目標と実績（GNP対比）を示したものである。海外貯蓄

第二部　政策なき高度成長

グラフ 3-7　海外貯蓄の目標と実績（GNP 対比）

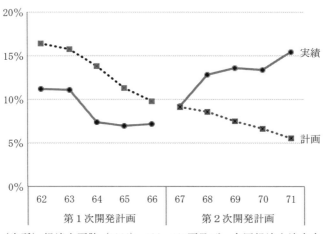

（出所）経済企画院（1966）、136～137頁及び、全国経済人連合会（1987）、756～759頁より作成。

率の目標は、1965年の11.3％から1971年の5.5％に大幅に低下する計画となり、対外依存傾向は次第に薄くなる計画となる。すなわち、1971年の国内貯蓄率の目標14.4％に対比して、8.9ポイント低い水準であり、外資依存度は大幅に是正されることになろう。なお、同時期の海外貯蓄の伸び率は、国内貯蓄と比べてかなり低いため、総投資率に占める比率も、1965年の51.8％という高さから、1971年には27.8％の水準に押し下げる計画であった。これは、外資依存傾向の是正と投資財源調達の自立化という目標を遂行するための裏付けとなるのである。つまり、外資依存からの脱却という政策方針を明確に見ることができる。

しかし、グラフ3-7に示されたとおり、海外貯蓄の実績は1965年の6.9％から、1967年に9.2％、69年に13.6％、1971年には15.4％へと上昇し、目標のそれとは正反対の動きを示しているのである。このように海外資金調達計画と実績を見る限り、政策方針と実績との負の関係が認められ、この点を強調しなければならないであろう。韓国政府が対外依存体制からの脱皮という目標のもとに政策を実施したにもかかわらず、外資依存傾向の是正どころか逆に外資依存の深化を余儀なくされたからである。このことから、外向き成長政策を強調する見解は、結果論に基づいた主張であるといっても過言ではなかろう。

第三章 高度成長の時代へ

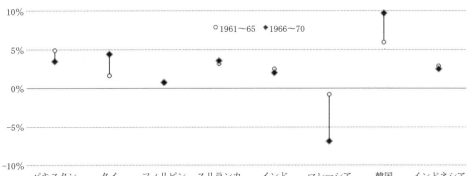

グラフ 3-8 アジアの海外貯蓄の動き（対 GNP 比）

(出所) U.N.（1975），*Economic Survey of Asia and the Far East 1974*, pp.33-35より作成。

　グラフ3-8は、アジアの海外貯蓄率の動きを示したものである。韓国の海外貯蓄率は、他のアジア諸国と比べて、その高さが極立っている。これは、韓国がいかに海外資金に大きく依存していたかを示すものでもある。しかも、海外資金に依存する傾向はさらに強まったのである。この点が、他のアジア諸国に比べて、韓国の大きな特徴でもある。60年代の前半と後半に分けて比較すると、後半に増加傾向は著しく、前半の6.0％から71年には9.7％にまで上昇し、韓国のみがとりわけ高い水準となっているのがわかる。他のアジア諸国が、60年代前半から後半にかけて、タイを除けば、海外依存の低下傾向を見せたのと対照的である。タイの比率も60年後半4.4％に引き上げたとはいえ、韓国には及ばない。すなわち、アジアでは多くの国が資金調達の海外依存を低下させるなかで、韓国のみが対外依存傾向を徐々に深めていたことを物語っている。つまり、韓国は、対外依存体制からの脱皮という方針とは逆に、海外資金に依存する度合を著しく高め、韓国の対外依存体制は揺るぎないものとなったのである。

2．外資導入計画

　また、外資調達計画を年次別に見ると、グラフ3-9で見られるように、目標額は次第に減少の予定であったのだが、外資導入額は逆に急増の傾向を示している。第2次開発計画では、期間中14.2億ドルの外資導入を期待している。外資導入計画を見ると、67年の3億1000万ドルをピークにしだいに減少傾向にあり、69年に2億9000万ドル、71年には2億4000万ドルに縮小された。なかでも、その中心をなすのは借款とな

第二部　政策なき高度成長

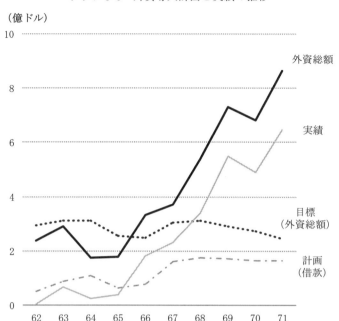

グラフ3-9　外資導入計画と実績の推移

（出所）経済開発計画評価教授団編（1967）、67頁及び、全国経済人連合会（1986）、53頁、経済企画院（1966）、136〜137頁、財務部・韓国産業銀行（1993）、64頁及び104頁、より作成。

る。借款の導入計画では、毎年約1億6500万ドルを予定し、期間中8億3500万ドルの借款導入が期待されている。同時に、外資導入の目標額が低下傾向にあったがために、相対的に借款の比重は高まっていくこととなる。第2次開発計画の資金調達計画では、国内貯蓄の増強に重点が置かれていたために、その不足を補うために外国資金の流入、すなわち借款の流入を期待していた。ちなみに、日韓条約による日本からの請求権資金と借款、すなわち公共借款と商業借款あわせて毎年5000万ドルが見込まれており、日本にかけられた期待は大きい。これは、借款導入目標額の約3分の1にあたるものである。しがって、外貨財源で最も高い比重をもつ借款は、計画期間中の調達額は8億3500万ドルであるが、日本から見込まれる毎年5000万ドルを除外すると、実際にその目標額は毎年約1億1500万ドルを調達することとなる。

　なお、外資導入額は、第2次開発計画の期間中に、31億8000万ドルに達し、目標額

グラフ3-10 外資導入の推移

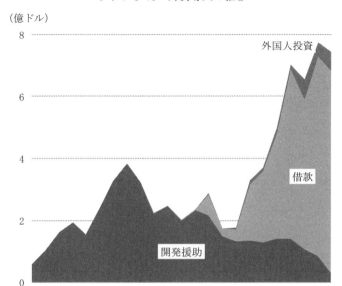

（出所）財務部・韓国産業銀行（1993）、64頁及び104頁、韓国銀行『経済統計年報』各年版より作成。

を2倍以上も増加したのである。その急速な増大を牽引したのが借款である。すなわち、借款導入額は、目標額を3倍以上も上回り、22億5000万ドルにのぼった。これは、外資の70.4％という占めるもので、韓国の借款依存体制はゆるぎないものである。とりわけ、借款導入実績が、目標値と対比すると、韓国政府の想定をはるかに上回る規模となったという事実にも注目しなければならない。すなわち、借款の目標額は、毎年約1億6500万ドルを見込んでいたのに対して、実績では、65年4000万ドルから、67年に2億3000万ドル、69年に5億5000万ドル、71年には6億5000万ドルとなり、そのギャップが大きく広まったことである。しかも、これが国内貯蓄の不足を補うどころか、逆に韓国の投資活動に際立って重要な役割を演じたことである。つまり、外資調達面においても、外資依存傾向からの脱皮という目標のもとに、計画が実施されたにもかかわらず、逆に外資依存体制をさらなる強化するという帰結にたどりついたのである。

　外資導入は、1965年を境として急増し、とくに借款形態の長期資本導入が目立つ

第二部　政策なき高度成長

（グラフ3-10）。借款の導入は、アメリカの援助政策の転換、すなわち無償援助方式から有償援助方式へと転換を反映して、1959年より導入しはじめたものの、その量は比較的に少なかった。例えば、1959～65年間の累計額は1億3800万ドルであったが、この7年間の累計額は66年の1億8300万ドルよりも少なかった。ところが、67年に2億3000万ドル、68年に3億7800万ドル、70年に5億700万ドル、72年には6億7000万ドルとうなぎのぼりの成長を示したのである。その結果、66年～72年間の借款累計額は32億8500万ドルに達した。これは、同期間外資導入の累計額42億7500万ドルの約77％を占めるものである。1957年を頂点に削減に転じ、64年までには総額としても援助は減少傾向にあったことから考えると、急激な変化であろう。

3．資本財輸入計画

1960年代後半における輸入の大幅な増大にも当然留意すべきである。これは貿易収支の面からはネガティブな意味もあるが、1965年以降の輸出指向工業化スパートと切り離すことができないからである。というのは、一つに、借款による外資導入と輸出によってもたらされる外貨によって、工業化に必要な設備機械や原材料の先進国からの輸入を可能とし、それによって産業の高度化を遂げたからである。もう一つに、輸出に必要な原材料や中間財の日本からの輸入を可能とし、それによって韓日米の三角貿易構造が構築されたからである。

グラフ3-11は輸入目標と実績を示したものである。輸入額は、1965年まではほぼ当初の計画を下回っていたが、66年からの驚異的な伸びにより目標を大きく上回っている。しかも、第2次開発計画において、計画初年度の67年に、計画最終年度（71年）の目標額を達成したということである。すなわち、71年に8億9350万ドルで基準年度（1965年の4億6344万ドル）の約2倍の目標であったのが、67年になんと9億9625ドルを記録したのである。なお、71年には23億9432万ドルまでに達し、基準年度からすれば、5倍以上の増大を示したものである。

これを財源別に見ると、政府保有ドルと借款による輸入が増加し、公共援助による輸入が大幅に減少したのが、大きな特徴である。公共援助は1962年に50％以上を占めていたが、64年に35.3％に減少し、さらに71年には4.4％の水準にまで押し下げられ

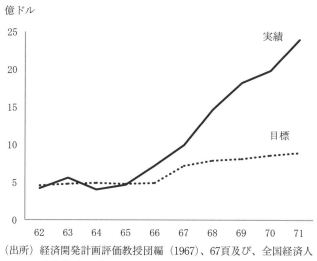

グラフ3-11 輸入額の目標と実績の推移

(出所) 経済開発計画評価教授団編 (1967)、67頁及び、全国経済人連合会 (1986)、124頁、経済企画院 (1966)、158〜159頁、韓国銀行 (1975)『経済統計年報1975』より作成。

た[8]。それに対して、政府保有ドルによる輸入は、62年の42.4％から64年に45.6％にやや増加し、70年には63.3％に達している。借款も、62年の1.1％から64年に8.6％に増え、さらに70年には20.2％にまで拡大したのである。これは、韓国の対外依存体制が公共援助から借款へと変化したことを示すものである。

　こうした輸入の伸長を商品別に見ると、機械類及び輸送機器、非食用原料、食料品、原料別工業製品などの大幅な伸びが目立つ（グラフ3-12）。1971年の輸入額は、基準年度に比して、非食用原料が4.2倍、原料別工業製品が5.1倍、食料品が6.3倍、機械類及び輸送機器が9.3倍の増加を示した。その結果、65年から71年にかけての輸入構成比は、従来、輸入の多くを占めていた非食用原料や化学製品が低下し、それに代わって食料品や機械類及び輸送機器の輸入が大幅に増加した。対照的なのは、非食用原料の比率が相対的に低下したのに対して、食料品の比重が押し上げられていたことである。すなわち、65年から71年にかけての輸入構成比は、非食用原料は23.7％から19.3％に低下したが、食料品は13.7％から16.7％に増大したのである。非食用原料

---

8) 韓国銀行 (1973)『経済統計年報1973』を参照。

グラフ3-12　商品類別輸入額の推移

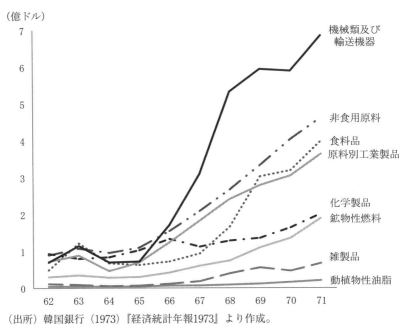

（出所）韓国銀行（1973）『経済統計年報1973』より作成。

は、原棉をはじめ、木材、パルプなどが中心をなす。いずれも、輸出産業や輸出特化産業向けの原料である。それに反して、食料品は穀物が圧倒的に多い。これは、北朝鮮がほぼ食糧の自給を達成していたのと対照的に、韓国は食糧の自給ができていない状況を示すものであろう。韓国においては農業部門がいまだに前近代的な状況のもとに放置され、干害や洪水など天候に大きく左右されていたために、相当量の穀物を輸入せざるを得なかったからである。例えば、米と小麦だけをとっても、71年には2億6500ドル余りが輸入され、全体の11％を占めるものであった。

また、工業製品においては、原料別工業製品は15％の水準を維持していた。原料別工業製品の主な輸入品は、織物、鉄鋼、金属製品などである。織物は、さかんな衣類産業の輸出の拡大によるものであり、鉄鋼、金属製品の場合は、国内供給能力の不足を補填するものである。対照的なのは、化学製品の比重が大幅に減少した反面、機械類及び輸送機器の比重が大きく伸びたことである。化学製品は22.3％から8.4％にまで引き下げられた。但し、従来、輸入の大部分を占めていた化学肥料が減少し、逆にプ

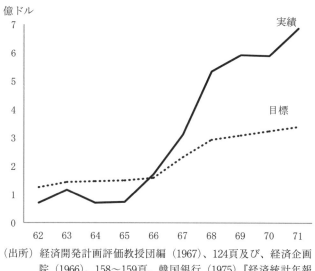

グラフ3-13 機械類及び輸送機器の輸入目標と実績の推移

（出所）経済開発計画評価教授団編（1967）、124頁及び、経済企画院（1966）、158〜159頁、韓国銀行（1975）『経済統計年報1975』より作成。

ラスチックの輸入が増えていたのである。これは、化学肥料産業の輸入代替が進展したことを意味し、プラスチックの輸入増加は国内需要の拡大を反映したこと意味するであろう。

　とりわけ、機械類及び輸送機器の伸びは著しく、全体の3割を占めていることは、資本財の増加を端的に示しているといえよう。機械類及び輸送機器の輸入は、グラフ3-13の通り、65年までは目標を下回っていたが、66年からの急増とともに目標を上回っている。輸入実績を見ると、1962年の6978万ドルから63年に1億1557万ドルに増大した後、64年には6952万ドルに減少したが、71年には6億8542万ドルに達した。これは、最終年度の目標額を2倍も上回る規模である。このような機械類及び輸送機器の輸入は、借款導入の拡大とともに、急増したのである。機械類及び輸送機器の輸入を財源別に見ると、1970年の借款による輸入が2億8940万ドル、政府保有ドルによる輸入が2億2940万ドル、公共援助及びその他の輸入が6810万ドルである。そして、機械類及び輸送機器の輸入額に占める比重は、借款49％、政府保有ドル39％、公共援助及びその他12％となる。借款が機械類及び輸送機器の輸入の約半分を占めていること

第二部　政策なき高度成長

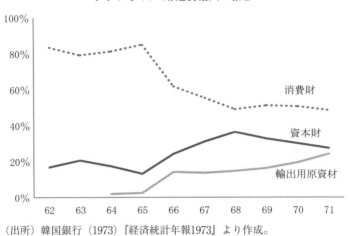

グラフ3-14　用途別輸入の推移

（出所）韓国銀行（1973）『経済統計年報1973』より作成。

は、資本財の増強に借款を大きな支えにしていたものであったことがいえよう。

　そこで、輸入を資本財と輸出用原資材、消費財に分類してみると、グラフ3-14に示されたとおり、消費財は1960年代前半に8割を超えていたのだが、1971年には48％の水準に押し下げられている。それと対照的に、資本財あるいは輸出用原資材は、60年代後半に急速に比重を伸ばしていたのである。資本財は、1962年から65年までの平均では17％しか占めていなかったのが、1966年から71年の平均は30％となった。輸出用原資材も、同期間の平均では、2％から17％に比重が増している。ちなみに、輸出総額に占める輸出用原資材の比重を見ると、1964年及び65年には6％に過ぎなかったのが、66年には一挙に40％まで拡大し、70年までには常に40％を超えていた。このことは、65年以降、輸出の拡大が、輸出用原資材の輸入増加を招いたとみて良かろう。すなわち、このような資本財と輸出用原資材の輸入が、韓国の輸出指向工業化に重要な役割を果たしていることは明瞭である。

　グラフ3-15は固定資本投資の資本財輸入依存度を示したものである。資本財を輸入に大きく依存しているのは、資本と技術の蓄積が充分ではなく、機械産業の基盤が脆弱であることが要因である。このため、韓国の機械産業は、需要のほとんどを輸入に依存している状況である。まず、産業機械の需給からみて見ると、産業機械は90％近くが輸入機械である。しかも、産業機械の輸入依存度はしだいに高まり、1966年の

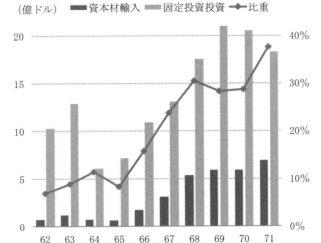

グラフ3-15 固定資本投資の資本材輸入依存度の推移

(出所) 経済企画院（1975）『主要経済指標1975』、韓国銀行（1973）『経済統計年報1973』より作成。

76％から69年には87％に達したが、これは自給率が13％に過ぎないことを意味するのである[9]。工作機械といった基礎的な機械製品でさえ、76％（68年）が輸入機械である[10]。それに韓国の代表的産業である輸出産業で、繊維製品生産に使用される繊維機械は、88％（68年）を輸入に依存している[11]。また、印刷及び製本機械さえ、需要の76％（68年）を輸入に依存している[12]。全般的に産業機械部門の輸入依存度が高いなかで、比較的に低い部門は食料品機械であるが、その場合でも輸入依存度が36％（68年）に上っている[13]。韓国の産業機械は、食料品機械を除き、基礎的な機械製品である工作機械から、韓国の代表的である繊維産業を支える繊維機械、さらに印刷及び製本機械に至るまで、外国から導入している。

---

9) 韓国産業銀行調査部（1971）、246頁。
10) 韓国産業銀行調査部（1971）、213頁。
11) 韓国産業銀行調査部（1971）、246頁。
12) 韓国産業銀行調査部（1971）、246頁。
13) 韓国産業銀行調査部（1971）、246頁。

第四章　輸出政策の過大評価：
　　　　輸出計画のフィット＆ギャップ分析

第一節　果敢な輸出政策

1．果敢な輸出政策の背景

　韓国は、発展途上国のなかでも、輸出指向工業化の進展で最も注目される国の一つである。韓国が、工業製品の輸出に牽引され、輸出指向工業化が軌道に乗るのは、1965年以降である。この時期から、製造業の輸出依存度が高まり、それに伴い工業化率が上昇しはじめ、韓国の輸出指向工業化は急速に進展した。韓国が急速な輸出拡大を遂げた要因としては、一般に（1）比較的低廉かつ良質な労働力、（2）為替レート現実化政策、（3）優遇税制及び補助金等の輸出支援、（4）輸出入リンク制と関税等の貿易保護政策、（5）輸出会議など輸出促進政策、等が指摘されることが多い[1]。

　1961年に成立した朴正熙政権は、外貨獲得の重要性を強調し、輸出促進のためにさまざまな措置をとった。1961年代に採択された輸出振興策としては、輸出用中間財投入及び輸出販売に対する内国間接税免除（1961）、輸出所得とその他の為替収入行為に対する直接税免除、輸出用中間財国内供給者に対する関税及び租税免除（1961）などがあげられる。1962年には輸出拡大を加速するために、輸出目標制度を取りはじめた[2]。また、1960年の公定為替レートは１米ドル62.5ウォンであったが、61年には１米ドル127.5ウォンに切り下げを実施した。しかしながら、第１次経済開発５ヵ年計画の遂行にあたり、輸入は開発投資の素材である鉄鋼、機械設備を中心とする資本財の

　1）しかし、このような輸出拡大を支えてきた与件、特に（1）と（2）の価格要因では、例えば生糸や綿布など素材製品から衣服など加工製品へと輸出構造の高加工度化に転じた背景については歯が立たない。ましては、（3）と（4）の輸出インセンティブ要因では、政府の輸出方針と輸出実績のギャップを生じた背景とは矛盾さえするのである。
　2）経済企画院（1982）、40頁。

第四章　輸出政策の過大評価：輸出計画のフィット＆ギャップ分析

輸入急増を加えて、年間平均5000万ドルを超える食糧輸入（63年約1億ドル）により、大幅な増大を示したが、輸出は輸出促進政策などにより高い伸びを見せたものの、輸入額の15％の水準にすぎず、貿易収支は巨額の赤字を重ねていた。しかも、外資導入計画は目標を大きく下回ったため、外貨準備はさらに減少し、国際収支は危機に直面したのである[3]。

　こうした危機的状況に直面した韓国政府は、1964年と65年にかけてより積極的な輸出促進策を打ち出していたが、なかでも外国為替に関する諸施策の導入、長期輸出計画の実施、輸出特化産業の育成などについてはとりわけ注目されなければならないであろう。まず注目されたいのは、外国為替に関する諸施策の導入であろう。1964年5月に1ドル当たり127.5ウォンから256.53ウォンに切り下げられ、65年3月には固定為替レート制から変動為替レート制に移行したが、こうした為替政策の導入は輸出指向に傾斜した輸出ドライブ政策の要として高く評価されているからである。そのような評価は輸入代替工業化から輸出指向工業化に政策を転換したと見なし、政府の政策転換能力を強調するものも少なくなく、世界銀行もそれが他の発展途上国から抜きん出て成功した要因の一つとして強調する。しかし、ここでまず留意しておかなければならないことは、外国為替に関する諸改革が韓国政府の意図によるものではなく、アメリカ政府とIMFの誘導策によるものであった、ということである。というのも、韓国政府が外国為替に関する諸改革を実施する見返りとして、アメリカとIMFから借款が供与されていたからである。

　すなわち、1964年5月に行われた為替レートの大幅な切り下げは、アメリカの誘導によるところが大きく、輸出指向工業化にとって切実な為替レートの現実化政策が実施されていたことはきわめて重要である。しかし、『ファーイースタン・エコノミック・レビュー』誌によると、その背景としてアメリカ政府の「アメ」によるものであったと指摘される。すなわち、「アメリカは、韓国に、通貨の引き締めと評価切り下げを忠告したが、韓国政府はこの忠告を受けとめ、これを実行に移した。事実、5月3日のウォンの再評価は、今度年のアメリカの贈与総額7500万ドルのうち1000万ドルの支援援助の準備を背景として行われた」と記されているが[4]、このことはアメリカ

---

[3] 外貨準備は外国援助の減少も示され、1961年末の2億700万ドルから63年末には1億3000万ドルと最低水準を記録した。

[4] ファーイースタン・エコノミック・レビュー（1964）、25頁。

が為替レートの現実化政策に介入していたことを物語る。

つづく1965年4月には単一変動レートが採用されたが、これはIMFの誘導によるものであったのである。国家記録院が近年公開した大統領宛報告書「IMF借款」(65年2月22日付)によると、韓国政府は変動為替レート制を実施する見返りとして、IMFから1000万ドルの借款が供与されていたことが記されている[5]。また、韓国政府はIMFとの事前打ち合わせで借款供与などが合意されていたにもかかわらず、借款契約書への署名にこだわっていたことも判明した。すなわち、その大統領宛報告書には、「3月1日頃に財務長官は渡米し、IMF理事会において借款承認が降りる次第に、借款契約書に署名し、即時大統領宛に電文を打つ。そして大統領は総理及び副総理に指示し、事前に用意された単一変動為替レート制度を即時実施させる」と記されていた。なおこの文章にはアンダーラインが引かれているが、このことから「順序」が非常に重要であったことも推察できよう。いずれにせよ、為替レート制度の実施にあたって、IMFとの借款締結を重要な前提条件としていたことがわかる。したがって、韓国政府が単一変動為替レート制度を果敢に実施したというより、IMFとの借款締結が呼び水となって制度改革に踏み切ることができたといえよう。

肝心なことは、こうした外国為替に関する諸改革が韓国の輸出拡大に寄与したかどうかであろう。しかし、こうした改革が1965年以降における輸出成長の直接的な要因にはならなかった、といっても差し支えない。なぜなら、第一に、韓国の為替レートは、輸出拡大に転じた60年代後半を通じて過大評価されていたからである。たとえば、輸出促進政策と工業製品の輸出成長に関する山沢・平田(1987)の研究によると、70年以前には、韓国ウォンの過大評価により輸出が不利に作用したと主張されている。すなわち、7ヵ国(韓国、タイ、フィリピン、マレーシア、インドネシア、インド、ブラジル)の実質実効為替レートの計測を通して、「台湾、香港、インドネシアは為替レートが割安に設定され続けており、輸出に有利に働いていた。タイ、マレーシア、シンガポールはある時期以降そうした傾向が続いている。これに対して、フィリピン、韓国では為替政策は輸出に不利に作用してきた」と結論づけられたのである[6]。但し、為替レートによる輸出上の不利にもかかわらず、輸出拡大が実現したのは輸出支援政策によってそれが是正されたためであるという。すなわち、輸出金融や

---

5) 大統領秘書室(1965)「IMF借款」国家記録院大統領記録館。
6) 山沢逸平・平田章編(1987)、241頁。

第四章　輸出政策の過大評価：輸出計画のフィット＆ギャップ分析

輸出補助金等の政策は直接的なインセンティブを与えて、輸出産業の基盤拡充政策や輸出関連機関の設置等の政策は、間接的にそれぞれ輸出の拡大に貢献したとされた[7]。

　第二に、外国為替に関する諸改革は韓国の輸出拡大に効果を与えたどころか、むしろ輸出不振に陥ったからである。この点に関しては、当時、韓国の貿易関連団体が単一変動為替レート制実施による輸出不振を危惧し、その対策を韓国政府に強く求めていた、という事情がうかがえる。すなわち、韓国保税加工輸出協会は「変動為替レート制の実施による当面の対策建議」(1965年5月1日付) というものを、また韓国貿易協会は「変動為替レート制の実施以後、輸出不振の打開策建議」(1965年5月6日付) というものを、それぞれ韓国政府に提出したが、そのタイトルからも輸出不振状態を読み取ることができるのである[8]。具体的な内容を見ると、韓国貿易協会は、「単一変動為替レート制度は輸出振興を主な目的としていたにもかかわらず、この制度が実施されてから一ヵ月の間に、為替レートは現実的な輸出コストを反映することができず、(中略)、輸出はむしろ大きく萎縮される恐れがある」としたうえ、具体的に六つの輸出不振打開策を提議した。また、韓国保税加工輸出協会も、「3月22日から実施された変動為替制度は、為替レートの現実化に伴って貿易収支の改善と輸出産業の促進を図ろうとしたものであるが、為替レートの低迷により、その目的とは異なって輸出増大に一大脅威となり、これに対する対策及び補完策を早急に樹立する必要がある」としたうえ、具体的に一つの対策を提議したのである。こうした貿易関連団体による建議書の内容を見る限り、外国為替に関する諸改革が輸出成長の直接的な要因にはならなかったということが読み取れよう。

　次に注目しなければならないのは、1965年5月に打ち出した「輸出振興総合施策補完」という輸出施策である[9]。まず、「輸出振興総合施策補完」の背景及び目的を見ると、次の三点が指摘されよう。すなわち、第一に、1965年度輸出振興総合施策が去る2月18日に確定し、これが強力に推進されていたにもかかわらず、単一変動為替レート制度の実施により、輸出不振状態に陥ったということである。第二に、すでに輸出振興総合施策に反映されている施策をより具体化し、これを積極的に推進するためで

---

7) 山沢逸平・平田章編 (1987)、49頁。
8) 財務部国際金融局国際金融課 (1965)「変動為替レート制の実施以後、輸出不振の打開策建議」国家記録院大統領記録館。
9) 経済企画院総務課 (1965)「輸出振興総合施策の補完」国家記録院大統領記録館。

ある、ということである。第三に、各界の建議を反映し、現在の輸出不振を打開するともに、今年度輸出目標1億7000万ドルを達成するためである、ということである。次に、その具体的な対応策を見ると、(1) 地方における輸出振興委員会の設置、(2) 海外市場開拓の強化、(3) 輸出特化産業の育成、(4) 貿易制度の合理的改善、(5) 輸出加工産業における免税、(6) 特別関税法の改正、などが盛り込まれていたが、これは主に制度上、金融上、税制上の特恵を通じて実質的に輸出補填またはインセンティブを提供するためであろう。なかでも、生糸類及び絹織物、毛織物、綿織物、合板、衣類、靴類、ラジオ及び電気機器など輸出特化産業の育成が計画されたが、これは、すでに国際競争力を備えた、あるいは国際競争力を備え得る素質が見込まれる輸出産業の競争力を強化し、輸出の拡大をはかるというもので、輸出指向工業化にとって政策の中核であったことはまちがいない。

最後に注目しなければならないのは、「第一次三ヵ年輸出計画」であろう。同計画の実施時期と、輸出指向工業化が急速に進展した時期とは見事に一致しているからである。しかし、第一次三ヵ年輸出計画は、輸出政策の実態分析に欠かせない重要なカギともなるのだが、その内容は長い間ベールに包まれていたのである。ところが、2007年7月28日に「大統領記録物管理に関する法律」の施行とともに、「第一次三ヵ年輸出計画」も公開されたが、その意義ははかりしれないものがある。というのは、第一次三ヵ年輸出計画が、韓国の輸出成長にいかなる位置を占めたのか、いかなる役割を果たしたか、また、輸出計画の具体的内容と輸出成長の足跡との比較、輸出計画のもつ問題点など、多角的な輸出計画の検討が可能となったからである。かくして、厚いベールに包まれた輸出政策の実体にメスを入れ、これまで韓国政府による「選別された情報」に頼らざるを得なかった輸出政策の「真相」を解明することで、そこから見えてくる政府の役割についての「実像」と「虚像」を浮き彫りにすることができよう。

2．「第一次三ヵ年輸出計画」の特色

第一次三ヵ年輸出計画は、1965から67年にかけて実施されるもので、輸出の増大による外貨事情の改善という政策意図を具現化しようとする、韓国が取り組んだ最初の長期的な輸出計画である。それは、国際収支の危機に直面した韓国政府にとり、輸入用外貨を稼ぐためにも欠かせない切迫した選択でもあった。また、輸出産業を振興

し、獲得外貨の増大をはかり、その有効利用こそが自立経済を確立するうえの基本的な手段でもあった。そのため最終年度の輸出目標額も3億ドルに設定して、それを強調するかのように正式には「三億ドル輸出計画」と称されていたのである[10]。しかし、それに継いで「第二次五ヵ年輸出計画（1967〜71年）」が打ち出されていたこともあり、ここでは一貫性を示すため「第一次三ヵ年輸出計画」と呼ぶことにしたい。

　第一次三ヵ年輸出計画の特色を要約すると、おおよそ次の3点が指摘されよう。第1に、第1次経済開発5ヵ年計画とは別途に、輸出の拡大を実施していくための具体的対策として、長期的にかつ具体的な輸出目標制が採用されていた、ということである。とりわけ、長期輸出目標制は、輸出見通しなどと異なり、責任をもってその達成をはかる実行目標である。したがって、この輸出目標が実行目標である以上、その実行手段が具体的に検討され、なお個々の商品毎に極めて具体的にその実現について詳細な検討が加えられたのである。そして、商品別に、なお国別に輸出目標が決められた。また、輸出目標は産業別輸出組合及び在外大使館に割り当てられたが、この割り当ては責任目標制といってもよい。このため、月ごとに大統領主宰のもとに、経済関係の長官、企業及び業界代表などからなる輸出振興拡大会議が開かれ、この輸出目標の達成に全力を挙げていくこととなったのである。

　第2に、輸出計画の実施によって、外貨事情の改善という指針を具体化することである。すなわち、この計画は、3年間に延べ7億ドルの輸出目標にコストの2億2343万ドルを差し引いた、その差額4億7657万ドルの外貨を稼ぐ目的とした「外貨獲得指向型」である。たとえば、主要品目別輸出計画では、輸出品目ごとにその目標とコスト、そして外貨獲得見込み額が詳しく示されており、いわば「外貨獲得明細リスト」ともいえるものであったのである。それは、円滑な外資導入とともに、国際収支改善が経済開発の重要な柱となっていたが、1964年における外貨危機がここに反映されていることはいうまでもない。

　第3に、輸出計画が、工業製品の輸出拡大を促すことに重点が置かれており、そのために輸出産業を育成しようとすることである。工業製品の輸出目標額は、基準年度の3倍、1億9000万ドルが予定された。これは輸出総額の63.0％を占める。韓国政府は、こうした工業製品の輸出拡大を図るために、輸出競争力のある産業へ育成を目的

---

10) 総務処（1965）「三億弗輸出計画」国家記録院大統領記録館。

第二部　政策なき高度成長

表 4-1　第一次三ヵ年輸出計画の目標と実績

	第一次三ヵ年輸出計画（1965～67）	
	目　標	実　績
輸 出 成 長 率	36.1%	39.0%
輸出額（億ドル）	3.0	3.2
（ 工 業 製 品 ）	1.9	2.5
輸 出 工 業 化 率	63.0%	78.5%

（出所）総務処（1965）「三億弗輸出計画」国家記録院大統領記録館、韓国銀行（1973）『経済統計年報1973』より作成。

とする、輸出特化産業の選定を行った。多数の産業分野で国際競争力の強化が課題であった当時においては、輸出特化産業の育成と強化は、輸出指向工業化政策の大きな柱であったことはいうまでもなかろう。

　しかし、ここで指摘しなくてはならないのは、第一次三ヵ年輸出計画の立案と実施が必ずしも順調に行われていなかった、ということである。第一次三ヵ年輸出計画の立案が大幅な遅れをとっていたために、試案が策定されたのは1964年12月30であったからである。しかも、修正案が1965年２月16日に、再修正を加えて最終計画案が65年３月16日に決せられるなど、65年からのスタートに間に合わなかったのである。そして、この計画が経済長官会議にて決議されたのは、ようやく1965年７月20日のことであり、このことからも計画の実施が著しく立ち遅れを見せていたことがわかろう。このことは韓国の輸出政策を考えるにあたって、果敢さとはほど遠いものであったといわざるを得ない。

　表4-1は第一次三ヵ年輸出計画の目標と実績を示したものである。1967年の輸出額は３億2000万ドルに達し、1964年の１億2000万ドルより年平均39.1％という驚異的な成長率を成し遂げ、目標の３億ドルを上回る。他のNIESと比べると、同期間の台湾が13.9％、香港が14.6％、シンガポールが8.0％であり、韓国の輸出成長率の高さが目につく[11]。とりわけ、工業製品の輸出額を見ると、1964年に約6200万ドルにすぎなかったが、67年には２億5000万ドルまでに膨れあがったのである。これは、年平均59.1

---

11) UN, Yearbook of International Trade Statistics、各年度版より作成。

％という驚異的な成長率で、64年に比べ4倍以上の規模となり、目標額1億9000万ドルをもはかるかに上回るものである。その結果、輸出工業化率も51.6％から78.5％に大きく増加し、目標の63.0％を大幅に上回ったのである。一般的に発展途上諸国において工業製品の輸出拡大はけっして容易なことではない。多くの発展途上国が工業製品の輸出拡大に取り組んでも、それに成功しつつある国はきわめてわずかであり、1950年代後半から国連における度重なる発展途上国よりの特恵関税についての要求は、なによりの証左であった。しかし、韓国はわずか3年の間に輸出工業化率が26.9ポイントも急増するなどかなり顕著な構造変化をもたらしたのである。

第二節　第一次三ヵ年輸出計画のフィット＆ギャップ分析

1．商品類別輸出計画の帰結

　韓国の商品類別輸出は、1964年には原料別工業製品、非食用原料、食料品など三つの商品類が輸出総額の84％を占めるなど輸出を牽引してきた。そのため、第一次三ヵ年輸出計画においても、これら三つの商品類に高い期待が込められたものとなる。商品類別の輸出計画を見ると、グラフ4-1に示されたように、1967年の目標額では、原料別工業製品が1億1800万ドル、食用品が6700万ドル、非食用原料が5600万ドルとなり、これらの三つの商品類で目標額の80％が占められている。なかでも、原料別工業製品の輸出拡大に重点が置かれて、その目標額は64年実績より約7600万ドルを上乗せたもので、輸出目標総額に占めるシェアは39.4％である。これは、64年の34.7％より4.7ポイントも増大したものである。韓国の工業製品の輸出が1964年までに原料別工業製品に大きく支えられていたため、その増強が輸出指向工業化の進展を左右する重要な鍵となっていたのである。

　次に目標額が高いのは、雑製品と機械類及び輸送機器であり、それぞれ3250万ドルと1170万ドルとなっている。これは、1964年の実績と比べると、雑製品が3.2倍、機械類及び輸送機器が12.3倍、それぞれ増加の計画である。輸出目標の規模では、食料品及び動物や非食用原料の半分にも及ばないものの、輸出目標の伸び率は高く、雑製品と機械類及び輸送機器への期待が込められているのがわかろう。また、輸出目標総額に占めるシェアを見ると、機械類及び輸送機器が0.8％から3.9％に、雑製品が8.5％

第二部　政策なき高度成長

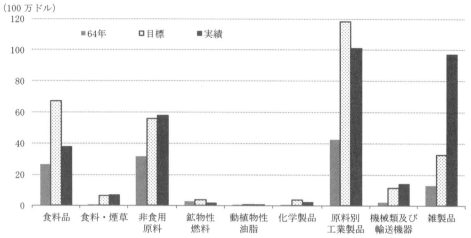

グラフ4-1　商品類別輸出目標と実績

（出所）総務処（1965）「3億弗輸出計画」国家記録院大統領記録館及び、韓国銀行（1968）『経済統計年報1968年』より作成。

から10.8％に、それぞれ拡大する見込みである。このことは、従来の原料別工業製品の輸出拡大と共に、さらなる機械類及び輸送機器や雑製品の輸出拡大を目論んだもので、工業製品の輸出多様化並びに輸出構造の高度化を図ろうとする政策意図が示されている。

　では、このような輸出プログラムが、現実にいかに遂行されているかを考察してみよう。グラフ4-1は商品類別輸出目標と実績を示したものである。まず、目標の達成面から見ると、目標額を上回ったのは、食料・煙草、非食用原料、機械類及び輸送機器、雑製品など四つの商品類であり、逆に食料品、鉱物性燃料、動植物性油脂、化学製品、原料別工業製品など五つの商品類は目標額に満たない。すなわち、原料別工業製品、化学製品、食料品、鉱物性燃料、動植物性油脂など半分以上の商品類が目標を達成せず、輸出二極化の現象が見られるのである。次に、目標額とのギャップを見ると、食料品はマイナス2920万ドル、原料別工業製品もマイナス1670万ドルといずれも目標を大きく下回っている。これとは対照的に、雑製品は6470万ドルと目標を大幅に上回っている。それに雑製品のギャップは、他の商品類とは比較にならないほど規模が大きく、たとえば食用品と原料別工業製品のマイナスギャップを帳消しにしても余

第四章　輸出政策の過大評価：輸出計画のフィット＆ギャップ分析

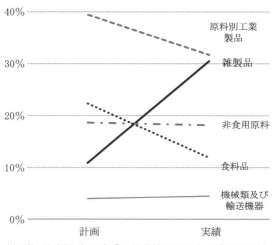

グラフ4-2　商品類別輸出構成比（計画と実績）

（出所）総務処（1965）「三億弗輸出計画」国家記録院大統領記録館、韓国銀行（1973）『経済統計年報1973』より作成。

りあるほどの大きさである。すなわち、食料品及び動物と原料別工業製品を合わせて、そのギャップは4590万ドルに上るが、雑製品のギャップはそれよりも大きい規模である。つまり、第一次三ヵ年輸出計画が「成功」であったとすれば、それは雑製品の大幅な目標達成によるところが大きいといっても過言ではなかろう。

　また、輸出目標値との乖離率を見ると、とりわけ、原料別工業製品はマイナス14％、化学製品はマイナス40％、食料品はマイナス43％、鉱物性燃料はマイナス56％、動植物性油脂はマイナス74％を示すなど際立って高いものがある。これとは逆に、雑製品は199％の乖離率を示しており、その高さには目を見張るものがある。このことは、輸出不調に終わった原料別工業製品などとギャップの対照をなすものとして、韓国の輸出工業化を見ていくうえにおいて最も肝心な点であろう。

　さらに、主要な商品類別の貢献度を見ると、グラフ4-2によって、原料別工業製品と食料品はその比重が低下した反面、雑製品は大幅に拡大しているのが読みとれよう。すなわち、原料別工業製品は輸出総額の39.4％を見込んでいたものの、実績では31.7％の水準に押し下げられていたのに対して、雑製品はわずか10.8％を見込んでいたものの、実績では30.4％までに引き上げられているのである。「想定外の帰結」で

ある。つまり、雑製品の想定外の帰結は、目標達成への大きな貢献という意味ばかりでなく、韓国高度成長を大きく牽引する輸出主導産業として跳躍する契機となったということからも、強調されなければならない点であろう

ところで、輸出計画とのギャップを主要品目別に見ると、輸出の二極化現象が起こっているのが明らかである。というのは、主要34品目のなかで、目標額を超えたのは15品目である一方[12]、目標額に満たなかったのは19品目に達したからである[13]。しかも、こうした傾向は、工業製品においてより鮮明にあらわれていた。主要工業製品の目標とのギャップを見ると、マイナスを記録したものが圧倒的に多く、綿織物など10品目に上る[14]。逆に、プラスを記録したものは、セーターなどわずか6品目にすぎない[15]。すなわち、工業製品16品目うち10品目がマイナスを記録していたが、プラスは6品目しかなかったということは、やはり、輸出計画を十分評価することはできない。

また、輸出目標額との乖離率を主要品目別に見ると、グラフ4-3にみられるように、総体的に大幅な乖離率を示したものが圧倒的に多いことが目につくのである。たとえば、主要34品目中、乖離率が±20％を超えたものが全体の82％（28品目）を占めているのである。しかも、工業製品に関していえば、さらに著しい傾向が示されており、主要工業製品の16品目中15品目が±20％を超えているのである[16]。それは20％を

---

[12] すなわち、セーター（目標超過額1900万ドル）、合板（1440万ドル）、被服（970万ドル）、生糸（640万ドル）、重石（600万ドル）、海苔（440万ドル）、経編織物（430万ドル）、ゴム靴（360万ドル）、鉄鉱石（240万ドル）、煙草（140万ドル）、朝鮮人参（100万ドル）、縫製品（80万ドル）、寒天（70万ドル）、活魚（50万ドル）、冷凍魚介類（ゼロ）などである。

[13] イカ（目標未達成額マイナス40万ドル）、魚介類缶詰（マイナス40万ドル）、毛織物（マイナス50万ドル）、ラジオ（マイナス60万ドル）、合成樹脂製品（マイナス70万ドル）、漢方材（マイナス100万ドル）、豚毛（マイナス100万ドル）、絹織物（マイナス130万ドル）、陶磁器（マイナス200万ドル）、マグロ（マイナス200万ドル）、無煙炭（マイナス230万ドル）、人絹織物（マイナス250万ドル）、その他毛髪（マイナス280万ドル）、鮮魚（マイナス320万ドル）、鉄棒（マイナス330万ドル）、亜鉛鉄鉄板（マイナス370万ドル）、セメント（マイナス580万ドル）、穀類（マイナス620万ドル）、綿織物（マイナス1040万ドル）などである。

[14] 綿織物、セメント、亜鉛鉄鉄板、鉄棒、人絹織物、陶磁器、絹織物、合成樹脂製品、ラジオ、毛織物など10品目である。

[15] セーター、合板、被服、経編織物、ゴム靴、縫製品など6品目である。

[16] 主要工業製品では、セーター（316％）、経編織物（217％）、ゴム靴（109％）、被服（107％）、合板（53％）、縫製品（38％）、毛織物（マイナス9％）、ラジオ（マイナス23％）、合成樹脂製品（マイナス37％）、綿織物（マイナス40％）、人絹織物（マイナス41％）、絹織物（マイナス65％）、亜鉛鉄鉄板（マイナス75％）、鉄棒（マイナス93％）、セメント（マイナス97％）、陶磁器（マイナス98％）。

第四章　輸出政策の過大評価：輸出計画のフィット＆ギャップ分析

グラフ4-3　輸出目標額との乖離率（主要品目別）

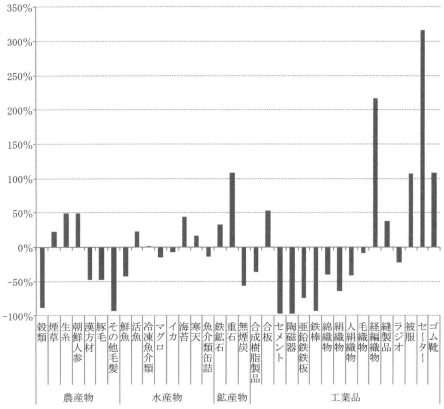

（出所）総務処（1965）「三億弗輸出計画」国家記録院大統領記録館、韓国銀行（1973）『経済統計年報1973』より作成。

超えているが6品目で、逆にマイナス20％を超えているのは9品目にも上る。毛織物を除き、工業製品すべてが目標に大きくかけ離れていたことを意味するのである。しかも、マイナス50％を超えたのは、絹織物（マイナス65％）、亜鉛鉄鉄板（マイナス75％）、鉄棒（マイナス93％）、セメント（マイナス97％）、陶磁器（マイナス98％）などであり、その輸出不振が際立っている。その反面、セーター（316％）、経編織物（217％）、ゴム靴（109％）、被服（107％）などといった品目は100％以上の想定外の

などである。

第二部　政策なき高度成長

帰結となっているのである。このことは、主要工業16品目のうち9品目が100％超かマイナス50％超という、かなり「非現実的」な帰結といわざるをえない。この意味においても輸出計画が順調に進んだ結果とは言い難い。

2．国別輸出計画の帰結

1960年代前半の輸出市場は日米の依存度が極めて高く、64年には日本とアメリカの二大市場の依存が62％を占めるなど、二つの国への輸出集中度は際立つものがある。そのため第一次三ヵ年輸出計画においては、新市場の開拓に傾斜した方針が立てられるなど、市場多角化に重点が置かれていたのである。日米への高い輸出集中度は、いうまでもなくグローバル市場開拓の立ち遅れによるところが大きく、新たな市場の開拓が直面した重要課題であったからである。

表4-2は主要国別の輸出計画を示したものである[17]。まず、韓国輸出の二大市場であるアメリカと日本の輸出目標額を見ると、アメリカは9300万ドル、日本は9100万ドルでいずれも高い規模である。その結果、目標年度の輸出シェアも、アメリカが31.0％、日本が30.3％と依然として二大市場として地位を保つこととなっている。基準年度（1964年）と比べ、アメリカの目標額は2.5倍となり、日本のそれは2.3倍となり、日米ともに大幅な増額を見込んでいるのがわかる。しかし、日米よりもはるかに高い輸出拡大を見込んだのは、ベトナム、フィリピン、イランなどアジア3ヵ国、西ドイツ、オランダ、スウェーデン、イタリア、ベルギー、フランスなどヨーロッパ6ヵ国、そしてカナダとオーストラリアを含む11ヵ国である。これら11ヵ国はいずれも、1964年の輸出額に比べてベトナムの3.2倍増からカナダの9.7倍までの大幅な輸出拡大を見込んだ輸出重点国であるため、ここでは「重点11ヵ国」と呼ぶことにしたい。

「重点11ヵ国」の輸出目標は、合計で6400万ドルであるが、64年の1570万ドルに対して4.1倍増という意欲的な計画となっている。これは1964年実績に対して4830万ドルの増額を見込んだもので、アメリカの5610万ドル増額や日本の5100万ドル増額に匹敵するほどの規模であり、「重点11ヵ国」への高い期待が読みとれよう。輸出目標におけるシェアも、「重点11ヵ国」は21.3％として64年13.0％を8.3ポイントも引き上げが計画されていたのである（表4-2）。これはアメリカと日本の市場と並んで、「重点

---

[17] 主要18ヵ国の輸出シェアは、1964年実績では98.1％を占め、1967年の目標額に対しては95.6％を占めている（表4-2参照）。

第四章　輸出政策の過大評価：輸出計画のフィット＆ギャップ分析

表 4-2　主要国別輸出計画の推移

(単位：100万ドル)

	国名	1964年		1967年		倍増 (C/A)
		実績 (A)	比重 (B)	目標 (C)	比重 (D)	
1	アメリカ	36.9	30.5%	93.0	31.0%	2.5
2	日本	40.0	33.1%	91.0	30.3%	2.3
3	ベトナム	6.6	5.4%	21.0	7.0%	3.2
4	香港	11.5	9.5%	15.0	5.0%	1.3
5	イギリス	6.8	5.6%	8.0	2.7%	1.2
6	タイ	3.0	2.4%	7.0	2.3%	2.4
7	西ドイツ	1.8	1.5%	6.0	2.0%	3.3
8	オランダ	1.8	1.5%	6.0	2.0%	3.3
9	スウェーデン	1.3	1.1%	6.0	2.0%	4.7
10	シンガポール	2.7	2.2%	5.5	1.8%	2.1
11	フィリピン	1.0	0.8%	5.0	1.7%	5.1
12	イタリア	0.7	0.6%	4.5	1.5%	6.6
13	カナダ	0.4	0.3%	4.0	1.3%	9.7
14	台湾	1.9	1.6%	3.2	1.1%	1.7
15	ベルギー	0.7	0.6%	3.0	1.0%	4.3
16	オーストラリア	0.7	0.6%	3.0	1.0%	4.4
17	フランス	0.3	0.3%	3.0	1.0%	9.6
18	イラン	0.5	0.4%	2.5	0.8%	5.2
18ヵ国小計		118.5	98.1%	286.7	95.6%	2.4
輸出合計		120.9	100.0%	300.0	100.0%	2.5

（出所）総務処（1965）「3億弗輸出計画」国家記録院大統領記録館、より作成。

11ヵ国」の市場の拡大も重視していたことを意味する。言い換えれば、第一次三カ年輸出計画の成果は「重点11ヵ国」の市場開拓にそのカギが委ねられていたといっても過言ではなかろう。

しかし、国別輸出計画の帰結によると、市場多角化の輸出方針に反して、アメリカ

第二部　政策なき高度成長

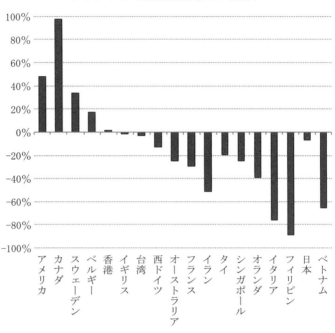

グラフ4-4　国別輸出目標との乖離率

（出所）総務処（1965）「3億弗輸出計画」国家記録院大統領記録館、韓国銀行（1968）『経済統計年報1968』、より作成。

市場への一極集中を強める結果となったが、この点を強調しなくてはならない。

　まず、目標の達成度については、グラフ4-4に示された通り、マイナス方面を向いている国が目立つ。すなわち、目標値を上回っているのは、カナダ、アメリカ、スウェーデン、ベルギー、香港など5ヵ国にすぎない反面、目標値を下回っているのは、日本など13ヵ国にも上る。これは、主要18ヵ国のうち約4分の3にあたる国が目標達成に失敗したということを示すのである。しかも、そのほとんどがマイナス20％を超えていたことも見落としてはならない。例えば、マイナス20％以上の乖離率を示したのは、シンガポール（マイナス25％）、オーストラリア（マイナス25％）、フランス（マイナス29％）、オランダ（マイナス39％）、イラン（マイナス51％）、ベトナム（マイナス65％）、イタリア（マイナス76％）、フィリピン（マイナス89％）など8ヵ国にも上り、なおそのうち半分の国はマイナス50％以上を記録している。つまり、主要18ヵ国の約半分にあたる国に対しては、輸出計画が失敗に終わっていたのである。

第四章　輸出政策の過大評価：輸出計画のフィット＆ギャップ分析

グラフ 4-5　国別輸出目標とのギャップ

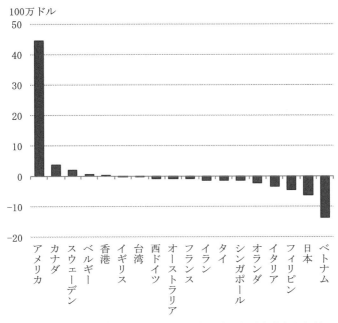

（出所）総務処（1965）「3億弗輸出計画」国家記録院大統領記録館、
韓国銀行（1968）『経済統計年報1968』、より作成。

　次に、国別輸出目標とのギャップを見ると、グラフ4-5に示された通り、アメリカの大きさには目を見張るものがある。アメリカのそれは4440万ドルときわめて多く、次のカナダ390万ドル、スウェーデンは200万ドル、ベルギー50万ドル、香港20万ドルなどの差はきわめて大きい。すなわち、アメリカだけが飛び抜けて大きな規模となっていることがわかろう。一方、目標ギャップがマイナスとなったのは、台湾の10万ドルからベトナムの1370万ドルまでに幅がひろく、その合計は約マイナス3700万ドルに達する。すなわち、アメリカの超過達成分4440万ドルは、13ヵ国の合計約マイナス3700万ドルをよりも大きな規模である。つまり、アメリカの超過達成分が大きかったために、13ヵ国の未達成分を帳消しにすることが出来たという点も見逃すわけにはいかない。

　グラフ4-6は、主要諸国の輸出目標と実績を示したものである。とりわけ注目されなければならないのは、第一次三ヵ年輸出計画の要ともいえる「重点11ヵ国」への輸

第二部　政策なき高度成長

グラフ4-6　主要諸国の輸出目標と実績

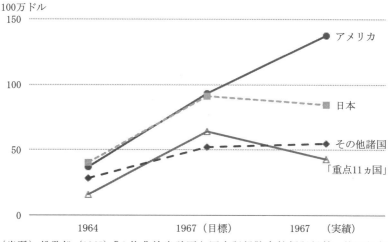

（出所）総務処（1965）「3億弗輸出計画」国家記録院大統領記録館、韓国銀行（1968）『経済統計年報1968年』、より作成。

出不振を余儀なくされ、市場多角化の命題に背をむける帰結となったという点である。アメリカへの輸出は目標額9300万ドルを上回った1億3740万ドルに、日本への輸出は8470万ドルに伸びたものの、目標の9100万ドルには届いていない。「重点11ヵ国」の輸出は4290万ドルに伸びたものの、目標の6400万ドルには届いていない。その結果、目標とのギャップはマイナス2110万ドルとなり、これは目標額の67％にすぎない。その他諸国の輸出は、目標額5200万ドルを上回る5510万ドルに達した。これは「重点11ヵ国」のそれよりも大きいものである。「重点11ヵ国」は市場多角化の一環として最も重点が置かれていたにもかかわらず、その結果は惨憺たるものに終わったのと対照的である。「重点11ヵ国」の輸出計画が不調に終わったのは、目標達成率の低い国が非常に多かったことに起因する。例えば、「重点11ヵ国」のなかで、目標値を上回ったのはスウェーデン、カナダ、ベルギーの3ヵ国にすぎず、残りの8ヵ国は目標値を下回っている。しかも、その目標達成率の低さには目を疑うものがある。すなわち、目標達成率が低いのは、西ドイツ87％、オーストラリア75％、フランス70％、オランダ61％、イラン49％、ベトナム35％、イタリア24％、フィリピン11％などであるが、その半数は50％にも達していないのである。

グラフ 4-7　主要諸国の輸出の寄与率（目標と実績）

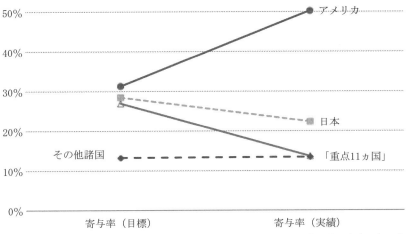

（出所）総務処（1965）「3億弗輸出計画」国家記録院大統領記録館、韓国銀行（1968）
『経済統計年報1968年』、より作成。

　ここで興味深いのは、グラフ4-7で示されたように、輸出成長への寄与率がアメリカ向けは想定を遙かに上回ったのと対照的に、「重点11ヵ国」向けは想定より遙かに下回ったという点である。輸出目標における輸出成長への寄与率はアメリカが31.3％、日本が28.4％、「重点11ヵ国」が26.9％、その他諸国が13.3％となり、アメリカと日本、そして「重点11ヵ国」はいずれも高い寄与率が見込まれていた。しかし、アメリカの寄与率は計画より19.1ポイントも高い50.4％となっており、想定をはるかに上回っているのである。それとは対照的に、最も重点をおいた「重点11ヵ国」の寄与率は13.6％にすぎず、計画よりもマイナス13.3ポイントも低いものである。すなわち、アメリカと「重点11ヵ国」はいずれも意欲的な目標を見込んでいたにもかかわらず、「重点11ヵ国」の計画は痛い結果に終わったのと対照的に、アメリカの計画のみがいわば「想定外の奇跡的な帰結」となったのである。つまり、アメリカへの依存をさらに深化させ、市場の多角化という輸出計画の最重点方針とは正反対との帰結となったといってよかろう。

　以上のように、目標達成ができなかった国が圧倒的に多かったにもかかわらず、輸出総額において目標を上回ったのは、やはりアメリカの「奇跡的な貢献」によるところがきわめて大きい。言い換えれば、アメリカ単独の「奇跡的な貢献」が結果的に

第二部　政策なき高度成長

グラフ 4-8　主要貿易相手別の貿易特化係数の推移

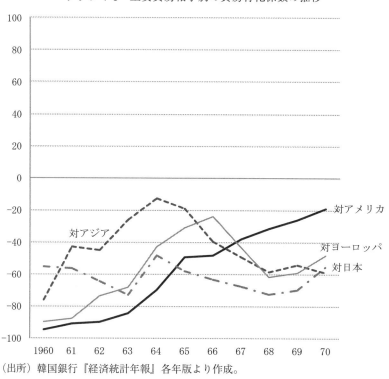

（出所）韓国銀行『経済統計年報』各年版より作成。

３億ドル輸出目標の達成を可能した最大の要因であり、かつそれは政府の方針とは大きくかけ離れた帰結によるものであった。すなわち、第一次三ヵ年輸出計画は、総じて多くの面で失敗していたにもかかわらず、アメリカに対する計画のみが「奇跡的な帰結」をもたらしたことがわかる。これはアメリカの輸出だけが際立つパフォーマンスを成し遂げていたという意味において、これまでの輸出政策について一般的な評価にとどまらず、アメリカの特殊性と関連した評価が必要であることを意味するものであろう。

ちなみに、国・地域別の貿易特化係数を見ると、アメリカは1960年以降一貫して上昇しているが、日本、アジア、ヨーロッパなどについては急激な低下が見られる。アメリカは、グラフ 4-8 で示されているように、60年代前半には主要貿易相手の中で最も輸入特化の度合が強く、かつ輸入特化の度合がやや遅く後退していたのだが、60年

代後半には急速に輸出競争力を高めて水平分業の状態に転換していることがわかる。貿易特化係数の推移を1960年から64年までの時点で見ると、アメリカはマイナス94.69からマイナス70.07に改善したものの、ヨーロッパとアジアがそれぞれマイナス89.83からマイナス42.96、マイナス76.15からマイナス12.84へ大幅に改善したことに比べ、輸出競争力の勢いは弱いものに留まっている。日本はマイナス55.45からマイナス48.53にやや改善し、アメリカよりは高い状態を保つ。このように、1960年代前半には総じていずれの国や地域も上昇傾向にあったことから、輸出が増加していることがわかる。但し、アメリカは輸出競争力の勢いは弱く、しかも1964年の時点で貿易特化係数は他と比べて最も低かったという点も指摘する必要があろう。

　というのは、1960年代後半に入ると、日本、アジア、ヨーロッパが低下傾向に転じたのに対して、アメリカのみが輸出競争力を強めていくからである。貿易特化係数を続いて1964年から70年までの時点で見ると、アメリカは、前述したとおり輸出が急増しつつ、マイナス70.07からマイナス19.35へと大幅に上昇しており、水平分業の状態に転じつつあることがわかる。これとは対照的に、日本、アジア、ヨーロッパなどは1960年代前半に輸入特化の度合が急速に後退しつつあったが、60年後半には輸出競争力を落として輸入特化の度合が逆に強まるという状況に変わったのである。とくに、アジアについては60年代前半に輸出競争力を高めて、輸入特化状態から水平分業の状態に転じたが、60年代後半に輸入特化状態へ逆行する動きをしているのである。アジアはマイナス12.84までに上昇したものが、65年にはマイナス19.10、67年にはマイナス49.27、70年にはマイナス59.19へと大幅に低下しており、競争力を急速に失ったことがわかる。また、ヨーロッパについても、66年にマイナス24.00に上昇したが、67年から急落し、70年にはマイナス48.10へと低下しており、競争力を失っているのである。すなわち、日本、アジア、ヨーロッパと比べると、アメリカは貿易特化係数を上昇させながら、輸出額を急増させ、かつ国別シェアも大幅に上昇させたのである。これをみる限りアメリカのみが絶対的に優位な状況にあったが、この点を強調されなければならない。

3．輸出特化産業別輸出計画の帰結

　韓国政府は工業製品輸出の役割を最大限に重視し、そのため輸出産業の優遇策を実施した。要素賦存状況に適合した産業に資源を集中し、輸出競争力のある産業へ育成

第二部　政策なき高度成長

を目的とする、特定産業の優遇政策がそれである。たとえば、国際競争力の優位面や他産業への波及効果も考慮して、(1) 生糸、(2) 絹織物、(3) 陶磁器、(4) ゴム製品（履物を含む）、(5) ラジオ及び電気機器、(6) 缶詰（魚介類とマッシュルーム）、(7) 毛製品（セーター類）、(8) 合板、(9) 綿織物、(10) 衣類、(11) 皮革製品、(12) 工芸品（葛布壁紙を含む）、(13) 雑貨類（金属製食器及びかつら）等の13業種が輸出特化産業に指定されたのである[18]。それは、国際貿易において、比較優位を発揮できるような輸出品目を可能な限り専門的に強化することにより、当該産業は専ら輸出を担うことが考えられる。すなわち、輸出特化産業の育成は、いわば外貨獲得を専門的に担う産業を育成することを意味するものであった。

輸出特化産業部門における輸出計画の帰結を見ると、表4-3に示されたとおり、輸出目標額は、輸出特化産業部門合計で、基準年度（1964年）の2.8倍となる約1億1500万ドルが見込まれていた。そして、輸出実績は、基準年度の3.9倍となる約1億6000万ドルに達し、目標額の約1.4倍を超える規模となる。計画期間中、年平均57.1％というきわめて高い成長率によるものであり、これは韓国輸出総額の年平均成長率39.1％よりもはるかに高く、その飛躍的な伸長がうかがえよう。その結果、輸出総額に占めるシェアも50.4％となり、目標の38.3％を大きく上回っていたのである。

しかしながら、ここで強調しなければならないのは、輸出特化産業といっても業種によって輸出パフォーマンスの差異はきわめて大きく、しかも目標を達成できなかった業種も少なくないという点である。まず、輸出目標額とのギャップを見ると、雑貨類（金属製食器及びかつら）、毛製品（セーター類）、衣類、合板、ゴム製品（履物含む）、生糸、ラジオ及び電気機器、工芸品（葛布壁紙を含む）などの7業種ではプラスを記録したが、皮革製品、缶詰（魚介類とマッシュルーム）、絹織物、陶磁器、綿織物などの5業種はマイナスを記録したのである。輸出特化産業の13業種のなかで5業種が目標達成に失敗を余儀なくされている。つぎに、輸出目標額との乖離率をみると、雑貨類（金属製食器及びかつら）が1283.5％、毛製品（セーター類）は316.3％、衣類は86.3％、ゴム製品（履物含む）は69.7％となり、その高さには目を見張るものがある。また、合板、ラジオ及び電気機器、生糸、工芸品（葛布壁紙を含む）などの乖離率は34.9％から2.6％までを示したが、これは輸出特化産業の平均乖離率40.4％よ

---

18) 大韓貿易振興公社（1965）、74〜80頁を参照。

第四章　輸出政策の過大評価：輸出計画のフィット＆ギャップ分析

表4-3　輸出特化産業と業種別輸出計画の帰結

(単位：千ドル)

		1964年	目標（1967年）		実績（1967年）		ギャップ	乖離率
			金額	シェア	金額	シェア		
(1)	生　　　　糸	5,838	13,000	4.3%	14,873	4.6%	1,873	14.4%
(2)	絹　織　物	225	3,000	1.0%	285	0.1%	−2,715	−90.5%
(3)	陶　磁　器	212	3,000	1.0%	52	0.0%	−2,948	−98.3%
(4)	ゴム製品（履物含む）	1,786	6,000	2.0%	10,183	3.2%	4,183	69.7%
(5)	ラジオ及び電気機器	1,021	6,325	2.1%	7,364	2.3%	1,039	16.4%
(6)	缶　　　　詰 (魚介類とマッシュルーム)	1,518	3,730	1.2%	1,178	0.4%	−2,552	−68.4%
(7)	毛製品（セーター類）	565	6,000	2.0%	24,979	7.8%	18,979	316.3%
(8)	合　　　　板	11,395	27,000	9.0%	36,418	11.4%	9,418	34.9%
(9)	綿　織　物	11,119	26,000	8.7%	12,591	3.9%	−13,409	−51.6%
(10)	衣　　　　類	5,798	13,000	4.3%	24,213	7.6%	11,213	86.3%
(11)	皮　革　製　品	7	750	0.3%	140	0.0%	−610	−81.3%
(12)	工芸品（葛布壁紙含む）	1,929	5,490	1.8%	5,633	1.8%	143	2.6%
(13)	雑　貨　類 (金属製食器及びかつら)	202	1,700	0.6%	23,519	7.3%	21,819	1283.5%
合　　　　　　計		41,615	114,995	38.3%	161,428	50.4%	46,433	40.4%
輸　出　総　額		119,058	300,000	100.0%	320,229	100.0%	20,229	6.7%

(出所) 総務処（1965）「3億弗輸出計画」国家記録院大統領記録館、大韓貿易振興公社（1965）、74〜80頁、商工部（1971）『通商白書』、892〜919頁、韓国銀行（1968）『経済統計年報1968』より作成。

りは低いものである。とりわけ、マイナス乖離率の高さが目立つのは、綿織物マイナス51.6％、缶詰（魚介類とマッシュルーム）マイナス68.4％、皮革製品マイナス81.3％、絹織物マイナス90.5％、陶磁器マイナス98.3％などであり、その低さには目を疑うものがあろう。

　要するに、輸出特化産業とひとくちに言っても、業種別に検討してみると、それぞれに驚異的な成長と輸出不調、または目標額の達成度合いの差など、きわめて対照的

第二部　政策なき高度成長

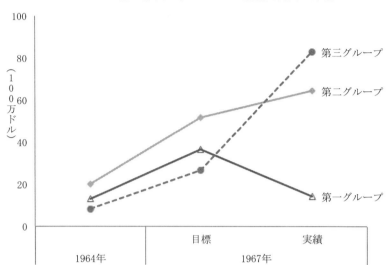

グラフ4-9　輸出特化産業とグループ別輸出計画の帰結

（出所）総務処（1965）「3億弗輸出計画」国家記録院大統領記録館、大韓貿易振興公社（1965）、74〜80頁、商工部（1971）『通商白書』、892〜919頁、韓国銀行（1968）『経済統計年報1968』より作成。

な結果を示しているのである。というのは、絹織物、陶磁器、缶詰（魚介類とマッシュルーム）、綿織物、皮革製品といった五つの業種では、目標値を大幅に下回り、しかもマイナス成長の業種もみられる一方、ゴム製品（履物含む）、毛製品（セーター類）、衣類、雑貨類（金属製食器及びかつら）といった四つの業種では、目標値を大幅に上回り、しかもその伸び率は際立って高く、輸出の二極化が起こっていたことが明らかである。すくなくとも輸出特化産業に指定された五つの業種に、輸出優遇策の実効力が無きに等しく終わったということは、言い換えれば、当時の輸出促進政策が必ずしも有効的に機能し得たとは言えないことを明確に示しているといえよう。

　ところで、目標達成率によって、輸出特化産業を三つのグループに分けたのが、グラフ4-9である。第一グループは、この比率がマイナスの絹織物、陶磁器、缶詰（魚介類とマッシュルーム）、綿織物、皮革製品などのグループ、第二グループは、ゼロから40％までの生糸、ラジオ及び電気機器、合板、工芸品（葛布壁紙を含む）などのグループ、第三グループ、40％以上のゴム製品（履物含む）、毛製品（セーター類）、衣類、雑貨類（金属製食器及びかつら）などのグループである。まず、輸出目標額を

第四章　輸出政策の過大評価：輸出計画のフィット＆ギャップ分析

グループごとに算出すると、第一グループは3648万ドル、第二グループは5182万ドル、そして第三グループは2670ドルとなり、第二グループの目標額が最も大きく、第三グループのそれが最も小さい。これを基準年度（1964年）の水準と比較すれば、第一グループが2.8倍、第二グループが2.6倍、第三グループが3.2倍の増加となる。ところで、輸出実績を見ると、第一グループは1425万ドル、第二グループは6429万ドル、そして第三グループは8289万ドルとなるのである。これは基準年度と比べて、第一グループ1.1倍、第二グループ3.2倍、第三グループ9.9倍のものであり、グループごとに輸出成長の明暗が鮮明にあらわれる。

　とりわけ、第一グループと第三グループの帰結を比較すると、政策方針の方向とはまったく逆の結果となっているが、この点が注目されなくてはならない。すなわち、第一グループの目標額が第三グループのそれよりも高く見込まれていたにもかかわらず、結果では第三グループよりも少ない成果を上げているからである。その結果、輸出総額に占めるシェアも、第一グループは、1964年の11.0％から目標年度には12.2％へと増大する見込みだったが、実績では逆に4.4％に大幅な低下を余儀なくされている。これに対して、第三グループは、1964年の7.0％から目標年度には8.9％へと増える見込みであったものが、実績では25.9％という驚異的な増大を示したのである。ちなみに、第二グループは、1964年の17.0％から17.3％に見込まれたが、実績では20.1％に上昇した。

　これまで韓国の輸出成長に関しては、実に多くの研究が行われ、様々な議論や分析枠組みの提示がなされてきたが、そのほとんどが急成長の部分にしか焦点が当てられず、輸出不振という「影」を踏まえた分析は皆無に等しい。つまり、これまでに強調された、良好な国際貿易環境、貿易自由化、輸出促進政策及び大統領のリーダーシップ、労働集約的工業製品及び低賃金利用などといった様々な要因は、いずれも急速な輸出拡大という片面によるものであり、そこから一般論を探りだそうとする姿勢に偏っていたためであるといっても差しつかえないだろう。

　ここで重要なことは、「輸出特化産業」における二極化現象について、これまでの輸出成長の要因分析がその解明にどのくらい役に立っているかであろう。一般的に、二極化の現象については、政策措置の違いなどにより、業種別に異なる効果をもたらしたともいえなくもなかろう。しかしながら、「輸出特化産業」の場合は、輸出指向工業化の中核となるうえ、他の産業よりも優遇措置が与えられ、各種の特恵が優先的

かつ重点的に配分されていたという事情もあり、そのような説明には十分とならない。しかも、第一次三ヵ年輸出計画輸出では、特化産業の育成と長期的な輸出目標制の採用が二本柱となり、その達成に全力が注がれていくこととなる。それは、輸出促進政策の最優先目標となるために、輸出目標を定める際に、または輸出目標を遂行していく際に、各産業や関連産業組合、そして各市道及び在外大使館などにも責任輸出制が採用されている。この意味において、輸出目標の採用は強制的といってもよい。

かくして、大統領主宰のもとに、毎月輸出振興拡大会議が開かれ、輸出目標の達成に全力が注がれていたのがその実態である。この拡大会議は、経済関係の閣僚、主要銀行の頭取、主要輸出企業の代表などが出席し、輸出全般にかかる諸問題を解決することを目的とした、いわば「国家輸出保障会議」ともいえよう。この会議で、輸出目標と対比して輸出実績をチェックし、提示された問題については迅速に取り組まれたことは言うまでもない。こうした強い政策意思が示されたにもかかわらず、現実の効果にはきわめて大きな格差があるのも確かで、「輸出特化産業」についてもその限界が如実に反映されたのである。すなわち、絹織物や陶磁器、缶詰、綿織物、皮革製品といった五つの業種において、輸出不振に際立つものがあったというのが、なによりの証左である。いいかえれば、それは積極的な輸出促進政策や大統領の強いリーダーシップが、必ずしも輸出拡大に対する決定的な要因であったとは限らないということを意味するものでもあろう。

第三節　輸出主導成長の実像と虚像

1960年代後半における韓国の最も突出したパフォーマンスは、輸出面に表れている。1965年以降、韓国の輸出特徴をあえて総括すれば、次の四点を指摘することができる。第一に、輸出目標をはるかに上回る「奇跡的な輸出拡大」が示されたこと、第二に、対米輸出拡大に牽引され、輸出規模が大幅に増大したこと、第三に、輸出主力商品が、合板・織物など原料別工業製品から衣類・履物など雑製品へと転換したこと、第四に、新輸出商品として電気機械のような資本・技術集約的な製品が台頭したこと、などが指摘できよう。

1965年以降の雑製品と機械類及び輸送機器の「奇跡的な輸出成長」は、輸出成長産業を生み出し、韓国の輸出指向工業化を急速に促すのである。雑製品のなかでも輸出

第四章　輸出政策の過大評価：輸出計画のフィット＆ギャップ分析

表 4-4　輸出10大品目の変遷

(単位：100万ドル)

	1964年	輸出額	輸出シェア	1970年	輸出額	輸出シェア	64年対比倍増
1	織物類	19.3	16%	衣類	213.6	26%	32
2	合板	12.5	10%	かつら	100.9	12%	597
3	鉄鉱石	6.8	6%	合板	91.7	11%	7
4	衣類	6.6	5%	織物類	91.7	11%	5
5	鮮魚	5.9	5%	鉄鉱石	49.3	6%	7
6	生糸	5.7	5%	電気・電子機器	43.9	5%	43
7	海苔	5.7	5%	生糸	35.8	4%	6
8	イカ	4.8	4%	鮮魚	21.1	3%	4
9	重石	4.7	4%	履物	17.3	2%	24
10	無煙炭	2.8	2%	重石	17.2	2%	4
	小計	74.8	62%	小計	682.5	82%	9
	輸出総額	120.9	100%	輸出総額	835.2	100%	7

（出所）韓国銀行（1973）『経済統計年報1973年』より作成。

の伸びが著しいものはかつら、衣類、履物であり、これに電気・電子機器を合わせて四つの品目である。表4-4に示されたとおり、この四品目は、1960年代後半に著しいプレゼンスを示している[19]。これら四つの品目の輸出成長は、輸出10大品目の中で他の品目と比べても、際立つものである。韓国の輸出総額の伸びは、64年から70年の5年間で約7倍にも達した。しかし、それよりも遙かに高い伸びを示したのが、衣類、履物、かつら、そして電気・電子機器である。すなわち、同期間において、履物は24倍、衣類は32倍、電気・電子機器は43倍、そしてかつらは597倍、という驚異的な増加を示したためである。

その結果、これら四品目の輸出貢献度も急速に伸ばした。輸出総額に占めるシェアは、1964年には四品目合わせて7.0％にすぎなかったが、65年より輸出が急速に拡大

---

19) 1964年と1970年との輸出10大品目を見ると、工業製品は64年の4品目から7品目に増大し、輸出総額に占めるシェアも64年の37.3％から63.4％へと大幅に拡大した。

するとともに、そのシェアは70年に45.0％にまでに膨れあがったのである。衣類のシェアは1964年の5.5％から70年には25.6％にも達し、輸出成長の最大の牽引役となった。かつらの輸出シェアは、64年に0.2％にすぎなかったが、70年には12.1％を占めるまでに到り、第二番目に大きい輸出品目となった。また電気・電子機器は0.8％から5.3％に、履物は0.6％から2.1％にそれぞれ増大し、10大品目に新たに台頭したのである。衣類と履物、そして電気・電子機器は、高度成長時代を通じて輸出成長産業として飛躍的な発展を成し遂げ、韓国の高度成長に果たした。例えば、1990年の輸出五大品目を見ると、一位に電子製品（約179億ドル、輸出総額の27％）、二位に衣類（76億ドル、同12％）、四位に履物（43億ドル、同7％）がそれぞれランクし、これら三つの品目で輸出総額の46％を占め、輸出の牽引役として極めて高い役割を果たしてきたのである。その役割は計り知れないものがある。

　ここでは、このように韓国のリーディング産業として飛躍的な発展を成し遂げた衣類と履物、そして電気・電子機器を中心に、その急速な成長に韓国政府がどのような役割を果たしたかについて、詳細に検討することにしたい。

1．電気・電子産業と成長の二極化

　電気・電子産業は、韓国の経済発展において最も重要なリーディング産業である。その成長は60年代後半より飛躍が始まった。グラフ4-10で見られるように、60年代後半の電気・電子機器の輸出は、一般機械や輸送用機械の輸出と比べて、極めて高い伸びを示す。一般機械と輸送用機械の輸出は1965年より伸長を始め、1970年にはそれぞれ838万ドルと920万ドルに達した。年平均輸出成長率では、1964～70年の間に一般機械と輸送用機械はそれぞれ62％と53％という高い伸び率を示し、これは同期間における韓国の輸出総額の38％よりも高い。ここで注目すべきは、電気・電子機器の輸出急増である。電気・電子機器の輸出は、1964年に102万ドルに過ぎなかったものが、1970年には4390万ドルに達した。これは64年対比で43倍という飛躍的な伸びで、年平均87％という驚異的な高さである。

　機械類及び輸送機器の輸出額の伸びを見ると、1964年＝100として1970年に、一般機械は1820、電気・電子機器は4300、輸送用機械は1280となっており、電気・電子機器の伸びは圧倒的に高い。このような電気・電子機器の輸出急増は、韓国輸出総額に対するプレゼンスも高めた。韓国輸出総額に占めるシェアを見ると、1964年～70年の

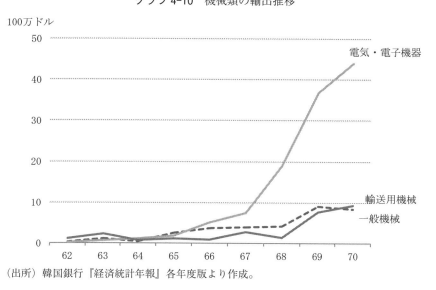

グラフ4-10　機械類の輸出推移

(出所)　韓国銀行『経済統計年報』各年度版より作成。

間に、一般機械は0.4％から1.0％へ、輸送用機械は0.6％から1.1％へと微増に留まっているに対して、電気・電子機器は0.9％から5.3％へと著しくそのシェアを拡大した。電気・電子機器ではラジオ、テレビなど家庭用電子機器の輸出よりも、トランジスタ、集積回路（IC）、記憶装置（メモリープレーン）など電子部品の輸出増加率がはるかに高く、電気・電子機器輸出額の80％を電子部品が占めている[20]。また、輸出先は、1970年の実績をみると、ラジオ、テレビ、通信機器など電気・電子機器はアメリカと南ベトナムが各々37.7％と33.2％を占めて、この2ヵ国が70％を超えている。これに対して、電子部品は圧倒的にアメリカ向けである[21]。

(1) 機械類の輸出計画とその帰結

1960年代後半の電気・電子機器の輸出は目を見張るものがあるが、ここで機械類の輸出計画を踏まえて、韓国政府が指向した機械類の輸出方針等について検討を行ってみたい。表4-5は、機械類の輸出計画を示したものであるが、その特徴は次のように三つが挙げられる。

第一に、機械類の主要輸出品目が修正案の段階で大挙リストアップされていること

---

20)　韓国産業銀行調査部（1971）『韓国の産業（中）』13頁。
21)　同上書、14頁。

第二部　政策なき高度成長

表 4-5　機械類の輸出計画

(単位：千ドル)

		1964	1965			1966			1967		
		実績	試案	修正案	最終案	試案	修正案	最終案	試案	修正案	最終案
一般機械	発動機	144	0	800	300	0	800	500	0	1,000	800
	農機具		0	150	150	0	250	250	0	280	280
	事務用		0	60	60	0	100	100	0	150	150
	旋盤	52	0	50	50	0	70	70	0	90	90
	旋盤ジャック		0	15	15	0	20	20	0	20	20
	ミシン	20	300	600	300	500	800	800	1,000	1,000	1,000
	絹織機		0	180	180	0	25	25	0	300	300
	綿織機	28	0	50	50	0	75	75	0	100	100
	その他	218	100	50	50	400	100	100	1,000	200	200
	小計	462	400	1,955	1,155	900	2,240	1,940	2,000	3,140	2,940
電気機械	変圧器		0	50	50	0	100	100	0	150	150
	配線器具		0	50	50	0	100	100	0	200	200
	電線	58	0	940	500	400	1,150	800	1,000	1,300	1,100
	電話機		0	340	340	0	623	625	0	623	625
	ラジオ	568	1,500	1,500	1,500	1,700	2,000	2,000	2,000	2,500	2,500
	乾電池	34	100	168	170	120	200	200	150	250	250
	装飾用電球	38	0	180	180	20	300	300	100	500	500
	その他	323	150	500	300	340	1,000	500	600	1,500	1,000
	小計	1,021	1,750	3,728	3,090	2,580	5,473	4,625	3,850	7,023	6,325
輸送用機械	自動車部品	591	0	400	400	0	790	790	0	885	885
	自転車		0	143	145	50	429	430	200	715	715
	自転車部品		0	5	5	0	10	10	0	216	215
	その他	130	200	200	200	600	400	400	1,000	600	600
	小計	721	200	748	750	650	1,629	1,630	1,200	2,416	2,415
機械類合計		2,304	2,350	6,431	4,995	4,130	9,342	8,195	7,050	12,579	11,680

(出所) 総務処 (1965)「3億弗輸出計画」国家記録院大統領記録館、国会図書館立法調査局 (1965)、より作成。

である。1965年の計画を見ると、主要輸出品目は試案ではわずか三つにすぎなかったものが、修正案では15品目が新たにリストアップされ、合計18品目に増える。すなわち、一般機械の主要輸出品目は1品目から8品目に、電気機械の主要輸出商品は2品目から7品目に、輸送用機械の主要輸出品目はゼロから3品目に、それぞれ一挙に増大しており、修正案段階での輸出方針の急減な変動が見られる。第二に、輸出目標額

第四章　輸出政策の過大評価：輸出計画のフィット＆ギャップ分析

が楽観的に修正変更されていることである。1965年の試案では、その目標額は64年の実績と同じ水準であったが、65年の修正案では大幅な上方修正が見られる。64年の輸出実績は230万ドルであったが、65年の目標額は、試案の235万ドルから修正案では643万ドルへと約2.7倍に増額されている。機械類の部門別に試案と修正案の目標額を見ると、一般機械は40万ドルから195万ドルに、電気機械は175万ドルから373万ドルに、輸送用機械は20万ドルから75万ドルに、それぞれ4.9倍、2.1倍、3.7倍に目標増となっている。ところが、この修正案の目標額643万ドルは、1967年の試案の目標額705万ドルに匹敵する。65年の修正案と67年の試案の目標額を部門ごとに見ると、一般機械はそれぞれ195万ドルと200万ドル、電気機械は373万ドルと385万ドル、輸送用機械は75万ドルと120万ドルとなっており、特に一般機械と電気機械は2年も早めに目標達成を目論んだことがわかる。また、輸出計画の最終年（1967年）の目標額を見ると、最終案では1168万ドルとなっており、修正案の1258万ドルから縮小されているものの、試案の705万ドルより1.7倍も増額されているのである。第三に、機械類の輸出計画は、主要輸出品目が多く増えたものの、少数品目への依存度が高いことである。ミシン、電線、ラジオ、自動車部品、自転車の五品目への依存度は輸出目標額の53％に達している。第四に、他の業種の輸出計画では、主要輸出品目は10万ドル以上のものがリストアップされているのに対して、機械類では自転車部品5千ドル、旋盤ジャック1万5千ドル、装飾用電球2万ドルというように細かく目標設定されており、計画の緻密さが見受けられることである。

　次に、機械類の輸出計画の帰結を見ると、表4-6にあるように、機械類の1967年実績は1419万ドルで目標の1168万ドルを超え、機械類の輸出計画は順調であったかのように思える。部門別に見ても、一般機械の実績は目標の294万ドルを超える401万ドルに達し、また電気機械の実績は736万ドルで目標の633万ドルを超え、そして輸送用機械の実績も281万ドルとなって目標の241万ドルを超えるなど、それぞれ目標額を大きく上回っている。しかし、このような輸出実績が韓国政府の輸出方針に大きく反する点が多いことに注目したい。第1に、品目別に見ると、グラフ4-11に示されているとおり、目標達成品目より目標額に満たなかった品目が圧倒的に多いということである。輸出目標額が設定されている品目は合計で21品目となるが、そのうち3分の2にあたる14品目が目標未達品目である。一般機械では9品目中5品目が、電気機械では8品目中6品目が、輸送用機械では4品目中3品目がそれぞれ目標に達せず、目標未

第二部　政策なき高度成長

表 4-6　機械類の輸出重点品目と輸出計画の帰結

(単位：千ドル)

		63年	64年	輸出目標		輸出実績		ギャップ	乖離率
				金額	シェア	金額	シェア		
一般機械	発動機	70	144	800	7%	971	7%	171	21.4%
	ミシン	23	20	1,000	9%	484	3%	－516	－51.6%
	その他	1,000	218	200	2%	1,912	13%	1,712	856.0%
	小計	1,094	462	2,940	25%	4,006	28%	1,066	36.3%
電気機械	電線	4	58	1,100	9%	52	0%	－1,048	－95.3%
	ラジオ	111	568	2,500	21%	1,927	14%	－573	－22.9%
	その他	616	323	1,000	9%	4214	30%	3,214	321.4%
	小計	731	1,021	6,325	54%	7,364	52%	1,039	16.4%
輸送用機械	自動車部品	580	591	885	8%	709	5%	－176	－19.9%
	自転車			715	6%	23	0%	－692	－96.8%
	その他	1,660	130	600	5%	2,082	15%	1,482	247.0%
	小計	2,240	721	2,415	21%	2,814	20%	399	16.5%
重点6品目合計		788	1,381	7,000	60%	4,166	29%	－2,834	－40.5%
その他合計		3,276	671	1,800	15%	8,208	58%	6,408	356.0%
機械類合計		4,073	2,304	11,680	100%	14,185	100%	2,505	21.4%

(出所) 総務処 (1965)「3億弗輸出計画」国家記録院大統領記録館、国会図書館立法調査局 (1965)、商工部 (1972)『商工統計年報1972年』より作成。

達品目がきわめて目立つのである。

　三点目は、輸出に重点が置かれた重点6品目は輸出実績が奮わなかったのに対して、その他品目は驚異的な実績を成し遂げたことである (表4-6)[22]。重点6品目の目標額は700万ドルで目標の60%を占めるものであったが、輸出実績は417万ドルと目標を大きく下回り、輸出シェアも29%にすぎなかった。品目別で輸出実績を見ると、発動機は97万ドル (目標の121%)、自動車部品は71万ドル (目標の80%)、ラジオは193

---

22) 種目別に輸出重点品目として二つずつ、かつその目標額が70万ドルを超える品目。一般機械ではミシンと発動機、電気機械はラジオと電線、輸送用機械は自動車部品と自転車である。

第四章　輸出政策の過大評価：輸出計画のフィット＆ギャップ分析

グラフ 4-11　機械類の輸出目標と実績

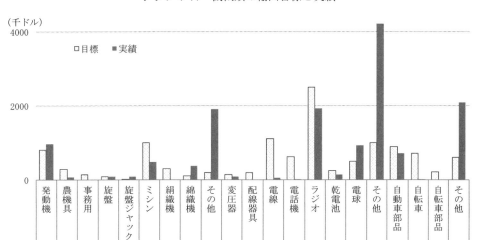

（出所）総務処（1965）「３億弗輸出計画」国家記録院大統領記録館、国会図書館立法調査局（1965）、商工部（1972）『商工統計年報1972』、より作成。

万ドル（目標の77％）、ミシンは48万ドル（目標の48％）、電線は５万ドル（目標の５％）、自転車は２万ドル（目標の３％）で、輸出重点６品目のうち１品目のみが目標額を上回っており[23]、残りの５品目は目標額に大きく及ばなかったのである。なお、目標達成率ではミシンが50％にも満たず、電線と自転車はそれぞれわずか５％と３％にすぎず、輸出計画との乖離がきわめて大きい。

ところが、輸出重点６品目の輸出不振とは対照的に、その他品目の輸出実績は極立って高い結果となっている（表 4-6）。部門別に見ると、一般機械のその他品目は、目標額20万ドルに対して実績は191万ドルに達し、そのシェアも一般機械の48％を占めている。その他品目の内訳は、建設機械が70万ドルであり、残りの120万ドルについては今のところ詳しく知る余地がない[24]。建設機械は、輸出計画のリストにも載っておらず、10万ドル以下の品目も輸出計画リストに計上されていたということを踏まえると、韓国政府が想定もしなかった輸出規模になったと考えられる。また、輸送用

23）発動機の輸出は目標額を上回ったものの、輸出実績の97万ドルのうち78万ドルは航空機用エンジン及びその部品が占めているのである。商工部（1972）『商工統計年報』を参照。

24）経済統計年報、貿易統計年報、韓国統計年鑑などいずれも詳細な内容が記述されていない。

第二部　政策なき高度成長

機械でのその他品目は、目標額60万ドルに対して実績は208万ドルに達し、輸送用機械輸出の74％を占めている。その内訳は、船舶が126万ドル、航空機が35万ドルであり、これらの輸出に関しても韓国政府の想定外の結果であったに違いない。電気機械のその他品目も、目標額100万ドルに対して実績は421万ドルに達し、電気機械輸出の57％を占めている。その内訳は、トランジスタが140万ドル、ICが234万ドルで、これらの輸出に関しても韓国政府が想定もしなかったものであった。ちなみに、3部門のその他品目輸出額を合計すると、輸出額は821万ドルに上り、目標額の合計180万ドルを4.5倍も超え、韓国政府の想定を遙かに上回ったのみならず、機械類全体の58％をも占める結果となったのである。すなわち、輸出目標の18％を計画したその他の品目は輸出実績の58％にも達したのに対して、輸出目標の60％を計画した輸出重点6品目は輸出実績の29％にしか達していない。機械類の輸出計画はこれらの検討から政府の輸出方針とはまったく正反対の結果をもたらしたことを意味すると考えられる。また、輸出重点6品目の輸出不振が機械類の輸出計画に計り知れない大きなダメージを与えたにも関わらず、機械類の輸出目標が達成できた要因には、その他品目の想定外の輸出増がきわめて大きな役割を果たしたことが挙げられるのである。

(2) **電気機械の輸出計画とその帰結**

　ここで、電気機械の輸出計画とその帰結について詳しく考察したい。電気機械の輸出計画を見ると、目標額は632万ドルとなっているが、これは試案より64％増額されたものであった。それは、すべての主要品目が試案より目標額を上方変更されただけではなく、電話機、配線機器、変圧器など三品目が修正案の段階で新たに主要品目としてリストアップされたことが大きい。とりわけ、ラジオと電線といった輸出重点商品に大きくゆだねられており、ラジオだけでも電気機械の40％を占めている。

　次に、輸出計画の帰結を見ると、その輸出実績は736万ドルに達し、目標額を超えているものの、輸出方針とは大きくかけ離れていたといわざるをえない。というのは、一つに目標ギャップで赤字の品目が圧倒的に多いからである。品目別では、グラフ4-12で示されたとおり、電球とその他品目だけが目標を超えているのに対して、残りの6品目はそれぞれの目標に達していない。圧倒的に赤字の品目数が多いのである。二つ目は、目標額との乖離率が二極化しているからである。ラジオがマイナス23％、変圧器がマイナス39％、乾電池がマイナス43％、電線がマイナス95％、電話機がマイナス98％、配線機器がマイナス100％、と目標との乖離率がマイナスだけではな

第四章　輸出政策の過大評価：輸出計画のフィット＆ギャップ分析

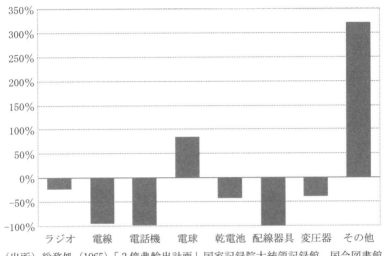

グラフ4-12　電気機械の輸出目標との乖離率（品目別）

（出所）総務処（1965）「３億弗輸出計画」国家記録院大統領記録館、国会図書館立法調査局（1965）、商工部（1972）『商工統計年報1972』、より作成。

く、とりわけ電線と電話機、配線機器などの輸出額はほぼゼロであったことを意味する。その反面、電球とその他の品目は、目標額を遙かに上回っており、電球は85％、その他の品目は321％、とこれまた異常に高いのである。このように電気機械の主要品目は、輸出目標を大きく超えるか、または大きく満たないかという二極化が見られる。三つ目は、輸出重点品目が輸出目標に大きく満たなかったのに対して、その他の品目は目標を遙かに超えているからである。ラジオと電線の輸出重点品目は、合わせて360万ドルが目標であったが、実績は198万ドルにとどまり、その目標ギャップはマイナス105万ドルである。一方、その他の品目は、目標の100万ドルに対して421万ドルに達し、そのギャップは321万ドルにも上る。その結果、目標の57％を掲げた輸出重点品目の実績シェアは27％に落としたのと対照的に、その他の品目は、目標シェアが16％であったのに実績では57％までに拡大したのである。このように輸出計画の帰結は、金額面では輸出方針通りすすんだのだが、品目別に詳しく見ると、輸出方針とは大きく外れていることがわかる。

　ここで注目すべきは、その他品目について、その輸出規模が大きいのみならず、その中核が集積回路（IC）やトランジスタといった電子部品に占められたことである。

141

第二部　政策なき高度成長

電子部品の輸出規模を見ると、集積回路（IC）は287万ドル、トランジスタは101万ドルに上り、電気機械の輸出に占めるシェアも集積回路（IC）が39.0％と、トランジスタが13.7％と、この二つの電子部品だけでも52.7％を占めるなど、きわめて重要な輸出品として台頭したことがわかる。これは、電気機械の輸出が電子部品に大きく依存する状況に転換したことを示すものであり、1964年当時、ラジオが電氣機器輸出の約60％を占めていたのとは大きな変貌を示したものでもある。とりわけ、この時期において、電子部品の飛躍的な成長には目を見張るものがあるが、このような電子部品の輸出急増は、新興輸出商品の台頭という意味のみならず、発展途上国において電気・電子産業の発展を実現したという意味においても、その意義は計り知れないものがあろう。

2．履物製品と輸出成長の二極化

履物産業も、1965年以降に急速な輸出の増大により、輸出花形産業として台頭する。履物輸出は、表4-7に示されたとおり、1963年及び1964年に62万ドル、71万ドルに過ぎなかったのが、1965には516万ドルと1964年対比7倍以上も増え、1970年には約1900万ドルに達したのである。1964年から70年までのわずか6年間に約27倍にも増えているが、これは年平均成長率で72.8％を示すものであり、まさに「奇跡的な伸び」である。

これを品目別で見ると、60年代前半までには総ゴム靴に偏重されたが、60年代後半には総ゴム靴がリードしているものの、布靴及びジャングルシューズ、戦闘靴、ケミカルシューズ、その他類（皮革靴、室内履）を加えるなど、輸出商品の多様化が進展される。特に総ゴム靴と布靴及びジャングルシューズが全体の91％を占めており、輸出の牽引役であったことがわかる。また、履物の輸出市場はアメリカに大きく依存している。1970年の実績では、アメリカが1269万ドルで群を抜いてトップである。2位ベトナムが321万ドル、3位にカナダが182万ドル、4位に日本が約32万ドルと続いて、トップとの差が大きい。アメリカへの輸出は、65年以降画期的に急増した。その内容は1964年に70万ドルに過ぎなかったものが、1965年には一躍400万ドルと対前年比で約6倍増し、1970年には1269万ドルと64年実績の18倍を超える急増ぶりだった。

（1）履物の輸出計画とその帰結

このような急速な輸出拡大は、韓国政府の想定を遙かに上回るものであった。履物

第四章　輸出政策の過大評価：輸出計画のフィット＆ギャップ分析

表 4-7　履物の品目別輸出の推移

(単位：千ドル)

	総ゴム靴	布靴	ジャングルシューズ	戦闘靴	ケミカルシューズ	その他	合計
62	117	2					119
63	608	10					618
64	699	15					714
65	3,377	646	955			183	5,161
66	3,623	1,090	3,209			553	8,475
67	5,466	2,164	3,457			45	11,132
68	8,061	1,821	4,374			226	14,482
69	7,358	1,699	2,452	1,049	538	47	13,143
70	11,130	3,146	3,013	185	1,065	419	18,958

(出所) ゴム報知新聞社 (1975)、4 頁。

表 4-8　履物の輸出計画

(単位：千ドル)

	1964	1965			1966			1967		
	基準年	試案	修正案	最終案	試案	修正案	最終案	試案	修正案	最終案
総ゴム靴	699	1,800		1,600	2,000		25,00	2,500		3,300
ビニール靴	0	150	2,050	150	190	3,500	300	250	6,000	400
布　　靴	15	50		50	230		100	500		150
その他	0	50		50	70		100	100		150
合　　計	714	2,050	2,050	1,850	2,490	3,500	3,000	3,350	6,000	4,000

(注) 軍需品輸出を含む。
(出所) 総務処 (1965)「3 億弗輸出計画」国家記録院大統領記録館、国会図書館立法調査局 (1965) より作成。

の輸出 3 ヵ年計画を見ると、表 4-8 に示された通りであるが、履物に対する輸出計画にはいくつかの特徴が見られる。第一に、緻密な分析やシミュレーションに基づいた輸出計画とは言い難いということである。試案では、輸出目標額が製品別にそれぞれ割当されているが、修正案では個別製品に対する目標額は割当されず、全体の目標額に切り替えられており、さらに最終案では個別目標額設定に戻されている。しかし履

第二部　政策なき高度成長

物は、製品ごとに生産に必要な設備能力や材料の調達問題、そして市場での競争関係などが異なるために、個別製品ごとに輸出目標を策定しなかったことは非計画的であったといわざるを得ない。すなわち、履物の輸出計画は、合理的な判断に基づいた目標設定というより、観念的な判断に基づいた目標設定が優先されたといっても過言ではなかろう。第二に、輸出方針が大きく揺れているということである。最終年度の目標額を見ると、試案では335万ドルが策定されたが、修正案では一躍2倍近い600万ドルに拡大されたものが、最終案では400万ドルへと急減するなど計画の変動幅が激しいのである。とくに最終案の目標額が、修正案より大幅な縮小変更になったということは、悲観的な状況が優勢であったといえよう。第三に、履物輸出計画は、総ゴム靴への依存が大きいということである。総ゴム靴が目標額83％を占め、ビニール靴と布靴はそれぞれ10.0％と3.8％にすぎず、総ゴム靴の比重が圧倒的に高いのである。また、試案と最終案においては、ビニール靴が25万ドルから40万ドルに拡大修正されたのに対して、布靴は50万ドルから15万ドルに縮小修正が行われたということは、布靴よりビニール靴を重視の姿勢に変化したと言えよう。

ところが、履物の輸出計画の帰結を見ると、輸出目標を超えたものの、政府の方針とその帰結が一致するものとは言い難い結果である。グラフ4-13は、輸出計画の帰結を品目別に示したものである。履物の品目別輸出実績をみると、最もウェイトが高い品目は総ゴム靴の547万ドルで全体の49％、次いでジャングルシューズが346万ドルで31％、布靴は216万ドルで20％、をそれぞれ占めている。また、履物の輸出先は、アメリカとベトナムがそれぞれ64％と31％を占めて、二国だけで全体の95％を占める。ベトナムが31％を占めているのは、大量のジャングルシューズ特需があるからである。

このように、履物の輸出計画の帰結を詳しく見ると、いくつかの特徴が表れる。一つめは、輸出目標を遙かに上回る実績を成し遂げたことである。履物計画の最終案では、修正案の600万ドルから400万ドルへと大幅な縮小変更に踏み切ったのに、輸出実績は輸出目標の2.8倍を超える1113万ドルに上った。1964年から67年までに年平均成長率が149.8％という奇跡的な伸びである。二つめは、品目ごとにギャップが大きいことである。総ゴム靴と布靴の輸出実績は、それぞれ目標を大きく上回っているのに対して、ビニール靴やその他類の輸出実績は、目標に満たないどころかゼロとなっている。総ゴム靴の輸出実績は、約550万ドルに達し、目標額の330万ドルを大きく上回っている。また、布靴の輸出実績は著しく、目標額はわずか15万ドルに過ぎなかった

グラフ 4-13　履物の品目別輸出目標と実績

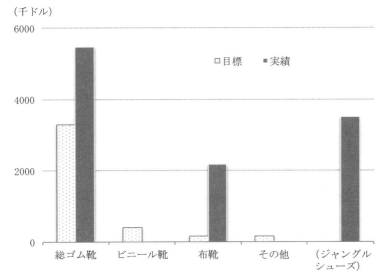

（出所）総務処（1965）「3億弗輸出計画」国家記録院大統領記録館、国会図書館立法調査局（1965）、ゴム報知新聞社編（1973）より作成。

のが、輸出実績は216万ドルに達し、目標の14.4倍を超えた。ところが、ビニール靴の目標額は、布靴より高い40万ドルに策定されたにも関わらず、輸出実績はゼロとなったのである。その他類の目標額も、布靴のそれと同額である15万ドルであったが、輸出実績はわずかの1000ドルにすぎない。三つめは、ジャングルシューズのようにベトナム戦争の特需関連が大きなシェアを占めていることである。ジャングルシューズは、計画リストにも載っていない商品であったにもかかわらず、輸出額は350万ドルに達し、履物の目標総額である400万ドルに匹敵する規模となった。このように、履物の輸出計画の帰結は、韓国政府の想定を遙かに上回る実績を成し遂げたのである。しかし、品目別では、韓国政府の方針とのギャップが大きく、総ゴム靴と布靴やジャングルシューズのように輸出目標を大幅に超える一方で、ビニール靴とその他類のように輸出実績がゼロという極端な帰結が見られる。

(2) 履物の輸出拡大とその背景

それでは、総ゴム靴と布靴及びジャングルシューズの輸出実績が目標を大きく上回った背景について詳しく分析してみよう。まず、ジャングルシューズについて見よ

第二部　政策なき高度成長

表4-9　アメリカの対韓履物輸入

	輸入額（千ドル）		輸入量（千足）		単価（ドル）	
	64年	67年	64年	67年	64年	67年
長・雨靴	673	4,695	722	4,039	0.93	1.16
ゴムゾウリ等	4	4	32	30	0.13	0.13
合成樹脂履物	23	53	24	52	0.96	1.02
布　靴	45	1,892	138	2,735	0.33	0.69
総　計	745	6,643	916	6,856	0.81	0.97

（出所）山本鉄太郎編（1969）、294頁より作成。

う。ジャングルシューズの輸出急増はいうまでもなくベトナム特需関連によるところが大きい。ジャングルシューズは、65年に初受注して96万ドル、66年321万ドル、67年346万ドルと拡大し、南ベトナムに向けられた。ジャングルシューズは、60年代初めから、ベトナム、ラオス、カンボジアなどへの輸出実績をもっている日本業者が主に在ベトナム米軍との間に契約納品していた。しかし、65年に入り、米軍によるジャングルシューズの発注は、日本から韓国に傾斜するのである。65年の米軍の発注は150万足に達したが、そのうち日本が50万足を、韓国が100万足を受け、韓国の比重が高まった。さらに66年からは米軍の発注全量は韓国が独占するようになった。ちなみに1965年のジャングルシューズ契約高は300万ドルに達するが[25]、1964年の履物輸出実績が70万ドルであったことを考えると、その規模の大きさがわかる。

　次に、総ゴム靴と布靴の輸出についてみよう。ジャングルシューズは南ベトナム向けが多かったのに対して、総ゴム靴と布靴の93％はアメリカ向けであった。表4-9はアメリカの対韓履物輸入額を示したものである。1967年の韓国からの輸入は664万ドルと、64年と比べ約9倍の増加であった。アメリカの履物輸入国は20ヵ国前後であるが、1964年には日本のシェアが84.7％で圧倒的に高いシェアを占めたのに対して、韓国はわずか1.3％にすぎなかった[26]。しかし、1965年には一躍5.9％に、1966年に7.3％と韓国シェアが急速に拡大し、1967年には8.0％を占めるまでに増大したことに伴い、

---

25) ただし、同年契約高のうち、入金額は96万ドルで、残額は66年に入金された。韓国貿易協会（1966）『韓国貿易年鑑』による。

26) 山本鉄太郎編（1969）『ゴム年鑑69〜70』、294頁。

日本は1967年に71.7％へとそのシェアを落としていたのである[27]。

韓国からの輸入品では、とりわけ長・雨靴と布靴が飛躍的に増大することに注目されたい。総ゴム靴の長・雨靴の場合、韓国から輸入額は1964年にわずか67万ドルにすぎなかったが、65年300万ドル、1967年には約470万ドルに達した。その結果、アメリカ輸入に占めるシェアも64年の4.1％から、65年には15.7％に、さらに1967年には30.7％を占めるまでに到った。これとは対照的に、輸入の首位を占めていた日本は、1964年に1180万ドルで、そのシェアは72.6％という圧倒的な地位を示していたが、1967年には742万ドルに減少し、そのシェアも48.5％に大幅に低下したのである[28]。これらのことからも、65年以降、いかに韓国の急増が著しいものであったかが明らかである。

また、布靴の輸入増加も目立った。64年にわずか5万ドルであったが、1967年には189万ドルに上り、そのシェアは7.5％を占めている。これは64年の0.3％からの大幅な拡大である。興味深いのは、韓国製が日本製よりも輸入価格が高いという点である。グラフ4-14に示されたとおり、布靴の平均輸入単価は67年には一足当たり0.57ドルとなり、64年の0.59ドルよりわずかな減少である。しかし、韓国の布靴は、一足当たり平均単価が64年の0.33ドルから67年には0.69ドルにと1964年に比べ2倍以上に跳ね上がったのである。しかも、日本の布靴のそれが0.57ドルから0.56ドルにやや減少したのとは対照的である。すなわち、1967年の平均輸入単価は、日本の0.56ドルと比べ、韓国のものが0.69ドルと高いが、これは韓国の布靴に高付加価値のものが多く含まれていたことを意味するであろう。但し、韓国の布靴が日本の製品よりデザインや材料など面において格段に優れていたというより、特殊な事情により付加価値の高い高単価の製品が増えたことに起因するものと考えられよう。

ところが、長・雨靴と布靴はそれぞれ大幅に増加したのに対して、ゴムゾウリなどと合成樹脂の輸入は相対的に伸び悩んでいたのである（表4-9）。総ゴム靴のなかでも長・雨靴は、ゴムゾウリなどと比べ、気象条件によって需要増減が左右されやすく、季節性や地域性という特性に大きく依存せざるを得ない品目である。しかも、ゴムゾウリなどは工程数も少なく、実用品で価格も低いのと比べ、長・雨靴や布靴は品

---

[27] 山本鉄太郎編（1969）『ゴム年鑑69〜70』294頁を参照。ちなみに、1964年から67年における履物輸入の年平均成長率は14％であったが、日本と韓国はそれぞれ8％と107％となっており、韓国の高さが目立つ。

[28] 山本鉄太郎編（1969）、294頁。

第二部　政策なき高度成長

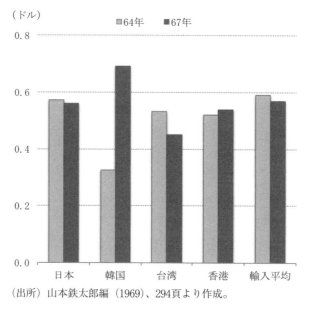

グラフ4-14　布靴の平均輸入単価比較

（出所）山本鉄太郎編（1969）、294頁より作成。

質や材質、そしてデザインに重点が置かれるためにより高い輸出競争力が求められる。ところが、韓国からの輸入は、付加価値が比較的低いゴムゾウリなどの輸入はほとんど伸びなかったにも関わらず、より付加価値が高い長・雨靴と布靴の輸入は目覚ましい増加を見せたのである。それも、長・雨靴と布靴の場合、1964年と比べ高価なものを割合多く含みながら、そのシェアも大幅に拡大したことは注目に値する。価格面で見ると、長・雨靴の一足当たり平均単価は1964年に0.93ドルから1967年には1.16ドルに上昇し、64年と比べ高価なものが割合多くなっていることを表している。

　グラフ4-15はアメリカに対する韓国と香港からの品目別輸入を示したものである。64年の韓国からの輸入額は香港の半分の水準に留まっていたが、67年には約664万ドルに達し、香港の約2倍に相当する規模に膨れあがった。こうした韓国の対アメリカ輸出の急増は、長・雨靴の輸出急増によるところが大きい。韓国と香港からの長・雨靴の輸入額は、64年にはそれぞれ60万ドル台であったものが、67年になると韓国は約470万ドルに跳ね上がったのに対して、香港は約44万ドルに減少したのである。1964年対比で韓国の急増と香港の減少が目立ち、その対照的な実績が見られる。

グラフ4-15　韓国と香港からの品目別輸入

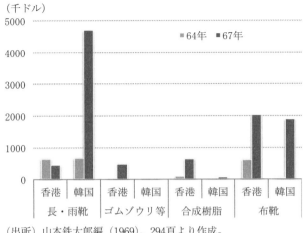

（出所）山本鉄太郎編（1969）、294頁より作成。

　また、平均単価において、同期間の韓国が0.93ドルから1.16ドルに上昇したのに対して、香港が0.75ドルから0.70ドルへ減少したが[29]、これは韓国の長・雨靴が高付加価値のものが増えたことに起因するものと見られる。

　1960年代前半には試販の域を超えなかったものが、65年のアメリカとベトナムへの輸出急増を機に、履物生産量における輸出比重は急上昇したのである。1962年の輸出開始以来64年までは生産量はわずかで、その比率は62年1.0％、63年1.7％、そして64年1.1％であり、生産の1％台にとどまっていた。しかし、65年からのジャングルシューズや長・雨靴と布靴の輸出急増に伴い、その比重も大幅に拡大し、65年に5.0％が、67年には10.0％が、さらに70年には20.1％が輸出されており、輸出産業として軌道に乗り出した。長・雨靴の生産量は1964年に332万足で、そのうち21％の約71万足が輸出された。しかし、1965年には輸出量が内需量を凌駕するようになり、生産量の63％が輸出され、その後輸出比率は多少の増減を見せるが、1970年には74％を占める等、輸出需要によって生産が大きく伸びた。

　とりわけ、布靴はこの時期にジャングルシューズを踏み台として輸出の幕開けを果たし、数量、金額ともに輸出を軌道に乗せ、輸出主導の発展への基盤を固めたのであ

29）山本鉄太郎編（1969）、294頁。

第二部　政策なき高度成長

る。この間の成長の経過を振り返ると、1962～64年の3ヵ年間は、年間輸出量が100万足に満たない少量で、なお62年から63年には約28万足から約50万足に増えたものが、64年には6万足に大きく落ち込んだ。輸出比率は、62年2.2％、63年3.8％であったが、64年には0.3％に低下し、輸出が生産を牽引するまでには到っていなかった。しかし、65年以降ベトナムとアメリカへの輸出急増により、65年に148万足、67年に507万足、70年に682万足と拡大し続き、輸出比率も65年に5.4％、67年に19.4％、70年に22.2％に伸びており、輸出主導に転換したことがわかる。一方、布靴の内需は64年と65年に大きく伸びたものの、その後横ばいに転じたことも加え、内外需の構成比は64年の99.7％対0.3％から、70年には77.7％から22.2％へ縮小し、輸出ウェイトが高まったのである。このように内需の伸び悩む中で、輸出需要に牽引された布靴の生産は、1964年の1858万足から65年には一躍2758万足に急伸し、70年には3071万足に増えたのである。

3．繊維製品と輸出成長の二極化

　繊維製品は韓国の輸出商品の最大の項目である。このうち衣類は、生糸及び織物とともに、韓国の重要な輸出製品である。衣類と織物及び生糸は、一般に繊維製品という一つのカテゴリーに分類され、かつ労働集約的な輸出製品の代表格でもある。1960年代前半における繊維産業について見ると、織物類の輸出が重要な位置を占めてきた。この時期の輸出産業としての織物産業の地位の高さは輸出シェアの拡大から明白に表れていた。グラフ4-16は、1960年代の主な繊維製品の輸出額を示したものである。織物輸出は62年の220万ドルから64年に1960万ドルへと刮目すべき増大を示し、輸出総額に占めるシェアは4.0％から16.5％へと拡大した。同時に、衣類輸出は1962年の110万ドルから1964年には660万ドルに伸び、そのシェアが2.0％から5.6％へ拡大した。このように衣類より織物の輸出シェアがはるかに上昇していたことからも、織物産業の地位が上昇気流に転じたことが見て取れる。しかしながら、衣類、生糸、織物などに製品別に分けてみると、その成長パターンは様相を一変させるものであり、一概に同じ繊維製品として特色づけることには限界がある。衣類の輸出パフォーマンスは、繊維製品の中でも、他の輸出製品と比較にならないほど突出したからである。繊維製品の輸出は、1964年に3160万ドルであったのが、70年には3億3430万ドルへと約11倍に拡大された。このような飛躍的な増大により、繊維製品の輸出総額に占めるシ

第四章　輸出政策の過大評価：輸出計画のフィット＆ギャップ分析

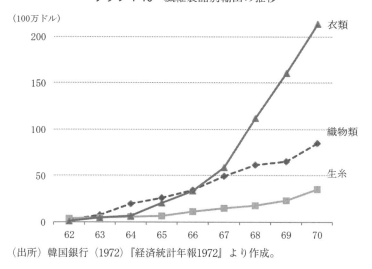

グラフ4-16　繊維製品別輸出の推移

（出所）韓国銀行（1972）『経済統計年報1972』より作成。

ェアは26.6％から40.0％へと拡大した。これを製品別に分けてみると、織物の輸出額は64年の1960万ドルから70年には8490万ドルに拡大したものの、輸出シェアに占める割合は16.5％から10.2％に低下している。輸出総額が激増したために、同期間における織物の輸出額は4.3倍の増加を示したにもかかわらず、そのシェアは相対的に低下したのである。次に、衣類の輸出額は64年に660万ドルでしかなかったのが、68年には1億ドルを超え、70年には2億1350万ドルに拡大された。その結果、輸出総額に占めるシェアも5.6％から25.6％へと大幅に拡大した。同期間に輸出総額が激増したにもかかわらず、衣類輸出シェアが大きく拡大したことは、衣類輸出の飛躍的な増大を意味するだけでなく、韓国の輸出における衣類輸出の役割が高まったことを端的に表すものである。同時に衣類産業の輸出産業としての地位が織物産業から逆転を余儀なくさせたということを意味する。

(1) 繊維製品別輸出計画の帰結

　一般に、被服やセーターといった衣類製品は、綿織物や毛織物、そして絹織物及び人絹織物といった織物製品と比して、付加価値の高い部門であり、国際競争力を持つまでには極めて時間を要する。たとえば、韓国における織物産業はアメリカ援助に依存しながら1950年代にすでに韓国産業の中核的部門として発展されており、韓国にお

ける「財閥」と呼ばれるものの生産拠点産業であった。当時の有力な「財閥」である金星、三養、大韓、和新などの企業集団は綿工業を主要な核として発展してきたし、最大の財閥である三星企業集団も、製糖業と並んで毛織物産業を柱として発展してきた。

これに対して、衣類産業は、60年代前半は主として国内市場を対象とした不況産業の一つであった。加えて、衣類製品の場合、国際競争の場での諸条件は織物製品に比べて、より厳しくなる。それは、コスト上の競争力以外にも、製品の品質が輸出を行う上で一層要求されるからである。このため、機械設備の近代化、国際水準に近づくための技術的レベル・アップ、あるいは品質均一化のための生産技術などが不可欠となる。それだけではない。海外市場についての情報収集、及び衣類市場の研究、競合商品との対抗しうるデザインの研究といった問題にも取り組む必要があろう。しかも、これらマーケティングに要する費用は、発展途上国の輸出業者にとって、甚大なものとなろう。

韓国の場合、輸出特化産業のなかでも、綿織物、毛織物、絹織物、褐布壁地といった織物部門が重要な位置を占めていたのもそのためであろう。なお、国際収支の改善効果が大きいという点からも、外貨の獲得策として織物産業に対する期待が高かったためでもある。韓国の輸出政策は外貨獲得が最大の目的でもあったがために、外貨獲得の見込額の大きさが輸出政策の優先度に反映されており、その結果、織物類、生糸類、そして衣類の順に政策の重点が置かれていたことがなによりの証であろう[30]。すなわち、輸出特化産業として織物部門の位置の高さは外貨獲得の効果が大きく見込まれていたという点からも明白に表れていたといえよう。

第一次三ヵ年輸出計画は実のところ、織物製品を主力とする輸出拡大計画といった面が強く、内容的にも織物品目が輸出品の中心をなしていたが、この点を見落としてはならない。グラフ4-17に示された通り、織物の輸出目標を年平均41％の伸び率で、目標年度の1967年には5470万ドルの輸出を達成するという意欲的な計画である。衣類と生糸の輸出目標はそれぞれ1900万ドルと1780万ドルであるのと比べ、織物の輸出目標がいかに大きいものであったかがうかがえよう。繊維製品の輸出目標合計は

---

[30] 輸出計画3年間における外貨獲得見込みの累計額は、織物類が4707万ドル、生糸類が3875万ドル、衣類が2508万ドルである。また、衣類と生糸類は、輸出目標の規模においては大きな差はないものの、外貨獲得の見込額においては生糸類の方が相当大きい。

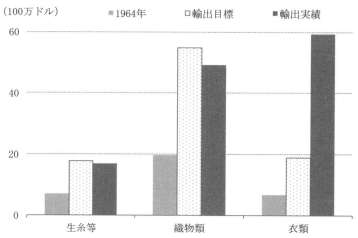

グラフ4-17　繊維製品別輸出計画と実績

（出所）総務処（1965）「3億弗輸出計画」国家記録院大統領記録館、韓国銀行（1968）『経済統計年報1968』、より作成。

9150万ドルであるが、織物はその60％を占めるものであり、繊維製品の中でも圧倒的に高い位置にあり、輸出計画期間を通じて継続して拡大されるものと見込まれていたのである[31]。また輸出目標に対する輸出貢献度においても、織物が17.7％、衣類が6.0％、生糸が5.5％となっており、織物の高い輸出貢献が見込まれていたのである。また、織物類の輸出計画は、他の輸出品目と比べて、輸出重点商品の数が多く、かつ輸出商品ごとに目標額が詳細に策定されていた。例えば、衣類の輸出重点商品は三つであるのに対して、織物類は19の商品がリストされている。また、輸出目標額についても、衣類は50万ドル以上ものしかリストされず、それ以下はその他に含まれていたにもかかわらず、織物類では10万ドル規模の輸出商品さえも5万ドル刻みに詳細な目標額が策定されていたのである。

ところで、繊維製品の輸出実績を見ると、1964年には3160万ドルであったが、1967年には1964年実績の3.8倍に達する1億2520万ドルの実績を上げている。これは同期間の年平均成長率で55％にも達するもので、韓国輸出の年平均成長率の39％を遙かに上回る成長実績である。これを製品別にみると、繊維製品輸出において絶対的な比重

31）輸出目標に対する輸出貢献度では、織物が17.7％、衣類が6.0％、生糸が5.5％となっており、織物は高い輸出貢献が見込まれていた。

第二部　政策なき高度成長

を占めていた織物は、衣類の飛躍的な輸出増大によって、その地位が相対的に低下することとなる。織物輸出は、同期間において1960万ドルから4900万ドルに拡大したものの、輸出総額に占めるシェアは16.5％から15.3％へと低下した。また生糸の輸出も710万ドルから1690万ドルに拡大したが、そのシェアは6.0％から5.3％へと低下したのである。それに対して衣類の輸出は660万ドルから5920万ドルに増大し、輸出シェアも5.6％から18.5％へと大きく伸ばした。すなわち、織物と生糸の輸出実績は、1964年対比でそれぞれ2.5倍と刮目すべき成長を成し遂げたものの、輸出目標額にも及ばなかった。それとは対照的に、衣類の輸出実績は1964年対比で9.0倍という驚異的な成長により、輸出目標の3倍を超えるなど、韓国の輸出目標達成にも大きな貢献を果す。すなわち、繊維製品の中心的な位置を占めていた織物の輸出実績は輸出目標額にも及んでないにもかかわらず、衣類の輸出実績だけが政府の想定を遙かに上回る成長を成し遂げることができたのである。したがって、輸出成長の中核として見込まれながら輸出不振に陥った織物製品は、予想外に奇跡的な輸出拡大を成し遂げた衣類製品とは明暗を分けたものとして、この点を強調せねばならない。

(2) **衣類製品と輸出計画の帰結**

表4-10は衣類製品における輸出計画案を示したものである。まず、衣類の輸出計画における特徴を見よう。まず第1に、衣類の輸出方針は大きく転換されており、不可解な点が多いということである。たとえば、衣類の輸出計画を試案と修正案、そして最終案を比較してみると、被服類を除くすべての輸出重点品目に目標額の劇的な変更がみられることがそれである。セーター類と靴下類は、試案では輸出重点商品としてリスト化もされていなかったのが、修正案ではリストアップされ、それも下着類とハンカチ類と入れ替えられている。とりわけ注目しなくてはならないのは、輸出目標額が極端的に変更されているという点であろう。たとえば、下着類の目標額は、試案では500万ドルが策定されていたのが、修正案では目標額がゼロになっている。その反面、セーター類は、試案では輸出重点商品リストではなかったのに、修正案では700万ドルという大規模の目標額に変更されている。それだけではない。ハンカチ類と靴下類も極端な変更が行われている。試案と修正案の間で、ハンカチ類は100万ドルからゼロに、逆に靴下類はゼロから100万ドルに、それぞれ目標額が180度の急転換したのである。まさに机上でのマジック・ショーのごとく自由自在の変化である。

第2に、被服類を除いたすべての輸出重点商品の計画変更がトレード・オフの関係

第四章　輸出政策の過大評価：輸出計画のフィット＆ギャップ分析

表 4-10　衣類の輸出計画

(単位：1000ドル)

	1964	1965			1966			1967		
	基準年	試案	修正案	最終案	試案	修正案	最終案	試案	修正案	最終案
被　服　類	3,979	4,000	5,000	5,000	7,000	7,000	7,000	9,000	9,000	9,000
セ ー タ ー 類		0	3,000	3,000	0	5,000	4,000	0	7,000	6,000
靴　下　類		0	500	500	0	800	800	0	1,000	1,000
下　着　類	1,507	3,500	0	0	4,000	0	0	5,000	0	0
ハンカチ類	231	500	0	0	800	0	0	1,200	0	0
そ の 他	592	1,000	1,000	1,000	1,800	1,800	1,500	3,000	3,000	3,000
合　　計	6,309	9,000	9,500	9,500	13,600	14,600	13,300	18,200	20,000	19,000

(出所) 総務処 (1960)「3億弗輸出計画」国家記録院大統領記録館、国会図書館立法調査局 (1965) より作成。

におかれたという点である。すなわち、セーター類と下着類が、また靴下類とハンカチ類が、輸出重点商品としてそれぞれに入れ替わっただけではなく、目標額も入れ替えたように同じ規模での変更である。こうしたトレード・オフの関係が見られたのは、輸出総額の目標が先に決定されて、それに合わせて部門別・品目別に輸出目標額を後に策定していくという下方型政策のもとで、輸出総額の目標に対して「ゼロ・サム」の法則が自然に働かざるを得なかったという事情がその背景にあったからであろう。

このように衣類の輸出計画においては、わずか数ヵ月の間に輸出方針が大きく転換するなど不可解な点が多く、またそのやり方はまさに「どんぶり勘定式」に行われるなど、その計画性には大きく疑問を抱かざるを得ない。いいかえれば、短期間にそれも大幅な変更を余儀なくさせたのは、その背景にはそれに大きな影響を与えうる重要な変数があったに違いない。というのは、輸出計画案の変更時期は、韓国とアメリカの政府が韓国軍のベトナム派兵をめぐっての交渉を水面下で進捗させている時期と重なっており、それによる韓国政府の「ベトナム特需への期待」などが輸出計画に反映されたという背景があったからである。

次に、衣類の輸出計画とその帰結について見よう。グラフ4-18は衣類の品目別輸出目標と実績を示したものであるが、輸出商品ごとに大きな違いが見られる。被服類は韓国の輸出戦略商品の一つでもあるにもかかわらず[32]、輸出実績は64年の345万ドル

---

[32] 被服類の輸出目標額は、輸出商品別で上位6番目の大きさである。

第二部　政策なき高度成長

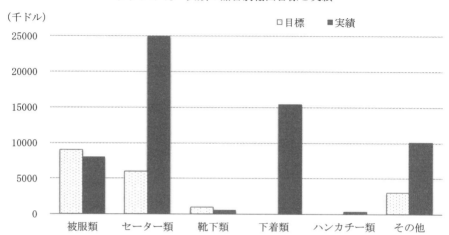

グラフ4-18　衣類の品目別輸出目標と実績

（出所）総務処（1965）「３億弗輸出計画」国家記録院大統領記録館、国会図書館立法調査局（1965）、韓国銀行（1968）『経済統計年報1968』、より作成。

から800万ドルに大きく伸びたものの、目標額には達していない。それとは対照的に、その他の輸出は、64年にわずか25万ドルであったものが、67年には1000万ドル[33]に急増し、その目標を多く大きく上回ったのはもちろんのこと、戦略商品である被服類の輸出額も超える規模である。また、セーター類目標額は600万ドルで、被服類より少ないにもかかわらず、1967年には目標の４倍の約2500万ドルに達した。これは被服類の実績を遙かに上回ったのみならず、セーター類の輸出額だけでも衣類全体の目標額1900万ドルを遙かに超えるものである。同じく修正案でリストアップされた靴下類はその目標額に達していない。

とくに注目したいのは、下着類の輸出計画の帰結である。下着類は、前述したように輸出重点商品からはずされていた。ところが、1967年の輸出額は1500万ドルに上り、この額は被服類のそれを大きく上回っているのである。被服類は目標さえ達成出来なかった輸出戦略商品であったのと対照的に、戦略外としてはずされた下着類は、被服類の約２倍に上る輸出実績を上げたのである。セーター類とその他類の輸出計画は、韓国政府が想定もしなかった帰結であったとすれば、下着類の輸出計画は韓国政

---

[33]　韓国の最大輸出商品の一つである鉄鉱石であるが、1967年の輸出額は990万ドルである。

第四章　輸出政策の過大評価：輸出計画のフィット＆ギャップ分析

グラフ 4-19　衣類の製品別生産実績の推移

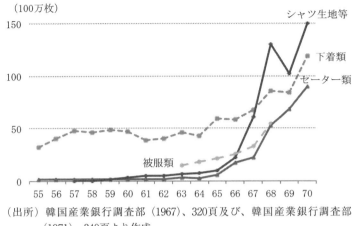

（出所）韓国産業銀行調査部（1967）、320頁及び、韓国産業銀行調査部（1971）、340頁より作成。

府の方針とは正反対の帰結であったといえよう。

(3) 衣類の輸出主導成長

　グラフ4-19は、衣類産業の製品別生産実績を示したものである。製品の種類と年度によって生産実績は多少の起伏はあるものの、1965年以降に急激な増大趨勢を見せている。衣類産業は、1965年以降の輸出需要の急激な増大により、生産活動を急速に活発化し、そして輸出成長産業に転換したということには注目に値する。すなわち、衣類産業が輸出成長産業として軌道に乗るのは、明らかに1965年以降である。

　次に、注目したいのは、下着類における製品別生産動向である。下着類の生産動向を製品別に見ると、グラフ4-20で示されたとおりである。下着類の生産は、1960年代後半から目覚ましい成長を成し遂げている。その生産が、1960年代前半は国内需要の伸び悩みにより、停滞状態であったのと比べると大きな変化である。そして、60年代後半になって、Ｔシャツ（夏物）、化繊下着、混紡下着などの輸出需要が伸びたことが、生産拡大の最大の要因となった。とくに、Ｔシャツ（夏物）の生産動向には注目するに値する。60年代前半に停滞状態に陥っていたのが、60年代後半から急速に拡大し、綿冬下着の生産と比べてみると、Ｔシャツ（夏物）の伸びが際立って目立つのである。これは、「冬物」である綿冬下着の輸出需要より、「夏物」であるＴシャツの輸出需要が大きく上回っているということを意味する。すなわち、1965年以降にお

第二部　政策なき高度成長

グラフ 4-20　下着類の製品別生産量の推移

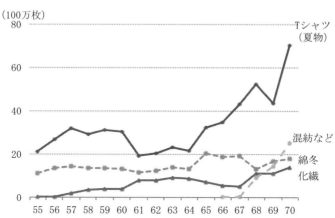

（出所）韓国産業銀行調査部（1967）、320頁及び、韓国産業銀行調査部（1971）、340頁より作成。

ける下着類の生産拡大は、「夏物」のＴシャツの輸出需要によるところがきわめて大きいということである。ここから見えたことは、下着類の輸出が男子用に傾斜されていることと、下着類の中でもＴシャツ（夏物）の生産が急に拡大したことである。つまり、下着類の輸出の増加は、1965年以降に主に「夏物」のＴシャツが、それも男子用による輸出需要に牽引されたといって差しつかえない。

第五章　電子産業と政策なき発展

　1960年代の著しい産業的成功により、韓国の産業構造は劇的に変化した。1960年代初期の時点ですでに重化学工業化が興隆していたインドに比べ、韓国は当時未だ食品産業や織物産業を中心とした軽工業の時代であったことを考えると、いかに韓国の工業化のスピードが急速であったかを想像することができるだろう。

　高度成長時代の韓国政府の産業育成政策は実に多岐にわたっている。政府系金融機関による政策金融と優遇税制、特定産業の育成及び支援、外資法・為替法による規制などはその中心的な政策であった。とりわけ、国際的に関心が高いのは特定産業の育成及び支援である。韓国は、発展途上国のなかで唯一、鉄鋼、造船、石油化学、自動車、電子など重化学工業を育成し、それらが韓国経済を牽引するリーディング産業となったからである。象徴的なことは、国際競争力がきわめて弱いと評価されていた電子産業が本格的な輸出産業に成長し、世界市場におけるプレゼンスも次第に高めていったことであろう。

　韓国の電子産業の発展ぶりは、世界的にも熱い注目を浴びているが、韓国政府による特定産業のための保護育成政策に産業発展の真因があるとして、これを過大評価する傾向が生み出されているのも否めない。つまりここで注意しなければならないのは、高度成長時代の経済政策を振り返り、経済計画と産業政策の関係をよく見ると、経済計画は必ずしも産業政策に先行するとは限らず、時期によっては後追いの関係にある場合も多くみられることである。この評価いかんでは、産業政策全般に関する評価が大きく変わる可能性が指摘できるのである。実際に、電子産業の発展動向において、このような関係が見られることは確かで、この点を見過ごすわけにはいかないであろう。

第二部　政策なき高度成長

第一節　電子産業の発展と特徴

1．電子産業の初期条件：アジア主要国との比較

　韓国の電子産業は、1950年代に真空管ラジオの組み立てに始まった。当時は、電子部品のほとんどを輸入に依存していたため、電子産業の技術的発展は見られなかった。とりわけ、韓国のテレビ産業は、1960年代初めにフィリピンやタイ、そして台湾などと比べて大幅に立ち遅れていたが、この点を強調しなければならない。表5-1は、アジアにおけるテレビ産業の現状と電子産業関連法などを示したものである。韓国でテレビ放送が開始されたのは1956年からであるが、外貨保有額の低下や電力事情の悪化なども加わり、テレビの輸入は著しく押さえつけられていた。そのためテレビの普及は進展しておらず、韓国の保有台数は他のアジア諸国と比べても少なく、66年に4万7000台にすぎなかったのである[1]。しかし、1966年9月、金星社が日本の日立との技術提携によりテレビ部品を輸入し、テレビの組立生産を始めたのがきっかけとなって、韓国のテレビ産業はようやく軌道に乗っていくのである。

　一方、フィリピンは、アジア諸国で最初にテレビ放送局を開局したといわれているが、テレビの生産開始は1957年で、これも他のアジア諸国と比べて早い。それに伴ってテレビの普及も広まり、1966年にはテレビ保有台数が16万台に上る。しかも、フィリピンのテレビ産業は順調な発展を辿り、輸入代替がかなり進んでいたのである。日本貿易振興会『1966海外市場白書（概観・地域編）』によると、「フィリピンではラジオ、テレビとも今後も需要が伸びるであろうが、ほとんどが国産品でまかなわれる見込みで、輸入増は期待できない」と指摘されている[2]。すなわち、1963年において、テレビ需要は約2万2000台であったが、そのうち国内生産が2万132台に達し、輸入

---

[1] テレビの保有台数を見ると、1965年においてタイが約20万台で最も多く、続いてフィリピンが約12万台、台湾が6万2000台、韓国が約4万5000台となっている。なかでも、タイのテレビ普及率は高く、62年の世代別普及率（首都圏）が14.4％に達しており、大きな特徴でもある（山本登編（1971）、162頁を参照）。また、タイの保有台数は、1962年の8万7000台から65年には一躍20万台へと大幅に増加するなど、国内需要の伸びが著しい。これは、韓国の保有台数が62年に3万2000台から65年に4万5000台に増えたのを考えると、タイの旺盛な需要が理解されよう。

[2] 日本貿易振興会（1966）『海外市場白書（概観・地域編）』、391頁。

第五章　電子産業と政策なき発展

表 5-1　アジアにおけるテレビ産業の現状と電子産業関連法

(単位：千台)

	フィリピン	タイ	台湾	韓国
放送開始	1950年	1955年	1962年	1956年
生産開始	1957年	1963年	1962年	1966年
生産状況	2万132台 (1963年)	4000台 (1965年)	3万1055台 (1964年)	1万500台 (1966年)
保有台数 (1966年)	160,000	210,000	108,000	47,000
電子産業 関連法	電子製品奨励法 (1964年)	新産業投資奨励法 (1962年)	投資奨励条例 (1960年)	電子工業振興法 (1969年)

(出所) U.N. (1970), STATISTICAL YEARBOOK FOR ASIA AND THE FAR EAST、アジア経済研究所編 (1981)、50～51頁、日本貿易振興会 (1967)『海外市場白書 (概観・地域編)』、305～306頁、などより作成。

は1868台に過ぎなかった。このように、フィリピンはすでに1963年の時点で、国内需要のほとんどを国内生産でまかなう段階に達していたのである。

　また、電子関連産業の育成への動きを見ても、韓国は他のアジア諸国の背中を追っていたといってよい。アジアの多くの国は、電子産業の育成のために、1960年代初めにかけて法律の整備、または投資奨励策など一連の政策を打ち出していたからである(表5-1)。たとえば、台湾は1960年の投資奨励条例を契機に、電子部品を中心とする電子企業の海外から台湾への直接投資が急増し、電子産業の発展の基礎が築かれた。タイもまた1962年に新産業投資奨励法が公布され、電子企業に対しては特に優遇措置を与えていた。具体的には投資奨励の条件を設置し、5年間の輸入税と営業税に関して、その条件に準じて完全免除、半額免除、3分の1の免除などの特典をそれぞれ付与した。そして、1963年に新産業投資奨励法の適用を受けて、テレビの生産を開始したのである。とりわけ、興味深いのは、フィリピンが1964年にテレビ、ラジオ、ステレオなど民生用電子機器に対する電子製品奨励法を公布したことである。これは、民生用電子産業が順調な発展を辿っていたこともあり、内需拡大を狙って打ち出されたものであり、当時としては画期的な政策であっといえよう。いずれにせよ、韓国の場合、電子産業の育成への動きも、台湾とタイ、そしてフィリピンに比べて、後れを取

第二部　政策なき高度成長

2．ラジオ及び電気機器の国際競争力

　1958年に輸入部品を使ったラジオの組立からスタートした韓国の電子産業は、60年にはトランジスタラジオを生産し、62年よりラジオの輸出を開始した。ラジオの輸出は62年の5万ドルから65年には138万ドルに膨れあがったのである。その結果、電子製品の輸出に占める割合も62年の10％から65年には77％となり、電子製品輸出の4分の3を占めるに至ったのである。このようにラジオは韓国の電子産業を先導する中核製品となり、最も重要な輸出商品の一つでもあった。そして、ラジオ及び電気機器は65年に輸出特化産業の指定を受けたというのは第四章にて述べたとおりである。

　しかし、韓国政府がラジオ産業を輸出特化産業に指定したとはいえ、先進国市場での韓国製品の状況は必ずしも良好なものではなかった。とりわけ、アメリカ市場での輸出競合関係を見ると、その前途は明るいものではなかった。グラフ5-1はアメリカのトランジスタラジオ市場における各国製品のシェアを示したものである。アメリカのトランジスタラジオの輸入台数は、1965年においては175万6000台となっている。このグラフで注目されることは日本がラジオ輸出国として高い位置にあることである。すなわち、主要輸入国別に見ると、日本が63.9％、香港が24.5％、台湾が5.1％、沖縄4.8％、韓国が0.6％という順序である。発展途上国では香港の勢力もかなり大きく、台湾が5％台を占めている。韓国はわずかな比重を占めるにすぎず、香港よりも低い順位となっている。

　香港は、国内市場の狭隘さのため、その立地的優位性を背景に、発展途上国の中でもっとも早くから、輸出指向型の電子産業振興に力を入れてきた。電子製品の95％以上が輸出に向けられていることがそれを示しているといえよう。とりわけトランジスタラジオは香港の電子産業をリードしてきた中核製品である。その輸出は60年代前半に本格化し、1965年には世界輸出市場で日本に次ぐ第二位の供給国となっている。たとえば、1965年の香港のラジオ輸出は634万台に達し、日本の2421万台には及ばないものの、韓国の32万台の約20倍に達する規模である。

　もっとも、アメリカのトランジスタラジオ輸入市場における国別平均輸入価格の推移を見ると、日本からの平均輸入価格は、他の3ヵ国のそれと比べて非常に高くなっている（グラフ5-2）。しかも、日本からの平均輸入価格は上昇する傾向をたどって

第五章　電子産業と政策なき発展

グラフ 5-1　アメリカのトランジスタラジオ輸入市場と各国のシェア（1965年）

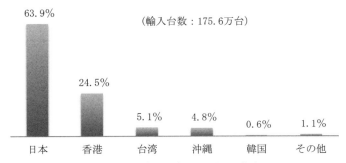

(出所) 韓国産業銀行調査部（1970 b）、199頁より作成。

グラフ 5-2　アメリカのトランジスタラジオ輸入市場と国別平均輸入価格の推移

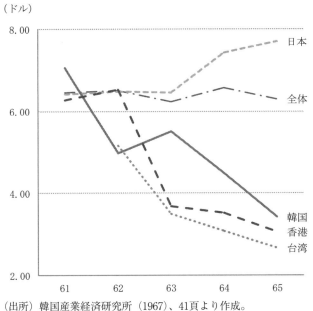

（出所）韓国産業経済研究所（1967）、41頁より作成。

いるのに対して、他の３ヵ国からは輸入価格の低下が著しく、そのため、日本と他の３ヵ国からの平均輸入価格はその差を広げている[3]。このことは、香港と台湾、そし

---

3) これを反映して、アメリカのトランジスタラジオ輸入額のシェアでは、日本は78.8％までに達し、香港の11.9％、台湾の2.5％、韓国の0.4％などとさらに大きな開きとなる。

て韓国の3ヵ国は価格面で国際競争力に頼っているとすれば、日本は品質・機能の向上で優位性を図っているといってよいだろう。確かに、韓国からの平均輸入価格の低下は著しい。その背景として考えられることは、韓国においては輸出の振興が国家の重点政策とされているため、輸出拡大のために多様な政策・制度、たとえば輸出奨励補助金の交付や、輸出品の生産に使われた輸入部品や資本設備への関税免除などが実施されていることが挙げられよう。とりわけ、1964年には外国為替に関する諸改革により、すなわち1ドル=130ウォンという固定為替相場制から、1ドル=255ウォンとする変動為替相場制に転換したが、これが重要であったことはいうまでもない。

　しかしながら、韓国からの平均輸入価格が、人件費の高い香港や台湾のそれよりも高くなっているが、この点を留意すべきであろう[4]。前述したとおり、韓国の一人あたり国民所得は、台湾の2分の1、香港の6分の1の水準にすぎないが、平均輸入価格の面では韓国の方が割高となっていることが認められる。韓国の場合、輸入部品が製造コストに占める比率が高く、相対的にスケールメリットも少なく、そのため、コストや労働生産性などの面で、香港や台湾に対して相当遅れをとっていたと考えられる。結局、韓国の平均輸入価格が、人件費の高い香港のそれより高くなっているのは、スケールメリットなどが大きい電子産業では、韓国の一つのメリットである低廉な人件費が、それほど大きな利点としてあらわれてこなかったことが指摘できるだろう。いずれにせよ、韓国の場合、積極的な輸出政策をとっていたにもかかわらず、アメリカ市場において香港や台湾のそれと比べて割高になっており、価格の面での優位性があったかは疑問である。

　ところで、1965年の電子製品輸出額を見ると、香港は3542万ドルであるのに対して、韓国はラジオ及び電気機器など190万ドルの規模にすぎない。しかも香港の場合、電子製品輸出の内訳を見ると、トランジスタラジオとその部品が2158万ドルで最も大きく、次いで電子管が856万ドル、テレビ受像機用部品が459万ドル、コンデンサーが約70万ドルであり、韓国よりも輸出品の高機能化及び多様化が進んでいるといえよう。その他に、テレビ受像機も輸出額はわずかではあるものの、65年から輸出が開始されているのである。このことは、香港がすでに民生用電子機器の基盤となるテレビ受像機を輸出する段階に達したことを意味するであろう。これに対して韓国がテレ

---

[4] たとえば、一人あたり国民所得（1964年）は、韓国の85ドルであるのに対して、台湾が175ドル、香港が537ドル、ちなみに日本が630ドルである。

表 5-2　電子産業の成長推移

(単位：千ドル)

	企業数	生産額	輸出額	輸出比率
62	25	5,226	491	9.4%
63	27	8,063	417	5.2%
64	41	10,276	962	9.4%
65	52	10,608	1,793	16.9%
66	70	21,896	3,597	16.4%
67	98	36,823	6,545	17.8%
68	120	51,156	19,437	38.0%
69	145	79,891	41,911	52.5%
70	194	106,239	54,964	51.7%

(出所) 韓国精密機器センター編 (1972)、49〜52頁、韓国産業銀行調査部 (1970 b)、270頁及び310頁、372頁より作成。

ビ受像機を生産し始めたのは1966年9月であり、当時、韓国の電子産業を語るとはラジオのことを語ることにほかならなかった。

3．電子産業の発展と特徴

　表5-2は1960年代における電子産業の成長の様子を示したものである。まず、電子企業の設立状況を見ると、60年代後半から活発化していることが目につく。すなわち、1965年の52社であった新規設立企業も、1970年には194社へと急増していた。これを製品の用途によって、民生用電子機器、産業用機器、及び電子部品に区分してみると、1970年において、民生用機器は29社、産業用機器は37社、電子部品は128社であり、電子部品の企業が圧倒的に多い。また、資本形態別では、1970年には電子企業全194社のうち、154社は内資企業、残り40社が外資企業及び合弁企業であった。

　次に生産状況を見ると、生産規模も60年代後半以降飛躍的に拡大している。すなわち、電子産業全体の生産額は、1962年の522万ドルから1965年に1061万ドルと2倍強の伸びにすぎなかったのが、70年には1億600万ドルまでに達し、65年の10倍以上も伸びた。60年代後半の急速な増大とともに、生産品目も初期におけるラジオの単純製品から集積回路やブラウン管など技術集約製品も生産するようになったのである。ここで強調しなくてはならないのは、電子部品の驚異的な成長であろう。グラフ5-3で

グラフ 5-3 部門別生産実績の推移

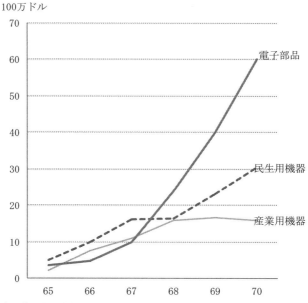

（出所）韓国精密機器センター編（1970）、25頁、韓国銀行（1971）、359頁、韓国電子工業振興会（1981）、97頁より作成。

見られるように、民生用電子機器の生産は65年の500万ドルから70年には3000万ドルに、産業用電子機器は200万ドルから1600万ドルにそれぞれ 6 ～ 8 倍の増加を示したのに対して、電子部品は350万ドルから6000万ドルに17倍も拡大した。その結果、電子産業の生産額に占めるシェアも、民生用電子機器が65年の46.8％から70年の28.6％に、産業用電子機器が20.0％から15.0％にそれぞれ低下したのに対して、電子部品は33.2％から56.4％へと大幅な拡大を示したのである。電子部品の驚異的な伸びにより、民生用電子機器や産業用機器の比率が相対的に小さくなっていることがわかる。また、電子部品の飛躍的な伸びが67年からであったことも特記すべきであろう。

　さらに輸出について見ると、1965年に179ドルであった輸出規模は、1970年に5496万ドルと刮目すべき成長を遂げたのである（表5-2）。それに伴い、電子産業の生産額に占める輸出額の割合は65年の16.9％から70年には51.7％に達したのである。このことからも60年代後半に輸出産業化がいかに急速に進展したかがわかろう。また、輸

第五章　電子産業と政策なき発展

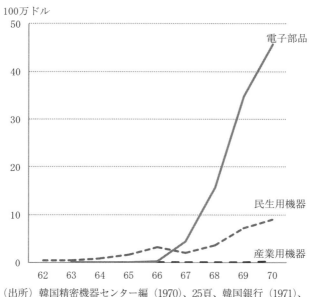

グラフ5-4　電子産業の部門別輸出実績

（出所）韓国精密機器センター編（1970）、25頁、韓国銀行（1971）、359頁、韓国電子工業振興会（1981）、97頁より作成。

出実績を部門別に見ると、グラフ5-4に示されたとおり、電子部品の輸出は著しく、なお67年から輸出の伸びは目を見張るものがある。すなわち、電子部品の輸出は66年に33万ドルの規模にすぎなかったのに、70年には4560万ドルに跳ね上がる。こうした電子部品の目覚ましい発展を可能にした重要な要因の一つはトランジスタとかICといった半導体などの大量生産技術の導入にあったことは明らかである。その結果、電子部品のシェアも66年にはわずか9.2％にすぎなかったものが、70年には83.0％に達したのである。いうまでもなく、70年のラジオや白黒テレビなど民生用機器のシェアは16.3％と小さく、産業用機器は0.6％を占めているにすぎない。日本の部門別構成比（1969年）が、民生用電子機器69.9％、産業用機器12.4％、電子部品17.6％であったのと比べても、韓国は電子部品の比率が圧倒的に高く、民生用は際立って小さいことが特徴としていえよう。

　ちなみに、電子製品の輸出を資本形態別に見ると、内資企業が25.0％、合弁企業15.2％、外資企業59.8％で、外資による輸出が4分の3を占めており、輸出における

167

第二部　政策なき高度成長

表5-3　電子製品の企業別輸出の推移

(単位：千ドル)

	1967	1968	1969	1970	
モトローラコリア	15	6,284	12,315	12,985	23.6%
韓国シグネチックス	2,858	3,449	5,760	5,891	10.7%
フェアチャイルドセミコア	741	2,285	5,821	5,073	9.2%
金星社	729	1,058	1,154	2,460	4.5%
コントロールデータコリア	13	2,105	4,116	2,265	4.1%
大韓電線		24	611	1,501	2.7%
韓国東芝				1,259	2.3%
その他	2,189	4,232	12,134	23,530	42.8%
合計	6,545	19,437	41,911	54,964	100.0%

(出所)　韓国精密機器センター編（1972）、54頁より作成。

外資の貢献が大きいことがわかる。表5-3は電子製品の企業別輸出を示したものである。この時期、電子製品の輸出がアメリカ系電子企業に大きく依存していたことに気がつく。1970年において、モトローラは約1300万ドル、シグネチックスは約600万ドル、フェアチャイルドは500万ドル、コントロールデータは200万ドル以上の輸出を行っており、4社で電子製品輸出の約半分を占めている。これらの企業は、トランジスタやICなど労働集約的色彩の強い組立工程を韓国で行い、アメリカに持ち帰る。したがって、電子製品の主な輸出先はアメリカで、輸出の半分以上がアメリカに向けられているのである。電子製品の輸出先を見ると、表5-4に見られるように、輸出額の60％強がアメリカ向けである。それ以外の国は日本19.9％、香港10.8％、ベトナム5.6％と、各国の輸出構成比は小さい。電子製品の輸出対象国は70年に30ヵ国を超えていたにもかかわらず、アメリカに大きく偏っているのがわかる。

ところで、電子製品の輸出が、外資企業の主導により急進展するなか、内資企業による輸出比重が増加傾向にあったことも見逃せない。内資企業の輸出は1965年の179万ドルから1970年には1376万ドルへと約8倍も増加した。同期間において、外資企業に大きく牽引された電子製品の輸出増加率は年平均で98.3％という驚異的な成長を成

表5-4　電子製品の国別輸出状況（1970年）

(単位：千ドル)

	電子機器	電子部品	電子製品計	構成比
アメリカ	3,519	30,082	33,601	61.1%
日　　本	1,551	9,398	10,949	19.9%
香　　港	62	5,862	5,924	10.8%
ベトナム	3,097	0	3,097	5.6%
その他	1,095	298	1,393	2.5%
合　　計	9,324	45,640	54,964	100.0%

（出所）韓国産業銀行調査部（1971）『韓国の産業（中）』、14頁。

し遂げたが、内資企業の輸出増加率はそれには及ばないものの、年平均で50.3％という高い成長率である。内資企業の輸出は、主に民生用電子機器に寄るところが大きいが、電子部品の輸出も開始するなど輸出商品及び輸出規模が同時に拡大していた。その結果、内資企業の輸出比重も、68年に20.1％に低下したものの、ゆるやかではあるが、69年には22.9％、70年には25.0％と伸びていたのである。

第二節　政府の産業政策

　発展途上国にとって電子産業が工業化の一つの有望な分野として推される理由は労働集約性であり、比較的に輸出産業のイメージが強いといったことが挙げられているように思われる。しかし、電子工業の育成においてもっと重要な点として、この工業の資本及び技術集約的な面を忘れてはならないであろう。すなわち電子機器の製造工程は多額の資本を必要とし、しかも生産技術の進歩も非常に早いため、政府が電子工業を振興する際に、どのような投資計画及び技術促進策を打ち出していたかを検討することが重要である。具体的に、韓国における第2次経済開発5ヵ年計画では、どのような生産部門に重点が置かれ、電子産業はいかなる規模の生産を目標とし、そのためにいかなる投資計画を打ち出していたのだろうか。

第二部　政策なき高度成長

表 5-5　製造業部門の生産目標と投資計画

(単位：億ウォン)

	付加価値額（1965年価格）			投資計画	
	1965（実績）	1971（計画）	増加率	目標額	構成比
食品加工及びタバコ	1,285	2,010	56%	137	5%
繊　　　　維	1,317	2,552	94%	670	24%
合板及びパルプ	398	699	76%	189	7%
セ　メ　ン　ト	63	141	124%	122	4%
窯　　　　業	117	244	109%	116	4%
化　　　　学	316	810	156%	422	15%
化　学　肥　料	45	239	431%	47	2%
石油及び石炭	256	459	79%	163	6%
金　　　　属	361	876	143%	354	12%
機　　　　械	353	770	118%	328	12%
そ　の　他	503	1,008	100%	287	10%
合　　　　計	5,014	9,808	95%	2,835	100%

(出所) 経済企画院 (1966)、78〜79頁より作成。

1．第2次経済開発5ヵ年計画と産業投資計画

　表5-5は製造業部門の生産目標と投資計画を示したものである。これを見ると、計画期間中の製造業部門の生産は、1965年の5014億ウォンから第2次開発計画の最終年である71年には9808億ウォンに増加させる目標である。このうち軽工業製品については、65年の3180億ウォンから71年には5646億ウォンと1.8倍に増える。これにより、総生産高に占める軽工業の割合は65年の63.4％から71年においては57.6％と相対的に低下が見込まれる計画である。一方、重化学工業製品は65年の1331億ウォンから71年には3154億ウォンに拡大し、構成比でも65年の26.5％から71年には32.2％となる。重化学工業の伸長は、工業化の主導的な役割を果たし、産業構造の近代化を推進する中核となる意味で、きわめて重要であると見なされている。とくに、化学肥料（増加率431％）をはじめ、化学（156％）、金属（143％）、セメント（124％）、機械（118％）、

石油及び石炭（79％）など、いずれも生産増加が著しい。このように、第 2 次開発計画では重化学工業の伸長によって他の関連産業の波及効果を期待し、なお産業構造の近代化を促進することを意図する政策であったと解釈することができる。

　また、製造業部門に対する投資は2548億ウォンが予定されており、総投資額の26.0％を占める。なかでも、化学、金属、機械などの重化学工業ならびに繊維産業に対する投資額が極めて大きな割合を占めている（表5-5）。製造業部門の投資計画は、重化学工業化を工業化の中軸におき、軽工業成長にも重点をおいている点から見て、バランスのとれた合理的な工業開発を意図しているといえよう。食品や合板及び窯業など軽工業部門への投資もなおざりにされているわけではないが、投資の重点は設備の近代化と合理化におかれ、生産の増加率は重化学工業に比すべくもない。すなわち、重化学工業は、第 2 次開発計画期間中、最も著しい成長を遂げるセクターであると見なされていた。

　さらに、主要工業品目の生産達成目標を見ると、表5-6にあるように、石油製品、肥料、鉄鋼材、モーター、電線、変圧器、自動車、内燃機関、造船能力など資本財及び中間財の増産が著しい。そのほか、石油製品や化学製品、化学繊維等の生産も著増する。これは、産業の高度化を達成し、第 1 次経済開発 5 ヵ年期間中には輸入に頼っていた資本財や中間財の国産化を目指していることによる。とりわけ、鉄鋼材生産の目標は68万6000トンであり、これを基礎として電気機械および輸送用機械などの大幅な発展が期待されている。電気機械のなかでは、電線が4.1倍、モーターが2.5倍、変圧器が2.4倍に著しく増加する。すなわち計画期間中、電源開発計画及び工業施設拡大計画の推進に伴い、電気機械の需要も大きく増加すると見込まれており、このような需要に対応するためにモーター、電線、変圧器等が重点的に開発される計画である。しかし、電子産業に関していえば、生産及び投資目標などは見られず、重点産業として育成する方針であったとは言い難い。きわめて疑問が生じるところである。

　ここで、電子産業についていえば電気機械に含まれるため、機械産業に関する育成計画を具体的に見る必要もあろう。そこで、工業部門別投資計画において機械工業がどのように計画されたかを見ておきたい。投資期間中、機械工業の設備投資額は328億ウォンが計上されており、これは製造業における設備投資合計の13％を占めている。主な投資分野は、産業機械、工作機械、繊維機械、農業機械、ガソリンエンジン、自動車、船舶用エンジン、造船、輸送機械、魚群探知器、END 電話交換機、民

第二部　政策なき高度成長

表5-6　主要品目の生産計画

	単位	1965年	1971年	増加率
米　　　穀	千M/T	3,501	4,858	39%
麦　　　類	千M/T	1,856	2,474	33%
魚　　　類	千M/T	337	673	100%
綿　　　糸	千M/T	66	92	39%
ナイロン糸	M/T	1,500	9,900	560%
合　　　板	100万S/F	729	1,518	108%
クラフト紙	千M/T	21	63	200%
精　　　油	千BL	10,205	35,094	244%
肥　　　料	千M/T	75	374	399%
セ メ ン ト	千M/T	1,614	4,520	180%
板 ガ ラ ス	千C/S	517	1,100	113%
鉄　鋼　材	千M/T	266	686	158%
モ ー タ ー	千馬力	289	719	149%
電　　　線	M/T	4,919	20,000	307%
変　圧　器	千kVA	347	823	137%
自　動　車	千台	1	24	1643%
内 燃 機 関	千台	11	45	309%
造 船 能 力	千G/T	64	150	134%
石　　　炭	千M/T	10,248	13,762	34%
発　電　量	百万Kwh	3,250	7,797	140%
住 宅 建 設	千坪	3,961	（計画期間中）	
貨 物 輸 送	百万トン	5,365	9,553	78%
旅 客 輸 送	百万人	11,932	23,410	96%

（出所）経済企画院（1966）、38頁。

生用電気機器などである。とりわけ、民生用電気機器については、その設備投資額はわずか4億9500万ウォンにすぎない。他の産業部門における設備投資額と比べてみる

と、窯業の設備投資額は116億ウォン、セメントは122億ウォン、食品加工及びタバコは137億ウォンなどであり、その規模が小さすぎるといわざるを得ないことがわかるだろう。なお、民生用電気機器の生産計画を具体的に見ると、ラジオ70万台、モーター20万台、その他電気機器となっており、テレビなどに関する生産計画などは見当たらない[5]。ましてや、トランジスタや集積回路（IC）といった電子部品に関してはその成長は想定の枠を遙かに超えるものであったと考えられよう。つまりこのような状況を見ると、電子産業に関する育成方針が打ち出されていたとは言い難いのである。

2．第2次経済開発5ヵ年計画とアメリカへの支援要請

ところで、韓国政府が電子産業を振興し、それによって輸出を増大する政策をとったとすれば、国内的のみならず、資本財導入や外資調達の方法などといった対外的な側面も見る必要があろう。というのは、電子産業が立ち遅れた韓国において、国際競争力をもつ製品を生産するためには、先進国から設備施設を輸入しなければならないうえ、いかにして外国資金を調達するかがポイントとなるからである。1960年代初頭の韓国は国内資本の不足のため、資本財及び技術の導入は外国資本に頼らざるを得ず、とくに経済援助や借款などを円滑に導入することが常に大きな課題であったことは既に述べてきたとおりである。すなわち、韓国経済は全面的にアメリカの援助に頼らざるを得ず、その援助を引き出すためには、なによりもアメリカとの経済外交に力を入れざるを得ない。この点からも韓米首脳会談は極めて重要であった。

1966年11月1日、ジョンソン大統領の訪韓の際、ソウルで開かれた韓米首脳会談では、第2次経済開発5ヵ年計画の支援問題が中心議題となり、アメリカがこれに対して支援することを再確認したが、これが韓国政府にとって経済再生の絶好のチャンスであったことは間違いない[6]。韓米首脳会談の中心議題は、「ジョンソン大統領訪韓による討議資料（案）」（以下討議資料）によれば、(1) 安全保障（韓米共同防衛体制の強化）、(2) 経済（第2次経済開発5ヵ年計画に対する支援）、(3) 科学技術、(4) そ

---

5) 経済企画院（1966）、178～180頁を参照
6) 朴・ジョンソン共同声明文によると、「ジョンソン大統領は朴大統領に、米国政府が韓国経済の成長と、特に第2次経済開発5ヵ年計画の実施を持続的に支援するものと確信させた」と記されている。

第二部　政策なき高度成長

の他、の四分野にわたっている[7]。なかでも、韓国政府の産業育成策を見ていくうえで注目を払わなければならないのが、経済（第2次経済開発5ヵ年計画に対する支援）に関するもので、韓国政府は優先課題として、(1) 石油化学工業及び総合製鉄、(2) 米国民間投資に対する奨励、(3) 酪農センター及び農産加工施設、の3項目を挙げている。以下に討議資料に従って、その具体的な内容を見てみたい。はじめに石油化学工業及び総合製鉄に対する支援プロジェクトについては、「次年度の第2次5ヵ年開発計画開始に際し、財源の制約などから米国の支援が必要である。特に第2次5ヵ年開発計画の核心であり、かつ象徴である石油化学工業と総合製鉄に対する支援を要請する」と述べている。次に、アメリカ政府の米国民間投資に対する奨励については、「韓国は第2次5ヵ年開発計画の遂行のために8億3500万ドルの外資導入が必要であり、特に米国の法人及び個人の直接投資と借款を歓迎する。米国政府はAID借款供与のみならず、米国民の対韓投資をさらに積極的に推奨することを要請する。米国の民間投資は両国間で締結された投資保障協定にしたがって、米国政府（AID）により保証されるが、このような事態すなわち両替制限、没収または国有化などは行わないことを韓国政府は保障する」と述べている。第三に、酪農センター及び農産加工施設に対する支援プロジェクトについては、「韓国総人口の64％を占める約2000万の農民に新しい希望をもたらすため、政府は『酪農センター』と『農産物加工施設』を設置する計画である。このプロジェクトは米国の優良な乳牛の導入をはじめ、加工機資材の導入と米国人技術者によるプロジェクト指導が含まれるものである。韓国政府は本プロジェクトにかかる外資（機材導入費、技術者派遣費）680万ドルを年次的に援助するよう米国政府に要請する」と述べている。

　以上のように、この討議資料によれば第2次開発計画は韓国の経済発展の方向を工業化に置き、重化学工業とともに農業開発も入れた二本柱として、バランスのとれた産業構造を形成し、次第に産業構造の高度化を図ろうとしている。つまり、この計画の産業戦略は鉄鋼工業と石油化学工業をテコとした重化学工業化を目指すものであり、さらに農業の近代化・合理化による生産性向上により、農業部門における生産拡大を果たし、農産物加工産業の発展を目指すものであったといえよう。確かに、韓国において農業部門は前近代的な状況のもとに放置されていたため、韓国政府として

---

7) 米州課（1966）「討議資料及び交渉案」『Johnson, Lyndon B. 米国大統領訪韓、1966.10.31～11.2』韓国外務部外交文書（Microfilm番号：C-0017-10、フレーム番号：184-185）。

も、農業問題を最優先課題の一つに挙げざるを得ないという事情があった。とはいえ、酪農センター及び農産加工施設に対する支援プロジェクトが優先課題として位置づけられていたのには、いささかの疑問が残る。

そこで、酪農センター及び農産加工施設に対する支援プロジェクトを詳しく見よう。まずその内訳を見ると、図5-1の（参考資料）酪農センター及び農産加工施設に対する支援プロジェクトに示されたように、酪農センター（4ヵ所）148万7680ドル、肉用牛事業（12ヵ所）71万4330ドル、家禽育種事業（5ヵ所）65万5300ドル、農産物缶詰工場（48ヵ所）394万4079ドルなどである。また、韓国政府が酪農センター及び農産加工施設に対する支援を要請した背景を見ると、第一に畜産業の低開発であり、第二に農業セクターの資金不足であり、第三に農産物加工産業の立ち遅れ、などが挙げられる。農業経済に見られるこの三点こそ、韓国経済が置かれている状況を如実に示すものであろう。つまり韓国経済もしくは工業化は、アメリカの経済援助と技術支援に大きく依存せざるを得ないことを意味する。例えば農産物総合缶詰産業の投資財源計画は、前述したとおり、国内調達から3億4500万ウォン（ドル換算で約127万ドル）と、外資調達から約400万ドルを、合わせて約527万ドルの規模となる。もうひとつ、資金調達で目を引くのは、その投資財源の4分の3を外資が占めるという、外資の比率の高さである。これは韓国経済が農産物加工産業のようなものでさえも、アメリカの援助に頼らざるを得ない状況下にあることを如実に示すものであった。

農産物総合缶詰産業の場合、1965年にすでに輸出特化産業の一つに指定されていたが、この期に及んで工場設置計画に高い優先順位を与えていたというのは、それまでの産業育成策の不振を物語るものであろう。農産物総合缶詰製品は、第一次輸出三ヵ年計画において主要輸出品であり、外貨獲得が期待されていた。その輸出について見ると、1964年（基準年度）の輸出実績はゼロであったが、輸出目標は65年に100万ドル、66年に150万ドル、67年に200万ドルと定められた。すなわち第一次輸出計画の期間中に累計で450万ドルの輸出を行い、そのうちコストの68万ドルを引いた382万ドルの外貨獲得を目指すものであった[8]。

しかしながら、外貨の逼迫も加わり、韓国政府は農産物加工産業に対する近代的設備投資を計画通り進めることができず、したがって農産物加工製品の輸出も皆無に等

---

8) 総務処（1965）「三億弗輸出計画」国家記録院大統領記録館。

第二部　政策なき高度成長

図 5-1　酪農センター及び農産加工施設に対する支援プロジェクト

Ⅰ．酪農センター
　1．韓国内の牧野適地：約5万町歩は技術と財源の不足により、開発できずにいる。
　2．韓国の酪農状況は次の通りである。
　　・乳牛の飼育頭数　6,612頭（1965年度）
　　・牛乳の処理工場　31工場
　　・乳製品の工場数　6工場
　3．酪農振興計画
　　（1）酪農事業
　　　・種畜場　8ヵ所（乳牛800頭）
　　　・施行主体（自治体及び農協）
　　　・外資　1,487,680ドル（米国）
　　　・内資　1,532,712ドル（韓国）：技術者8名
　　（2）肉用牛事業
　　　・生産地　12ヵ所育成（肉牛200頭）
　　　・試験場設置　振興庁（高山地帯）：技術顧問1名
　　　・外資　714,330ドル（米国）
　　　・内資　393,555ドル（韓国）
　　（3）家禽育種事業
　　　・生産　50,000匹
　　　・施行主体（農村振興庁）
　　　・外資　655,300ドル（米国）
　　　・内資　761,685ドル（韓国）：技術顧問1名

Ⅱ．農産物加工施設
　1．韓国の果実及び根菜類は、季節的生産物であるうえ貯蔵のきかないものも多く、缶詰め加工をしなかった場合には価格と需給調節が困難となるため、出荷最盛期には価格暴落により生産コストを保障することが難しく、なお非出荷期には価格暴動により消費者を保護することが難しくなる。
　2．農産物総合缶詰工場は、生産者と消費者の不利益を除去し、農家所得の向上ができるため、韓国政府の農産物増産計画と並行しなければならない必須条件となる。
　3．農産物総合缶詰工場設置計画
　　（1）年次別設置計画

年次別	1967	1968	1969	1970	1971	計
工場数	1	3	6	12	24	46

　　（2）事業施行主体　農協中央会、農協傘下特殊単位組合
　　（3）財源
　　　　外資　3,944,079ドル
　　　　内資　345,000,000ウォン

（出所）米州課（1966）「討議資料及び交渉案」『Johnson, Lyndon B. 米国大統領訪韓、1966.10.31～11.2』韓国外務部外交文書（Microfilm 番号：C-0017-10、フレーム番号：208～210）。

しい状況にあった。そこで韓国政府は、韓米首脳会談の際に、なによりも農産物加工産業に高い優先順位を与えざるを得なかったと考えられる。前述した通り、農産物総合缶詰産業の育成計画は第2次開発計画期間中に累計で46ヵ所の工場建設を目指すものであった。1967年の1ヵ所を皮切りに、68年に3ヵ所、69年6ヵ所、70年12ヵ所、71年24ヵ所の建設計画である。しかも、農産物加工産業が65年に輸出特化産業として指定されていたことを考え合わせると、これは韓国政府の産業政策の失態を端的に示すものであろう。つまり、韓国の場合、要素賦存から見て比較優位性の高い農産物加工産業を輸出特化産業として指定したものの、アメリカの援助に頼らなければ、農産物加工産業の輸出工業化に必要な設備投資さえ行うことができず、この点、産業政策の限界もこの時期の特徴として指摘されなくてはならないだろう。

　また、新たな産業を育成し、国際競争力を強化するためには、設備投資のみならず、産業技術開発が必要であり、そのためには産業技術に直接寄与することのできる技術力の確保及び技術開発も重要である。発展途上国は一般に、産業振興のための技術力確保及び技術開発が難解な問題であり、しかも、先進国の技術革新は急速に進むために、そのギャップを埋めることは事実上至難の技といわざるを得ない。当然、韓国が産業振興を図ろうとすれば、先進国からの技術移転に大きく依存しなければならない。産業育成をアメリカに頼らざるを得なかった韓国政府にとっていかにしてアメリカから産業技術を導入するかが重要なポイントであった。

　韓国政府は、表5-7の通り、輸出振興のために欠かせない産業技術についてアメリカに技術支援を要請した。これは、韓国軍のベトナム派兵に伴ういわゆる「ブラウン覚書」に基づく輸出振興のための技術支援に関する条項にしたがって、支援要請されたものである。技術支援プロジェクトは、衣類技術訓練センターなどの技能者養成から、窯業センターなど雑製品の輸出振興に必要な技術開発や、食肉加工研究所など農産物加工業振興のための研究施設まで幅広い分野にわたっている。この技術支援プロジェクトで気がつくのは、研究施設および技術センターの新設や拡充が多いことで、要請件数26件のうち17件を占めている。このことは、一連の研究施設や技術センターを設立し、技術の導入・開発・普及についてのインフラを整備することに重点がおかれていたといってよかろう。しかし、窯業産業の例を見れば、窯業分野は1965年にすでに輸出特化産業に選定され、輸出の拡大が期待されていたにもかかわらず、この期に及んで窯業センターの設置計画をアメリカ頼みにするということは、産業技術の面

第二部　政策なき高度成長

表5-7　輸出振興のための技術援助プロジェクト

(1) 第一次要請リスト（1966年6月14日）

	技術援助プロジェクト	金額（ドル）
1	窯業センター	816,750
2	計量器検定および研究施設拡大	200,560
3	慶北工業研究所の施設拡充	350,000
4	慶南工業研究所の施設拡充	314,000
	小計	1,681,310

(2) 第二次要請リスト（1966年8月13日）

	技術援助プロジェクト	金額（ドル）
1	中小企業技術訓練所の設置	669,950
2	工業研究所の施設拡張	820,800
3	衣類技術訓練センター設置	286,808
4	工産品検査試験所設置	981,141
5	品質管理学校設置	110,400
6	デザイン研究センターの設置	165,272
7	商事仲裁制度の運営技術増進	45,740
8	輸出デザインセンター設置	109,600
9	米PR会社の活用	40,873
10	米雑誌への広告	86,375
11	輸出学校の運営強化	123,000
12	製造及び製作技術センター設置	65,000
13	実務研修協会	2,173,350
14	水産物研究所及び試験所設置	88,200
15	貝類養殖漁場の衛生管理	65,200
16	食肉加工研究所設置	300,000
17	訓練研究所設置	15,000
18	FDAの認定試験検査機関及び書籍	49,212
19	繊維及び織物の物理試験施設	21,520
20	スレート研究所設置	181,000
21	金属試験研究所設置	57,000
22	船舶ディーゼルエンジン検査施設	791,750
	小計	7,247,091

（出所）米州課（1966）「韓米頂上会談討議資料提出」『Johnson Lyndon B. 米国大統領訪韓、1966.10.31～11.2』韓国外務部外交文書および、米州課（1967）「丁国務総理訪米用討議参考資料」『丁一権総理米国訪問、1967.3.10-19、』韓国外務部外交文書、より作成。

においても問題を抱えていたことを示すものであろう。また、デザイン研究センターや輸出デザインセンターなどといったデザイン関連分野もアメリカに頼らざるを得なかったことがわかる。このほか、実務研修協会、FDAの認定試験検査機関及び書籍、商事仲裁制度の運営技術増進、品質管理学校設置、輸出学校の運営強化、米PR会社の活用、米雑誌への広告なども支援要請していたが、こうしたプロジェクトが内容的に国際競争力の強化に役立つ産業技術であったかどうかは疑問であり、むしろアメリカからの援助資金獲得用のリストといってよいだろう。

以上、韓米首脳会談の中心議題と「ブラウン覚書」に基づいた輸出振興のための技術支援といった経済外交の観点から第2次開発計画を見てきたが、このなかにも電子産業に関する振興方針は見当たらない。そもそも韓国の場合、輸出特化産業は生産要素の賦存の状況から見て資源集約性を重視していたために、電子産業よりは窯業産業や食品加工産業などの促進を優先せざるを得なかったという事情が背景にあったということが言えるかもしれない。確かに電子産業は、労働力吸収という点では大変重要であるが、依然として伝統産業の振興に力点を置かざるを得ない韓国にとって、多額の設備投資や絶え間ない研究開発を必要とするという点では電子産業の導入は時期尚早であったという感は否めない。いずれにせよ、韓国の第2次経済開発計画は、工業化を経済開発の中軸に置き、工業生産の拡大と多様化による産業構造の近代化を実現することを目指していたものであったが、この計画の立案時において電子産業に重点が置かれていたという政策的裏付けは少なくとも現段階において管見の限り見つけることができないのである。

3．「第二次五ヵ年輸出計画」と電機機械部門

また、輸出の拡大と国際収支の改善は、第2次開発計画の基本目標の一つである。それは外貨獲得の増加およびその有効利用こそが、貿易収支の悪化というジレンマを克服するとともに、基幹産業を育成し、自立経済を確立するうえの基本的な手段となるためである。また、第2次開発計画において、工業化のため資本財の輸入拡大が不可避とされているが、それに必要な財源を自らの手で調達するためにも、大幅な輸出拡大が必要であった。そこで、外貨獲得の増加という指針を具現化するため、韓国政府は「第二次五ヵ年輸出計画」を急いでスタートするのである。1967年から71年にかかる「第二次五ヵ年輸出計画」がそれである。すなわち、第二次五ヵ年輸出計画は、

第二部　政策なき高度成長

　第一次三ヵ年輸出計画（1965〜67年）の最終年を待たずに、1967年にスタートを踏みきったが、これは第2次経済開発計画の実施にあわせたものと考えられよう。
　第二次五ヵ年輸出計画は、71年には5億5000万ドルを目標としている。1965年の1億7500万ドルから約3倍の増加を見込んでいる。輸出品の構成から見ると、とくに工業製品の増加が著しい。工業製品の輸出は、目標年度に3億9400万ドルと定められたが、これは、輸出総額の71.6％を占める。1965年の1億1240万ドル対して3.5倍の大幅な増加である。次いで輸出の増加が著しいのは、水産品である。1965年の輸出額2470万ドル（輸出総額の13.7％）から、71年には9250万ドル（同16.8％）に、3.7倍増加する。農産品および鉱産品の輸出は、むしろ停滞気味である。
　肝心なのは、第二次輸出計画は、軽工業製品の輸出に基盤が置かれ、輸出品目も生糸類や織物類といった繊維製品を中心としたものであるが、テレビやトランジスター、IC（集積回路）というような、いわゆる電子製品の輸出計画は見当たらない、という点である。表5-8は主要品目別の輸出計画を示したものである。目標年度において、輸出総額の37.1％を占める繊維製品のなかで、綿織物・毛織物・絹織物などが6900万ドルで最も多く、次いで、被服類・セーター類などが4700万ドル、生糸などが4265万ドルに達する。その他の工業製品は、合板（3500万ドル）、陶磁器（2000万ドル）、履物（1210万ドル）、尿素肥料（1000万ドル）など、これらが輸出品の中心をなしている。また、一次産品では、水産物が比較的多く、マグロ（2950万ドル）、海苔（1300万ドル）、魚介類缶詰（1200万ドル）、鮮魚（1150万ドル）、冷凍魚介類（1140万ドル）などで、このほかに穀物（1000万ドル）が主要な輸出品である。すなわち、輸出の主力を担うのは、生糸や綿織物などの繊維製品であり、なおマグロなど水産品にかけられた期待は少なくない。こうした主要輸出品は、輸出総額に対するウェイトを見ると、1965年の45.5％から71年の58.8％に上昇する。そしてここでは主要輸出品のなかに、電子製品が含まれていないことを確かめておく。
　第二次輸出計画は、また、既存の輸出特化産業による輸出拡大を基盤としたものといえる。表5-9によって、輸出特化品目別に輸出計画を見てみよう。これによると、輸出特化品目の合計で、1971年の目標額は2億8639万ドルとなり、これは工業製品の73％にあたる。65年の6955万ドルに比して、約4倍の大幅増加である。輸出特化品目の拡大によって、輸出成長を主導し、輸出指向工業化を促進する意図をもつ計画であると解釈することができる。こうした意欲が実現すれば、輸出総額に対するウェイト

第五章　電子産業と政策なき発展

表 5-8　主要品目別輸出目標（第二次五ヵ年輸出計画）

(単位：千ドル)

	品　　目	1967	1968	1969	1970	1971
1	綿織物	26,000	32,000	39,000	45,000	49,000
2	生　糸	13,000	26,609	33,199	39,245	42,656
3	合　板	27,000	29,000	31,000	33,000	35,000
4	被服類	9,000	15,000	20,000	25,500	31,000
5	マグロ	14,000	20,000	25,000	27,400	29,500
6	陶磁器	2,000	4,000	7,000	14,000	20,000
7	セーター類	6,000	8,000	10,000	13,000	16,000
8	海　苔	10,000	10,000	11,000	12,000	13,000
9	履　物	4,000	5,000	7,000	10,100	12,100
10	魚介類缶詰	3,000	6,000	8,000	10,000	12,000
11	鮮　魚	7,500	8,500	9,500	10,500	11,500
12	冷凍魚介類	6,000	7,200	8,600	10,400	11,400
13	毛織物	5,000	6,000	7,000	8,500	10,000
14	絹織物	3,000	4,500	6,000	8,000	10,000
15	尿素肥料		10,000	10,000	10,000	10,000
16	穀　類	7,000	8,250	8,250	9,000	10,000
	小計（A）	142,500	200,059	240,549	285,645	323,156
	目標額合計（B）	300,000	360,000	420,000	490,000	550,000
	A/B	47.5%	55.6%	57.3%	58.3%	58.8%

（出所）大韓貿易振興公社輸出振興委員會事務局（1965）、15頁。

も、65年の39.7％から71年の52.1％に上昇するのである。このなかで、綿織物（輸出総額の8.9％）をはじめ、生糸（8.2％）、衣類（6.9％）、合板（6.4％）、陶磁器（5.1％）などの輸出拡大が著しい。なかでも、陶磁器と生糸および綿織物などの輸出拡大に重点が置かれている。すなわち、陶磁器は1965年の0.1％から71年には5.1％に、生糸は3.9％から8.2％に、綿織物は6.0％から8.9％に、それぞれ急速に上昇する。また、1965年の実績に対して、陶磁器152.2倍、皮革製品72.9倍、絹織物39.8倍、缶詰（魚介類と

第二部　政策なき高度成長

表 5-9　輸出特化品目別輸出目標（第二次五ヵ年輸出計画）

(単位：千ドル)

輸出特化品目		1965年実績		目標（71年）	
		金額	シェア	金額	シェア
(1)	生糸	6,794	3.9%	44,858	8.2%
(2)	絹織物	251	0.1%	10,000	1.8%
(3)	陶磁器	184	0.1%	28,000	5.1%
(4)	ゴム製品（履物含む）	5,192	3.0%	14,500	2.6%
(5)	ラジオ及び電気機器	1,909	1.1%	13,920	2.5%
(6)	缶詰（魚介類とマッシュルーム）	1,548	0.9%	14,863	2.7%
(7)	毛製品（セーター類）	5,575	3.2%	17,000	3.1%
(8)	合板	18,030	10.3%	35,000	6.4%
(9)	綿織物	10,522	6.0%	49,000	8.9%
(10)	衣類	14,278	8.2%	38,000	6.9%
(11)	皮革製品	24	0.0%	1,750	0.3%
(12)	工芸品（葛布壁紙含む）	2,670	1.5%	12,700	2.3%
(13)	雑貨類（金属製食器及びかつら）	2,573	1.5%	6,800	1.2%
	小計	69,550	39.7%	286,391	52.1%
	輸出総額	175,082	100.0%	550,000	100.0%

(出所) 大韓貿易振興公社輸出振興委員會 事務局（1965）、19～21頁および、韓国銀行（1968）『経済統計年報1968』、商工部（1971 a）、892～919頁、より作成。

マッシュルーム）9.6倍などの大幅な伸びが予定されている。このように陶磁器は、輸出の伸び率を見ても、商品構成に占めるウェイトからみても、輸出拡大に大きな期待がかけられていることがわかる。

　これに対して、ラジオ及び電気機器の目標額をみると、1965年の実績190万ドルから、1971年には1392万ドルへ7.3倍の大幅な増加が見込まれている。そして、輸出総額に対するウェイトも、1965年の1.1％から2.5％へ上昇する。韓国政府は、ラジオ及び電気機器の輸出拡大にも期待をかけているといってよいだろう。しかしながら、他の輸出特化産業と比べて、商品構成に占めるウェイトから見ても、輸出の伸びから見

ても、プライオリティーは必ずしも高いものとはいえないのである。たとえば、輸出規模の面で見ると、ラジオ及び電気機器の目標額は、綿織物（4900万ドル）の約4分の1、生糸（4485万ドル）の3分の1、陶磁器（2800万ドル）の2分の1に過ぎない。規模として見れば缶詰（魚介類とマッシュルーム）の1486万ドルやゴム製品の1450万ドル、工芸品の1270万ドルなどとは、ほぼ肩を並べている。つまりラジオ及び電気機器は、缶詰やゴム製品、そして工芸品などといった雑製品の工業部門、すなわち多額の資本投資や高度の技術を要せず、したがって加工度の低い部門と同等に位置づけられていたことがわかるのである。

　さらに、ラジオ及び電気機器の内訳を見ると、1971年の輸出目標額は、ラジオ（800万ドル）、電話機（180万ドル）、装飾用電球（150万ドル）、電線（136万ドル）、乾電池（50万ドル）、配線器具（40万ドル）、変圧器（36万ドル）、などとなっている[9]。なかでも、ラジオは全体の57％を占めて圧倒的に多い。その他に、電話機が13％、装飾用電球が11％、電線が10％を占めている。これは、韓国において電気機器部門が、ラジオ中心の輸出から脱皮できず、テレビやテープレコーダーなど輸出品の多様化を計る段階には至っていないことを示すものであろう。第二次輸出計画の内容としても、トランジスタや集積回路といった電子部品はいうまでもなく、民生用電子工業を支える重要な基盤となるテレビおよびテープレコーダーなども計上されておらず、ただラジオの加工輸出に過度に傾斜したものであって、基本的には電気機械工業の輸出促進策として見なければならないであろう。どのように見ても電子産業に重点が置かれていた輸出促進策とは言いがたい内容であろう。以上、韓国の場合、農水産食品加工産業も自力で育成できない状況下で、電子産業は多額の設備投資を必要とするとともに多量の電子部品を輸入しなければならない分野だけに、輸出産業として育成するには相当の時間を要することが予想されただろうし、当分はラジオの組立加工をもって外貨を獲得する計画にせざるを得なかったであろう。

　いずれにせよ、韓国の電子産業は60年代後半より飛躍的に発展していたが、しかしこの時期にはとくにこの産業に限った明確な産業育成計画がとられたわけではない。というのは、第2次開発計画では、自立経済及び重工業基盤の確立に基本目標がおかれていたものの、電子産業に関する明確な育成計画などは見られないからである。す

9）大韓貿易振興公社輸出振興委員會事務局（1965）『第二次五ヵ年計画輸出計画解説』大韓貿易振興公社、19～20頁。

なわち、第2次開発計画において電子産業の育成計画はまだ打ち出されていなかったのにもかかわらず、その実施とともにその飛躍的な発展が遂げられたという事実を見れば一目瞭然である。しかもその経緯を追ってみれば、1967年に本格的に成長が始まってから、1969年1月に漸く電子工業振興法が成立し、それに基づいて「電子工業振興8ヵ年計画」が打ち出されている。それから各種支援制度など具体的な実施策が策定されるなど、本格的な育成・支援が開始されるようになるのである。これは明らかに、韓国の電子産業においては本格的な支援政策の実施を待たずに、本格的な成長が始まっていたことを物語っている。このような事実関係からも政府の役割を過度に評価することには慎重でなければならないであろう。

第三部　高度成長の見えざる手

第三部　高度成長の見えざる手

第六章　輸出主導成長と「バイ・コリアン政策」

　韓国における輸出指向工業化の急速な進展は、工業先進国市場の需要拡大を背景として実現された。とくに1960年代後半から韓国の対米輸出が急速に増加し、それが韓国の輸出指向工業化を軌道に乗せる要因となったという特徴を持つ。確かに、輸出指向工業化戦略は、比較的に狭い国内市場を持ち、また消費財部門への過度に傾斜した韓国にとり、その脱皮の方向が世界最大市場に向けられた点は、本質的な問題解決を示したものであろう。しかしながら、工業製品の「奇跡的な輸出拡大」は、輸出品目を海外市場の変化に合わせて急速に変えているのであって、このような輸出商品の転換能力こそ、大変重要な点であろう。
　ここで留意しなければならないことは、消費財製品が単に国内市場ばかりではなく海外市場に向けられるようになると、とりわけ先進国市場での販売経験の浅い韓国にとり、様々な隘路に直面することが予想されるということである。いうまでもなく、アメリカ市場についての情報収集、及び新製品市場の研究、競合商品との対抗しうるデザインの研究といった問題にも取り組む必要があるからである。加えて、これらマーケティングに要する費用は、発展途上国の輸出業者にとって、甚大なものとなるからである。
　また、韓国の輸出指向工業化において、工業製品の輸入先、とりわけアメリカ市場において特定のいくつかの品目分野で他の競合国の輸出品目を駆逐して奇跡的な成長を成し遂げたことは、高く評価されねばならない。しかし、アメリカ市場に限って、工業製品のうち労働集約的な商品のいずれにおいても比較優位性が見出されることはなく、特定のいくつかの品目のみに極めて高い優位性が見出されていることにもあわせて留意すべきであろう。
　こうした点を踏まえて考察することは、韓国の輸出指向工業化の課題を解明するうえで極めて重要であると考える。そのため、その背景をなす決定的な要因として、アメリカ政府の積極的な支援に焦点を合わせて考察を行ってみよう。アメリカ政府による積極的な支援にあたっては、機密に属する内容が多く含まれているために、未だにその実態が十分把握されていないものの、近年公開された外交文書や大統領関連文書

第六章　輸出主導成長と「バイ・コリアン政策」

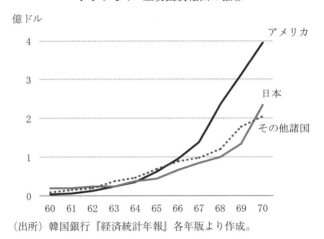

グラフ6-1　主要国別輸出の推移

（出所）韓国銀行『経済統計年報』各年版より作成。

などの中にこれを示すものができた。それらを焦慮し、その真相を明らかにしたい。

　韓国における輸出指向工業化による経済成長と所得拡大の経験が、他の発展途上国と比べ、どのように急速に進展したかを次に考察してみよう。

第一節　アメリカへの驚異的な輸出拡大

　韓国の輸出を国別に見ると、グラフ6-1に示されたように、1960年代後半からの輸出規模の拡大が目につく。とりわけ、アメリカへの輸出は1960年代前半までには輸出規模が小さく、1960年から64年までの5年間にかけて輸出累計額はわずか8000万ドルにすぎなかった。しかし、1965年からアメリカへの輸出額は急増し、67年には1億ドルを超え、70年には4億ドル規模に達するなど、その驚異的な伸びには目を見張るものがある。

　また、アメリカ向け輸出の伸びは、1960年代半ば以降輸出総額の伸びを上回り、アメリカの比重も大きく高めた。1964年から70年にかけて韓国の輸出総額は1.2億ドルから8.4億ドルへと7倍にも伸びた。この間日本向けが6.1倍、その他諸国向けが4.5倍であったのに対して、アメリカ向けは11.1倍という驚異的な伸びである。その結果、グラフ6-2に示された通り、1964年に輸出総額の32％を占めていた日本は70年には28％に、その他諸国は38％から25％に、それぞれその比重を低下させたのに対して、ア

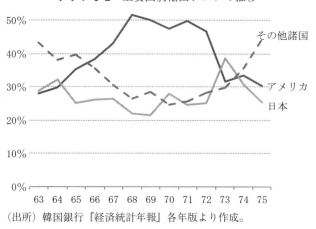

グラフ6-2　主要国別輸出シェアの推移

(出所) 韓国銀行『経済統計年報』各年版より作成。

メリカは30％から47％に急増した。1960年代後半に輸出の対米依存度は大幅に高まり、とりわけ1965年から72年までには輸出累計額の約半分をアメリカに占められるまでに至った。アメリカを中心とする高い輸出成長が、輸出指向工業化を軌道に乗せる決定的な役割を果たしたことを物語る。

1．商品構成の変化

こうしたアメリカへの驚異的な輸出拡大の背景には、輸出商品の構成が織物、合板といった原料別工業製品中心から、衣類、履物といった雑製品中心に転換したことが挙げられる。アメリカ向け商品類別輸出を見ると、表6-1で示されたとおり、原料別工業製品、機械類及び輸送機器、雑製品といった工業製品の輸出が1960年代後半に急速な伸びを示したことがわかる。食料品や非食用原料といった一次産品の輸出は、1964年の860万ドルから70年には1390万ドルへと1.6倍増にすぎなかったのに対して、工業製品の輸出は1970年には3億7930万ドルに達し、64年の14倍に増加したのである。

商品類別に輸出実績を見ると、輸出が目立つのは雑製品と機械類及び輸送機器である。まず雑製品の輸出は1964年に910万ドルにすぎなかったが、1970年には2億4000万ドルに急増し、同期間の年平均増加率が72.5％という驚異的な伸びである。その結果、対米輸出額に占める雑製品のシェアも、1964年の25.6％から70年には60.7％に達したのである。これは、アメリカ向け輸出額の約3分の2を占めるものである。次に

第六章　輸出主導成長と「バイ・コリアン政策」

表6-1　アメリカ向け輸出商品構成の変化

(単位：100万ドル)

	輸出額 1964	輸出額 1970	輸出シェア 1964	輸出シェア 1970	平均増加率
食　料　品	1.7	9.3	4.8%	2.4%	32.7%
（魚介類）	1.6	8.1	4.5%	2.1%	31.0%
非 食 用 原 料	6.9	4.6	19.4%	1.2%	−6.5%
（生糸）	5.1	2.0	14.3%	0.5%	−14.2%
原料別工業製品	17.0	102.5	47.8%	25.9%	34.9%
（合板）	11.1	74.7	31.3%	18.9%	37.3%
（織物）	4.7	15.9	13.2%	4.0%	22.6%
機械類及び輸送機器	0.5	36.8	1.4%	9.3%	104.7%
（電気機器）	0.3	29.3	0.8%	7.4%	117.6%
雑　製　品	9.1	240.0	25.6%	60.7%	72.5%
（衣類）	4.1	131.2	11.5%	33.2%	78.2%
（履物）	0.8	14.0	2.4%	3.5%	59.7%
（かつら）	0.1	85.2	0.4%	21.5%	189.4%
輸　出　合　計	35.6	395.2	100%	100%	49.4%

（出所）財務部税関局『貿易統計年報』1965年及び1970年版より作成。

　機械類及び輸送機器の輸出実績を見ると、1964年にわずか50万ドルしかなかったのが、1970年には3680万ドルと64年の約74倍増となる。これは、同期間の年平均成長率で104.7％という奇跡的な伸びである。この結果、機械類及び輸送機器の輸出シェアも、1964年の1.4％から1970年には9.3％に大幅に拡大し、輸出の主力製品として台頭したが、このことには注目に値するのである。一方、原料別工業製品の輸出は70年には1億250万ドルに達し、64年の6.0倍も増加したものの、雑製品や機械類及び輸送機器などの輸出成長がはるかに高かったこともあり、対米輸出に占める原料別工業製品シェアは、1964年の47.8％から25.9％へとむしろ低下したのである。

第三部　高度成長の見えざる手

グラフ6-3　主要品目の対米輸出額とシェアの推移（「中核品目」と「新興品目」の比較）

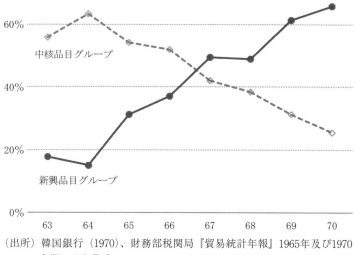

（出所）韓国銀行（1970）、財務部税関局『貿易統計年報』1965年及び1970年版、より作成。

2．特定輸出商品の輸出集中度

　韓国は、少数品目の輸出に大きく依存する傾向が強く、対米輸出における輸出商品集中度はきわめて高い。アメリカ向け主な輸出品は、魚介類、生糸、合板、織物、電子製品、衣類、履物、かつらなど八品目であり、その輸出集中度はきわめて高い。すなわち、対米輸出額に占めるシェアを見ると、1964年の78.3％より70年には91.2％へとさらに集中度を高めた（表6-1）。主要品目の輸出成長力をみるために、年平均輸出伸び率によって、二つのグループに分けてみたのが、グラフ6-3である。第1グループは、年平均伸び率50％以下のグループで、合板、織物、生糸、魚介類など四つの品目であり、第2グループは、年平均伸び率50％以上のグループで、衣類、かつら、電子製品、履物など四つの品目である。なお、対米輸出における輸出商品の地位を見ると、1963年と64年において、第1グループは、輸出品として中核的な役割を担いながらなおウェイトも伸びているため、これを「中核品目グループ」と呼ぶこととする。すなわち、「中核品目グループ」の対米輸出額は、1963年の1356万ドルから64年には2251万ドルへ拡大し、対米輸出に占めるシェアも55.8％から63.3％へ増大したのである。これに対して、第2グループは、ウェイトも小さくなおその地位が相対的に

190

後退しているため、これを「新興品目グループ」と呼ぶこととする。すなわち、「新興品目グループ」は1963年から64年に430万ドルから536万ドルに拡大したものの、そのシェアは17.7％から15.1％に相対的に低下したのである。

ところが、1960年代後半の輸出状況を見ると、「中核品目グループ」は、1964年から70年にかけて、年平均で28.4％という高い成長を成し遂げ、70年には1億ドルの大台に乗せた。これは、生糸を除く、他の品目において輸出拡大が進展したことが大きい。すなわち、生糸の対米輸出額は1964年の508万ドルから70年には203万ドルに縮小したものの、合板は1964年の1113万ドルから70年には7470万ドルに、織物は469万ドルから1590万ドルに、魚介類は161万ドルから815万ドルへとそれぞれ大幅な拡大を示した。一方、「新興品目グループ」の輸出は、1964年から70年にかけて、年平均で90.9％という驚異的な成長を記録し、1970年には2億5962万ドルに達したのである。これは、「中核品目グループ」の2.6倍を超える輸出規模であり、同時期、「新興品目グループ」の成長がいかに飛躍的であったかがわかる。品目別に具体的に見ると、かつらは、1964年にはわずか14.5万ドルしか輸出されていなかったのが、70年には8515万ドルに達し、合板7469万ドルを上回る規模となる。また、電子製品は27.9万ドルから2923万ドルへと、履物は84.4万ドルから1402万ドルへと、衣類は409万ドルから1億3116万ドルへと、いずれも驚異的な伸び率である。したがって、このような「新興品目グループ」の驚異的な成長こそ、対米輸出の拡大を見ていくうえにおいて最も注目すべき点であろう。

対米輸出に占めるシェアを見ると、重要なウェイトを占めていた「中核品目グループ」は、1965年代から減少の方向に転じ、1970年には25.5％へと大幅に低下した。但し、「中核品目グループ」は比較的に好調な伸び率を示していたのである。すなわち、「中核品目グループ」の年平均伸び率を品目別に見ると、1964〜70年の期間に、魚介類は31.0％、生糸はマイナス14.2％、合板は37.3％、織物類は22.6％となり、「中核品目グループ」合計では28.4％である。また、1964年を1としたとき、1970年には、魚介類が5.1倍、生糸が0.4倍、合板が6.7倍、織物類が3.4倍となり、「中核品目グループ」全体では4.5倍となる。「中核品目グループ」の伸び率は、生糸を除き、けっして低いとはいえず、むしろ高いといえよう。

これに対して、「新興品目グループ」の年平均成長率は、「中核品目グループ」の成長率を遙か超えるものであり、かつその高さには唖然とさせられるものがある。すな

わち、「新興品目グループ」の年平均成長率を品目別に見ると、履物は59.7％、衣類は78.2％、電子製品は117.6％、かつらは189.4％、という類を見ないほどの高い成長率である。この期間にいかに驚異的な成長を成し遂げていたかがわかる。なお、1964年を1としたとき、1970年には、履物は16.6倍、衣類は32.1倍、電子製品は106.1倍、かつらは587.3倍となる。同期間にかけて、「新興品目グループ」合計では48.5倍を記録するもので、「中核品目グループ」合計で4.5倍であったことや、韓国輸出総額で7.0倍であったことを勘案すると、その成長は尋常の枠を遙かに超えるものといえよう。その結果、対米輸出に占めるシェアも、衣類が11.5％から33.2％へ、かつらが0.4％から21.5％へ、電子製品が0.8％から7.4％へ、履物が2.4％から3.5％へ、とおしなべて大幅に増大したのである。このように、60年代初期、中核的な役割を担っていた「中核品目グループ」はその地位を大きく後退させた反面、逆に輸出拡大を引っ張る力が弱かった「新興品目グループ」は驚異的な伸びを示し、対米輸出を大きく牽引してきた、というのが対米輸出の最大特徴でもあるのである。

3．新興輸出商品の輸出貢献度

　ここで、「新興品目グループ」、すなわち衣類、かつら、電子製品、履物といった対米輸出額が、いかに韓国輸出成長に寄与できたかを見よう。グラフ6-4は主要対米輸出品の輸出額が、韓国輸出総額に占めるシェアの変化を示したものである。60年代初めに比較的に高いウェイトを占めていた合板、生糸、織物類などは、70年になると、そのウェイトが大幅に低下している。合板と生糸及び織物類は、韓国の主要な輸出商品であり、とりわけ合板と織物類はともに毎年、輸出額が急速に伸びたにもかかわらず、輸出総額に占めるウェイトでは低下を余儀なくされたのである。合板の対米輸出額は、1964年に韓国の輸出全体に9.3％を占めていたが、70年には8.9に低下し、同様に、織物類は3.9％から0.9％へ、生糸は4.3％から0.2％へと低下し、「中核品目グループ」の地位の後退が著しい。しかしながら、衣類、かつら、電子製品、履物など「新興品目グループ」のウェイトはおしなべて上昇しているのである。とくに衣類とかつらの対米輸出額は、1964年には輸出総額のそれぞれ3.4％と0.1％しか占めていなかったが、1970年には衣類が15.7％とかつらが10.2％に達するなど、いずれも合板のウェイトを上回っているのである。また、電子製品と履物は、1964年にそれぞれわずか0.2％と0.7％を占めるにすぎなかったが、70年には3.5％と1.5％に達したのである。

第六章　輸出主導成長と「バイ・コリアン政策」

グラフ6-4　韓国輸出総額に占める対米主要品目別比重の変化

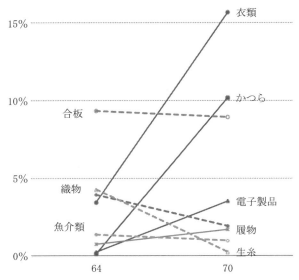

（出所）財務部税関局『貿易統計年報』1965年及び1970年版より作成。

　その結果、「新興品目グループ」の対米輸出額だけで、70年には31.1％を占めるまでに至ったのである。これは、「新興品目グループ」のウェイトが輸出総額の約3分の1にまで達するもので、この期間を通じて尋常ではない成長が達成されていたことを示すものでもある。したがって、1960年代後半に、衣類、かつら、電子製品、履物などといった「新興品目グループ」がアメリカに集中豪雨的に輸出し、韓国の輸出全体への貢献度を著しく高めたのである。

　ところで、とりわけ衣類、履物、電子部門などは、韓国を代表する輸出産業として成長し、輸出指向工業化に重要な役割を果たすなど産業分析の要として位置づけられるものでもあり、ここではとりわけ衣類製品を中心に、その驚異的な成長について詳しく考察することにしたい。

第三部　高度成長の見えざる手

グラフ6-5　繊維製品の対米輸出の推移

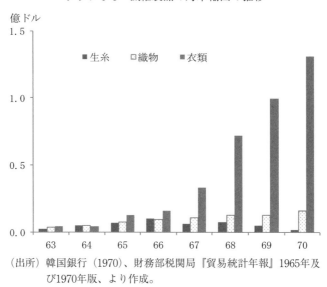

（出所）韓国銀行（1970）、財務部税関局『貿易統計年報』1965年及び1970年版、より作成。

第二節　驚異的な輸出成長の要因：衣類製品を中心に

1．衣類の驚異的な成長

　アメリカ向け輸出に関しても、衣類の輸出パフォーマンスは、生糸や織物のそれとは歴然とした差を見せている。1960年代初期において、衣類の輸出パフォーマンスは、繊維製品のなかでも輸出規模や成長力を見る限り、最も低い状態にあった。衣類の対米輸出は、グラフ6-5で示されたように、1963年の417万ドルから64年には409万ドルと若干減少したが、織物は369万ドルから469万ドルへ、生糸は225万ドルから508万ドルへとそれぞれ輸出額を伸ばした。生糸と織物は対前年度比でそれぞれ128％と27％の成長率を示したが、衣類はマイナス2％となった。その結果、対米輸出に占めるシェアでは、1963年から64年にかけて、生糸は9.3％から14.3％に上昇したが、織物は15％から13.2％に、衣類は17.2％から11.5％に低下したのである。このように、衣類は輸出規模と成長力がともに低下したのに対して、逆に生糸はその地位を高めていたのである。

第六章　輸出主導成長と「バイ・コリアン政策」

　しかしここで強調しておかねばならないことは、衣類の対米輸出にドライブがかかったのが、1965年以降であったという点である。1960年代後半を通じてみると、衣類の輸出拡大の力は顕著な様相を示し、織物と生糸の輸出額をはるかに引き離しているからである。急速な成長を示していた生糸は、66年をピークに減少傾向に陥った一方、織物は一貫して一定の高い成長率を維持し続けていた。生糸の対米輸出は、66年に987万ドルまでに上昇した後、67年から一転して停滞に陥り、70年には203万ドルまでに減少を余儀なくされた。織物の対米輸出は毎年輸出を拡大し続け、64年から70年まで年平均22.6％という高い成長率を示し、67年に1072万ドルと1000万ドル台に乗せ、1970年には1590万ドルに増加した。これに対して衣類の対米輸出は、1964年にわずか409万ドルにすぎなかったのが、67年には3364万ドルと最大品目の合板輸出額3281万ドルを追い越し、70年には1億3100万ドルに達した。しかも衣類は1967年に最大輸出品目にのしあがってからもその成長力は劣ることなく、67年から70年にかけての年平均成長率も57.4％という驚異的な成長を続けたのである。

　繊維製品のなかで、1964年の輸出規模が最も小さかった衣類の対米輸出は、70年には織物の8.2倍、生糸の64.6倍も超えるほど、60年代後半の成長には目を見張るものがある。その結果、同期間における対米輸出に占めるシェアも、衣類は11.5％から33.2％へと飛躍的に伸び、織物が13.2％から4.0％へと、生糸が14.3％から0.5％へとシェアを大きく低下したのとは対照的である。衣類の地位が1965年以降いかに急速に上昇したかがわかろう。衣類の対米輸出にドライブがかかったのが、1965年以降であったことは、他の繊維製品との対比においても強調しておかねばならない。これまで一般に輸出成長の分析において、衣類、織物、生糸などは繊維製品という一つのカテゴリーとして取り上げられることが多かった。しかしながら、韓国の対米輸出実績を比較してみる限り、その成長パターンは明らかに異なっているが、これまでその点を指摘したものは皆無に等しかったのである。このことは、労働集約的製品であるゆえに、安い賃金による低コストの競争力を強調するあまり、その相違について興味が示されなかったことによるものだろう。

2．衣類の製品別輸出の特徴

　次に、衣類の対米輸出の趨勢を製品別に分けてみよう。衣類の対米輸出額を製品別に、織物製衣類とニット製衣類、そして衣類の付属品などに分けて示したのが、表6

表6-2 衣類の製品別対米輸出の推移

(単位：千ドル)

	1963	1964	1965	1966	1967	1968	1969	1970
（織物製衣類）								
外　衣	3,062	2,759	4,861	4,655	6,068	10,216	14,015	26,338
下着類	1,002	1,189	6,339	6,970	13,337	22,840	31,636	46,474
計	4,064	3,948	11,200	11,625	19,405	33,056	45,651	72,812
（ニット製衣類）								
セーター類			18	930	3,880	12,622	36,743	50,333	47,034
肌　着	37	13	7	14	33	412	426	5,509
その他衣類				36	23	38	3	428
計	37	31	937	3,930	12,678	37,193	50,762	52,971
（衣類の付属品）								
ハンカチ等			50	63	388	423	244	770
靴下類			12	320	505	372	557	484
手　袋	63	61	153	142	146	342	666	1,129
その他付属品	10	51	107	147	518	658	1,521	2,995
計	73	112	322	672	1,557	1,795	2,988	5,378
合　計	4,174	4,091	12,459	16,227	33,640	72,044	99,401	131,161

(出所) 韓国銀行（1970）、財務部税関局『貿易統計年報』1965年～1972年版、より作成。

-2である。製品別に見ると、総じて1960年代後半になって、著しく伸びているのがわかる。

　まず織物製衣類の輸出動向を見ると、1963年から64年にかけてやや減少したが、1965年になって急速に増え、前年に比べて2.8倍の勢いで増加した。そして、1968年になっても激増を続け、1970年には7281万ドルに達した。1960年代後半、とくに1965年以降に様相は一変し、飛躍的に伸びていることがわかる。織物製衣類を種類別に分けてみると、外衣、下着類とも急激な伸びを示しているが、とりわけ下着類の輸出拡大速度には目を見張るものがある。外衣は64年の276万ドルから70年に2634万ドルに伸びたのと比べ、下着類は同期間に119万ドルから4647万ドルへと外衣のそれをはる

第六章　輸出主導成長と「バイ・コリアン政策」

かに上回っている。しかも、下着の輸出規模は1964年実績では外衣の半分にもならなかったものが、70年には外衣の約２倍の規模にのしあがるようになったのがわかる。

　次にニット製衣類の輸出動向を見ると、その伸びは驚異的で、1964年にわずか３万ドルしか輸出されていなかったものが、とくに67年から輸出拡大が著しく、67年には1268万ドルに、さらに1970年には5297万ドルに達した。これは1964年から70年の間の年平均成長率が245.8％という未曾有の高さによるものである。このような成長率の高さは、セーター類の伸びに追うところがきわめて大きい。セーター類の対米輸出は、1964年になんと２万ドルにも満たなかったが、70年には4703万ドルにも膨れあがった。これも年平均成長率が271.1％という奇跡的な成長である。一方、肌着の対米輸出は、1970年に、前年より大幅に増加して551万ドルであり、その他衣類は1970年に43万ドルにすぎない。このようにニット製衣類は、1967年からのセーター類の驚異的な伸びに支えられ、輸出中核商品として台頭したことがわかる。

　最後に衣類の付属品の輸出動向を見ると1964年にわずか11万ドルから、毎年増加し続け、1970年には538万ドル規模となる。その内訳は、その他付属品が300万ドル、手袋が113万ドル、ハンカチなどが77万ドル、靴下類が49万ドルとなり、その他付属品が半分以上を占めている。衣類の付属品の年平均成長率は、同期間、90.6％という驚異的な高さである。他の織物製衣類やニット製衣類と比べ、相対的にその輸出規模は大きくないものの、1960年代後半を通じて非常に高い成長を遂げたことがわかる。

　こうした驚異的な伸びの結果、対米輸出額に占めるシェアも、同期間に、織物製衣類は11.1％から18.4％に、ニット製衣類は0.1から13.4％に、衣類の付属品は0.3％から1.4％に、それぞれ拡大した。とくに、ニット製衣類と織物製衣類のシェア拡大には目を見張るものがあり、1960年代後半に対米輸出速度が極めて高かったことを踏まえると、その中でシェアを大幅に増大させたということは、いかにその成長が驚異的だったかがわかる。

　しかしながら、衣類の対米輸出が驚異的な拡大を成し遂げたのは、この期間に輸出製品の多様化が進展されたこともさることながら、一部の特定品目のみの集中豪雨的な輸出が重要な役割を果たしたことも指摘されなければならないであろう。とくに外衣と下着類、そしてセーター類などへ集中度は極めて高く、衣類の対米輸出はこれら三つにほとんど依存していたのである。すなわち、衣類の対米輸出額に占めるシェアを見ると、1970年には、外衣及が20.1％と、下着類が35.4％と、セーター類が35.9％

第三部　高度成長の見えざる手

グラフ6-6　織物製衣類の対米輸出の推移（男性用衣類と女性用衣類の比較）

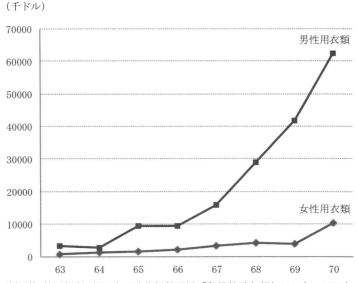

（出所）韓国銀行（1970）、財務部税関局『貿易統計年報』1965年〜1970年版、より作成。

となり、これら三つの品目で91.4％を占めている。したがって、対米衣類輸出は、これら三つの商品によって牽引されたことがわかる。

3．衣類の用途別輸出の特徴

　しかし、ここで強調しなければならないのは、対米衣類の輸出を用途別に分けてみると、男性用の衣類が果たした役割がきわめて大きかったということである。但し、ニット製衣類や衣類の付属品などはその使途が統計上に男女別の区分がないため、ここでは織物製衣類を中心に検討することになる。グラフ6-6は織物製衣類の輸出動向を男性用衣類と女性用衣類に分けて示したものであるが、その違いが一目瞭然である。すなわち、男性用衣類の輸出は、1960年代後半に入り急速に伸び、1970年には6259万ドルに達し、64年の22.5倍にも拡大した。一方、女性用衣類は、1964年の117万ドルから70年には1022万ドルに大幅に伸びたものの、男性用衣類のそれには大きく及ばなかった。但し、女性用衣類の輸出額は、1970年には、64年の8.8倍にも拡大

第六章　輸出主導成長と「バイ・コリアン政策」

し、同期間における年平均成長率は43.6％という極めて高い伸びで、その輸出規模の拡大は急速であったといわざるを得ない。しかしながら、女性用衣類は、その高い成長力にもかかわらず、緩やかな成長であるかのように見えてしまうのは、それだけ男性用衣類の伸びが通常の枠をはるかに超えたものであったということになる。ちなみに、男性用衣類が対米輸出全体に対する貢献も見逃すことができない。韓国の対米輸出に対する寄与率を見ると、1964年から70年にかけて、男性用衣類が16.6％、女性用衣類が2.5％となり、男性用衣類の圧倒的に高い貢献が伺える。しかも男性用衣類だけで、韓国の対米輸出の約17％を寄与したというのは、この期間を通じて対米輸出にきわめて重要な輸出品であったことが伺える。

このように、男性用衣類の輸出成長力はきわめて高く、しかも衣類輸出の牽引役として果たした役割がきわめて大きかったことは、韓国の輸出成長を見ていくうえにおいて最も肝心な点であるが、次の諸点も、他の発展途上国と異なる特徴として、あわせて注目されるべき点であろう。

第1は、男性用の下着類に極めて大きく依存していたという点である。まず、外衣について、それぞれを男女別に対比しながら検討してみよう。男性用外衣の輸出については、1964年に193万ドルから、65年には362万ドルに急増し、70年には1784万ドルに達した。一方、女性用外衣は、1964年の83万ドルから69年には350万ドルに伸びたが、70年には69年の約2.4倍増となる、850万ドルに達した。但し、男性用外衣の跳躍よりひとテンポ遅く、男性用外衣の輸出額との差はさらに大きく開いた。また、下着類の輸出を見ると、同期間、男性下着類は85万ドルから4475万ドルに達し、64年の52.8倍増となる驚異的な伸びである。これに対して、女性下着類の輸出は34万ドルから173万ドルに伸びたにすぎず、しかも途中停滞状態に陥ってからの上昇であった。すなわち、1967年には116万ドルまでに増大したものの、68年には85万ドルと、69年には44万ドルと減少傾向を示した後、70年に急上昇したのである。ちなみに、男性下着類、女性下着類とも、1964年の輸出実績はそれぞれ85万ドルと34万ドルとごくわずかであったが、男性下着類は4000万ドル以上に跳ね上がったのに対して、女性下着類はわずか116万ドルにしか伸びず、その成長パターンが非常に対照的である。

第2に注目されたいのは、男性下着類のなかでは、シャツ類の輸出額が際立って大きい点である。表6-3は、標準国際貿易分類（SITC）にしたがって、男性用外衣（8411.1）、女性用外衣（8411.2）、男性下着類（8411.3）、女性下着類（8411.4）に分け

表 6-3 織物製衣類製品の種類別対米輸出の推移

(単位：千ドル)

分類	輸出品目	SITC 分類	1968	1969	1970
男性用外衣	オーバーコート	8411.110	34	146	35
	コート及びレインコート	8411.120	586	51	535
	スーツ	8411.130	531	2,320	4,039
	その他外衣	8411.190	5,801	8,002	13,232
	計		6,952	10,519	17,841
女性用外衣	オーバーコート	8411.210	172	23	74
	コート及びレインコート	8411.220	49	7	336
	スーツ	8411.230	120	44	190
	ブラウス	8411.240	1,312	1,770	3,456
	スカート	8411.250		3	158
	韓服	8411.270		1	0
	その他外衣	8411.290	1,611	1,648	4,282
	計		3,264	3,496	8,497
男性下着類	綿のシャツ	8411.311	100	176	162
	合成繊維のシャツ	8411.313	14,838	15,666	11,111
	その他シャツ	8411.319	4,635	12,289	27,481
	羊毛の下着	8411.391	381	643	1,157
	合成繊維の下着	8411.393	468	939	2,202
	綿の下着	8411.395	192	224	304
	その他下着類	8411.399	1,379	1,260	2,332
	計		21,993	31,197	44,748
女性下着類	絹の下着	8411.491	15	32	28
	合成繊維の下着	8411.493	183	271	1,220
	綿の下着	8411.494	72	38	89
	羊毛の下着	8411.495	7	63	42
	その他下着類	8411.499	30	35	347
	計		847	439	1,726
	合計		33,056	45,651	72,812

(註) 1968年よりSITC分類が7桁となる。
(出所) 財務部税関局『貿易統計年報』1968〜1970年版より作成。

第六章　輸出主導成長と「バイ・コリアン政策」

て示したものである。男性下着類の輸出実績を見ると、1970年には合成繊維のシャツ（SITC 8411.313）とその他シャツ（SITC 8411.319）の輸出規模の大きさが目につく。すなわち、1970年の合成繊維のシャツ1111万ドルとその他シャツ2748万ドルを合わせると3859万ドルに達するが、これは男性下着類の86.2％を占めるものであり、男性用衣類の輸出合計額6259万ドルの61.7％にあたるものである。このことは、男性用衣類の輸出はもっぱらこれら2品目に依存していたことを物語る。また、合成繊維のシャツとその他シャツ輸出額3859万ドルは、同年の生糸の輸出額3582万ドル（韓国輸出6位品目）を超えるものであり、その規模の大きさがうかがえよう。なお、これら2品目の輸出額は、対米衣類の輸出総額の29.4％占めるものであり、男性用のシャツ類が韓国の対米衣類輸出にいかに大きな役割を果たしているかを示すものでもある。すなわち、輸出商品の種類が多様化する一方、少数の特定品目への依存も深化していることがわかろう。

　第3の特徴は、男性下着類の場合、合繊及び合繊混紡など新素材を使用した製品が圧倒的に多く、しかも合繊からポリエステル混紡への素材の変換など高級化の傾向が見られるという点である。まず、シャツ類を見ると、綿のシャツは16万ドルにすぎないのに対して、合成繊維のシャツは1111万ドルと比較にならないほど規模が大きい。また、下着類では、綿の下着は30万ドルであるが、合成繊維の下着は220万ドルとなっており、シャツ類ほど大きな差は見られない。しかし、世界の消費市場においては、合成繊維の消費が増大する傾向にあったとはいえ、依然として綿の消費が大きく、綿の比重は50％以上もあった。同様なことは貿易面に見みられ、OECDの繊維品輸入を63年及び67年で比べると、合成繊維は24.4％から34.5％へと上昇したのに対して、綿は30.0％から27.1％へと低下したものの、綿は依然として4分の1以上であった[1]。しかしながら、韓国の場合、男性下着類の輸出のシェアでは、綿のシャツ及び綿の下着は1.0％にすぎず、合成繊維のシャツ及び合成繊維の下着は29.7％を占めている。OECDの繊維品輸入市場における情況や一般的な発展途上国の国際競争力は綿糸や綿織物などが高いという点から考えると、韓国の場合、合成繊維の輸出額の高さが目につくのである。

　また、1970年の実績を見ると、合成繊維のシャツの輸出額が前年より急減したのに

1）経済産業省（1969）、第2部産業と貿易の繊維工業を参照。

対して、その他シャツの輸出額は急速に伸びたが、このことも合わせて注目されなければならないであろう。実は、その他シャツというのは、綿または合成繊維のシャツを除いたものであるため、合繊混紡シャツに他ならない。ポリエステル綿混紡を代表とする合繊混紡製品は、当時新素材と技術革新が融合して開発された高級品であった。アメリカでは合繊混紡製品の需要が大幅に増加し、それにともない輸入も堅調に増加した高級衣料品でもあったのである。アメリカでの需要増加の背景には、繊維多消費年令層（15〜20歳）の増加による一般的な需要増加に加え、ベトナム戦争による需要の加重が大きい。ベトナム戦争による需要は、ベトナムの地理的・気候的な特性が合成混紡製品の需要を強めたと考えられる。合繊混紡製品は、ポリエステルという新素材を綿と混紡した「ポリエステル65％＋綿35％」が代表であり、綿の特徴である保温性及び吸湿性と、ポリエステルの特徴である速乾性及び耐久性という複合的な機能性を備えたものでもある。このような機能性が、ベトナムの戦場である「熱帯雨林地帯」での軍服に適していたことが、天然繊維と合成繊維との相互補完的な複合繊維化の需要を高める要因となったといえよう。

　そこで、その他シャツの輸出動向を見ると、68年の464万ドルから69年には1229万ドルへ激増し、さらに70年には2748万ドルに大きく伸びたのに対して、合成繊維のシャツのそれは、1968年の1484万ドルから69年には1567万ドルに増えたが、70年には1111万ドルに急減したことがわかる。すなわち、男性シャツ類の輸出が合成繊維からその他、すなわちポリエステル綿混紡へと素材の高級化が行われているが、男性下着類の場合も、高級品が圧倒的に多くを占めていたことを示すものであり、なおアメリカにおける消費構造の変化に順応した衣類輸出品の高級化によるものでもある。

　最後に注目されなくてはならないのは、男性用衣類の場合、保税加工輸出の形態が絶対的なシェアを占めているという点である。衣類の対米輸出は、その57.5％が保税加工輸出による形態である。衣類の場合、原材料を輸入し、低廉かつ豊富な労働力を活用して先進国へ輸出するという、発展途上国がたどってきた労働集約的産業の代表的なものである。その点、アジア諸国が輸出工業化を指向するのに最も優位性を見出せる産業というのはいうまでもない。当然、資源に恵まれていない韓国にとり、輸入原材料を基礎とした加工貿易を指向したことはいうまでもないが、しかし、その輸出形態を見ると、男女別に大きな開きがあったという点を指摘しなければならない。表6-4に示されたように、衣類の対米保税加工輸出は1968年に4139万ドルであるが、そ

第六章　輸出主導成長と「バイ・コリアン政策」

表6-4　衣類輸出と対米保税加工輸出（1968年）

(単位：千ドル)

	韓国全体 (A)	対米輸出 (B)	保税加工 (C)	C/B	C/A
織物製衣類	42,064	33,056	27,855	84.3%	66.2%
男性用衣類	36,816	28,945	26,220	90.6%	71.2%
女性用衣類	5,248	4,111	1,635	39.8%	31.2%
ニット製衣類	51,962	37,193	13,193	35.5%	25.4%
衣類の付属品など	18,207	1,795	346	19.3%	1.9%
衣　類　合　計	112,232	72,044	41,394	57.5%	36.9%

（出所）韓国銀行（1970）、弘益大学付属経営研究所編（1969）、453～457頁、より作成。

の3分の2以上が織物製衣類に占められている。また、保税加工輸出の比重を製品別に見ると、とくに、織物製衣類の84.3％が保税加工輸出の形態であり、これはニット製衣類と衣類の付属品などがそれぞれ35.5％と19.3％であったのと比較すると、その高さが目につく。さらに、織物製衣類のなかでは、男性用は保税加工輸出の形態が90.6％に上り、女性用の39.8％と比べると、男性用のみが異常に高いものとして注目されよう。衣類の場合、むしろ女性用がより労働集約的色彩が強く、かつ需要も高いため、女性用衣類の加工輸出が大きいのが通例であるが、こうした点も韓国の特徴と言えよう。加えて、衣類製品の中でも、織物製衣類の男性用のみが短期間に通常の枠をはるかに超えた輸出拡大を遂げたのは、アメリカの輸入業者などによる委託形態が決定的な要因であったことを意味する。この場合、アメリカの輸入業者を通じて輸出することになるため、主導権を握るのはなんといっても委託する側にあり、したがって委託する側の事情を抜きに、韓国の対米輸出要因を語ることはできないだろう。

第三部　高度成長の見えざる手

第三節　アメリカの「バイ・コリアン政策」

1．「バイ・コリアン政策」の背景

(1) ベトナム戦争とバイ・アメリカン政策

　1960年代は、アメリカ政府の通商政策が保護主義的な動きを強めた時代でもあった。これは、韓国商品がアメリカ市場でその地位を急速に高めた時期と重なるという視点から見れば、奇異な感じがする。すなわち、アメリカの国際収支は1958年以降慢性的な赤字状態に陥り、いわゆるドル危機を招いたために、アメリカ政府においては諸般にわたる国際収支改善対策、またはドル防衛策がとられてきたが、抜本的改善をみるに至らず、毎年大幅な赤字を続けてきた。60年11月の政府による海外ドル支出節減のためのバイ・アメリカン政策、63年7月の対外軍事支出・対外援助の削減や金利平衡税の設定、65年2月には金融界及び産業界に対外投融資に関する自主的抑制の要請等がそれであるが、いずれも決め手を欠いたのである。さらに、65年以降、ベトナム戦争の激化に伴う海外軍事支出の増加、民間の対外投融資の増大、貿易収支と観光収支の悪化等も加えて、アメリカの国際収支危機はますます重大な局面を迎えた。このため、アメリカ政府としてはドル防衛のために思い切った対策を打ち出さざるを得なくなった。そして、アメリカ政府は、従来の諸政策を拡大強化するとともに、66年12月には民間企業及び銀行の対外投融資に対する自主抑制措置、68年1月にはさらに貿易、観光、資本取引などの広汎な改善措置など、民間資本によるドルの海外流出の削減策を強化した。

　しかし、数回にわたって採用された国際収支改善策も、その主因の一つであるベトナム戦争の直接負担や東南アジア関係の軍事支出が増大したがために、国際収支を抜本的に改善することはできなかった。アメリカ政府としては、ベトナム戦争に対処するため相当な額の費用を支出していく限り、国際収支の均衡を達成するための努力が必要であり、そのためには海外軍事支出・対外援助その他政府支出の節減及びバイ・アメリカン政策の強化など、ドル防衛策も引き続き厳しく実施しなければならなかった。それまでアメリカ政府は、ドル防衛策の一環として、アメリカの自国製品を優先購入する政策を採用していた。アメリカ政府による物資調達については、外国品との

第六章　輸出主導成長と「バイ・コリアン政策」

間に一定以上の価格差がない限り原則として米国品を購入すべきという政策であるが、国内調達はもちろんのこと、米国外調達に関しても、この基準が適用された。1962年以降国防省はこの価格差基準として事実上50％を適用してきたが、1967年には正式に50％基準を明文化し、各行政機関の手続きを一本化する措置が導入された。たとえば、ベトナム戦争関連物資を調達する場合、アメリカ政府による米国内における物資調達はもちろんのこと、米国外における調達についても、国防省、AIDその他各省庁の規則により原則として米国品を購入すべき旨が定められており、米国品の購入に当てられていたという。それは、すでに1964年9月時点で、AIDによる海外向け調達の94％がアメリカ製品の購入に当てられていたことが物語っている。一方、マサチューセッツ、ペンシルバニア、テキサス、メリーランドおよびワシントン等の諸州において、バイ・アメリカン法が提案されるなど、州政府によるバイ・アメリカン政策の動きも台頭した。他方、アメリカ国会においては、鉄鋼、繊維をはじめとして、食肉、酪農品等に至る広範囲にわたって多数の米国品購入に関する法案が相次いで提出されるなど、保護的な動きも強められたのである。

(2) 朴・ジョンソン首脳会談と経済使節団の相互派遣

しかしながら、ここでまず注目しておかなければならないことは、アメリカ政府が、韓国に対してはバイ・アメリカン政策の緩和どころか、むしろ優遇政策を施していたことである。このことは、いわば「バイ・コリアン政策」に転じていたことを意味する。アメリカ政府は、1965年5月に行われた朴・ジョンソン首脳会談を皮切りに、次第に韓国との貿易を優遇する政策を強化した。すなわち、韓国の輸出振興に関するアメリカの協調については、朴・ジョンソン共同声明にも示されていたが、その具体的な取り決めに関して密約を交わしていたことが公開された外交文書で明らかになった。朴・ジョンソン首脳会談において、韓米共同コミュニケに示された韓国の安全保障や経済発展のための具体的な取り決めに関し、「覚書」を締結していた事実も判明している[2]。この覚書には、朝鮮半島情勢の現状および見通しにかんがみ、とくに北朝鮮が経済発展を成し遂げ、さらに軍事力を強化している事実に注目し、韓国が北朝鮮からの脅威に影響されないような状況を作ることが肝要であると明記されてい

---

2) 欧米課（1965）「覚書」『朴正煕大統領米国訪問、1965.5.16-25、全2巻（V.1 基本文書集）』韓国外務部外交文書（Microfilm番号：C-0011-07、フレーム番号：496～503）、245～257頁。なお、公開されたのは初案のものであり、しかもその一部は黒塗りの状態である。

第三部　高度成長の見えざる手

る。なお、韓国の安全保障の見地からも、韓国経済の「テイク・オフ」の実現と軍事力の強化は必要不可欠であり、そのためにアメリカは継続的に協力するという内容である。具体的には、次のような六つの合意事項であった。

1．（非公開）
2．韓国の長期的な経済発展のためのアメリカの支援
3．韓国の輸出拡大に対するアメリカの支援
4．韓米相互軍事協定の強化
5．農場労働者として韓国人移民の受け入れ
6．韓国の対アフリカ技術支援プログラムに対するアメリカの財政支援

このような内容を見ると、安全保障と経済発展に関する合意となっているのが窺えよう。但し、そのうち一項目は非公開となっている。

第二に注目せねばならないのは、「長期的な」視点に立った支援が公約されたことであり、同時にその締結が朴・ジョンソン首脳会談の重大なアジェンダであった、ということである。とりわけ、韓国の輸出拡大に対するアメリカの支援については、朴・ジョンソン共同声明にも示されているが、その具体的な取り決めは「覚書」として交わされていたのである。すなわち、輸出振興に関しては、次のように四点が明記されている。

a．韓国の自立経済の達成は輸出拡大を通じての外貨獲得に大いに依存しているが、輸出は著しく増えているものの、輸入の増加も急速に増加したために、貿易赤字はさらに拡大する一方である。

b．韓国の輸出製品におけるアメリカ市場の重要性に鑑み、アメリカは韓国製品、特に繊維製品などに対して輸入制限措置を行っており、その輸入制限の軽減が求められる。

c．最近、在韓米軍が軍需品の調達を削減したことに伴い、韓国の外貨準備高も減少しており、外貨獲得の見地からも軍需品調達の拡大措置が必要される。

d．また、韓国の対ベトナム経済協力を振興するためにアメリカの支援が求められる。とりわけPL480援助物資による韓国で加工された輸出品についても、米AID援助プログラムを通じてベトナムで使用される場合は、その購入拡大が求められる。

ついで、その翌年、すなわち1966年11月にジョンソン大統領が韓国を訪問されたことも合わせて注目されなくてはならないであろう。第二次朴・ジョンソン会談の結

第六章　輸出主導成長と「バイ・コリアン政策」

果、両国の友好関係はさらに深まったのみならず、韓国政府の懸案となっていたさまざまな経済開発問題を解決する糸口を作る契機となったからである。すなわち、第二次韓米共同コミュニケに示されたように、(1) 韓国の経済発展と両国間の貿易拡大等に対する継続的な支援、(2) 第2次経済開発5ヵ年計画に対する支援、(3) 両国間の貿易拡大と米国企業の対韓投資を一層大きく進展させるべく、早期に韓米両国は経済使節団を相互派遣すること、など韓国の経済発展を考える上でこのうえない重大な公約が交わされていたことがなによりの証左である。その後、アメリカ政府が韓国経済に果たした役割は計り知れないものがあるが、特定産業の育成などにアメリカ政府の果たした役割については次章に委ねることとし、ここでは両国経済使節団の相互派遣に焦点を当て、両国経済使節団が韓国の輸出主導成長にどのような役割を果たしたかについて検討することにしたい。

2．韓国経済使節団の米国訪問とアメリカ政府の支援

　李元淳を団長とする「遣米経済視察団」の訪米を皮切りに、多数の視察団及び調査団がアメリカに送り出されたが、それらにアメリカ政府が果たした役割はきわめて大きかった[3]。ここでは朴忠勲商工部長官を団長とする「対米経済使節団」、そして最高経営者（CEO）からなる「トップマネジメント視察団」のケースを取り上げて、アメリカの役割及び意義について検討してみよう。

(1) 朴忠勲商工部長官を団長とする「対米経済使節団」

　まず注目しなくてはならないのは、朴忠勲商工部長官を団長とする「対米経済使節団」の受け入れであろう。同使節団は、1967年3月3日から20日までにアメリカに送り出されたが、同視察団に対するアメリカ政府の支援は破格なものであった[4]。同使節団は、米国務省と商務省、そして AID など政府機関と、米商工会議所といった官

[3) 韓国初の「対米視察団」は、李元淳を団長とする17人の「遣米経済視察団」である。同視察団は、1965年10月11日から12月4日にまでに、約二ヶ月間にわたりアメリカの主要3都市を訪問した。そして、国務省と商務省の支援に支えられ、ワシントンとニューヨーク、そしてシカゴなどを訪問し、国務省、商務省、AID、IBRD、IFC、アーヴィング・トラスト、メイシーズ、全米製造業者協会などを訪ね、アメリカの政財界首脳と交流を深めていた。また、米商務省の主宰で「韓国投資誘致説明会」が開かれるなど、アメリカ政府は両国の経済交流に積極的な役割を演じていた。全國經濟人連合会40年史編纂委員會（2001）、310～316頁参照。

4) 同上書、310～316頁参照。

民共同支援体制が整えられ、積極的なサポートに支えられていたからである。同使節団は、ワシントン、ニューヨーク、シカゴ、サンフランシスコ、ロサンゼルスなど米国経済の心臓部ともいわれる巨大都市を訪問し、地方政府首脳や経済貿易関係者等との会談、重要産業施設の視察等を行い、歴史的な経済関係の構築に多く貢献した[5]。もっとも米商工会議所の積極的な支援により、韓米通商の拡大と対韓投資の促進等を目的とする晩餐会や商談会などが頻繁に開催されたため、同使節団は市政府の首脳および財界等の要人との活発な意見交換や商談ができたのである。

さらに、アメリカ政府は、従来以上に内容の充実した商談会を目指し、ジョンソン大統領主催の午餐会をはじめ、ラスク国務長官主催の午餐会、韓国ビジネス関連企業主催の午餐会などを、短時間に幅広い企業人・財界人と有力政治家との質の高い商談ができる機会を広げたのである。さらに、商務長官、農務長官、国際開発庁長官、国務省極東地域担当次官補、大統領特別補佐官といった多くの米高官との会談を設け、同使節団からの具体的な要望を受け入れた。とりわけ、商務長官との会談では、交易増進、投資奨励、綿織物輸入クォータ拡大、米ドル統制規定強化、Natural Source 品目拡大、原棉代替問題などの議題について、農務長官とは、PL480Ⅱ及び代替原棉輸入などの議題について、AID長官とは、長期資本投資、対ベトナム鉄鋼材輸出、韓国建設企業の海外工事参与などの議題について、それぞれ意見交換及び協力要請が行われた。

ちなみに、アメリカ政府は各種のマスメディアを利用し、韓国のイメージアップを図ったことも指摘しておこう。韓国の「対米経済使節団」の活動は、さまざまなマスメディアを通じて全米各地に大々的に報道されたが、これはアメリカ政府のプロパガンダといっても過言ではなかろう。なぜなら、アメリカ政府は、韓国経済の躍進及び政治の安定のことだけではなく、韓国軍のベトナム戦争への協力に対する宣伝活動も行っていたからである。いずれにせよ、アメリカ政府は、ニューヨーク、シカゴ、サンフランシスコといった東部、中部、西部の中心都市にて記者会見を開き、各種の新聞、ラジオ・TV等を動員し、韓国のイメージアップの向上に務めていたが、アメリカのベトナム戦争を正当化する上でも二度とないチャンスでもあったことはいうまでもなかろう。

---

5) 金鈺（1967）、10～15頁。

(2) 最高経営者（CEO）からなる「トップマネジメント視察団」

次に注目しなくてはならないのは、最高経営者（CEO）からなる「トップマネジメント視察団」の受け入れである。1966年10月の元容奭（前無任所長官）を団長とする第一次トップマネジメント視察団を皮切りに、1972年の第九次までに75人がアメリカ産業視察を行った[6]。「トップマネジメント視察団」は「インパクト・チーム」とも呼ばれていたが、その目的は次の通りである。すなわち、「繁栄が続くアメリカの産業社会を直接視察し、彼らが今日のような繁栄を謳歌している経営哲学は何であり、経営管理方式はどんなものであるかを直に見て聞く、それによって我が国の『トップマネジメント』の社会的感覚を正しく認識させるのに、基本的な『インパクト』を与えることが本視察団の目的である」とされている[7]。最初の「トップマネジメント視察団」に関しては、報告書が発行されている。すなわち、第一次の『繁栄する米国の産業社会と最高経営者の役割：第一次韓国トップマネジメント米国視察報告』と、第二次の『米国の産業発展と経営秘訣：第二次韓国トップマネジメント米国視察報告』がそれである[8]。この二つの報告書によれば、トップマネジメント視察団は、アメリカで発達した経営管理の考え方や方法に接して、大きな収穫を得ることができた。具体的には、品質管理、電子計算機活用、オートメーション、マーケティング、経営戦略、イノベーション、産学協同など多くのことが学ばれたのである。そして、トップマネジメント視察団は、韓国主要都市において帰国報告会を開き、アメリカで学んだ知識や経験の普及・広報にも乗り出したのである。その結果、アメリカで学んだ知識や経験は二次的、三次的に広く普及していたのである。

ここで特記すべきことは、最高経営者となる「トップマネジメント使節団」に対して、アメリカ政府が直接支援したのは、世界の中でもイギリスと日本、そして韓国の3ヵ国のみであったという点である[9]。この点は、朴正煕大統領関連の秘密解除文書により確認されよう。すなわち、大統領秘書室より作成された「最高経営者視察団（米国）派遣」によると、「米国 AID 支援により、韓国生産性本部は、韓国の最高経

---

6) 韓国生産性本部編（1987）、185頁。但し、トップマネジメント視察団に関しては、そのほとんどが未だにベールに包まれている状況であり、今のところ、1972年の第9次「トップマネジメント視察団」が派遣されていたという記録のみが伝わる。

7) 韓国生産性本部編（1967）、3頁。

8) 韓国生産性本部編（1967）及び、韓国生産性本部編（1968）を参照。

9) 大統領秘書室（1966）「最高経営者視察団〈米国〉派遣」国家記録院大統領記録館。

営幹部の米国視察を推進中である。米国 AID が直接最高経営幹部視察団を支援するのは、イギリス（1950〜54年）、日本（1955〜59年）に続き、三番目であることもあり、米国 AID 当局や USOM 側でも大きな関心を抱いている」と記されているのがそれである[10]。

日本の「トップマネジメント使節団」に関しては、橋本寿朗『戦後の日本経済』によると、「一九五五年に設立された日本生産性本部の最初の会長は、東芝社長の石坂泰三であり、石坂は五六年には経済団体連合会会長に就任するのであるが、石坂自身が団長となった『トップマネジメント視察団』を皮切りに、年々多数の視察団、調査団がアメリカに送り出された。とくに経営管理の近代化が関心を集めた。つまり、アメリカで発達していた経営管理技法に関心が集中した。具体的にいえば、組織論、原価管理などの管理論、インダストリアル・エンジニアリング（IE）、バリュー・アナリシス（VA）、オペレーションズ・リサーチ（OR）、品質管理（QC）、職務分析など多くのことが学ばれたのである。日本生産性本部は、イギリスが生産性協議会を作ってアメリカを学ぼうとしたのに刺激されてできたものであったが、それと日本との類似は『学ぶ』という点だけであった」と指摘されている[11]。

また、日本とイギリスは、それぞれ生産性本部と生産性協議会のもとで、トップマネジメント使節団をアメリカに派遣したが、この点も韓国の事例と一致するものである。しかも、イギリスのトップマネジメント使節団に対する支援について、『生産性運動30年史』によると、「生産性運動を通じた民主主義的な自由経済体制の擁護・育成にこそアメリカの意図があった」と指摘されている[12]。要するに、アメリカの外交戦略においてイギリスと日本がその要であったという実情を勘案すると、「トップマネジメント視察団」の位置づけが米国外交史上最高レベルのものであった、ということがいえよう。

3．米国経済使節団の韓国派遣とその役割

(1)「政府物資購買使節団」の役割

アメリカ政府は、「政府物資購買使節団」などを通して、韓国からの輸入拡大に努

---

10) 大統領秘書室（1966）「最高経営者視察団〈米〉派遣」国家記録院大統領記録館。
11) 橋本寿朗（1995）、145〜146頁。
12) 伊藤健市（2009）、78頁より再引用。

第六章　輸出主導成長と「バイ・コリアン政策」

めていた、という点に注目されなくてはならない。アメリカ政府は、ドル防衛策の一環として「バイ・アメリカン政策」を強化していたにも関わらず、「政府物資購買使節団」を韓国に送り出すなど、韓国の輸出振興に直接的に介入していたことが、アメリカ外交文書並びに韓国大統領関連文書などから判明する。

　まず、李外務長官とバンディ国務次官補との会談内容を記した大統領宛電文（1965年11月29日）によると、韓国側が「軍事物資の韓国からの購入について最大限の協力」を要請したのに対して、アメリカ側は「国務省は国防省と連携しながら特別な待遇のために努めている」と、韓国に対する優遇を滲ませている[13]。しかも、米国側は「韓国の輸出事情を調べるために調査団を韓国に派遣したが、その報告内容が期待に満たなかったために、新たな調査団を12月1日に派遣する予定であり、それに期待を込めている」と記されていたが、このことから、アメリカ政府は韓国から輸入可能商品を調べるために調査団を韓国に派遣していたことが伺えよう[14]。

　次に、李外務長官とマクナマラ国防長官との会談（65年11月30日）の内容を見ると、韓国側が「ベトナム戦争と関連し、韓国製品をなるべく多く購入することと共に、米軍事施設における韓国企業と技術者の参与できる機会を提供すること」を要請したのに対して、米国側は「ベストを尽くしており、すでにジャングルシューズ、LST六隻の韓国人雇用などは実現された。国際収支問題等を抱えているが、継続的に協調する」という確約を交わしていたことも判明された[15]。

　さらに、米国防省はすでに65年9月に「韓国から軍事物資調達を促進させるために、東京の極東地区米購買機関に対してその便宜を図るように指示した」ということが、李東元外務長官の訪米のために用意された「外務長官対米交渉資料」から判明している[16]。また、国防省が購買使節団を韓国に派遣したのは、1966年1月であったということも、韓国大統領関連文書で明らかになっている。この点に関しては、65年12

13）北米課（1965）「大統領宛電文」『李東元外務部長官米国訪問1965』韓国外務部外交文書（Microfilm 番号：C-0012-01）、278頁。
14）北米課（1965）「大統領宛電文」『李東元外務部長官米国訪問1965』韓国外務部外交文書（Microfilm 番号：C-0012-01）、278頁。
15）北米課（1965）「大統領宛電文」『李東元外務部長官米国訪問1965』韓国外務部外交文書（Microfilm 番号：C-0012-01）、286頁。
16）北米課（1965）「外務長官対米交渉資料」『李東元外務部長官米国訪問1965』韓国外務部外交文書（Microfilm 番号：C-0012-01）、250頁。

月6日付の金顯哲駐米大使発の大統領宛電文報告によると、「米国防省は、これから大規模な物資を調達し始めるが、韓国からは大量に調達する計画であり、そのために来年一月に国防省官僚が東京へ寄って、JPA（Japan Procurement Agency；在日米軍調達本部）の一行とソウルへ行く予定である。そして、官僚、実業人、USOMとの共同会議が開かれる」と記されているのである[17]。なお、12月15日付の大統領宛電文報告によると、「米国防省の購買担当責任者が、ベトナム関連物資調達の本拠地ともいえるJPAの一行と訪韓するというのは重大な意義がある」と強調されていたのである[18]。そして、購買使節団の結果に関して、駐米大使から「米国防省は、韓国の供給可能な品目に関し、海外から調達する必要性が生じれば、国際競争入札を行わず、韓国から購買する」と同時に、「今後大量の発注がある」とその規模に関しても報告されていたのである[19]。

(2)「米実業家使節団」の役割

また、アメリカ財界人の韓国派遣にもアメリカ政府が積極的にサポートしていたということも注目されたい。この点に関しては、65年の「米実業家使節団」のケースを中心に、その活動及び役割について見てみよう。

シアーズやメイシーズなど有名百貨店代表13人からなる「米実業家使節団」（11月14日〜20日）がそれである。同使節団の受け入れは、大韓貿易振興公社（KOTRA）の役割であったが、事実上米国務省とUSOM-Kに大きく支えられていたのである。たとえば、KOTRA誘致活動チームは、「米実業家使節団」の誘致活動のために渡米したが、この誘致活動チームを支えたのは、USOM-Kの職員であった。すなわち、輸出振興諮問役のアミークス・モスト（Amicus Most）である[20]。彼はKOTRA誘致活動チームをつれて、1965年9月21日から40日間に及ぶ「米実業家使節団」の誘致活動をサポートしたが、この点からもUSOM-Kの支援がいかに重要であったかを窺い知る

---

17) 大統領秘書室（1965）「駐米大使の電文報告」国家記録院大統領記録館。
18) 大統領秘書室（1965）「対越軍納促進のための米国防省視察団訪韓」国家記録院大統領記録館。国防省購買視察団は、レオン・サテンスティーン（国防省購買分析企画局副局長）を団長とする、JPA（Japan Procurement Agency；在日米軍調達本部）のチームで構成された。
19) 大統領秘書室（1966）「対越南軍納」国家記録院大統領記録館。また、韓国の供給可能な品目は、天幕地と厚織天幕地、軍服の上下、綿布、サンドバッグ、レインポンチョ、有刺鉄線とかみそりワイヤなど十品目となっている。
20) 貿易振興編集部（1965）、30〜31頁参照。

第六章　輸出主導成長と「バイ・コリアン政策」

ことができよう。

　表6-5は「米実業家使節団」との輸出交渉の内容を示したものである。「米実業家使節団」の訪韓が、韓米経済協力関係に進展を促したのは確かではあるが、輸出契約の内容から考えると、少額・少量であったことは否めず、商品注文額は合計で153万ドルに達したにすぎなかった。当然、輸出拡大の見込みは、少量での試験注文に対する帰結に大きく左右されることとなろう。契約内容では、L/C開設が見込まれる品目が多数に及び、残りの品目もそのほとんどが少量での試験注文を行っており、当然に輸出拡大の期待が高まっていたと考えられる。注目すべきことは、品目別に見ると、衣類の注文が圧倒的に大きく、特にセーターに対する関心が強かった、という点であろう。というのも、その後に、前にも述べたように、セーター類の輸出が驚異的な伸びを示したからである。

　「実業家使節団」の訪韓成果に関して、KOTRAの機関誌『貿易振興』によると、次の点が指摘されている。第一に米大手百貨店の代表者が、韓国及び韓国商品に関しての認識を大幅に改善したこと、第二にモンゴメリーワード、ギンベルズ、アメレクス・インターナショナル等の商社は購買事務所の設置について、その他商社は輸出交渉及び新規商品の発掘のための購買責任者の派遣や購買先の韓国への変更などについて、それぞれ約束または意向を示したこと、第三に今回の少量での試験注文が成功裏に終えれば、大量の注文が見込まれるとされたこと、第四に大手百貨店の場合、商品仕入れ計画が1年先に樹立されるのを鑑みると、1966年後半または1967年から韓国の対米百貨店向けに数千万ドルの輸出が期待されること、第五に同使節団には参加しなかったものの、使節団誘致活動の際に経済協力の意向を約束したケースもあったこと、などである[21]。

　また、問題点として、(1) 商品サンプルに関する通関手続きの簡素化、(2) 輸出商品に関する供給能力の拡大、(3) 輸入業者誘致に関する支援体制の確立、などが指摘されていたが、こうした意見が輸出政策の改善に役に立っていたに違いない。

---

21) 例えば、米国大手百貨店のアソシエイテッド・ドライグーズ社とは、今後定期的に商品仕入れ責任者を韓国に派遣し、輸入可能商品を発掘するとともに、輸入可能商品の中で品質改善が要求される商品については技術提供も行う、という約束を交わしていたということと、今後、米百貨店の仕入れ担当者及び技術者が訪韓するケースが増える見通しであり、したがって韓国の対米輸出の展望も明るいということが、指摘されていたのである。

第三部　高度成長の見えざる手

表 6-5　米実業家使節団の訪韓と輸出交渉

品目別	注文商品	米国業者名	注文額（ドル）	輸出交渉及び展望
衣類	オーバーコート	R.H. メイシー	300	少量での試験注文
	コットン・フランネル	R.H. メイシー	7,410	L/C 開設の見込み
		モンゴメリーワード	250,000	L/C 開設の見込み
	シルク・スカーフ	R.H. メイシー	1,000	少量での試験注文
	シルク・ネクタイ	R.H. メイシー	840	少量での試験注文
	セーター	ゴールドブラット	20,000	L/C 開設の見込み
		リパブリック ノベルティ	300,000	L/C 開設の見込み
		R.H. メイシー	50,000	L/C 開設の見込み
		R.H. メイシー	20,000	少量での試験注文
		ギンベルズ	20,000	L/C 開設の見込み
	トリコット・ワイシャツ	R.H. メイシー	50,000	輸出契約締結の見込み
	パーカ	ギンベルズ	15,000	少量での試験注文
	パイル・ジャケット	R.H. メイシー	300,000	輸出契約締結の見込み
	レインコート	ギンベルズ	91,200	L/C 開設の見込み
	ワイシャツ	ギンベルズ	11,200	少量での試験注文
雑貨	カットガラス	ギンベルズ	145	L/C 開設の見込み
	ステンレス・カトラリー	アメレックス・インターナショナル	60,000	少量での試験注文
	真鍮製品	R.H. メイシー	500	少量での試験注文
	竹製の籠	R.H. メイシー	200	サンプル・オーダー
	洋傘	ギンベルズ	1,610	L/C 開設の見込み
電機	電話機	アメレックス・インターナショナル	333,000	L/C 開設の見込み

（出所）貿易振興編集部（1966）、46頁より作成。

(3)「ボール・ミッション」の役割

　最も注目されなければならないのは、米国政府及び業界代表よりなる「対韓民間投資及び通商使節団」であろう。同使節団は、1967年3月18日から24日までに韓国を訪問したが、前国務次官ジョージ・ボールが団長を務めたこともあり、一般的に「ボール・ミッション」と呼ばれる。「ボール・ミッション」の特徴としては、次の四点が

第六章　輸出主導成長と「バイ・コリアン政策」

挙げられよう。

　第1の点は、「ボール・ミッション」はジョンソン大統領の特命によるもので、その舵取りも他ならぬW．W．ロストウ（国家安全保障担当特別補佐官）によって行われたことである[22]。このことから、アメリカの国家安全保障戦略の一環という意味があったと考えられよう。「ボール・ミッション」の組織・運営が、国務省、商務省、国際開発庁など三省庁体制によって行われていたのも、このためであろう[23]。また、ミッションリーダーの選出も、ロストウ特別補佐官の指揮の下、強いリーダーシップのみならず、実業家としての豊富な経験も兼ねた各界代表から四名の候補者が選び抜かれ、最終的にはジョンソン大統領の選択に委ねられた。元財務長官のロバート・バーナード・アンダーソン、前国務次官のジョージ・W・ボール、前財務長官のクラレンス・ダグラス・ディロン、エジソン社長のウォーカー・L・シスラーなどの四名がそれである。そして、ジョンソン大統領により団長として指名されたのが、ジョージ・W・ボールであったのである。ジョージ・W・ボールは、当時リーマン・インターナショナルの会長を務めるなど財界に転身していたのだが、元々ジョンソン大統領のブレーンとして、国家安全保障会議執行委員会メンバーであり、ベトナム戦争のエスカレートに深く関わっていた前歴を持つ。しかも、ベトナム戦争の本格化に伴い、韓国軍戦闘部隊のベトナム派兵をめぐって韓国政府との予備折衝を行うなど、韓国軍のベトナム参戦にも深く介入した人物でもある[24]。

　第2点は、アメリカ政府がミッションの成果を高めるために、参加要件を重視したということである。まず一つに、ミッションメンバーになるには、すべての費用を自

22）"U.S. Trade and Investment Mission to Korea"(TO THE PRESIDENT FROM WALT ROSTOW), Korea memos Vol. Ⅲ 65.11-66.12 ,KOREA, Box 255, NSF, LBJ Library, December 2, 1966及び "U.S. Private Investment and Trade Exploratory Mission to Korea", MEMORANDUM FOR THE PRESIDENT, Korea Filed by the LBJ Library, KOREA, Box 256, NSF, LBJ Library, March 15, 1967を参照。

23）"U.S. Private Investment and Trade Exploratory Mission to Korea", MEMORANDUM FOR THE PRESIDENT, Korea Filed by the LBJ Library, KOREA, Box 256, NSF, LBJ Library, March 15, 1967.

24）"Under Secretary Ball said that we were grateful for Korea's assistance in South Vietnam", Memorandum of Conversation, Korea memos vol. 2 (7/1964-8/1965), Korea, Box 254, NSF, LBJ Library, March 16, 1965.

己負担しなければならないという参加要件である[25]。このことは、ミッションメンバーが自己負担を追うということは、アメリカ政府の全面的な支援とは相反するように見えるが、ビジネスを目的とした参加を促すための重要な要件でもあったのである。なぜなら、親善を目的する経済使節団とは異なり、韓国とのビジネスを前提とした、いわば事前調査という形での参加を望んでいたからである。

　もう一つは、ミッションメンバーになるには、優れたコンサルティング能力がなければならないという参加要件である。このことは、韓国産業の国際競争力強化を図るためには、産業動向や経営効率性などを分析、評価できる、コンサルティングの能力が必要不可欠あったからであろう。そこでボール・ミッション一の活動を見ると、ミッションメンバーは産業別に14のグループに別れ、それぞれ関連産業視察及び韓国人経営者との面談などを通じて、「雇用、動力、工業用水、輸送、原料及び部分品などの供給能力と価格、収益性の展望、経費支払いの方法、融資条件、リスク」などに関するフィージビリティ・スタディを行っていたのである[26]。そして、「ボール・ミッション」は、フィージビリティ・スタディを踏まえて、韓国にとり有望な産業分野として、具体的には電機部分品、電子機器、食器加工、編物、織物、衣類などを特定し、韓国政府にその報告及び提言を行ったが、そのために参加要件としてコンサルティングの能力を有することが求められていたと考えられよう[27]。ちなみに、ジョージ．ボール団長は、より詳細な調査を行うために、各分野別調査団を韓国に派遣するという約束を交わしたというが、それに関する資料は今のところ見当たらない[28]。

　第3点は、「ボール・ミッション」の成果については、まだその全貌が見えないものの、相当なものであったと言えよう。ジョージ・ボール団長からのジョンソン大統領宛の書簡（67年5月16日付）には、「ミッション参加企業の90％は少なくとも実行

---

25) "U.S. Trade and Investment Mission to Korea", MEMORANDUM FOR HONORABLE WILLIAM JORDEN The White House, Korea memos Vol. Ⅲ 65.11-66.12, KOREA, Box 255, NSF, LBJ Library, November 30, 1966.

26) 貿易振興編集部（1967）「『ボール』使節団の訪韓成果——授援から通商に——」、35頁及び、国際協力部（1967）、44～45頁を参照。

27) "U.S. Trade and Investment Mission to Korea", MEMORANDUM FOR HONORABLE WILLIAM JORDEN The White House, Korea memos Vol. Ⅲ 65.11-66.12, KOREA, Box 255, NSF, LBJ Library, November 30, 1966及び、貿易振興編集部（1967）「『ボール』使節団の訪韓成果——授援から通商に——」、35頁を参照。

28) 外務部・大韓貿易振興公社（1967）、118頁。

第六章　輸出主導成長と「バイ・コリアン政策」

可能性を検証する段階に達した」と記されているが[29]、このことから「ボール・ミッション」が重要な役割を果たしたことが認められよう。また、韓国政府からも、1967年4月24日〜25日に開かれた「米州地域駐在公館経済担当官と貿易館長の合同会議」において、具体的な成果を指摘されている。すなわち、駐ロサンゼルス韓国領事館の報告によると、「『ボール・ミッション』には同所管内から2社が加わり、そのうち『ミットーマシティグ』という会社にはすでに19名の職員が韓国に派遣されている。もう一つの全米合板輸入協会会長デービスからは、今年度に4560万ドルの輸入が可能であるとの確約を受け取った」と、その成果が報告がされていたのである[30]。

このミッションにあって注目されるべき第4点は、フォローアップ活動が積極的に行われていたことであろう。ボール・ミッションのフォローアップに関しては、1967年第5次大統領主催輸出振興拡大会議録によると、次のように具体的な活動などが指摘されている。まず、その活動の実態を見ると、4月20日にトローブリッジ商務長官とアイビス国際開発庁次官補と、4月24日にビープラット（ボール・ミッションの副団長）と、それぞれ打ち合わせが行われていたのである。また、ミッションメンバーとのフォローアップについては、次のようなスケジュールが組まれていた[31]。すなわち、4月14日のロサンゼルスでのフォローアップを皮切りに、5月2日にサンフランシスコで、5月4日にシカゴで、5月末頃にニューヨークで、6月1日にクリーブランドで行う、というスケジュールである。

また、シカゴでのフォローアップの活動を見ると、次のように具体的に述べられている。「米州地域駐在公館経済担当官と貿易館長の合同会議」における駐シカゴ韓国領事館の報告によると、「5月3日に韓国USOM所長『ジョーウェル・バーンスタイン』はシカゴの実業家を集めて対韓投資に関する演説を行うことになっている。そして、その後6月頃に『ジョージ・ボール』はシカゴを訪ね、『シカゴ』実業界を牛耳っているが対外的には知られていないいわゆる『シカゴ・コミュニティ』という屈指の実業家を集めて、韓国の経済成長に関する演説を行うことになっている」という内

---

29) "Letter: Dear Mr. President", Korea, Special Head of State Correspondent Files, Box 33, NSF, LBJ Library, May 16, 1967を参照。
30) 外務部・大韓貿易振興公社（1967）、30頁。
31) 貿協誌編集部（1967）「第5次輸出振興拡大会議」、36頁参照。

容である[32]。また、「『ボール・ミッション』のメンバーに加わった『コンチネンタル』銀行の重役は顧客と数回の『ランチ』を行っている」と報告されているが[33]、このことはミッションメンバーも積極的なサポートを行っていたことを物語っている。すなわち、こうした事例からもミッション参加企業による対韓ビジネス展開がいかに積極的に行われていたかを端的にうかがい知ることができるではなかろうか。

---

32) 外務部・大韓貿易振興公社（1967）、42頁。
33) 外務部・大韓貿易振興公社（1967）、42頁。

第七章　電子産業の振興とバテル記念研究所

　韓国の電子産業の発展要因は、旺盛な輸出需要とそれを満たすための供給サイドの要因、すなわち海外からの活発な外国人直接投資及び技術導入、そして技術革新がポイントであった。また、技術革新を担う人材が豊富であったことも電子産業の成長を可能にした重要な要因と思われる。こうした活発な外国人直接投資及び技術導入、技術革新、豊富な人材などの要因の影には、政府による産業構造の高度化を目的とした数々の産業振興策が存在した。韓国の急速な技術革新とその高度経済成長に対する貢献にかかわる政策として、とりわけ次の2点については、より詳細な検討が必要であろう。第一に、発展の初期段階においては外国人直接投資の役割がきわめて大きいため、外国人投資企業の誘致政策に関する検討が必要である。第二に、半導体などの先端技術の研究開発や人材育成などといった科学技術政策に関する検討である。

　まず、簡単に外国人投資企業の誘致政策についてみると、政府は1966年に「外資導入法」を強化し、外国人の直接投資に対して租税特恵の付与、元金とその利潤送金の保障、韓国人労働者雇用義務の自由化などにインセンティブを与え、外国人直接投資の促進を図ろうとした。ところが、このような措置にもかかわらず、1960年代末までには外国人直接投資の実績は非常に限られていた。また、外国人直接投資を国別で見ると、日本とアメリカの対韓直接投資の実績には大きな違いがある。例えば、1966～70年の導入実績では、アメリカが70.7％を占めていたのに対して、日本は17.9％にすぎない[1]。すなわち、韓国の外国人直接投資は、日本からの直接投資が本格化する1970年代初めまでは、アメリカに過度に依存していたのである。しかも、アメリカの場合は主に精油、化学、電子・電気部門に集中したのに対して、日本の場合は繊維・衣類分野の投資に重点が置かれていた。つまりアメリカからの投資は、特定産業の育成を目標とする戦略産業部門に集中していたのである。特に本稿でとりあげる電気・電子分野の直接投資に関してはもっぱらアメリカからであり、日本からは微々たるものであった。

---

1) 財務部・韓国産業銀行（1993）、121頁。

第三部　高度成長の見えざる手

　こうしたアメリカ人直接投資は、とくに発展の初期段階において重要な役割を果たした。その資本と技術がなかったならば、韓国の電子産業は飛躍的な成長を遂げることは難しかったと考えられる。しかし、直接投資のプッシュ要因から見れば、日韓国交正常化による経済関係の深化のみならず、韓国に対する日本の地理的有意性、また両国間の生産要素の補完性などの面において、アメリカに比べて日本の方が高いメリットがあったはずである。ところが、当時、日本の電子企業の対外投資は圧倒的に東南アジアや台湾へ向けられ、韓国には興味を示さなかったのである。こうした有利な立場にありながら消極的な姿勢をとる日本に対して、アメリカの電子企業はどのような理由で積極的な投資活動を行っていたのだろうか。この疑問に対する解明は簡単ではない。なぜならば「投資する側」の論理を吟味しなければ、その本来の役割は評価できないからである。アメリカがどのような背景で対韓投資を展開してきたのかという要因を見ることによって、この解明を試みたい。

　次に、韓国の科学技術政策について見ると、政府主導の研究開発や人材育成などといった産業技術の進歩と促進のための施策は、産業界のニーズに重点を置き、国内において高水準の研究開発を促した。このため、韓国は特許を伴った最新技術の導入に積極的であった。半導体をベースとした韓国の電子産業は、メモリー分野や液晶テレビ及び携帯電話などの製品に限って見れば、日本へのキャッチアップを果たし、今や世界を先導する立場に立っているのである。現在のような次世代製品開発に先だって技術開発を必要とする半導体産業や携帯電話産業における成功の背景として、技術導入が大きな役割を果たしたことは間違いないが、さらに検討を要する。韓国政府はこの点で研究開発投資をバテル記念研究所の支援を得て積極的に行っていた。本稿ではこの点を中心に述べてゆくが、ここに見逃すことはできない政府主導の産業育成政策の実態を見ることができるのである。

　韓国の技術革新は1960年代後半から本格化し、民間技術の遅れを取り戻すために日米から新しい設備や先進技術を導入した。その背景には政府主導の活発な研究開発活動があり、その結果として産業界に直結する高い技術水準がある。もっとも、電子産業に関していえば、1960年代後半、テレビ産業は日本から技術を導入することによって組立生産がスタートしたが、同時にトランジスタやダイオード、そして集積回路（IC）といった半導体の研究開発が行われていたのである。1960年代後半からテレビのような基礎産業を立ち上げると同時に、当時世界での最先端ともいえる半導体の研

第七章　電子産業の振興とバテル記念研究所

究開発にも乗り出していたことは他の発展途上国では見られない韓国特有の経験といえる。

　しかしながら、韓国が政府主導による研究開発体制づくりを指向したとはいえ、1960年代前半までには、政府の研究開発活動のための支援はきわめて限定的なものであったことに留意する必要があるだろう。当時の韓国の研究開発インフラの状況というのは、先端技術のための研究施設や人材が皆無に等しく、いくつかの有名無実であった政府の研究機関が存在していたにすぎなかった。したがって、韓国の研究開発能力は比較的に弱く、将来的に研究開発にいかに力を入れるかが大きな課題であった。しかし、韓国では、資金や人材不足のための当然の帰結として、自力による研究開発が望めるような段階になく、アメリカ政府の特別支援をうけて研究開発力の強化を図っていたのである。アメリカ政府は自ら、研究開発力を持続的な産業発展のための鍵として位置づけ、韓国の研究開発力を強化するのにきわめて重大な役割を果たしたのである。そしてバテル記念研究所がアメリカ政府のリーダーシップのもとで、韓国の研究開発インフラの構築や人材の確保及び育成に強力な支援を行ったのである（後述）。したがって、アメリカ政府はどのような目的で韓国に対して特別支援を行ったのか、バテル記念研究所が実際にどのような支援を行っていたのか、という問題は、韓国の技術革新要因を解明するうえできわめて重要である。そこで、韓国を代表する先端的な研究機関でもある韓国科学技術研究所の事例を通して、アメリカ政府及びバテル記念研究所の果たした役割を検討してみることにしよう。

第一節　韓国の産業振興と「韓国版バテル記念研究所」

1.「韓国版バテル記念研究所」の設立

　韓国科学技術研究所（The Korea Institute of Science and Technology、以下KISTと表す）は1966年2月に設立された。設立以来KISTは、産業の高度化を図る上で重要な先端産業技術を研究開発し、その成果を産業界に普及・移転することで民間の技術革新を促す役割を果たし、なお政府からの委託研究に加えて民間からの受託研究、民間企業及び大学との共同研究などを積極的に行っていたのも、大きな特色の一つである。トランジスタ、ダイオード、コンデンサー及びそれらの集積回路であるICチッ

第三部　高度成長の見えざる手

プなど当時の民間部門では充分な研究開発が期待できない先端技術を担う中核的な研究機関として、半導体技術をベースとした電子産業の発展を牽引してきた。

　研究開発—技術革新にKISTがどのような影響を与えたか、という問題に入る前に、まずそもそもなぜ韓国政府がKISTを設立しようとしたのか、という点をまとめてみたい。前述したとおり、酪農センター及び農産物加工施設や窯業センターなどさえもアメリカ頼みであった韓国で、果たして先端技術を開発するための研究開発投資が行われ得たのだろうか、また研究開発に従事する人材は、国内での供給が可能であったのだろうか、という疑問が浮かぶ。設立の背景として、まずこれらの点を検討しなければならない。

　KISTの構想は、アメリカ政府のアイデアであった。まずKISTの構想については、1965年5月に行われた韓米首脳会談の際に、ジョンソン大統領より提出されたということが強調されなくてはならない。すなわち、朴・ジョンソン共同コミュニケによると、「朴大統領は、韓国の工業技術及び応用科学研究所に関するフィジビリティ調査を、韓国の実業家・科学者・教育者などと共同で行うために、大統領科学顧問を韓国に派遣するというジョンソン大統領の提案について歓迎の意を表した。同研究所及び実験所などは、韓国産業の発展に寄与するための技術サービス及び研究調査を提供すると同時に、優秀な在米韓国人にも研究調査を続ける機会を提供できるというのがジョンソン大統領の考えである」[2]と述べられている。しかも、その趣旨が韓国産業の発展に寄与するためのものであった、という点を設立背景としたことに、まず注目しなくてはならない。

　第二に注目されなくてはならないのは、朴・ジョンソン共同コミュニケにもとづいて研究所の設立に関するフィージビリティ調査が、ジョンソン大統領科学技術担当補佐官兼米科学院長であるホーニック博士の調査団によって行われていた、ということである。すなわち、ホーニック博士の調査団は、1965年7月8日より15日までの間韓国を訪問し、韓国における研究施設の現状などを調査するとともに、政府と財界及び研究機関の関係者などと意見の交換を行うなど、韓国に必要かつ適切な研究施設のあり方を模索したである。この点に関していえば、そのヒントはホーニック調査団の構成メンバーに隠されていたといえよう。同調査団の構成メンバーを見ると、ホーニッ

---

[2] 欧米課（1965）「1. 共同声明書」『朴正熙大統領米国訪問、1965.5.16-25、全2巻（V.1 基本文書集）』韓国外務部外交文書（Microfilm番号：C-0011-07、フレーム番号：239）。

第七章　電子産業の振興とバテル記念研究所

ク博士とその夫人（トリニティ大学教授）、そしてマーグリイズ（米国科学院長補佐）とモスマン（国際開発庁副長官・ロックフェラー財団農業担当理事）に加えて、ベル研究所（Bell Laboratories）のフィスク所長、バテル記念研究所（Battelle Memorial Institute）のトーマス所長など6名からなっていた。このうち、民間研究所としてアメリカ最大の規模を誇る二大研究所、すなわちベル研究所とバテル記念研究所の代表が同調査団に加わっていたことは見逃せない。このことは、アメリカ政府が、韓国の産業振興に寄与するR&Dシステム（後述）として、ベル研究所とバテル記念研究所のいずれかのモデルを推奨するためであったと推察できよう。また、この訪韓顧問団が二大研究所の支援を得ていたのみならず、研究所代表が自ら調査団に参加したという点からも、その重大さを窺い知ることができよう。同調査団には調査結果を踏まえて、大統領に直接的に報告及び政策提言をする義務があり、そのためにも迅速かつ確実な判断が求められていたのである。

　ホーニック博士の調査団は調査終了後3週間も経たないうちに、すなわち1965年8月4日にジョンソン大統領との会談をもち、KISTの設立方針やアメリカの支援体制などについて、次のような意見をまとめたのである。第一に、大統領はアメリカ政府とともに、韓国の工業技術及び応用科学研究所の設立を推進する。第二に、大統領は早急に研究所設立の責任を国際開発庁（AID：Agency for International Development）に付与する。第三に、大統領は国際開発庁と指定研究機関との間にコンサルタント契約を締結させる。この国際開発庁に特定の研究機関とコンサルタントとの連携を要請し、研究所の支援活動を行う必要があるとする提案は、実にユニークなものであったといえよう。これに応じて米国際開発庁は、1965年9月に韓国の工業技術及び応用科学研究所の設立に関するコンサルティング業務契約を、バテル記念研究所と締結することとなる。こうしてバテル記念研究所は米国際開発庁の代わりに、KISTの設立をコンサルティングすることとなる。調査団に同行した二大研究所のうち、バテル記念研究所がKISTを支援することになったことは、バテル記念研究所が、ベル研究所よりも、韓国の産業振興により適合したモデルとして推奨されたためであると考えられる。言い換えれば、研究のための研究所よりも、産業に役立つ研究所が韓国の実情に合っていたといえよう。

　バテル記念研究所は、鉄鋼業で巨額の富を築いたゴードン・バテル氏の遺産をもとに1929年オハイオ州コロンバスに設立された研究機関であり、コピー機、コンパク

ト・ディスク、バーコード、光ファイバーなどの豊富な革新技術の開発・事業化実績で有名となった。とくに「受託研究」という世界でも画期的な契約研究方式をビジネスの柱とし、米政府と民間企業からの研究開発委託を請け負うことで飛躍的な発展を成し遂げていた。また、同研究所は、米国エネルギー省所有の国立研究所（全米7ヵ所）を管理・運営するなど米政府のシンクタンクとしての機能も果たしていた。

さらに多岐にわたる政府・民間のクライアントに対して経営コンサルティングおよび技術サービスも提供するなど、世界的規模でコンサルティング活動を広めたことでも有名である。同研究所は、科学技術分野に軸足を置くことはいうまでもなく、科学技術を実際に産業化に結び付けるための研究領域として、社会科学の分野にも力を注いでいたことにも注目を払わなければならない。バテル記念研究所の社会科学分野は、情報分析や産業経済のみならず、教育関係も視野に入れ、こうした研究活動を経営コンサルタント分野にまで広げるきっかけとなったからである。同研究所は研究成果の事業化またはフィジビリティ調査及び新製品の市場需要調査等を可能とし、世界の約90ヵ国から研究プロジェクトを受託していたのである。確かに、技術研究と経済分析を融合した研究プロジェクトは、研究の将来性についての様々なアドバイスを与えるばかりではなく、新製品の開発及び事業化に関するコンサルティング活動を伴うことができる、このことがコンサルタントとしてのバテルの名声を高める原動力となったといえよう。

米国際開発庁と契約を交わしたバテル記念研究所は、まずKISTの設立準備のためのフィジビリティ調査を行い、1965年12月15日に「韓国科学技術研究所（KIST）の設立及び組織に関する調査報告書」を両国政府に提出する。同調査報告書には、研究所の設立及び組織、運営範囲、研究システム、姉妹研究所との関係等に関する具体的な案が示された[3]。その結果、同報告書に基づき、1966年2月にはKISTの設立及び運営に関する韓米協定が締結されることとなる。同協定書には、(1) 研究所のスタイル、(2) 設立時期と規模、(3) 姉妹研究所の役割、(4) 研究者の確保、(5) 研究所の機能、(6) 他の研究機関との協力、(7) 研究所の運営方針、などが具体的に盛り込まれている。なかでも次の三つの項目、すなわち、研究所のスタイルとその機能、そして研究所の運営方針に注目したい。

---

3) 韓国科学技術研究所編集委員会（1977）、30頁。

第七章　電子産業の振興とバテル記念研究所

　第一に、研究所のスタイルについて見ると、報告書は「韓国政府は、この研究所が自律性を保つ理事会で構成された非営利研究機関として設置されるために必要な措置をとる」と述べており、政府から独立した非営利研究機関としての設立を目指していたのである。第二に、研究所の機能について見ると、「この研究所は、科学技術及び工業経済に関して様々な専門分野に分かれ、フィジビリティ調査、技術導入と応用、科学技術情報の提供、コンサルタント及び実験調査などを遂行する」と述べており、科学技術開発のみならず、調査研究およびコンサルティングに至る業務（研究）を遂行できる体制を築くことを目指していた。第三に、研究所の運営方針について見ると、「この研究所は、受託研究を基盤とし、政府や企業からの受託を受けて実施する」と述べており、政府や企業からの受託研究を中心に役割を果たすものであるとした。つまりここにはバテル記念研究所がつくりあげた研究システムおよび経営スタイルが色濃く反映されており、いうならば「韓国版バテル記念研究所」の構想といえよう。すなわち、KISTの設立目的は、単なる研究開発に特化した研究機関としての機能よりも、産業発展に役に立つ実際的・総合的な研究活動あった、ということが指摘できよう。

　加えて、韓米協定に基づき、1966年6月にKISTとバテル記念研究所の間で、姉妹研究所の協定が締結されたことも強調しなければならない。同協定により、次のような支援任務がバテル記念研究所に課されたからである[4]。それは非常に具体的であり、(1) KISTの創設業務と建設計画に対する支援、(2) 常任研究員のリクルートと技術訓練に関する支援、(3) 研究施設及び機器の選定に関する協力、(4) 技術情報の提供、(5) 研究及び調査プロジェクトのための専門家派遣、などとなっている。KISTの理事会メンバーにバテル記念研究所長が加わったのもこのためであると考えられる。このことは、KISTにとって、バテル記念研究所が蓄えた研究開発力やノウハウを有効に活用できる、このうえないスポンサーを得たことを意味する。さらに、バテルの支援任務は、KISTの研究活動が韓国の産業界に信頼を築き上げるまで続くという要項が存在することが、米外交文書から判明している[5]。

　バテル記念研究所は、KISTの設立支援のために、エーバンス代表を含めて7人の

---

4) 韓国科学技術研究所編集委員会（1977）、68頁。
5) "Korean Institute for Industrial Technology and Applied Science", Memorandum for the President : , Korea, Name File, Box 225, NSF, LBJ Library. February 9, 1966.

第三部　高度成長の見えざる手

専門家を韓国に派遣し、ソウル事務所を設置し、支援体制の充実を図った。バテル記念研究所のソウル事務所には、代表のエーバンス、その補佐役に J. ファーマン、プロジェクト全般の責任者 R. S. ハリス、人事管理に F. K. レパート、会計管理に R. F. ヘルブレッヒト、技術情報管理に H. A. ロウルズなどの他、建築関係に関しては、アルベルト. C. マーティン建築設計事務所と連携を取っていたため、研究所建設計画に J. C. ロロウが出向派遣として加わっていた。KIST に対してバテル記念研究所からは、調達手続きをはじめ、図書情報室企画、研究契約方法、研究施設企画、研究者のリクルート及び研修、研究開発活動など様々な分野にわたる支援が行われ、そのために延べ60人を超える専門家が、韓国に随時派遣されたのである。バテル記念研究所の支援方針としては、KIST の研究開発活動が韓国の産業界に信頼を築きあげるまで続くという方針が謳われていたことも再度確認しておきたい[6]。

バテル記念研究所の KIST に対する支援活動については二つの時期に区分ができる。

第一期は、1966年6月から67年12月までの約二年間であり、この間の主な支援活動は次のようなものである[7]。

1. 研究所の運営と研究及び建設に関する諸計画の樹立
2. 諸計画を実行するための、先端技術の効果的な運用
3. 在外韓国人科学技術者に関する調査及び研究員の選定
4. 受託研究を行うための研究者及び事務職員の実務研修
5. 技術開発と応用研究を行うための諮問及び協力
6. 建築設計に関する諮問
7. 研究機器・設備・その他資材等のリスト、仕様書、入札書等の作成方法及び、その選定、発注、設置、運転などについての諮問及び協力
8. 科学技術及び工業経済に関する情報センターの設置
9. 研究開発力向上のための共同研究の実施
   (1) 工業技術及び経済関連の研究プロジェクトへの専門家派遣
   (2) 研究者向け研修及びトレーニング
   (3) 先進技術の分析及び応用

---

6) "Korean Institute for Industrial Technology and Applied Science", Memorandum for the President : , Korea, Name File, Box 225, NSF, LBJ Library. February 9, 1966.

7) 韓国科学技術研究所編集委員会、69頁。

第七章　電子産業の振興とバテル記念研究所

　第二期は、1968年1月から1971年6月までの約三年半であり、この期間は研究活動の支援が主に行われていた。バテル記念研究所は、KIST が遂行する研究課題に関して共同研究のスタイルを取り、研究のレベルアップを図る。具体的には、(1) 工業技術及び経済部門の特定研究に対する専門的支援、(2) 研究員の研修、(3) 外国技術の分析及び応用に関する支援などである。そのためバテル記念研究所は、KIST 研究員をバテル記念研究所本部に招聘し、またはバテル記念研究所の研究員を KIST に派遣するなど人材の相互交流により研究活動を支えたのである。

　このようにバテル記念研究所による支援は、KIST の建設計画から受託研究システムの構築にまで及んでいたが、こうした研究開発を通じた技術・知識のストックが技術革新を促した要因となっていることはいうまでもない。

2. 産業振興のサポート＆コンサルティング

　韓国における研究開発投資を支える要因として、民間 R&D システムの飛躍的な発展も指摘しておかなければならないであろう。すなわち、第一に、KIST をモデルにして70年代に多くの政府系研究機関が相次いで設立されたが、これは KIST からのスピンアウトによるところが大きい、ということである。第二に、これら政府系研究機関の研究開発では、研究レベルも高度の水準に達しており、半導体や通信システムなど当時の民間部門では充分な研究開発が期待できない先端技術を担う役割を果たしていた点である。第三に、人材育成の結果、研究者は、大学や民間企業などに供給されており、ここで活発な人的交流が行われるとともに、民間部門の R&D システムの発展にも大きな役割を果たしていた、ということである。

　しかしながら、KIST の R&D システムの形成過程は技術革新を考える上でもきわめて重要な論点にもかかわらず、実際どのように形成されてきたのか、また韓国の民間 R&D システムの発展にどのような役割を果たしたのか、については必ずしも十分に解明されていない。とりわけ先端技術を開発するための R&D インフラとその担い手となる優秀な科学技術系人材の育成にバテル記念研究所がどのような役割を果たしたのかを検討することは、韓国の「産業政策の秘訣」を解明するうえで一つの鍵となろう。

　バテル記念研究所と韓国の技術革新に対する貢献の大きさに関する役割は枚挙にいとまがないが、ここで重要なものを挙げれば、(1) 受託研究システムの構築、(2) 情

第三部　高度成長の見えざる手

報分析システムの構築、(3) 経済分析システムの構築、などである。これらの役割について具体的に見てみよう。

(1) 受託研究システムの構築

研究技術開発の成果を契約研究方式で産業界への普及・移転することを目的としたKISTにとり、受託研究システムの構築は最大の課題であったことはまちがいない。前述したとおり、当時の受託研究システムは画期的な契約研究方式であり、バテル記念研究所にとり最大の強みであった事情も手伝って、バテル記念研究所をモデルとしてKISTの受託研究システムが作られた。まず、KISTには最先端の機器及び設備が揃えられたのだが、これはバテル記念研究所が研究機材の選定作業及び購入活動、そして購入機器の検収などを行い、その費用はAID援助によるものであった[8]。

次に強調されなくてはならないのは、人材確保のノウハウである。バテル記念研究所は、KISTの設立とともに、欧米で先端的な研究開発分野に従事している韓国人科学技術者のリクルートに力を注いだ。1966年6月、人材リクルートマネージャーであるL. G. ヒルの指揮のもとで、在外韓国人科学技術者の実態調査とその帰国支援を目的とした「在外韓国人科学技術者リクルートプログラム」(Program to Assist KIST in Recruiting Korean nations residing in foreign lands) が実施された[9]。主に欧米の大学や研究機関に所属する韓国人科学技術者の実態調査及びリクルート活動が展開されたのである。彼らは欧米の大学及び研究所など約500機関とコンタクトをとり、シカゴ、サンフランシスコ、ロサンゼルス、ニューヨーク、ボストンなどでリクルート説明会を開催した。同時に、各種業界誌や韓国人コミュニティの新聞、欧米コンサルタント会社などを通してリクルートキャンペーンも行った。それによってこのリクルートの支援プログラムに866人の韓国人科学技術者が応募したのである。

また、続く選考活動もバテル記念研究所にとって重要なサポートの一つであった。応募者の866人の中から69人の候補者が厳選された後に、こうした候補者とのインタビューのために、当時のKIST所長（崔亨燮）がアメリカに招聘された。そして、彼は、1966年10月から11月の約1ヵ月の間、69人の候補者とのインタビューを通してKISTの研究環境や待遇などを説明し、候補者の帰国を促すことに務めたのである。それにより65人の候補者が帰国意思を表明した。その後最終選考のために研究計画書

---

[8] Battelle Memorial Institute (1971), p.11, p.42。
[9] Battelle Memorial Institute (1971), pp.28-29.

の提出が課された。韓国の産業実態調査によりクローズアップされた諸問題と関連し、各自の専門分野に応じてその問題の解決方法を提案するという趣旨の研究計画書が求められたのである。こうして提出された研究計画書はバテル記念研究所の多くの専門家により評価され、その結果、25人の前途有望な若年の研究者が選ばれたのである。そして、最終選考に残った彼らはオハイオ州コロンバスのバテル記念研究所本社にKIST所長と共に招聘され、最終面接に臨んだ結果、最終的に19人の採用が決定した。なお、その後も在外韓国人科学技術者のリクルート活動は続き、1971年には累計で40人の在外韓国人科学技術者が採用されることとなった[10]。

研究開発を担当する研究職については、受託研究に必要な研究・管理能力を養うことを目的とした、「研究経験プログラム（Research Experience Programs）」が実施された[11]。研究経験プログラムは、研修期間が数週間から数ヵ月間に及ぶものまであり、最先端研究機器の活用から、研究技術の売り込みや研究成果の事業化、そしてビジネス的観点からの研究マネージメント及び研究組織づくりまで、受託研究に必要な様々なノウハウを総合的に習得することが狙いであった。そして、同プログラムの研修者の数は1971年までに延べ38人に達したが、同期間に海外韓国人科学者のリクルートが40人であったことを勘案すると、ほぼ全員が研究経験プログラムに参加したことになる[12]。

当時の韓国には「受託研究システム」という概念はなく、プライドの高い科学技術者はその理解に苦しむばかりか、抵抗すら感じていたことは否めない。そのため、バテル記念研究所は、KISTの経営陣に対してもオリエンテーションプログラム（Orientation Programs）を実施していたのである[13]。このオリエンテーションプログラムでは、KISTの理事や経営幹部をアメリカ本社に招聘し、契約研究の支援体制や運営方式などに関する知識や理解を深めるとともに、経営陣の意識改革が図られていた。たとえば、KIST所長の崔亨燮は、候補者とのインタビューのための渡米に合わせて、1966年10月17日から12月12日までの約4週間と、1967年6月20日から7月20日

---

10) 当時のKIST研究員59人のうち、その3分の2が「在外韓国人リクルートの支援プログラム」による採用であり、バテル記念研究所が人材確保に大きく寄与していたことを示す。韓国科学技術研究所編集委員会（1977）、86頁を参照。
11) Battelle Memorial Institute（1971），pp.32-33.
12) 韓国科学技術研究所編集委員会（1977）、89頁。
13) より詳しくは、Battelle Memorial Institute（1971），p.29.

までの1ヵ月間、二度に渡りオリエンテーションプログラムを受けていた[14]。また、申應均副所長（1967年1月25日から3月25日までの2ヵ月間）と李昌錫監査（1967年1月28日から3月7日までの約6週間）もこのオリエンテーションに参加していた。とりわけ、崔亨燮所長と申應均副所長は、オハイオ州コロンバスの研究所のみならず、リッチランド（ワシントン州）、フランクフルト（ドイツ）、ジュネーブ（スイス）など主要研究施設にも招聘され、オリエンテーションを受けた。その他理事職では、金昞熙理事長を初め、鄭楽殷理事、鄭寅旭理事、李樑理事、金容完理事ら5人が、また行政管理職では、李敏廈行政管理部長、崔然湘広報課長ら2人が1966年から67年にかけて、バテル記念研究所に招聘され、各々4週間から1ヵ月のオリエンテーションを受けたのである[15]。

(2) 情報分析システムの運用

バテル記念研究所はまた先進国の科学技術情報を収集・分析し、必要に応じて迅速かつ適確に韓国政府及び産業界に提供する技術情報分析システムの構築にも大きく寄与した。とりわけ、技術情報センターや図書資料室などの情報分析システムの基盤整備に力を注ぎ、速やかな技術情報の分析及び活用が実現した。そのためにまず、技術情報を収集、整理し、分析できるように、バテル記念研究所からのJ. W. マードックとG. S. シンプソン ジュニアが中心となり、技術情報センターが作られたことに注目する。技術情報センターの設置のために150社余りの韓国企業に対するアンケート調査がKISTにより実施されたが、その回答用紙は海を渡ってオハイオ州コロンバスのバテル記念研究所本部に送られた。そして、アメリカのバテル記念研究所本部で、韓国企業調査アンケートの集計及び分析が行われていたのである[16]。技術情報分野に関していえば、当時バテル記念研究所は最も利用価値の高い先端的技術を開発するために必要かつ有用な情報を提供していたのであり、しかも市場や顧客の要求に応える価値ある技術をスポンサーに売り込むために、技術情報は重要な役割を担った分野でもあった。すなわち、バテルの最先端技術開発を導いたのは優れた技術情報とその分析

---

14) オリエンテーションの参加者とその日程に関しては、Battelle Memorial Institute（1971）、p.30。

15) 金昞熙理事長（1966年9月3日～10月4日）、鄭楽殷理事（1966年9月3日～9月30日）、鄭寅旭理事（1966年9月3日～9月30日）、李樑理事（1967年1月27日～2月15日）、金容完理事（1967年1月27日～2月26日）、李敏廈行政管理部長（1966年10月17日～12月12日）、崔然湘広報課長（1967年6月25日～7月20日）。

16) Battelle Memorial Institute（1971）, p.38。

であり、顧客拡大に成功していた過程を振り返ってみても、技術情報の分析が実に優れていた、といっても過言ではなかろう。バテル記念研究所は、様々な技術情報を収集し、分析し、検索できるような独自の技術情報システムを築きあげ、産業界などからも高い評価を得ていた。例えば、この種の情報システムのモデル・ケースともいうべき米国防省の「国防材料情報センター」は、バテル記念研究所が築きあげた「チタン情報センター」を他の材料へも展開させることを目的として名称変更したものであり、その良さを買われていたのである[17]。

　このような高い評価を勝ち得た背景には、独自の情報収集を行っていたことも大きな要因として挙げられる。すなわち、「情報収集には、現役の科学者3000人と契約する方式がとられた。彼らは読んだ文献から価値があると思われる部分を抜粋し、重要字句に下線を引いてセンターあてに送る。送られてきた情報は、センターで技術用語別に分類される。検索するときは、辞書やシソーラスを使って、図書館のカードをさがす要領で、ほしいものを引き出すのである。このセンターのシステム運営の担当者の言葉が、いかにセンターの利用価値が高かったかを物語っている」[18] という特徴が見られ、このような使いやすい情報システムがいくつもバテル記念研究所内には構築されていたのである。さらに科学者と友好関係を築き、最先端の研究情報をいち早く取り入れたのみならず、研究価値の高い情報源およびアキレス腱を確保していたこともバテルの強みといえよう。これがまた、市場や顧客の要求に応える価値ある先端的技術を生み出すことにつながり、その真価がスポンサーにも発揮されていたのである。

　韓国における情報分析システムの弱さは企業アンケートの分析までもバテル記念研究所に委ねざるを得ない状況にあったことからも推察できるだろう。したがって、バテル記念研究所による「研究経験プログラム（Research Experience Programs）」がいかに重要な役割を果たしていたかを端的にうかがい知ることができる。技術情報センターの設置に伴うこの研究経験プログラムへの参加者には、KISTからは崔鐘浣、吉炳敏、玄京鎬などがいる。ちなみに、崔鐘浣は1968年3月6日から4月30日までの約2ヵ月間、吉炳敏は1968年4月1日から9月16日までの約6ヵ月間、玄京鎬は1968年4月29日から8月15日までの約4ヵ月間のプログラムであった。

　その結果として、KISTには技術情報センターが設置されることとなったが、バテ

---

17) クライド・R.ティプトン（1982）、84頁。
18) クライド・R.ティプトン（1982）、85頁。

ルの経験からはごく自然な発想であるし、それは韓国政府や産業界を引きつけるのに十分魅力的なものであった。技術情報センターは、韓国で最も立ち遅れた部門でもあり、大企業でさえ自社内に情報資料室や情報専門家をもつことは極めて困難であった時代に、韓国政府や産業界に、KISTの力を示すことにもつながった。その運営についてここでは次の三点を指摘しておきたい。

　第一に、韓国産業における技術現状を分析するために「産業状況室（Industry Situation Room）」を運営したことである[19]。産業状況室は韓国の主要企業約1000社に対して、製品生産、販売、輸出入、製造施設、技術者などの調査を行い、その詳細な情報をシステムの切り札として活用していたのである。第二に、KISTが産業界のニーズに関連する技術情報を幅広く提供するために、技術情報に関する定期刊行物を出版したことである[20]。最初は『新技術』という季刊誌で、1968年の秋に出版された。これは産業界や政府関係機関において最新の技術情報源として広く読まれていたが、韓国産業にとり、まさに「砂漠のオアシス」のような役割を果たしたと考えられる。季刊誌の出版に関してもバテル記念研究所の提案によるものであったことを付け加えておきたい。第三に、先進国の電子産業に関する技術情報を収集し、その技術についての分析・評価を踏まえて、電子産業界に技術情報を提供することを目的とした、韓国初の電子産業に関する技術情報分析プロジェクトが立ち上げられたことである[21]。D. M. リストンの支援に大きく支えられていた「電子製品開発技術情報分析」プロジェクトがそれであり、同プロジェクトにより電子業界に提供するための『技術現況分析報告書』が出版されたが、こうした技術情報を活用した企業は300社に上ったという[22]。

　次に注目したいのは、最新の科学技術図書や雑誌などを備え、かつ国内外の情報ネットワークができるように、バテル記念研究所のH. A. ロウルズが中心となり、図書

---

19) Battelle Memorial Institute（1971）, p.38, 及び韓国科学技術研究所編集委員会（1977）、172頁を参照。
20) Battelle Memorial Institute（1971）, p.38, 及び韓国科学技術研究所編集委員会（1977）、171～172頁を参照。
21) Battelle Memorial Institute（1971）, p.38, 及び韓国科学技術研究所編集委員会（1977）、172頁を参照。
22) Battelle Memorial Institute（1971）, p.38, 及び韓国科学技術研究所編集委員会（1977）、172頁を参照。

第七章　電子産業の振興とバテル記念研究所

資料室が作られたことである[23]。調査リーダーの H. A. ロウルズのもとで、韓国の実態調査などが実施され、それを踏まえて新計画が打ち出された。それは韓国初の最新式図書資料室であり、しかも世界の中でも最上位レベルのものであった。H. A. ロウルズは、バテルと他の科学研究所での経験を踏まえて、先進国の技術情報を迅速かつ包括的に収集できる仕組みを作り上げることに熱心に取りくんだ結果でもあった。そして、最新式図書資料室の運用のためにKISTからは朴啓弘が研究経験プログラムに参加していた。この研修プログラムは、1967年6月20日～9月11日の間に行われ、アメリカ各地の大学図書館や専門図書館などを見学するなど手厚い支援が実施された。これは、専門図書館でのサービスや各種の手続きなどを習うとともに、最新の専門書や資料の選定、及び収集を完璧にやり遂げる能力を身につけることが目的であった。かくして文献購入リストが仕上がったものの、韓国政府による予算執行が大幅に遅れたがために、資料の購入は69年になって開始されることとなる。予算請求より1年以上も経過してのちのことであった。強調すべき点は、AIDがKISTの代わりに、1968年に約150点に上る定期刊行物の購入を決断し、バテル記念研究所にその権限が委ねられていたということである。これは、最新の技術情報こそKISTにとって生命線であるがゆえの判断に違いない。いずれにせよ、KISTにかけるアメリカ政府のミッションがいかに強いものであったかを示す一例である。そのなかで図書資料の購入でさえもアメリカ援助に依存していたという状況は、韓国の外貨事情の悪化を如実に示すものであろう。

(3) 政策シンクタンクの運用

　産業経済分析の分野は、バテル記念研究所が特に力を入れて推進した分野である。それがバテルの成功を支えるとともに、国際的にも知名度を高めるなど、バテルの重要な柱の一つであったというのは前述したとおりである。従来の科学技術研究所にはない産業経済部門を設置しようという、それまで誰も考えもしていなかったこの分野がKISTに加えられた背景には、バテルの過去の経験やノウハウが大きく働いていたということであろう。これまで述べてきたように技術情報分析と産業経済分析を融合した調査研究は、従来の科学研究所にはないKISTの有する特色である。産業コンサルタントやプロジェクト研究の中核をなし、これがバテルのコンサルタント分野を築

---

[23] 図書室の支援に関しては、Battelle Memorial Institute（1971）, pp.37-38、及び韓国科学技術研究所編集委員会（1977）、180～181頁を参照。

第三部　高度成長の見えざる手

きあげる大切な原動力にもなったのである。その結果、新製品の開発及び事業化に関する契約研究を行うことができ、かつ、韓国政府や産業界に役立つコンサルティング業務を遂行できるなど、韓国の産業振興に及ぼした影響は計り知れないものがある。

　確かに、この両分野での研究活動が本格化するにつれて、その委託プロジェクトの数も徐々に増加し、プロジェクトの内容も多様化していた。とくに、経済政策及び科学技術政策の立案を目的とした政府委託研究は、プロジェクトのフィジビリティ調査、交通量調査や都市計画、エネルギー需給分析や機械工業及び科学技術振興に関する調査など多様化しており、これがまた政策シンクタンクとして大きな役割を果たすのである。韓国政府から多くの調査研究が委託されたが、そのほとんどは経済政策の立案及び実施に関するものである。いくつか例を挙げてみよう。

　「長期エネルギー需給計画に関する調査研究」(1967)、「科学技術振興の長期総合政策樹立に関する調査研究」(1967)、「産業用原資材導入の実態調査」(1968)、「電子工業育成に関する国内電子工業及び関連分野調査」(1968)、「海洋資源総合調査」(1969)、「浦項総合製鉄工場建設計画」(1969)、「機械工業の育成方案研究」(1969)など枚挙にいとまがない。

　ところで、発足当初の調査研究は、実際のところバテル記念研究所との共同研究を通じて、足場を固めようとしたものである。バテル記念研究所の研究レポートによれば、共同研究の目的は、一つは計画の策定、実施、改善に関する研究を多角的な方面から行うことにあり、もう一つはKISTの産業経済分析を強化するためにバテルの経験やノウハウなどの専門的な知識を提供する、ということにあると記されている[24]。たとえば、経済企画院からの委託研究である「長期エネルギー需給計画に関する調査研究」や「機械工業の育成方案研究」などといった大型プロジェクトが、バテル記念研究所の役割を説明してくれるだろう。

　また、1967年にスタートした「長期エネルギー需給計画に関する調査研究」プロジェクトは、14人の研究チームで構成された。韓国側はKISTの4人と原子力研究所の1人、そして韓国電力の1人を合わせて6人が参加し、バテル記念研究所からはC. H. チルトンを調査団長含む8人が加わった。このプロジェクトの重要さは、バテルの専門家の多さからも伺える。1981年までの長期予測に関するもので、緊急かつ重要

---

24) Battelle Memorial Institute (1968), p.5.

な課題であった。当時、エネルギー需給バランスは、急速な工業化と都市化とを伴い、深刻な電力不足など危機的状況に陥っていたからである。そのため、需給バランスの見通しを分析し、供給面の対策・施策についてはより精密な検討を行うことが肝心であった。設備投資を伴う対策であり、コストの問題を解決するのみならず、韓国での最適な新エネルギー導入のあり方も検討する取り組みが必要となる。そして、同プロジェクトには、J. F. フレッチャー（バテル記念研究所）とC. K. リー（韓国原子力研究所）といった原子力専門家が加えられていたが、それは原子力発電に関する調査を行うためであったということは特筆されてよかろう[25]。

さらに、1969年からスタートした「機械工業の育成方案研究」に関するプロジェクトは、16人の研究チームで構成された。韓国側はKISTの 5人と陸軍士官学校の1人、そして産業コンサルタントの1人と商工部の1人を合わせて8人が参加し、米国側も8人の専門家が加わる。バテル記念研究所から調査団長のH. Y. H. チェを含む4人の専門家のほかに、R. D. ガッジョーリ教授（ウィスコンシン大学）、Y. H. コー（National Bulk Carrier Corporation）、B. S. リー（世界銀行）、C. J. リー（アメリカン・キャン・カンパニー）など4人が参加した[26]。この研究結果は、韓国の経済発展にとって、各種の製造業の発展と産業技術の基盤構築を図るためには重工業は不可欠であり、次の四つのプロジェクトが経済的にも技術的にも重要な役割を果たす、ということを結論づけた。すなわち、(1) 建設用重装備と小型車を生産するための重機械施設の開発、(2) 鋳物用銑鉄を生産するためのプラント開発、(3) 工具とステンレス鋼等を生産するための特殊鋼プラント開発、(4) 大型造船所（6万〜10万トン級）の建設、など四大プロジェクトが提言され、第3次経済開発5ヵ年計画に反映されている[27]。なお、バテル記念研究所は各プロジェクト費用の見積もりや専門家派遣等を通じてフォローアップにも取り組んだ[28]。

---

25) Battelle Memorial Institute（1968), p.6.
26) Battelle Memorial Institute（1971), p.34.
27) Battelle Memorial Institute（1971), p.34.
28) バテル記念研究所による各種の専門家の派遣は、次の通りである。A. J. Coyle（造船、1970.10.16-11.2)、H. Y. H. Choi（機械工学、1970.8.30-11.8)、H. S. Sanders（鋳造、1970.9.5-10.28)、J. Vaga, Jr.（鉄鋼生産、1971.5.9-6.12)、H. J. Henning（鍛造、1971.3.2-3.20)、F. W. Boulger（金属加工、1971.3.2-5.26)、B. W. Gonser（冶金、1971.4.19-6.2) W.、L. Evans（コンピューター管理、1971.5.15-6.5)、C. S. Peet（パワートランスミッション、1971.6.20-6.30) など多分野にわたる。Battelle Memorial

第三部　高度成長の見えざる手

　以上のことから、韓国におけるKISTの研究機関としての位置づけは、単なる研究開発に特化した研究機関とは異なり、国家レベルで科学的にも技術的にも経済的にも情報的にも役に立つ「総合科学研究所」の設立であったということができる。とりわけ、新たな産業を起こすことは、既存の産業を振興させるよりもはるかに困難である。それに先端産業を起こすことは、新たな産業を育成するための巨額のセットアップ・コストのみならず、先端技術の進歩は他の産業に比べれば比較的急速であり、新技術の影響を常に受けるというリスクも高い。しかも、先端技術のキャッチアップが期待できるまでには長い時間がかかり、韓国が豊富な労働力に依存するだけの電子産業を推進したのであれば、その発展には長い時間がかかったといえよう。したがって、先端技術の開発から製品化にいたるまで運用できる受託研究システムがKISTに構築されていなければ、技術キャッチアップを韓国が独自に推進することには限界があったと思われる。それは、電子産業を起こすことに伴いセットアップに重要な、特定分野における世界最先端の研究施設のセッティング、最先端研究を担う人材のリクルート及び研修プログラムの実施、産業に役立つ受託研究システム及び最新技術情報システムの構築などに果たしたバテル記念研究所の役割がきわめて重要であると思われるからである。

　加えて、KISTは技術情報分析と産業経済分析を融合した調査研究を通じて、政府の政策シンクタンクとして機能したばかりでなく、研究者の調査研究力が高まったことによって政府の諮問機関として参与を果たしたことも強調されなくてはならない[29]。要するに、韓国政府が経済政策の立案及び実施をする上で、その意思決定や判断を裏付ける計画案や方針などはKISTの能力に負うところが大きかったといえよう。それがまた政府に、KISTの力を示すことにもつながったというのはいうまでもなかろう。重要なのは、韓国の果敢な経済政策の実施の背後には、有能な政策シンクタンクとして機能し得たKISTがあり、政策決定過程において合理的な判断が可能であったということが挙げられる。

Institute（1971），p.37を参照。
　29）ちなみに、経済企画院は、第4次経済開発五ヵ年計画の樹立のために、その実務計画チームを編成したが、KISTからは10名の専門家が加わっている。韓国科学技術研究所編集委員会（1977）、192〜193頁。

第七章　電子産業の振興とバテル記念研究所

表7-1　電子産業振興関連クロノロジー

	電子産業に関する政策動向
1966年12月5日	電子工業育成に関する方針表明（朴忠勳商工部長官）
1967年1月1日	第2次経済開発5ヵ年計画及び第二次五ヵ年輸出計画の実施
1967年1月17日	朴正熙大統領、電子工業の育成方針を発表
1月中旬～2月中旬	電子産業部門の産業実態調査（韓米共同）
3月8日	電子工業の育成方案の採決（経済科学審議会議）
1969年1月28日	「電子工業振興法」の公布
1969年6月19日	電子工業振興8ヵ年計画（1969～76）の発表

（出所）韓国電子工業振興会（1981）、28頁及び、韓国産業銀行調査部（1970）、565～545頁より作成。

第二節　電子産業の振興とバテル記念研究所

1. 電子産業マスタープランの概要

　韓国の電子産業の成長を見る場合に強調すべきことは、韓国政府が1966年12月初旬、すなわち第2次経済開発計画のスタート寸前、電子産業の育成方針を発表したということである。表7-1に示されたとおり、1966年12月5日に朴忠勳商工部長官は電子産業を輸出産業として重点育成するということを記者会見で発表した。なお朴大統領は1967年1月17日の年頭教書を通して、電子産業の育成を国民に宣言したが、このことは電子産業の育成に関する韓国政府による初めての意思表明であった。そして、電子産業マスタープランが作成され、1967年3月8日に経済科学審議会で採択された。「電子工業の育成方案」がそれである。

　「電子工業の育成方案」は、その後の電子産業振興政策の方向を示したもので、韓国の電子産業振興のためにとられた政策のなかで最も重要なものである。というのは、第2次経済開発計画でも除外された電子産業が、新しい産業発展モデルとして位置づけられ、なおその育成の基本戦略を方向付けるなど、将来に向けた基本施策としてその役割を決して軽視するわけにはいかないであろう。

　しかし、同方案は未公開の状態であったために、その詳細な内容は長い間ベールに

包まれていたのである。ところが、2007年7月28日に「大統領記録物管理に関する法律」が施行されたことにより、経済科学審議会議で審議検討された「電子工業の育成方案」も公開されている。「電子工業の育成方案」は、次のような項目で構成されている[30]。

1．電子工業の展望
2．電子工業現況及び商工部の育成計画
3．電子工業育成上の問題点と対策

同方案では、まず「第2次経済開発5ヵ年計画においては、電子工業部門に対する投資計画が完全に落ちていた」という点を指摘した上で、新たに電子産業を基幹産業として育成すべく当為性をうたっている。その理由として次の三点が指摘できよう。第一に、電子産業は、石油化学、合繊産業とともに先進国における三大成長産業の一つであり、国家近代化のための必須的な産業であるという点である。第二に、電子産業は、労働集約的な性格が強く、付加価値向上に役立ち、小容積で且つ軽量の製品が多いために輸送コストが少ないという特徴を持つものであり、輸出戦略産業として適するという点である。第三に、「このような有益な産業は、永続的な利潤を外国投資家に与え、かつ労働者の賃金を稼ごうとする直接投資の誘致のみに限定せず、『工業立国』に向けたこれからの産業基盤強化と輸出戦略産業としての育成が緊要」[31]である、という点である。また、以上の当為性に基づいてきわめて包括的な振興策が提言されているが、なかでも次のような六つの振興策が注目されよう。すなわち、(1) 電子工業（特に部品及び機器組立）の特化産業指定、(2) 公共借款（特に対日請求権）または外貨の優先的割当、(3) 電子工業育成基金の創設、(4) 技術・研究開発及びその活用のための方案、(5)「電子工業育成法」の制定、(6)「電子工業センター」の設立といった振興策が盛り込まれている。

2．電子産業マスタープランの特徴

とりわけ、同方案にあって、より注目されなくてはならないのは、これがもはや経済開発5ヵ年計画のような投資の計画表といったものではなく、本来の意味での産業育成計画であった、という点である。その特徴として、次の三点を指摘することがで

---

30) 経済科学審議会議事務局（1967）「電子工業の育成方案」国家記録院大統領記録館。
31) 経済科学審議会議事務局（1967）「電子工業の育成方案」国家記録院大統領記録館。

きよう。

　一つ目として、輸入代替産業として育成に力点を置いた生産・投資計画とは異なって、世界全体の電子産業の成長の推移を勘案した上で、電子産業の育成方針を打ち出した、という点である。すなわち、従来の産業育成策が国内需給の側面から供給力不足、したがって生産力増強第一主義から脱皮できずにいたのに対して、同方案では世界の需給動向にも目を配り、輸出振興と国際競争力の強化重視へと目標転換が行われていたのである。その点で、従来の生産力拡大至上主義とは一線を画すものであり、輸出産業として海外市場に進出するための処方箋に近い性格をもつ。

　二つ目に、生産能力一辺倒の製品づくりから海外市場の状況に応じた商品づくりへの転換がうかがわれ、これまでになく海外需要を重視している点である。たとえば、「真空管—半導体（トランジスター）—集積回路（IC）の順に発展するこの産業は、技術革新が急激なものであり、先進諸国においてもオートメーション化するよりも、人件費の低廉な地域との国際分業が求められている現状」であると指摘した上で、「電子産業の育成にあたって、とりわけIC化（Integrated Circuit, 集積回路）の趨勢には留意しながら（附表♯1参照）、育成対象品目の選定は慎重にせねばならず、また電子機器組立工場においてもICを積極的に導入、開発できるように短期的または長期的計画を樹立しなければならない」とIC需要の拡大を見込み、IC産業の国際分業体制を構築する方針を打ち出していたのである[32]。当時、日本企業がトランジスター応用製品からIC応用製品への方針転換をしていたという事情を考えると、その「先見の明」に驚かされるのである。

　三つ目に、新しい産業発展モデルを構築する、という点である。この点に関しては、図7-1の「電子工業センター」プロジェクト概要図を参照されたい。「電子工業センター」は、電子産業の中枢をなすものであり、産業力の低さをカバーする意味でも必要不可欠なものである。その機能は、研究開発、技術者養成・訓練、技術情報の収集と提供、技術導入の指導、海外市場の調査・商談、製品の検査及び評価、パイロットプラントの運営などの項目が述べられている。そして、「電子工業センター」から電子企業側に対して、国産の原料、生産技術の管理、技術移転、技術者、海外市場開拓などといったサービスが提供される。他方、電子企業は、これらのサービスを受

---

[32] 経済科学審議会議事務局（1967）「電子工業の育成方案」国家記録院大統領記録館。

図 7-1　電子工業センターのプロジェクト概要図

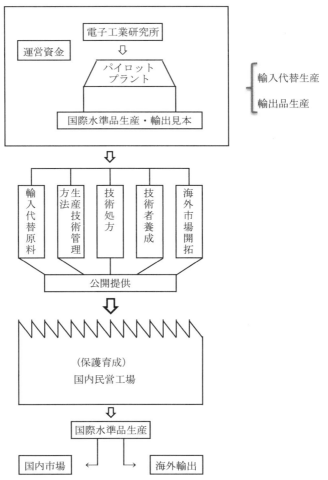

（出所）経済科学審議会議事務局（1967）「電子工業育成の方案」国家記録院大統領記録館。

けて国際水準の製品を生産し、国内市場及び海外市場に販売する。要するに、電子企業は生産活動に集中し、企業に代わって技術情報の収集や技術開発、技術者養成、マーケティングなどといった活動を担うのが「電子工業センター」である、という方針である。

第七章　電子産業の振興とバテル記念研究所

　一般に電子産業については、労働集約的な産業と異なって技術的に高度で、しかも膨大な設備投資が必要とされるために、本来は発展途上国での輸出産業化は事実上困難なものである。そこで、発展途上国一般では輸入代替産業としての育成に力点を置くことが多く、その場合でもラジオやテレビなど民生用電子機器部門において、先進国の資本・技術に大きく依存しながら国産品への代替を進めるのが一般的である。韓国も少なくとも、1966年までにはラジオ及びテレビなど民生用電子機器の輸入代替を進めようとした。ところが、前述したとおり、韓国政府は外貨事情の悪化や電力事情の厳しさなどゆえに消極的な方針に徹せざるをえず、香港や台湾、そしてフィリピンなどに比べても、輸入代替もなかなか進まなかったのである。

　電子産業の特性上、生産にあたって技術及び研究開発が重要な位置を占め、しかもその技術進歩は急激であるため、韓国の電子企業にとり先進国の技術は雲の上の存在である。当然のように、韓国の電子企業が先進国市場に新規参入を図ろうとすれば、技術導入にせよ市場開拓にせよ、「重い負担」と「高いリスク」を負わなければならない、という現実が待っている。そこで、政府が電子企業に代わって、その「重い負担」と「高いリスク」を負い、かつ「中枢機関」としてサポートやマネージメントなど直接的な役割を演じることが重要となるのである。それにより、電子企業は最小限の投資で豊富な若年労働力を活かし、生産活動に特化すれば、価格競争力に有利となる、すなわち国際競争力の強化のための有効な手段である。その意味で、従来の労働集約的産業における単なる加工組立生産とは一線を画すものであり、政府が技術及び研究部門を強化し、電子企業は生産活動に集中させる、という新たな「官民協調システム」ともいえるものであろう。

　以上のように、1967年3月に経済科学審議会で審議された「電子工業の育成方案」は、非常に画期的なものであった。否、発展途上国としてはあまりにも野心的過ぎる方針であるといった方が正解かもしれない。いずれにせよ、同方案が、世界需要の急速な拡大を予見して、ICなど先端技術産業の輸出振興を狙いとし、電子産業の技術及び研究開発力の強化を謳い、「電子工業センター」を中枢とする研究開発活動の支援体制を築き、豊富な若年労働力という優位性を活かし、三位一体の先進的な育成方針を打ち出しているということは、韓国の電子産業を見ていくうえでもっとも肝心な点であろう。

3．電子産業のマスタープランとバテル記念研究所

(1) 電子産業育成の背景

韓国の産業振興あるいは技術促進に影響を与えたバテル記念研究所の役割は多岐にわたっているが、ここでは、とりわけ、電子育成政策に果たした役割について焦点を当ててみたい。とりわけ、韓国政府のターゲティングポリシー、すなわち特定産業の育成政策にバテル記念研究所がどのような影響を与えたのかを、電子産業の政策動向と対応させながらチェックしてみることにしよう。

バテル記念研究所と韓国とは従来ほとんど関わりを持つことはなかったが、1966年6月、KISTとバテル記念研究所との姉妹協定が締結されるのをきっかけに、特別な関係を強めてゆく。バテル記念研究所が協定後直ちに着手したのが、韓国経済にとり重要な産業技術部門を特定することであったが、この点がまず注目されよう。そこではバテルが長年積み上げてきた「経験法則」が反映され、韓国経済を牽引する重点産業分野の競争力強化を促進するとともに、産業技術アプローチによる国際優位性が期待されるコア産業を決め、そこに研究技術開発資源を集中的に投下することが望ましいものであった。すなわち、産業の国際競争力を育成・強化し、輸出の増大への結び付けるためには、研究技術開発を通じた技術革新が必要不可欠である、というバテルならではの先見性だったように思われる。

もっとも、1960年代当初の韓国は輸入の増大による国際収支の悪化というジレンマに陥り、これが絶対的な外貨不足となって、工業化に必要な技術も外国資本による経済援助に頼らざるを得ず、技術水準は、他のアジア諸国のそれと比較しても、多くの分野でかなり劣っていた。衣類や窯業のようにすでに輸出特化産業に指定された産業部門においても、技術レベルが低く、世界での最新技術との間に大きな格差ができていたことを指摘しなければならない。要するにそれは、輸出産業の育成の優先課題でもあった。韓国政府は輸出特化産業の育成を打ち出したものの、特に未熟な裾野産業のために産業リンケージの欠落、国際競争力の低迷、国際収支の悪化の状況にあり、これらの改善が至上命題とされた。

こうした背景のもとに、いわゆる「選択と集中」が特定の産業を育成する目的でバテル記念研究所によって用いられた。対象となった産業には、食品工業、電子工業、石油化学工業、化学繊維工業、材料工業、機械工業、コンピュータ、分析化学、窯業

第七章　電子産業の振興とバテル記念研究所

工業、科学技術情報、電機機械工業、パルプ及び製紙工業、包装工業、鋳造、運輸、建設経済及び技術などの16分野が含まれた。ところが、第２次５ヵ年計画の重要産業である化学肥料、鉄鋼、セメント、合板などといった諸分野は含まれていない。その反面、電子、コンピュータ、科学技術情報、材料、分析化学、包装工業、鋳造、運輸、建設経済及び技術といった産業が重要分野と位置づけられる。しかし、これらの分野は基本的に高度の技術や知識が支える技術集約的産業の色合いが強く、それを支えるためには活発な研究開発投資を必要するなど、いわゆるハイテク産業と位置づけられるものである。いうまでもなく発展途上国でのハイテク産業の育成は、資金及び人材、そして技術情報の面から困難であるという見方が一般的であった当時では野心的に過ぎるといって良かろう。当時の韓国の力量からすれば、韓国政府が指向した生産力拡大至上主義とは明らかに異なった面を持っており、次の諸点にもあわせて注目を払わなければならない。

　第一に、電子分野はコンピュータ分野とならんで先端技術を吸収して成長しており、この時期、韓国工業化のプロセスから見て先端産業と位置づけられる電子産業を育成することは、「新たな実験」ともいうべき非常に画期的なものであった。というのは、この分野の技術革新はスピードがきわめて速く、そしてなによりも膨大な資金と先端技術を必要とするものであるゆえ巨額の研究開発投資を続けなければならないが、韓国では資金不足に加えて外貨事情が悪化していたがために、産業の自主的な研究開発力の育成がなかなか進展しなかったという面も否定できないからである。しかも、韓国政府は新しい生産物を導入するのに最も適した産業として重化学産業などを重視していたため、発展途上国にとり大きなリスクを冒しかねない先端産業にはほとんど関心を注げなかったためでもある。

　そこで、注目されなくてはならないのは、電子産業に何ら関心を示さなかった韓国政府がこの時期に電子産業の育成方針を打ち出したことである。なぜなら、朴忠勳商工部長官が1966年12月５日に記者会見を通して電子産業の育成方針を発表したが、それが韓国政府による初めての意思表明であったからである。というのは、バテル記念研究所により電子産業が韓国経済にとり重要産業の一つとして指定された時期よりも遅いことを示すものである。すなわち、韓国政府が電子産業の育成に力をいれる、という方針を記者会見で慌てて発表することとなったのは、バテル記念研究所が電子産業を重要産業に位置づけていたためであるといえないこともない。したがって、韓国

の電子産業の育成政策にバテル記念研究所が影響を与えていたことは、高度成長期における産業政策を評価するうえで重要であろう。

第二に、材料、分析化学、包装、鋳造、科学技術情報といった分野は、多くの産業部門とのリンケージ効果を生むとともに、国際競争力を支えるサポーティング・インダストリーと位置づけられるもので、当時の韓国の産業力からすればその育成・発展はほとんど不可能なものであった。これらの分野は、国際競争力のある工業製品を生産する際に、多種多様な部品と素材、そして機械や工具などを供給する必須の産業でありながらも、技術集約的な性格が強く、発展途上国ではその育成・発展が困難であるといわれてきたからである。当時の韓国ではとくに裾野産業が未熟であったため、産業リンケージの問題、輸入超過の問題などは残ったままであった。それゆえ、輸出製品の生産に際し、重要な部品・素材、機械・設備などは先進国に依存しなければならなかったのである。この産業育成方針にあって、より注目されなくてはならないのは、韓国政府が生産能力重視から重化学産業などを優先させたとすれば、バテル記念研究所は産業リンケージの効果やイノベーション能力の形成のために高度の技術を要するサポーティング・インダストリーを重視していた、という点であろう。

(2) 韓国初の電子産業に関する実態調査

かくして選定された16産業技術部門に対しては、その実態をより詳細に把握するための産業実態調査が行われた。この産業実態調査もまたバテル記念研究所のイニシアチブによるものであったが、ここでは第一に注目されるのは、韓国で初めての本格的な実態調査が行われていた、ということである。表7-2に示した通り、韓国の産業界・学界・政府機関から専門家56人とバテル記念研究所からの専門家22人で構成された韓米共同調査団によるものである。韓米共同調査団は1966年10月から67年8月までに約1年間にかけて、韓国企業600社をはじめ業界団体及び政府機関、そして大学などを訪ねて、インタビュー調査を行った。バテル記念研究所によると、その主たる狙いは、(1) 韓国産業の現状を踏まえて先進技術の活用を模索すること、(2) KISTが十分に担いうる韓国産業に役立つ研究開発対象を特定すること、(3) KISTの研究開発スタッフに対する今後の需要を分析すること、(4) KISTにおける適切な研究施設および実験機材を確定すること、という四点が挙げられている。要するに、韓国の産業振興に研究開発に基づく先進技術を活用することが狙いであったといえよう。

第二に注目されるのは、韓国の産業政策に対して、この産業実態調査レポートの影

第七章　電子産業の振興とバテル記念研究所

表7-2　産業実態調査とバテル記念研究所の支援

	調査分野	バテル側専門家	韓国側専門家
1	食品	O. ウィルヘルミー、N. ドロブニー、R. クルテール	金鐘彬、崔相、金東勲
2	電子	C. S. ピート、R. J. ベングストン	沈汶澤、鄭萬永、金海洙
3	石油化学	A. P. リーエン	金光模、沈貞燮、金鐘彬
4	化学繊維工業	R.I. レイニンガー	鄭基現、盧益三、成佐慶
5	冶金工業	G. K. マニング、B. W. ゴンサー	黄基樺、尹東錫、高昌植、姜雄基
6	機械工業	G. A. フランシス	姜哲熙、李炳輝、兪炳徹
7	コンピュータ	M. ティックスン	成琦秀、金徳鉉
8	分析化学	W. M. ヘンリー	梁在炫、金東善、李泰寧
9	窯業	J. W. レノン	李鐘根、林應極、朴容浣、池應業
10	科学技術情報	J. W. マードック、G. S. シンプソン. Jr	李敏廈、吉炳敏
11	電気機械	E. J. バレット	李承院、朴旻鎬、金庚基、金洹
12	パルプ及び製紙	R. W. トール	曺亨均
13	包装	J. R. ブライズ	尹温求、河鎭弼、李燦柱
14	鋳造	H. S. サンダーズ	崔英植、李炳輝、洪鐘徽、尹孝重
15	運輸	K. P. ラハバーニ	李昌錫、金鐘彬
16	建設経済及び技術	G. H. シューエル、H. N. レイン	李海星、金徳鉉、崔鐘浣

（出所）Battelle Memorial Institute（1971）、pp.29～32及び韓国科学技術研究所編集委員会（1977）、43頁より作成。

響が認められる、ということである。バテル記念研究所により、韓国が抱える問題点が産業ごとに詳しく分析され、なおそれに対する具体的な解決策や今後取り組むべき課題も検討・提示された。その分析結果は、レポートとしてまとめられ公表されたが、先に英語版が公表されてから、韓国語に翻訳された。同調査レポートは、産業競

第三部　高度成長の見えざる手

争力の強化を講じようとする産業界及び経営者の経営参考資料、行政関係者の政策参考資料として活用を目論んで作成されたものである。その意味において産業競争力強化に向けた提言書ともいえる。それに科学と技術の世界的リーダーによる「韓国産業の処方箋」という性格が強かったこともあり、産業界はもとより政府機関でも広く参照されていたが、これが産業政策に与えた影響も軽視することはできないであろう。

最も、電子産業とならんで材料産業も、優先的に育成すべき産業として位置付けられたが、これが産業政策に反映する影響も見逃せない。バテル記念研究所により、産業リンケージの効果という観点から材料産業、機械産業、電子産業、化学産業、食品産業の5産業が優先育成産業として特定されていたが、それは韓国政府が指向した重化学工業化とは明らかに異なった面を持っていたのである。すなわち、第2次経済開発計画では、鉄鋼、機械、セメント、石油化学、肥料などが重点産業として位置づけられており、電子産業と材料産業は重点産業どころか投資対象にもなっていなかったからである。要するに、韓国はまさに半導体を中心とした電子産業の育成に成功した事例の一つであり、この視点から材料産業と電子産業を早い時期から優先的に発展させようとしていたという事実は見逃してはならない点であろう。

第三に注目されなくてはならないのは、高度な技術を必要とし、また経済・技術の両面で波及効果が高い材料産業と電子産業を重点的に育成する成長分野として位置付け、これらを基幹産業に育成することを目指したという点である。これは、バテルならではの斬新な産業振興策といえるもので、現在電子産業のプレゼンスを解明する上でも肝心な鍵となる部分だと考えられるからである。電子産業を新しい成長産業及び柱とした産業を育成する上に、ラジオやテレビなど家庭用機器分野に、トランジスター、ICなど電子部品分野を加え、さらにこれらを支える半導体などの電子材料分野も重要な役割を果たす。ICや算機用メモリー・コア、ダイオード等といった新しい分野の電子部品などの生産は、技術的にかなり高度で、しかも大量生産するには相当の設備と資本を必要とするため、一般的に先進国からの進出企業によって行われるものであるといわれる。すなわち、米・日など先進国の資本・技術と韓国の低賃金が結びつき、いわば国際的な分業体制の中で韓国の電子産業の成長を目指す。

(3) 電子産業の実態調査レポートと「電子工業の育成方案」

ここで特記すべきことは、67年3月8日に経済科学審議会議で審議検討された「電子工業の育成方案」は、韓国政府が独自に作成し立案したものではなかった、という

第七章　電子産業の振興とバテル記念研究所

ことである。この方案は実のところ、産業実態調査レポートとほとんどといって良いほど符合しており、事実上バテル記念研究所による政策立案であったといっても過言ではない[33]。確かに、この時期の産業政策は官僚統制的色彩の強いものであったとしても、政府の部内には電子分野での政策に関する中心的な役割を担う部局は設けられておらず、電子産業に関する政策立案や検討及び調整などといった機能を果たすことができなかったのも事実である。そもそも電子産業は、当時の最先端産業の一つであり、韓国国内では電子分野についての大学教授や科学技術者、そして最新技術情報などといった諸資源は無きにひとしく、韓国が電子産業の育成を独自に推進できる可能性はきわめて稀薄であったことはまちがいない。つまり韓国では自力では新しい産業の育成のためのマスタープランの策定ができず、世界最大級の研究開発機関であるバテル記念研究所にその策定を委ねたとみることができる。すなわち、このバテル記念研究所が果たした役割があってこそ、電子産業のマスタープランを策定することができたと言うことができるのである。従ってバテル記念研究所及びその背後にあるアメリカ政府の意向は、電子産業の成長要因を解明するうえでの一つの鍵となる。

　電子産業に関する実態調査は、バテル記念研究所からC. S. ピートとR. J. ベングストンが中心となり、KISTから沈汶澤、鄭萬永、金海洙などが加わり、1967年1月中旬から約1ヵ月間にかけて行われた[34]。同調査は、電子産業の育成を主眼としたものであり、内容的にも家庭用電子機器の育成というよりは電子部品の育成を図ろうとした面が強く、ここで注目されるのは、電子産業の核心ともいえる半導体分野にフォーカスが当てられていた点である。調査の目的を見ると、「電子工業の技術及び経済に関する現状を把握するとともに、電子工業においての半導体技術が占める位置を検討することにより、わが国の資源及び経済に立脚した韓国電子工業の将来の育成方向を探ることである」と記されているのである[35]。加えて、当時の半導体技術は高度な科学的知識に依存しており、韓国政府にとり評価能力の枠をはるかに超えるものであったという事情もその一因になっていたが、要するに電子産業の実態調査にあたって

---

33) バテル記念研究所の実態調査レポートに関しては、韓国科学技術研究所（1967）『電子工業』、韓国電子工業振興会（1981）「韓国電子工業に対するBattel研究所チームのレポート要約」『電子工業二十年史』）37〜39頁、Battelle Memorial Institute（1971）, ELECTRONIC NEWS（1967）, p.44、などを参照。

34) 韓国科学技術研究所（1967）『電子工業』、1頁。

35) 韓国科学技術研究所（1967）『電子工業』、1頁。

第三部　高度成長の見えざる手

も、バテル記念研究所の専門家に委ねるしかなかった。

　その実態調査レポートの特徴について見ると、次の三点にまとめることができる。一つは、世界電子市場における需要動向や国際分業の進展状況という観点から、韓国の電子産業の成長を長期予測したことである。とりわけ、1971年の電子産業の需給見通しを見ると、韓国政府が5000万ドル、民間消費が5000万ドル、産業用が6000万ドルであったが、輸出は２億5000万ドルに上っている。すなわち、現在輸出が実現されているラジオの成長に加え、白黒テレビの生産開始やカラーテレビの生産予定により、輸出額が1966年の270万ドルから1971年に２億5000ドルに上ると予測している。その結果、世界電子市場のシェアも66年の0.13％から71年には3.25％に大幅な拡大が見込まれていたのである[36]。

　第二は、韓国の電子産業について、国際競争力の視点からの長所と短所を分析し、その問題を解決するための勧告を提示したことである。電子産業の長所には、良好な技術者と豊富な低賃金労働力、組立能力と模倣学習能力の高さ、政府の強力な外資導入政策などが示された。一方、電子産業の短所には、製品の設計技術及び経験不足、原資材及び部品の不足、製造施設及び試験、検査施設の不足、輸出に関する経験（輸出市場情報活動）不足、資金の不足、効率的な経営能力の不足、行政手続の非効率などが示された[37]。このような様々な問題点が顕在化したことにより、その問題を解決するための勧告や取り組みも実施可能となった。主なものとして、輸出製品のマーケティング・リサーチ、情報センターのスタート、試験センターと技術訓練、政府の支援政策などが挙げられる[38]。

　第三には、韓国の低賃金労働に着眼点を置き、アメリカなど先進国の資本・技術との融合を通じた国際分業の可能性が検討されていたことである。すなわち、先進企業が韓国に投資を行い、韓国で生産された電子製品や部品などを先進国に輸出するというこの新たな分業体制の構築が、韓国の電子産業にどのくらいインパクトを与えるかについての見通しである。電子産業を取り巻く国際経済環境は、先進国における需要拡大に伴う輸出市場の高まりと、先進国企業による発展途上国への委託加工の強まり、特恵関税供与の見通しなど良好に進展していたのだが、こうした国際分業体制の

---

36) Battelle Memorial Institute (1971), p.29、及び韓国電子工業振興会 (1981)、38頁を参照。
37) 韓国電子工業振興会 (1981)、38頁。
38) Battelle Memorial Institute (1971), p.29.

第七章　電子産業の振興とバテル記念研究所

展開に伴う貿易拡大のチャンスの場を韓国に提供する、というシナリオであったともいえよう。

4．電子産業の技術革新とバテル記念研究所

(1) 研究開発システムの構築

こうした国際分業体制が電子部品の生産を開始する重要な契機であったというのは言うまでもなかろうが、強調すべき点は、韓国内に電子機器及び電子部品、さらに電子材料の開発体制が構築されたことである。1968年1月5日にKISTの研究組織は確立し、研究分野ごとに、14の研究室が設置された。そして、各研究室は独自のプロジェクトを立ち上げると同時に、研究室の枠を越えた柔軟な研究グループが構成され、複数の研究プロジェクトを立ち上げたのである。電子分野では、電子機器に関しては鄭萬永博士が、半導体及びフェライト材に関しては沈汶澤博士が、固体物性などに関しては丁元博士がそれぞれ担当した。主にこれら三つの研究室は、研究室の間に相互ネットワークを形成し、通信機器や半導体及び電子材料などの研究が行われた。また、各研究室には研究責任者がその長を兼ねた。鄭萬永博士は電子装置研究室、沈汶澤博士は固体化学研究室、丁元博士は固体物理研究室のそれぞれ研究責任者となる。なお、研究責任者はバテル記念研究所本部での「研究経験プログラム（Research Experience Programs）」を受けている。研修期間を見ると、鄭萬永博士（電子装置研究室長）は1967年5月15日〜11月25日、沈汶澤博士（固体化学研究室長）は同年5月8日〜11月22日、丁元博士（固体物理研究室長）は同年3月15日〜9月15日、いずれも約6ヵ月間に渡る期間であった[39]。

電子機器の開発は、主に通信機器、電子時計、計数型周波数測定器等である。例えば、通信機器に関してはマイクロ波PCM送受信装置、超短波FM無線機、多重方式FM送信機、超短波車両用無線機、全固体化通信機などが、電子時計に関しては水晶振動子及びIC（集積回路）と液晶表示器等が、それぞれの開発の中心となる。なお、計数回路で単位時間当たりの周波数を測定し、十進数で表示するために、IC（集積回路）を大幅に活用した計数型周波数測定器の開発も進められた。

また、トランジスタ、ダイオード、コンデンサー及びそれらの集積回路（IC）であ

---

39) Battelle Memorial Institute（1971), p.33.

第三部　高度成長の見えざる手

る半導体に関しては、韓国が非常に力を入れていた分野である。半導体のパイロットプラントを備えるなど、製造実証試験や大容量化・小型化といった製品開発への応用などが本格的に行われた。韓国産業の最も脆弱な分野でもある電子材料に関しては、ICなど電子デバイス及び液晶表示器の材料、そして半導体の材料等が集中的に開発された。丁元博士が研究責任者となる固体物理研究室では、半導体の材料研究に力を注いでいた。丁元博士は、かつて米ベル研究所で半導体の研究において素晴らしい業績を上げていた研究者でもある。そして、放射線照射効果、電荷キャリアの注入あるいは電気的破壊、マイクロ波受信、破壊的降伏など電子産業に関係ある物性物理の研究に重点が置かれていた。なお、1972年3月6日に固体物理研究室は半導体材料研究室に名称変更となった。

一方、固体化学研究室では、沈汶澤博士が主となり、ヒ化ガリウム（GaAs）やリン化ガリウム（GaP）等といった化合物半導体を用いた固体光源の開発が進められた。1969年には赤色発光ダイオード（LED）の製造に成功したのである[40]。世界的には、1963年に赤色LED（GaP系）が登場し、これを機に可視光LEDの歴史が始まるのだが、日本では東芝が1966年4月に赤色LEDの研究開発をスタートした。このことを勘案すると、韓国の早期研究開発の成果には目を見張るものがある[41]。

他方、1970年に「ガラス半導体研究プロジェクト」、72年には「固体電解質研究プロジェクト」と「ネマティック液晶の物性プロジェクト」など研究プロジェクトが発足し、新たな電子材料分野にも研究を進めたのである。ちなみに、スイスのホフマン・ラ・ロシュ社は、それまで極秘で進めていた液晶ディスプレイの研究を1971年2月に論文に発表した。この研究発表は、当時RCAが白黒テレビやカラーテレビを発明し、しかも最初にDSM液晶を発明するなど電子業界をリードしていただけに、世界中に衝撃を与えた。それはRCAが発明したDSM液晶の性質よりも表示効果が良好なものであり、しかも室温でも比較的安定な液晶状態を示すことができ、実用化の期待が高まった。実際、現在実用化されている液晶ディスプレイはそのほとんどがネマティック液晶を使用している。また、この画期的な表示方式の発表を受け、その翌年に韓国では「ネマティック液晶研究プロジェクト」が立ち上げられたことは注目に値する。もちろん、バテル記念研究所によって科学技術情報システムが築かれたこ

40）韓国科学技術研究所編集委員会（1977）、161頁。
41）岡崎淳・加藤正明・小西勝之（2009）、10頁。

第七章　電子産業の振興とバテル記念研究所

とも大きいのだが、その判断の速さからは韓国人研究者の質の高さが伺えよう。こうした背景もあり、1976年2月10日になって、半導体技術開発センターが設置されることになったのである。半導体技術開発センター設立の目的は、電子産業の基盤強化のためにIC等の大容量化・小型化や電子材料の応用に関する研究に加えて、IC及びトランジスタの設計と開発、半導体の工場設計や半導体規格の標準化といった最先端の技術開発を行うことであった[42]。

　もっとも、アメリカ政府により韓国への積極的な技術移転が行われていたことにもあわせて注目を払わなくてはならない。この点に関しては、『韓国科学技術研究所10年史』によると、「このほかに特記すべきことは、アメリカの航空宇宙局（NASA）が開発した宇宙科学技術を国内移転するために行われた研究プロジェクトである。同研究プロジェクトは、国内移転の可能性が高い16の研究分野に関するものであり、その中に超小型携帯用送受信機、高性能携帯用送受信機、電子チョーク回路、タンタルコンデンサーなど四つの分野については国内に移転され、KISTにおいて応用研究とエンジニアリング及びプロトタイプが行われるなど、米航空宇宙局が開発した高度の技術をわが産業界に移転させる契機となった」[43]と触れられている。なお、その成果は、1972年11月20日から3日間に渡って開催された「米航空宇宙局（NASA）の技術移転セミナー」で報告されたのである。このようなNASAの技術移転の存在は、アメリカ政府がKISTの科学技術発展に対して極めて重要な役割を果たしていた事実を端的に示しているといえよう。

　1960年代後半、韓国において通信機器や半導体、そして電子材料といった特定分野に限った開発研究は、発展途上国としては想定さえできなかったにもかかわらず、現実に先進国に肩を並べるほどの水準であったことがわかる。これら特定分野については、技術の発展にともない、ラジオ、電卓、そしてVTR、コンピュータ、液晶テレビ、さらには携帯電話など現代のIT産業に欠かせない部品及び技術の生産の中核を担うもので、新しい製品および市場の開拓に大いに貢献を果たしてきた分野でもある。いうまでもなく、現在の韓国のIT産業を支える主要な科学技術の一つであり、1960年代後半からITの歴史が始まったと言っても過言ではなかろう。

42）韓国科学技術研究所編集委員会（1977）、183頁。
43）韓国科学技術研究所編集委員会（1977）、155頁。

第三部　高度成長の見えざる手

第三節　電子産業とアメリカの直接投資

1．電子産業の発展と外国人投資

　電子産業の発展を考えるとき、もうひとつ考慮しなければならない点は外国人投資であろう。企業が海外進出の際に、主導権を握るのはなんといっても進出してくる外資側にあり、自らの投資目的によって対象国を選択されることになる。韓国は、第5章で述べたようにとりわけ電子製品の国内市場はその規模が小さかったために、外資側にとり進出対象となるのは輸出生産を目的としたものになるであろう。この場合、単に労働力コストの安さというだけでなく、立地条件、投資環境といった諸条件が進出企業にとってはより重要である。すなわち、「プッシュ要因」が重要なポイントとなろう。

　まず、韓国における外国人直接投資の動向を見ると、1965年まではわずか1300万ドルに過ぎなかったが、1960年代後半から飛躍的な増加を見せ、1966～70年の累計では1億2300万ドルに達した。これを国別に見ると、表7-3に示されているように、1966～70年の累計では、アメリカが全体の71％を占め、日本は18％である。また、業種別で見ると、製造業に対するものがほとんどであり、発電所・鉄道などインフラ部門は少ない。製造業の中では、重化学工業に対するものが圧倒的でありなかでも肥料、精油、電機・電子が多い。肥料は外国人投資総額の26％、精油は26％、電機・電子は24％に達し、三分野あわせて76％を占めており、いずれも政府が重要産業部門として力を入れた資本集約的な産業である。これらの業種は一件当たりの導入額が特に大きく、いずれも大規模な近代的工場の建設を行っているが、それがアメリカの商業借款と結びついて活発に展開されていたことも指摘しておこう。

　また、アメリカの直接投資は、一件当たりの導入額が特に大きく、いずれも大規模な近代的工場の建設を行っていたのは先述した通りであるが、それがアメリカの商業借款と結びついて活発に展開していたことも、あわせて注目する必要があろう。まず、商業借款の推移を日米で比較すると、1965年の日韓条約の締結を期に、日本の商業借款がどっと韓国に入り込んだことが明らかである。とりわけ、66年から2ヵ年ほどの期間は、日本が圧倒的な地位を示していた。66年に日本は6100万ドルを供与した

第七章　電子産業の振興とバテル記念研究所

表 7-3　国別外国人投資の推移（到着基準）

(単位：100万ドル)

	1962～65	66	67	68	69	70	1966～70	
							金額	比重
アメリカ	3	13	10	11	6	47	87	71%
日　　本	4	1	1	2	5	13	22	18%
西ドイツ				1			1	1%
パナマ				4	2		6	5%
その他	6		1			6	7	6%
小　　計	13	14	11	19	13	66	123	100%

（出所）財務部・韓国産業銀行（1993）、178頁。

が、アメリカの供与額は1300万ドルであり、つづく67年を見ても日本の4600万ドルに対しアメリカは1900万ドルに過ぎなかった。しかし、その後、アメリカの商業借款は大規模に展開し、68年からは日本の供与額を上回ったのである。すなわち、日本は68年8800万ドル、69年8800万ドル、70年8300万ドルと一定の規模となっていたが、アメリカは68年には9400万ドル、69年には1億6200万ドル、70年には1億5400万ドルと急増したのである。

ところで、商業借款の使途は、公共借款がインフラに振り向けられていたのとは異なり、製造業部門に集中しており、化学繊維、精油、肥料などに重点的に当てられた残りが、発電所、金属や電子などに配分された。商業借款の導入先を見ると、主に大韓石油公社（4700万ドル、米国）、湖南精油（4500万ドル、米国）、京仁エナジー（6000万ドル、米国・英国）、双龍洋灰（3800万ドル、米国・日本）、鮮京合繊（1600万ドル、日本・米国）、コーロンポリエステ（1700万ドル、日本・米国）、東洋ナイロン（1500万ドル、日本・西ドイツ）など、ほとんど重点育成部門に向けられている。

次に、電子産業における国別外国人投資の動向を見ると、表7-4に示されたとおり、1965年～70年の6年間に、42件の外資が電子産業に投資しているが、その約6割弱はアメリカによるものである。なお、同期間、投資額の7割強はアメリカの直接投資であり、投資額は2053万ドルに達した。つまり、この時期の電子分野への直接投資は、アメリカへの偏重度が際立って高いことがわかる。同時に、こうした1965年以降

253

第三部　高度成長の見えざる手

表 7-4　電子産業における外国人投資の推移

(単位：千ドル)

	アメリカ						日本					
	合計		単独投資		合弁投資		合計		単独投資		合弁投資	
	件数	投資額	件数	投資額	件数	投資額	件数	投資額	件数	投資額	件数	投資額
1965	3	388			3	388						
1966	2	824	2	824								
1967	3	8,458	3	8,458			1	20			1	20
1968	4	503	3	466	1	37						
1969	3	1,063	1	868	2	195	5	6,640	1	1,400	4	5,240
1970	9	9,297	3	6,173	6	3,124	12	1,570			12	1,570
合計	24	20,533	12	16,789	12	3,744	18	8,230	1	1,400	17	6,830

(出所)　韓国産業銀行調査部（1970）、561～562頁、韓国精密機器センター編（1972）、49～52頁、より作成。

におけるアメリカ人投資の増加趨勢は、電子産業の進展と一致するものとして注目されよう。一方、日本の直接投資は18件823万ドルにすぎず、そのうち17件が合弁投資の形式によるものである。こうして見ると、日本の直接投資は、1966年に「外資導入法」の制定により、外国資本に最大限の優遇措置を講じるとともに、課税、工業所有権、資本や利益金の回収に関する国内法体系も整備されていたものの、投資リスクが大きいためか、まだ本格化されていない。いずれにせよ、日米両国の企業の動きに大差があることは明瞭である。

　ところで、電子産業への直接投資に伴って、非常に多くの借款が導入されていたことに注目したい。表7-5は電子産業に対するアメリカ人投資（単独投資）を示したものである。1969年末の累計で、直接投資額は約407万ドルであったが、借款導入額はその3倍を超える1222万ドルに達している。とりわけ、モトローラ、フェアチャイルド、シグネチックスなどの半導体メーカーに対する借款導入額の規模の拡大は著しく、電子部品分野におけるアメリカ人投資が借款を大きな支えにしていたことを物語っている。ここで注目すべき点は進出企業のほとんどがアメリカの大手企業によるものであることで、主要生産品は電算機用メモリー・コア、マグネティックヘット、ダイオード、IC等新しい分野の電子部品である。これらの電子部品については技術的に高度で、しかも大量生産には膨大な設備と資本を必要とするため、本来は発展途上

第七章　電子産業の振興とバテル記念研究所

表7-5　電子産業に対するアメリカ人投資（単独投資、1969年末）

(単位：千ドル)

	企業名	投資家	投資額	主要生産品目	借款導入額
1	フェアチャイルドセミコア	Semiconductor	347	IC、トランジスタ	1,217
2	韓国シグネチックス	Signetics	621	IC	1,131
3	モトローラ・コリア	Motorola	1,000	IC、トランジスタ	7,000
4	韓国IBM	IBM	952	コンピュータサービス	600
5	コントロールデータコリア	Control Data	200	メモリ	300
6	韓国アプライドマグネティック	Applied Magnetics	66	マグネティックヘット	600
7	韓国トーランコ	Doranco	100	カーオーディオ	400
8	アイメック電子	Komy	432	IC	778
9	世正工業	在米同胞	354	ラジオコントロールシステム	200

（出所）韓国精密機器センター編（1972）、372頁、韓国産業銀行調査部（1970）、561〜562頁より作成。

　国での産業化の実現には相当な時間のかかるものであり、発展途上国との直接的な競合は選択肢にはなりえないと考えられていた。この点、電子部品を輸入して比較的安い労働力をもって生産を開始するものが多かったラジオ等組立生産の場合と異なる。アメリカの経済学者バーノンが唱えたプロダクト・サイクル論や日本の赤松要によって提唱された雁行形態論などとは一線を画すものである。こうした企業化形態は、欧米先進国の資金力と高い技術が発展途上国の安い労働力と結びついてハイテク製品を生産するというように、一商品の生産段階における新たな国際分業体制がとられている。これらの形態での外国人投資が、先に述べた「電子工業の育成方案」やバテル記念研究所の調査研究レポートを色濃く反映していたというのは、この点を強調したからに他ならない。

　ここで、日本の企業がアジアに進出する上で、どのような要因が重要であったかを、対アジア直接投資の実績と比較しながらチェックしてみることにしよう。表7-6は日本の電気・電子産業のアジア国別直接投資の推移を示したものである。まず、台

表7-6　日本電気・電子産業のアジア国別海外投資の推移

(単位：件数)

業　種	設立年	韓国	台湾	香港	マレーシア、シンガポール	タイ、フィリピン、インドネシア	アジア計	世界計
民生用機器	～65	0	2	1	1	2	6	11
	66～69	0	3	0	5	5	13	23
産業用機器	～65	0	2	0	0	0	2	5
	66～69	0	1	0	0	0	1	6
電子部品	～65	0	3	1	1	1	6	8
	66～69	1	13	0	0	1	15	22
総　計		1	24	2	7	9	43	75

(出所) アジア経済研究所（1981）、42頁。

湾への投資が24件でもっと多く、全体の3分の1を占めている。特に電子部品の半分が台湾に集中し、重要な生産拠点となっている。次に東南アジア5国への投資が目立ち、この5国で16件が行われているが、そのうち13件が民生用機器の投資である。すなわち、日本の直接投資は、韓国への投資は1件しかなかった反面、台湾と東南アジア5国への投資は活発であったことがわかろう。

次に、日本企業の対アジアへの投資目的を見ると、表7-7にように、現地市場指向型が圧倒的に多い。すなわち、33件のうち19件が現地市場指向型の投資であった。そのうち13件は、マレーシア、フィリピン、タイ、シンガポールなど東南アジア諸国への投資である。また、輸出指向型の投資は7件であったが、そのうち5件が台湾への投資である。これらのことは、立地条件、投資環境といった諸条件が日本企業にとっては、韓国と比べて台湾または東南アジア諸国が比較的に有利な条件となり、それが台湾または東南アジアへの投資拡大という結果をもたらしたといっても差し支えなかろう。

このように、韓国は他のアジア諸国と比べて、日本の企業にとっての輸出加工生産地となりうるに足りる投資環境の魅力は持たず、日本の企業が韓国を電子製品の輸出基地としてほとんど考えていなかったのである。これに対して、アメリカ企業の韓国進出は比較的に大きい。そこで、アメリカ企業にとって、どのような「メリット」が後押しを図ったのかについて検討することとしたい。

表7-7 日本電気・電子産業のアジア進出：国別投資目的別推移

	現地市場指向型		輸出市場指向型		計
	～65	66～69	～65	66～69	
韓　　国				1	1
台　　湾	3	9		5	17
香　　港	1		1		2
シンガポール		2			2
マレーシア	1	3			4
フィリピン		3			3
タ　　イ	2	2			4
アジア小計	7	19	1	6	33

（出所）アジア経済研究所（1981）、48～49頁。

2．アメリカ政府の積極的な支援

　ここで強調されなければならないのは、アメリカ政府がアメリカの対韓直接投資に大きな役割を果たしたことである。アメリカ政府の政策的な支援については、ここで立ち入った分析は資料の制約上差し控えるが、米民間企業の対韓投資拡大にアメリカ政府が重要な役割を果たしたことはまちがいない。すでに1957年に韓国はアメリカと「韓米友好通商及び航海条約」を結び、直接投資の道を開いていたものの、当初投資額は期待したほど導入できなかったのである。というのは、アメリカの企業が韓国に投資する場合には、政治、経済、社会的な不安のみならず、朝鮮半島における軍事的衝突などによる投資リスクが高く、そのため米民間企業の対韓投資は積極的ではなかったことが大きかったからである。しかし、1965年以降、アメリカ政府の介入もあり、アメリカの直接投資が韓国に入りはじめることとなる[44]。とりわけ、1966年11月

44）例えば、アメリカのフェアチャイルド社が韓国に進出したのは1966年であるが、その背景にはアメリカ政府の誘導政策がある。日本貿易振興会（1967）『海外市場白書（概観・地域編）』によると、「最近では韓国に対する米国企業の進出の一つとして、RCAによる電子製品工場設立に関する調査団の韓国訪問がある。これは、元来日本および台湾を訪問する予定のところ、ニューヨークの韓国トレード・センターが韓国も調査してほしい旨、RCAに働きかけたものだといわれる」と指摘している（日本貿易振興会（1967）『海外市場白書（概観・地域編）』128頁）。なお、韓国電子工業振興会

の朴・ジョンソン共同コミュニケをバネに、アメリカ企業の対韓直接投資に拍車がかかったが、この点に注目を払わなければならない。

　この点に関しては、近年公開された「韓国経済発展のための提案総括」という外交文書を参照されたい[45]。同外交文書は、ロストウ米安全保障問題補佐官と金正濂財務長官との間で「覚書」として交わされたものであり、8項目に及ぶ合意事項が記されている。とりわけ、アメリカ企業の韓国投資促進について、次のような合意事項があることに注目されたい。

5．米国政府は米民間企業の対韓投資の増大を促進すること。
　　(1) 米国政府は、韓国投資を計画する米国企業に対して、リスク保証を多角的に展開すること。
　　(2) こうした保証のため、各種の費用を免除すること。
　　(3) 韓国への関心をより高めるために、両国財界人の交流拡大を一層促進すること。

　そして、韓国へのアメリカの直接投資を拡大するためにアメリカ政府は様々な支援を行ったが、とりわけ次の諸点に注目しなくてはならないであろう。

　第1は、アメリカの経営者や銀行家、経済団体などからなる経済使節団を構成し、韓国への民間投資を積極的にサポートした、ということである。この点に関しては、第六章で述べたとおり、前国務次官ジョージ・ボールが団長を務めた「ボール・ミッション」が、貿易振興のみならず、米民間企業の韓国進出に大きな役割を果たしたからである。

　第2は、韓国の重点産業分野と関連を持つ、アメリカの大手企業への企業訪問及び役員との面談などをアメリカ政府が斡旋した、ということである。例えば、朴忠勲商工部長官を団長とする「対米経済使節団」は、サンフランシスコとニューヨークではガルフ石油（現シェブロン）、ユニオン石油（現ユノカル）、コンチネンタル石油（現

『電子工業二十年史』では、65年10月にUSOMよりフェアチャイルド社の経営陣が東南アジアを訪問するという情報を韓国政府がうけて、その対応を図ったと記されている（韓国電子工業振興会(1981)、243頁）。こうしたことから、アメリカ企業の対韓投資にアメリカ政府が誘導活動を行ったというのが端的にうかがい知ることができよう。

45) "SUMMARY PROPOSAL FOR ECONOMIC DEVELOPMENT OF KOREA", WWR memorandum of conversation on Korean economy, Asian Trip Cys of memos. etc., Files of Walt W. Rostow, Box 8, NSF, LBJ Library, Nov.1,1966. 但し、現在公開されているのは、その要約のみである。

コノコフィリップス）、エッソ石油といった石油会社を訪問したとき、これらの会社役員との韓国への投資について具体的な話し合いが行われていた。また、シカゴのモトローラ社とニューヨークのフォード社を訪問した際にも、それぞれ韓国への投資及び技術協力について話し合いが行われていた。その結果、ガルフ石油は複合肥料・尿素、ポリエチレン、バンカーC油貯蔵などに、ユニオン石油は電力及び燃油処理施設などに、コンチネンタル石油はカーボンブラックなどに、モトローラ社は合成プラチック回路などに、それぞれ韓国への直接投資が実行され、フォード社は技術協力を通じて、韓国の石油化学や電子及び自動車産業の発展に寄与することとなる[46]。

　第3は、韓国投資に伴う米民間企業のリスクを保障するために、いわゆる「クーリー基金」を強化するなど米民間企業の韓国投資を強く後押しした、ということである。クーリー基金とは、1957年にクーリー議員の提案によって設けられたもので、その名をとってクーリー借款とも呼ばれている。資金源は、アメリカの公法480号タイトルIに係るアメリカ余剰農産物の売却により積み立てられた現地通貨である。アメリカ政府は、これら現地通貨の25％までを「クーリー基金」として積み立て、アメリカとの関係のある民間企業などへ融資することができた。すなわち、「クーリー基金」はアメリカの公法480号に基づき、アメリカ政府が余剰農産物の販売収入の25％を限度に、(1) 韓国における事業開発と貿易拡大のためアメリカの企業、その子会社あるいは合弁企業にたいし、(2) アメリカの農産物の消費を拡大しあるいは市場拡大のため韓国の企業またはアメリカの企業に融資することができる。

　PL480によってアメリカの余剰農産物援助を受けた韓国はそれを国内で販売し、その売上代金を政府会計「見返り資金」に積み立てられるが、この見返り資金は次のように3種に大別して使用されていた。すなわち、(1) 共同防衛のための贈与、(2) 米政府機関の経費にあてられるもの、(3) クーリー基金と称されるアメリカ系民間企業に貸し付けるもの、である。しかし、各種の用途に使用されるのは、政府間協定に明記された比率によるもので、韓国での「クーリー基金」の使用限度はきわめて低く、PL480号による援助総額の1％の規模にすぎなかった。韓国の場合、共同防衛のための贈与が79％で非常に高く、それについでは20％のアメリカ政府の使用分が占められていたため、すなわち残りの1％のみが「クーリー基金」にあてられていたのである。

---

46) 日本経済調査協議会（1968）、63～64頁。

第三部　高度成長の見えざる手

　経済開発のためのアメリカの余剰農産物の援助額は、1957年7月から1963年6月までに総額約94億ドルに達するが[47]、そのうち51％はアジア諸国に向けられている。すなわち、アジア諸国には47億9100万ドル相当の米国農産物が供与されたが、そのうち政府への借款が19億1000万ドル（39.8％）、経済開発のための贈与が13億9000万ドル（29.0％）、アメリカ政府の使用分が6億5000万ドル（13.6％）、共同防衛のための贈与が5億6000万ドル（11.7％）、「クーリー基金」による民間企業への融資が2億8000万ドル（5.9％）であった。ちなみに、アジア諸国の「クーリー基金」による民間企業への融資は合計で2億8000万ドルであるが、そのうち半分以上がインドにおける使用分であった。インドでこの「クーリー基金」により融資を受けた企業は1963年までの34社であったが、66年6月までには64社に上り、そのほとんどがアメリカ企業とインド財閥との合弁事業であった[48]。すなわち、インドへのアメリカの民間投資のベースを高めるに「クーリー基金」が役に立っていたのである。また、「クーリー基金」による民間企業への融資（1957年7月～1963年6月）をアジア各国別にみると、その比率が大きい順にフィリピン17.8％、スリランカ17.7％、台湾9.2％、南ベトナム7.1％、インド6.8％、インドネシア6.6％、イラン6.4％、パキスタン4.9％、韓国1.7％であった。他のアジア諸国と比べても、韓国はきわめて小さい配分である。

　ところで、1967年3月にPL480号の第Ⅰ項計画に関する協定の改正が行われたが、これは1966年11月の朴・ジョンソン共同コミュニケを反映したものであろう。その内容をみると、共同防衛のための贈与は74％、アメリカ政府の使用は20％、そして「クーリー基金」6％である。すなわち、共同防衛のための贈与分を減らし、その分「クーリー基金」に上乗せしていたことが読みとれる。この点、1967年3月11日付の外交文書「韓国に対するPL480プログラム」を参照されたい[49]。この外交文書は、

---

47) その内容をみると、総額94ドルのうち政府に対する融資が45.0％でもっとも大きく、それについでアメリカ政府の使用分が23.3％、経済開発のための贈与が18.5％、共同防衛のための贈与が7.2％で、「クーリー基金」による民間企業への融資は6.1％という配分である。原覺天編（1967）、34頁。

48) 例えば、アメリカ系企業はコロマンデル・フェイザー、ゼネラル・エレクトリック、カイザー・インダストリー、グッドイヤー・タイヤ、ファイアストーン・タイヤ、アメリカン・ホーム・プロダクツなどであり、合弁事業の相手はタタ、キラチャンド、セシャサイー、ムダリアル、オペロイなどインドの財閥である。大杉一雄編（1968）、262頁及び、加藤長雄編（1966）、123～128頁を参照。

49) "P.L. 480 Program for Korea", MEMORANDUM FOR THE PRESIDENT, Korea Filed by the LBJ Library, KOREA, Box 256, NSF, LBJ Library, March 11, 1967.

第七章　電子産業の振興とバテル記念研究所

1966年11月の朴・ジョンソン共同コミュニケに基づいて、チャールズ・L・シュルツ（1965年〜1968年ジョンソン大統領の行政管理予算局局長）よりジョンソン大統領宛に提出された、韓国に対する余剰農産物援助計画書であった。その内容から見ると、小麦17万5000トン、綿花28万トン、非食用獣脂２万3800トンなどあわせて、4740万ドルに相当する援助計画であった。その使途を見ると、余剰農産物の援助総額4740万のうちの共同防衛のための贈与が74％、アメリカ政府の使用分が20％、「クーリー基金」が６％と記されている。

第三部　高度成長の見えざる手

第八章　米国家安全保障と「ショーウィンドウ戦略」

　アメリカの対外政策は、いわば「選択と集中」の戦略により、被援助国の自助努力や吸収能力に基づいた援助の規模や形態が決まるなど、経済開発を重視していた。そのため、被援助国に対する援助配分もトレードオフの関係を見出し、アジアにおいても、60年代初めまでにはインド重視＝貿易及び経済援助の重点という図式が描かれていた。しかし、ベトナム戦争の拡大とともに、貿易及び経済援助などが韓国に重点的に指向されたが、これはアメリカの対外政策が南アジアから東アジアに重点が移ったことを示している。このことは、この期のアメリカの対外政策が、インドの経済開発を重視する方針から、アジアの「最貧困」の韓国に衣替えを行ったことを物語る。

　長期にわたりしかも大型化したベトナム戦争が、韓国の政治・経済に与えた影響は計り知れないものがある。ベトナム戦争の韓国経済に与えた影響は、単にベトナム特需という外貨収入面におけるもののみではない。韓国軍のベトナム派兵によって生み出された韓国の戦略的地位の変化がむしろ決定的に重要な役割を果たしたといえよう。なぜなら、米韓両国間では、韓国軍のベトナム派兵を契機に、首脳レベルをはじめあらゆるレベルで相互の信頼関係の強化と緊密な政策協調が行われるようになったからである。アメリカは多量の経済・軍事援助のみならず、「バイコリアン政策」による米国市場向け輸出増、バテル記念研究所による輸出産業の支援などさまざまな支援を行うなど、「漢江の奇跡」に大きな役割を果たしたというのはすでに指摘した通りである。

　しかし、こうした韓国に対する経済開発の重視は、ジョンソン政権が1964年に韓国を「最大の失敗の一つ」としてみなしていたこととは、完全に矛盾するものといわざるを得ない。そのため、この期のアメリカにとり韓国に対する政策変化は、一体どのような名分であったか、それについて解明することは、重要なポイントとなろう。同時に、1960年代前半までに工業先進国だったインドがその後長期的停滞に陥ったのとは対照的に、韓国は逆に高度成長を遂げたが、こうした両国の経済パフォーマンスの明暗を分けた背景を考えるうえでも、何らかの解明の糸口を与えられる可能性も考えられよう。

第八章　米国家安全保障と「ショーウィンドウ戦略」

表8-1　韓国軍ベトナム派兵のクロノロジー

(単位：人)

	派兵時期	派兵規模	派兵部隊
1964	第一次派兵（9月22日）	140	外科医とテコンド教官
1965	第二次派兵（3月16日）	1,984	工兵部隊（鳩部隊）
	第三次派兵（10月9日）	4,286	戦闘員（青龍部隊）
	第三次派兵（11月1日）	13,672	戦闘員（猛虎部隊）
1966	第四次派兵（10月3日）	25,064	戦闘員（白馬部隊）
1967	第五次派兵（7月1日）	2,963	戦闘員（青龍部隊）

（出所）国防部軍史編纂研究所（2007）などより作成。

第一節　ベトナム戦争と米韓関係の変容

1．ベトナム戦争と韓国軍のベトナム派兵

(1)「より多くの旗」と韓国

　韓国軍のベトナム派兵は、1964年9月に外科医など140人を先頭に、65年10月には通称「青龍部隊」と呼ばれる戦闘部隊を皮切りに、大規模化していく。表8-1に示されたとおり、第二次派兵までには外科医や工兵部隊からなる非戦闘部隊であり、その人数も2000人規模にすぎなかったが、第三次からは戦闘兵士によって構成されたばかりでなく、その規模も巨大化している。その結果、韓国軍のベトナム派兵は66年以降年間5万人規模となり、1964年から75年までに参加した韓国軍兵士の数は延べ32万5000人にも達したのである[1]。韓国はなぜ、このように大規模な戦闘部隊を長期にわたりベトナムに派兵したのか、ここではその背景をプッシュ要因とプル要因に分けて考察してみよう。

　まず、プル要因としては、アメリカ政府による「自由世界援助プログラム」（通称「より多く旗を」）キャンペーンの行き詰まりが挙げられる。アメリカ政府は、1964年

---

1) 国防部軍史編纂研究所（2007）、39頁。

263

第三部　高度成長の見えざる手

　4月から「より多くの旗を」というキャンペーンを開始し、自由世界援助軍（FWMAF）として7～8万人の兵力を集める計画を進めた。とりわけ、東南アジア条約機構（SEATO）を中国封じ込めと南ベトナム及び東南アジア諸国を守るための集団防衛体制として位置づけ、加盟国に積極的な支援を要請したのである。すなわち、フィリピン、タイ、パキスタン、ニュージーランド、オーストラリア、イギリス、フランスなどに軍事及び非軍事協力を求める計画であった。

　しかし、SEATOの加盟国の大部分は消極的な姿勢を見せ、軍事的な貢献も形ばかりのもので、アメリカが期待した集団防衛体制は事実上機能しなかったのである。SEATOの加盟国のなかでは、フィリピンだけがアメリカ政府の要請に応じて前向きの姿勢を示し、アメリカ政府とマカパガル大統領との秘密交渉が続いた結果、フィリピンは1800人規模の派兵を約束した[2]。しかしながら、1964年11月9日、大統領選挙でマカパガルは敗北し、当選したマルコス大統領はベトナムへの軍事的貢献については消極的であった。そして、マカパガル大統領との間で約束された軍事的役割に関しては棚上げしたまま、他方ではアメリカとの軍事基地協定やアメリカ人に特権を与えてきた経済協定の改訂には積極的な姿勢を示した。結果的にはフィリピンもまた、名ばかりの派兵（72人）に止まり、アメリカが当初抱いた期待は水の泡となってしまったのである。これは「より多くの旗を」キャンペーンが名目上は自由世界援助軍と称しても、実質的にはアメリカだけの単独介入になってしまうことを意味するものでもある。実際、13ヵ国の旗が揃ってはいるものの、各国部隊の派兵の総数は584人にすぎなかった[3]。

　つまり、「より多くの旗を」キャンペーンは事実上破綻し、アメリカはその時点で「より多くの兵力を」という実質的な計画に変更せざるを得なかったのである。フィリピンに見込まれた1800人の派兵に対する穴埋めのためには、韓国と台湾に対してそれぞれ「より多くの兵力」を要請するしか道は残されていなかったといえよう。そして、1964年12月にアメリカの要請を受けた韓国と台湾は、それぞれ派兵の準備に入

---

[2] *"Position Paper on Southeast Asia"*, *Memo to the President, Files of McGeorge Bundy 10/1 - 12/31 Vol.7（1of2）*, NSF, December 2, 1964.

[3] オーストラリア167人、韓国140人、台湾85人、日本80人、フィリピン34人、ニュージーランド32人、タイ17人、西ドイツ12人、イタリア9人、イギリス7人、カナダ1人、そしてマレーシアは対ゲリラ戦訓練場提供、スウェーデンはマイクロスコープ提供。*"Third Country Assistance to Vietnam"*, Memo to the President, Files of McGeorge Bundy 10/1 - 12/31 Vol.7（1of2）, NSF, December 4, 1964.

第八章　米国家安全保障と「ショーウィンドウ戦略」

り、65年1月にはベトナムに向かう予定であった。ところが、アメリカ政府は、中国にベトナム戦争への介入を招く口実を与えることへの懸念を抱いたため、台湾の派兵計画については急遽中止に踏みきらざるをえなかった。その結果、台湾も小規模の派兵に止まってしまったのである。これに対して、韓国は予定通り、1965年3月に工兵部隊の2000人を派兵した。当初ブラウン米大使より要請されたのは、非戦闘兵士の1000人であったのだが、その二倍を超える2000人の兵力を派遣している。これには、フィリピンの派兵が名ばかりになってしまったことによるところが大きい。つまり、フィリピンの政権交代によって大幅に縮小されたベトナムへの派兵規模のしわ寄せが、韓国の規模拡大に跳ね返っていたと見ることができるだろう。

ちなみに、工兵部隊の派兵をめぐる米韓交渉において、朴正熙大統領側より戦闘部隊の派兵を持ち掛けていたことが明らかになった。これに対してジョンソン大統領側からは「外国人戦闘部隊の参戦は望まない。そのような戦争ではない」という返答がなされている[4]。この返答を受けた朴正熙大統領は、「韓国政府はいつでも南ベトナムに派遣できる二個師団規模の戦闘員を用意している」と大規模戦闘部隊の派兵を迫っていたことも1964年12月19日付のブラウン駐韓大使発の極秘電文などから判明している[5]。

しかしながら、アメリカ政府の方針は、65年2月の北爆開始や同年3月2日の恒常的ローリング・サンダー作戦などにより戦争がエスカレートするとともに、大きな変化が生じた。それまで韓国軍戦闘部隊の派兵を固く断っていたアメリカ政府は、北爆開始を挟んで韓国軍の戦闘部隊派兵計画を持ち出したのである。すなわち、アメリカ政府は、ジャングルゲリラ戦に備えて、韓国政府に海兵隊4000人規模の派兵を要請したことがそれである。また、ローリング・サンダー作戦が開始されるとともに、より多くの戦闘部隊の派兵を要請することとなる。これは、「より多くの旗を」というキャンペーンの行き詰まりとベトナム戦争の激化という状況が重なるなかでアメリカ政府には、軍事協力を要請できる相手は事実上韓国しか残されていなかったためであろ

---

4) "CINCPAC FOR POLAD", Korea cables Vol.2 (7/1964-8/1965), KOREA, Box 254, NSF, LBJ Library, December 17, 1964.

5) これに対して、ブラウン駐韓大使は「外国人戦闘部隊は求められていない」とジョンソン大統領のメッセージを繰り返した。"SAIGON PASS COMUSMACV PRIORITY UNN", Korea cables Vol.2 (7/1964-8/1965), KOREA, Box 254, NSF, LBJ Library, December 19, 1964.

表 8-2　ベトナム参戦国の派兵規模（1964-1972）

(単位：人)

	1964	1965	1966	1967	1968	1969	1970	1971	1972
アメリカ	17,200	161,100	388,568	497,498	548,383	475,678	344,674	156,975	29,655
韓国	140	20,541	45,605	48,839	49,869	49,755	48,512	45,694	37,438
タイ		16	224	2,205	6,005	11,568	11,586	6,265	38
フィリピン	17	72	2,061	2,020	1,576	189	74	57	49
台湾	20	20	23	31	29	29	31	31	31
オーストラリア	200	1,557	4,525	6,818	7,661	7,672	6,763	1,816	128
ニュージーランド	30	119	155	534	516	552	441	60	53
スペイン		0	13	13	12	10	7		
合計	17,607	183,425	441,174	557,958	614,051	545,453	412,088	210,898	67,392

(出所) 国防部軍史編纂研究所（2007）、15頁。

う[6]。すなわち、アメリカ政府は当初、自由世界援助軍（FWMAF）として7～8万人を集める計画であったこともあり、その不足分を韓国の兵力で埋め合わせする計画であったと考えられよう。そして、66年に10月に大規模な戦闘兵士が派兵されることになる。こうして韓国政府は「念願」の大規模な戦闘部隊をベトナムに派兵することが可能となったのである。

　ここで注目しなければならないのは、ベトナム戦争における韓国軍の派兵は、アメリカに次ぐ最大の規模となったということである（表8-2）。しかも、その構成員を見ても、アメリカを除く他の派兵国では主に小規模の非戦闘部隊が中心であったのに対して、韓国は戦闘部隊の派兵がほとんどを占めていたことも合わせて注目しなければならないであろう。というのは、アメリカ政府は経済援助を供与する場合にもベトナム戦争への貢献度を重要なポイントとして使用していたからである。表8-3は、ベトナム戦争の各国の国内人口に対するベトナム参戦軍人の比率を示したものである。韓国の国内人口に対するベトナム参戦軍人の比率は0.140％であり、SEATO加盟国のそれよりも格段に高い。すなわち、SEATO加盟国であるオーストラリアの0.039％、ニュージーランドの0.006％、そしてフィリピンの0.003％を大きく引き離しているの

---

[6] "KEY ELEMENTS FOR DISCUSSION, THURSDAY, APRIL 1, at 5:30 PM", Memo to the President, McGeorge Bundy March 4/14/65 Vol.9 (2of3), NSF, April 1, 1965.

第八章　米国家安全保障と「ショーウィンドウ戦略」

表8-3　国内人口に対するベトナム参戦軍人の比率

国名	国内人口 (A)	ベトナム参戦 軍人 (B)	比率 (B/A)
アメリカ	197.5	316,381	0.160%
韓国	29.0	40,974	0.140%
フィリピン	33.5	981	0.003%
オーストラリア	11.6	4,495	0.039%
ニュージーランド	2.5	162	0.006%
南ベトナム	16.5	709,477	4.300%

＊単位：国内人口（100万人）、ベトナム参戦軍人（人）
（出所）"Troop Strengths in Vietnam as Percentage of National Populations", Asian Trip Cys of memos, Files of Walt W. Rostow, Box 8, NSF, LBJ Library, October 10, 1966.

である。しかも、アメリカの0.160％に匹敵するものであり、こうした貢献度の高さが韓国の地位向上に重要な役割を果たしていたことはいうまでもなかろう。

(2) 韓国軍のベトナム派兵と「一石三鳥＋α」

　プッシュ要因としては、ベトナム派兵に対する見返りへの期待が大きかったということが挙げられる。韓国は南ベトナムと軍事同盟を結んでいるわけではなく、更に東南アジア条約機構（SEATO）にも加盟せず、米韓相互防衛条約にもベトナムは含まれていない。それにもかかわらず、韓国がベトナム派兵を踏み切ったのは、「ベトナム特需」と「派兵の見返り」として援助などを獲得するという狙いが大きかったといえよう。当時、アメリカの韓国に対する軍事援助・経済援助は減少傾向をたどり、朴正煕政権は政権の基盤を動揺させはじめていたからである。戦後日本経済にとって朝鮮戦争特需が「神風」だったことを、誰よりもよく知っていた朴正煕大統領および政府関係者はベトナム特需に期待をかけ、アメリカに経済的利益の確保を働きかけたことがそれである。韓国政府が、韓国軍のベトナム派兵と同時に、南ベトナムに貿易担当事務所を設置した事実は、これを裏付けるものである。

　アメリカ中央情報局（CIA）が作成した韓国レポートによると、韓国軍のベトナム派兵の背景には「大義名分」と「実利」という複合的要因によるところが大きいと分

析されている[7]。すなわち、1950年の朝鮮戦争におけるアメリカの積極的な支援に対する「恩返し」という名分と、朝鮮戦争が日本に巨大な経済的利益をもたらしたように、韓国もベトナム戦争によって経済的利益を得るべきであるという「実利」が、ベトナム派兵の複合的な要因であったという分析である。また、ブラウン米大使からハンブリー副大統領宛に送られた公電には、韓国政府が求めている「実利」が記されている。すなわち、韓国政府がベトナム派兵の見返りとして期待したのは「一石三鳥＋α」の効果であり、それは韓国の経済成長、米韓関係の強化、韓国軍の戦闘力向上、そしてプラスアルファのことであった[8]。

　ところで、韓国軍のベトナム派兵をめぐって、アメリカ政府と韓国の政府との間で覚書が交わされていた。なかでも、李東元外務長官とブラウン米大使との間で交わされた「ブラウン覚書」が有名である。これは軍事援助に関する10項目、経済援助に関する6項目、あわせて16項目となる支援の約束が明記されたものであり、韓国側の強い要求に応じて一般に公開されたものである。しかし、アメリカの「傭兵」と見なされないために、その一部しか公表されていなかったのである。ちなみに、韓国政府は、韓国軍のベトナム派兵の見返りをめぐって、アメリカ政府に対して粘り強い交渉を続けたといわれている。韓国政府は、アメリカ政府に様々な条件を提示し、より多くの譲歩をアメリカから引き出そうとしたというのがそれである。その典型的な証拠としてしばしば取り上げられるのが、いうまでもなくこの「ブラウン覚書」である。しかし、韓国政府は国内世論を意識するあまり、粘り強く交渉を続けているような印象を与えようとした。ブラウン大使の表現を借りれば、李東元外務長官は「ひとり芝居」を演じたにすぎなかったという[9]。

　加えて、韓国軍のベトナム派兵をめぐっては、ベトナムの韓国軍はアメリカの「傭兵」であったという定説がこれまで暗黙のうちに了解されている。例えば、米上院公聴会において最も大きな問題とされたのが、ベトナム派兵韓国軍に対して支給された戦闘手当てであった。公聴会では、韓国軍は戦闘手当てを受けて参戦し、戦争で利益

---

　7) "*CIA Report : The Situation in the Republic of Korea*", Korea memos vol.3, Korea, Box255, National Security File, LBJ Library. October 12, 1966.

　8) "*Cable : For the President from the Vice President*", Korea Cable Vol.3, Korea, Box 255, NSF, LBJ Library. Jan.1,1966.

　9) "*Cable : ROK Forces for RVN*", Cable to the President, McGeorge Bundy 1/19-2/4 1966, Vol.19 (1of3), NSF, LBJ Library, February 1, 1966.

を追求していたことを挙げ、アメリカの「傭兵」と見なされた。また、この問題を実証的に解明しようとした研究がブラックバーンの傭兵論である[10]。ブラックバーン氏によると、韓国軍はアメリカの「傭兵」であり、金を稼ぐこと以外に何の利害関係をもたなかったと論じる。しかし、ブラックバーンの傭兵論に対して、サランタクス氏は「ベトナムの韓国軍は、米軍司令官の作戦統制下におかれていなかった。また、韓国のベトナム派兵政策の理由を説明していない」と批判する[11]。そのうえで、韓国軍のベトナム派兵は、軍人が利益を得るためでなく、韓国の「国益」のためであったと結論づける。

2．韓国軍のベトナム派兵と米韓関係の転換

韓国軍のベトナム派兵は、アメリカの韓国に対する態度を180度転換させる契機となり、米韓関係にも重大な転換をもたらした。米韓関係が、1965年を境に、「アメリカに見捨てられた」時代から「蜜月時代」に転換したことがなによりの証である。

まず指摘しておかなければならないのは、60年代初期における米韓関係のことである。当時の米韓関係を一言で言うと、アメリカが「継子」である韓国を「見捨て」ていたともいえるからである。この点に関していえば、1964年7月にコウマー国家安全保障担当大統領次席補佐官からジョンソン大統領宛のメモによると、「第二次世界大戦以来、アメリカは66億ドル以上（経済援助38億ドルと軍事援助28億ドル）を韓国に注ぎ込んだ。それにもかかわらず、この国は依然として不安定な米国の継子である。問題は、独立後のリーダーシップの不在と粗雑な経済計画、そしてアメリカが放置したことによって生じている」と記されている[12]。アメリカは保護者としての不満をあらわにし、韓国を見捨てていた、ということが読みとれよう。しかも、韓国経済についての悲観的な見方を示し、その要因として、リーダーシップの不在と粗雑な経済計画と、そしてアメリカから見捨てていたことなどが述べられているが、この点も合わせて指摘しておきたい。

しかしながら、1965年を境に、米韓関係は「忠実な友人」に変容したのである。例

---

10) Robert M. Blackburn (1994) を参照．
11) Nicholas Evan Saratakes (1999), pp.425-449.
12) *"Memorandum for the President", Korea memos Vol.2 (7/1964-8/1965)*, KOREA, Box 254, NSF, LBJ Library, July 31, 1964.

第三部　高度成長の見えざる手

えば、1965年5月の米韓首脳会談を控えて米国側が「我々は、特に緊密かつ友好的な関係を持っている韓国を米国の忠実な友人として認めることとした。韓国は我々のサポートに関して心配する必要はない」と表明し、韓国に対する協調的で親密な態度を示したのである[13]。ここで強調された「忠実な友人」は、それまでの「継子」関係に終わりを告げるものであり、米韓両国の関係が強固な基盤の上に立つことを意味するものであろう。

　同時に、「忠実な友人」は「蜜月時代」に入ることとなる。1960年代後半は、アメリカ政府首脳などが極東の小国韓国をしばしば訪れ、しかも史上初めて米韓首脳会談が数回にわたり実現した。具体的には、表8-4に示されているように、1965年4月のロッジ大統領特使の訪韓を皮切りに、ハンフリー副大統領やバンディ国務次官補、そして大統領特使としてロストウ、テイラー、バンスなど政府要人が相次いで韓国を訪問していた。いずれも、ベトナム情勢を背景として、朴大統領との会談に臨み、ベトナム情勢及び韓国の安全保障全般を討議し、米韓間の懸案を論議した。両国の首脳会談も、朴・ジョンソン大統領会談が65年5月と66年11月、そして68年4月に、朴・ニクソン大統領会談が1968年8月に行われるなど、60年代後半に首脳会談が頻繁に行われていたことは注目に値するのである。これらの首脳会談や政府要人の交流を通じて、米韓関係は蜜月時代を築いていたことはいうまでもない。

　米韓関係を考える上で、最も注目しなければならないのは、1965年5月に行われた朴大統領の米国訪問であろう。アメリカ政府が、朴正煕大統領の訪米を大いに歓迎し、前例のない破格の待遇で朴大統領を迎えたのに対して、同時期に予定されていたインドのシャストリ首相とパキスタンのアユブ・カーン大統領の訪米をキャンセルまたは延期する、という対照的な対応をとっていたからである。しかも、インドのシャストリ首相とパキスタンのアユブ・カーン大統領の訪米については、すでにスケジュールが決まっていたのに、朴正煕大統領の日程は決まっていなかったのである。すなわち、1965年1月2日にホワイトハウスが作成した「1965年上半期の首脳会談スケジュール」を見ると、1月に佐藤首相、3月にケニヤのジョモ・ケニヤッタ大統領、4月にパキスタンのアユブ・カーン大統領、5月にインドのシャストリ首相、6月にナイジェリアのンナムディ・アジキウェ大統領、そして日韓基本条約締結の後に朴正煕

---

13) "*Memorandum of Conversation*", *Korea memos Vol.2*（*7/1964-8/1965*）, KOREA, Box 254, NSF, LBJ Library, April 16, 1965.

第八章　米国家安全保障と「ショーウィンドウ戦略」

表 8-4　高位官僚の交流

年月日		訪韓	訪米
1964年	1月8日	ロバート・ケネディ法務長官	
	1月28日	ラスク国務長官	
1965年	3月17日		李外務長官・ジョンソン大統領会談
	4月20日	ロッジ大統領特使	
	5月2日	ロストウ国務省政策企画委員長	
	5月18日		朴・ジョンソン首脳会談
	7月1日	ドナルド・F・ホーニング博士（大統領科学技術担当補佐官）	
	9月20日	ウィリアム・バンディ国務次官補	
	11月28日		李外務長官・ラスク国長官会談。
1966年	1月1日	ハンフリー副大統領	
	2月22日	ハンフリー副大統領	
	6月4日	サムエル・バーガー国務省次官補	
	7月9日	ラスク国務長官	
	11月2日	朴・ジョンソン首脳会談	
1967年	3月14日		丁国務総理・ジョンソン大統領会談
	6月29日	ハンフリー副大統領	
	7月3日	ハンフリー副大統領	
	8月2日	テイラー大統領特使	
1968年	2月11日	バンス大統領特使	
	4月6日	フリーマン農務長官	
	4月17日		朴・ジョンソン首脳会談（ホノルル）
	7月26日	シスコ国務省次官補	
1969年	5月13日	モリス・スータンス商務長官	
	6月1日	パッケード国防次官	
	7月31日	ロジャース国務長官	
	8月22日		朴・ニクソン首脳会談
	10月28日	ハンフリー前副大統領	
	11月5日		崔外務長官・ロジャーズ国務長官会談

（出所）各種外交文書などより作成

第三部　高度成長の見えざる手

大統領、というスケジュールが立てられていた[14]。ちなみに、日韓基本条約が締結されたのは6月22日である。

　興味深いのは、ホワイトハウスが想定Q&Aを用意し、ジョンソン大統領にその対応を提示していたことである。例えば、なぜ朴大統領の来訪に関しては延期されなかったという質問に、「すでに他の事情により延期したことがあり、今回は特別延期する重要な理由がなかった」という返答が用意されていたが、このことは明らかに事実と反するものである[15]。しかし、インドのシャストリ首相とパキスタンのアユブ・カーン大統領の来訪が延期されたのには、ジョンソン大統領が両国の首脳を延期すべきであると強く主張していたことが大きい。というのは、ラスク国務長官から在インド米大使宛の極秘電文（1965年4月14日付）によると、ベトナムでの緊急かつデリケートな情勢において、極めて慎重を期する問題を議論せざるを得ないにもかかわらず、まだ二人との見解の違いはかなり大きいと指摘した上で、シャストリ首相は米国会とマスコミに対して、ほぼ確実に（ジョンソン政権にとって）不利になるコメントを行うのであろうと強い懸念を抱いていたからである[16]。ベトナム戦争の難局を抱えていたジョンソン政権にとって、朴正熙大統領の訪米がより政治的に好都合なことであったといえよう。最もインドとパキスタンの両国が、アメリカの対アジア戦略の最も重要な位置に置かれていたことを考えれば、このことは、インド及びパキスタンの地位低下を意味するものである同時に、韓国の地位向上といってさしつかえないであろう。

第二節　米国家安全保障戦略と「韓国モデル」

1．ショーケースとして「韓国モデル」

朴正熙大統領が、ジョンソン大統領をはじめとする政府高官とこのように会談を行

14）"*Schedule of Foreign Visitors for 1965*", Memo to Mr. Benjamin H. Read Executive Secretary Department of State, Chron File 1-14 January 1965 (2of2), Files of McGeorge Bundy, Box 6, NSF, LBJ Library, January 2, 1965.

15）"*Foreign Policy Questions and Answers other than Vietnam*", Memo to the President, McGeorge Bundy, March 4/14/65 Vol.9 (2of3), NSF, LBJ Library, April 27,1965.

16）"*For Ambassador from the Secretary*", Memo to the President, McGeorge Bundy, 4/15-5/31/65 Vol.10 (3of3), NSF, April 14, 1965.

第八章　米国家安全保障と「ショーウィンドウ戦略」

うようになった結果、米韓両国は単に友好を深めたというばかりではなく、両国の戦略的パートナー関係が急速に発展したのである。特に東南アジア及びベトナムにおける平和のために米韓の戦略的パートナー関係が樹立したことにより、米韓間の協調関係も新たな段階に踏み出した。これを機に、両国のハイレベルな交流が頻繁に行われ、米韓間の最大の懸案となってきた韓国の安全保障問題のみならず、韓国経済の自立問題などについても大幅な進展が見られるが、このことはアメリカにとって韓国の戦略的重要性が飛躍的に高まったことを意味する。

　そこで、朴大統領の訪米成果について考察する必要があろう。まず、朴大統領の訪米目的について見ると、大統領秘書室が対米交渉のために作成した「米韓両国間の現実的立場と朴大統領の訪米目標」という資料によると、軍事クーデタ政権の正当化、米韓関係の強化、そして「韓国のショーウィンドー化」、などが挙げられている[17]。すなわち、(1) 現政権と韓国民に対する米政府の絶対的な信頼と支持を得る、(2) 韓国を極東における民主主義の「ショーウィンドー」に創り上げるというアメリカ政府の確約を取り付けるとともに、その実質的な支援を受ける、(3) 米韓間の諸懸案について高次的に解決する、もしくは早期解決のための米大統領のコミットメントを取り付ける、という内容である。ここで最も注目すべき点は、韓国を「ショーウィンドー」に創り上げる構想が外交政策の主要な柱の一つとして位置づけられ、なおその実現に向けたサポート及びアメリカ政府のコミットメントを求めていた、ということはいうまでもなかろう。

　次に、朴大統領の訪米成果について見よう。朴大統領の訪米成果に関する会議が1965年5月29日に青瓦台（大統領官邸）で開かれていたが、とりわけ重要な成果として強調されたのは「ギブ・アンド・テイク」という関係の構築であった[18]。確かに、韓国にとっての「ギブ」とは「韓国軍（戦闘部隊）のベトナム派兵」を示すものであろう。肝心なことは、韓国にとっての「テイク」とは、朴大統領の訪米交渉資料にも示されていた三つの目標が達成されるか否かであろう。すなわち、米韓関係の強化と軍事クーデター政権の承認、そして韓国を「ショーウィンドー」に創り上げようというアメリカ政府のコミットメント、が得られたかどうかである。

　他方、韓国軍のベトナム派兵は、アメリカの安全保障戦略にきわめて重要な変数と

17）大統領秘書室（1965）「閣下訪米時の参考資料」国家記録院大統領記録館。
18）韓国中央情報部（1965）、6頁。

第三部　高度成長の見えざる手

して組み込まれた。つまり大規模な戦闘部隊の派兵は、戦争遂行の上でも決定的な重要性を持つのみならず、アメリカのベトナム戦争に関する国際的立場に重大な影響を与えるため、韓国に対する戦略的位置づけを見直さざるを得ないものとなったのである。この点に関しては、韓国に対するアメリカの戦略的な利益に関するジョンソン大統領のメモを参照されたい。このメモは1967年3月のジョンソン大統領と丁一権総理との会談を控えて、ホワイトハウスが用意したものであるが、「アジアで最も重要な同盟国の一つとして、韓国の経済発展と政治的安定はアメリカの戦略的利益に直結するものである。韓国軍のベトナム参戦とともに、このことはアジアにおけるアメリカの戦略的な利益にとりますます重要になっている」と記されている[19]。韓国軍のベトナム派兵を契機に、アメリカにとり韓国の戦略的重要性が高まったことを示しているのである。

　その背景については、当時国家安全保障担当補佐官のマクジョージ・バンディからジョンソン大統領に宛てたメモ（1965年12月22日付）によると、次のように述べられている。すなわち、「韓国の戦略的重要性は、アメリカと東アジアの非共産圏における三つの主要な事実から引き出される。まず、韓国は、東アジア本土に位置する自由世界の前哨防衛地帯であり、日本とアジア共産諸国の間にある最も重要な緩衝地帯である。次に、韓国モデルの成功の可否は、国造りを進める非共産諸国の大きな試験台となる。さらに、韓国は信頼できるアメリカの同盟国であって、共産主義の拡大に対抗しうることは朝鮮戦争で証明されおり、そして今日南ベトナムで2万人の韓国軍が戦っている。もし、韓国が失敗し、経済的にも政治的にも成長できる国にならなければ、その失敗は世界の目にさらされ、韓国の失敗は米国の失敗となる。アメリカは1945年に40年の日本支配から韓国を解放し、1950年代初期には韓国を守るために戦った。その後韓国は共産中国、ソ連、北朝鮮の脅威にさらされ、歴史的に日本とは反目しあっている。韓国はアメリカの支援、保護と指導を求め、われわれは指導者の役割を果たし、守護者となり、援助者となった。

（中略）我々が求めるのは、韓国を日本と共産圏エリアの間で、アジア大陸の前哨防衛地帯とするともに良好かつ自立した緩衝地帯として維持することである。南北統一は、2つのコリアが経済的文化的に一国となるという究極のゴールであるが、北朝鮮

---

19) "*Public Law 480 Program with the Republic of Korea*", MEMORANDUM FOR THE PRESIDENT, Korea Filed by the LBJ Library, KOREA, Box 256, NSF, LBJ Library, March 6, 1967.

第八章　米国家安全保障と「ショーウィンドウ戦略」

が提唱する祖国統一は受け入れ難い。次に、韓国を事例にして、非共産圏の国家建設が成功するということをアジアにおいて証明すること。そして、アメリカの同盟と支援について、その価値と信頼性をデモンストレーションすること」にあった[20]。

こうして見ると、1960年代当時アメリカの対アジア政策の中心に日本が位置づけられていたため、韓国はその防波堤として役目を担っていたのだが、韓国軍のベトナム参戦によりこうした基本戦略が崩れたことがわかる。そして、アメリカは韓国を日本の防波堤とする政策にかわり、韓国の軍事・経済力を強化して自立した緩衝地帯とする政策を展開することになる。とすれば、東アジアの自立した緩衝地帯を築くためには、韓国をいつまでも米国の継子として日本の防波堤としておくわけにはいかない。要するに、アメリカの東アジア政策における韓国の戦略的重要性とは、自由主義陣営の共産主義陣営に対する経済的優位の証とすること、すなわち「韓国モデル」と同義に解釈することができよう。そして、「韓国モデル」は、アメリカにとり安全保障戦略に対する試金石となるものであった。

2．「韓国モデル」と「ロストウの実験」

韓国を非共産圏の「ショーウィンドー」にする戦略にあって、最も大きな影響力をもつ隠れたキーパーソンはほかならぬウォルト・ロストウ（Walt Whitman Rostow）であった。ロストウは、第三世界の国々に「自立経済体制」を構築させることがアメリカにとって重要であるということを提唱していた経済学者であったが、ベトナム戦争の遂行者であり、冷戦政策の実務者であった。彼は、当時の大きな懸案だったベトナム戦争の介入正当化論を提供するなど、ジョンソン大統領のベトナム政策を遂行する大きな支えとなることで大統領との信頼を築きあげ、その実績をもってジョンソン大統領の国家安全保障問題担当補佐官（以下、大統領補佐官と表記）を務めるなど安全保障政策における中心的な役割を担っていた人物である[21]。

そして、ジョンソン大統領は、1965年5月の朴・ジョンソン首脳会談を前に、ロストウを大統領の特使として韓国へ送り込んだ。ロストウは、当時ホワイトハウスの「政策企画会議（The Policy Planning Council）」の委員長としてジョンソン政権に参画

---

20) "KOREA", Non Committee, Files of McGeorge Bundy, Box 15, NSF, LBJ Library, December 22, 1965.

21) 1966年4月1日～1969年1月20日までに国家安全保障問題担当補佐官を歴任した。

第三部　高度成長の見えざる手

していたが[22]、韓国に対しては著名な経済学者としての役割も非常に重要であった。すなわち、ロストウの韓国訪問は、単に韓国経済を評価するものではなく、「ショーウィンドー」計画にとって重大な問題を解決することが最大の目的であった。重大な問題とは、韓国の経済状況である。というのも、ロストウ路線を推進するためには、その前提条件として援助受け入れ国の「テイク・オフ」が必須条件であるのだが、韓国の場合は停滞状態から脱出できずにいたからである。これはアメリカの開発戦略方針とは反する状況であり、当然米国議会に説明責任を果たすことも困難となるのはいうまでもなかろう。この場合「テイク・オフ」について想起すべきことは、第一に、アメリカの援助政策から、テイク・オフ段階に入った時に援助効率性が最も高くなり、償還の危険性が小さくなること、第二に、それによってアメリカの開発援助の前提条件は、受け入れ国の経済状態がテイク・オフ段階に入ったか否かを重視していたこと、そして第三に、自立的な経済発展に向けてテイク・オフすることが、結局は共産主義の脅威を排除するというアメリカの戦略的利益に合致するというこの三つの点である。

　この時の韓国経済の状況は、世界銀行をはじめとする多くの外国の研究者の目には「ほとんど絶望的」であると映っており、ジョンソン政権でさえも「依然として不安定な米国の継子」であると認めていた。韓国政府も経済停滞が続いたために、1964年になって計画目標を引き下げるべく「縮小修正計画」に踏み切らざるを得なかったというのは前述した通りである。また、前にも述べたように、アメリカ政府が韓国を最大の失敗ケースとして位置づけ、リーダーシップの不在と粗雑な経済計画と、そしてアメリカから見捨てられたことなどを停滞の要因として示していたが、この点も合わせて指摘しておきたい。

　以上のように、韓国経済の停滞が「ショーウィンドー」計画の最大の足枷である以上、この問題を解決するのはロストウの任務であった。それは経済発展論の権威者としての鶴の一声にあったといえよう。アメリカ政府が「ショーウィンドー」計画を推進する上で、この問題を避けられないものとするならば、ロストウ路線による障害は、ロストウ自らによって解決するより方法がないと判断されたと見ることもできよう。結局、ロストウは韓米首脳会談を直前にしたソウル大学での演説を通して、「韓

---

22) 正式名称は政策企画本部長（Director of Policy Planning）であり、1961年11月29日～1966年3月31にまでに担当した。

第八章　米国家安全保障と「ショーウィンドウ戦略」

国はすでにテイク・オフの初期段階に入っていると確信する」と強調した上で、「韓国は他のアジア諸国よりも一層有望なテイク・オフ段階にある国家といえる」と、韓国のテイク・オフ宣言を行った[23]。こうしてアメリカの対韓国政策は「最大の失敗ケース」から「有望なテイク・オフ段階」へと無理矢理に衣替えされたのである。

　さらに、ロストウは演説の中で韓国に対する国際協力の重要性を強調し、米韓関係が新たな段階に入ったことを印象づけようとしたのである[24]。とりわけ、先進国の役割について、アメリカ、日本、ヨーロッパの三つの地域の役割を指摘した。第一にアメリカの役割として、アメリカ政府は韓国の経済発展に協力することを強調し、特に第２次経済開発５ヵ年計画について、この計画に必要不可欠なことがらを検討すること、かつ資金調達の面からのサポートを中心として、この計画に協力していきたいと述べた上で、そのためにはアメリカの対韓援助の形態が、これまでの消費中心から投資中心に転換する必要があると指摘した。第二に日本の役割として、外国人投資や援助が韓国の開発計画に適切に活用される限りにおいて、韓国は圧倒されることなく、経済発展を遂げるという見通しを示し、むしろ適切な外資導入は韓国の産業発展の促進剤になると述べた。第三にヨーロッパの役割として、これまでにヨーロッパ諸国が「進歩のための同盟（Alliance for Progress）」の為に取り組んだように、韓国に対しても同様の援助協力が必要であることを指摘した。以上のようにして、ロストウはジョンソン大統領の特使として任務を全うしたことになる。このことが、ロストウ路線を推進する上で必要不可欠な条件ならば、さらに韓国の「ショーウィンドー」計画がアメリカの安全保障戦略を進める上で大きくものをいうとなれば、「最大の失敗ケース」を「有望なテイク・オフ段階」と見なすこともやむを得ないと考えたに違いなかろう。言い換えれば、アメリカのアジア政策にとり韓国がいかに重要な位置であったか、韓国の「ショーウィンドー」戦略がアメリカの戦略目標においていかに要であったかを意味するものでもあろう。

　韓国の経済発展及び政治的安定を考えるとき、ロストウがどのような役割を果たしたかは、本研究の一つの焦点である。その過程において、このようにロストウの役割が論じられたことはおそらくなかったことだろう。いずれにせよ、ロストウのテイ

---

[23] 1965年５月３日にソウル大学で演説をおこなったが、その全文翻訳は、W. W. ロストウ（1965）「韓国の経済開発とその問題点」、235頁を参照されたい。

[24] W. W. ロストウ（1965）「韓国の経済開発とその問題点」、238～239頁。

ク・オフ宣言は、アメリカのロストウ路線の推進を積極的に果たすための大きな布石となり、同時に韓国のテイク・オフのための第一歩となった。そして、これを機に、ロストウは韓国の経済的発展と政治的安定のために尋常ではない情熱を燃やしていくのである。それはロストウにとって、実務者としての腕の見せ所であり、学者として自らが主唱するテイク・オフ論の実証でもあり、絶対に失敗は許されない大きな実験であったはずである。実際、ロストウ特別補佐官は、韓国の対米経済使節団に向けて「韓国の経済発展は他国のモデルとなることが前提である」、また「すでに完全にテイク・オフ段階に入っており、今後の展望も明るい」と語っていたのである[25]。要するに、アメリカの韓国政策とは、ロストウ路線から一歩踏み込んだ「ロストウの実験」により安全保障戦略をより強化した積極策、すなわち「韓国モデル」と同義に解釈することができよう。「韓国モデル」の究極の目的は、いうまでもなく、経済的発展及び政治的安定とともに自由主義陣営の共産主義陣営に対する経済的優位を証することにある。

「韓国モデル」を成功させるためにロストウが果たした役割に関しては、次の二点を指摘することができる。まず一つは、ロストウが、ジョンソン大統領の韓国政策に関して、その基盤づくりに貢献したことである。当初はジョンソン政権内部でも議会においても韓国に対する不信感は根強いものであったが、ロストウの構想によって政権内の強い不信感及び政策批判が弱まるとともに、韓国への政策態度も好転したことである。この点に関しては、1965年5月の米韓首脳会談の際に、次のように指摘されていた。「ジョンソン大統領は、韓国の安定を図るために、財政支援援助、開発借款、余剰農産物援助（PL480）、技術支援といった経済支援を維持していくことについて、韓国政府に表明した。なお、アメリカ政府の韓国に対する態度は、ロストウが韓国経済に関する構想を報告するまでは、決して好意的ではなかった」[26]。アメリカ政府の韓国政策への前向きな姿勢を強調しようとしたものであろう。

二点目は、ロストウが韓国の経済政策に積極的に介入し、今流にいえば韓国「ショーウインドー」プロジェクト統括本部長の役割を演じていたということである。ジョンソン大統領からの厚い信頼を一身に背負ったロストウは、自ら韓国政策を取り仕切

---

25) 金鉦（1967）、11頁。
26) "U.S.-Korean Relations", *Memorandum of Conversation, Korea memos Vol.2*（*1964/7-1965/8*）, Korea, Box 254, NSF, LBJ Library, May.17, 1965.

っていた。例えば、1966年11月に韓米首脳会談の際、「朴正熙大統領はいくつかの韓国の経済問題についてロストウ補佐官の検討に委ねたいと要求を述べた。ジョンソン大統領は自らが絶対的な信頼をよせるロストウとブラウン（駐韓米大使）にこの問題の検討を依頼することについて同意した。そして、もしロストウとブラウンが彼（ジョンソン大統領）自身よりも経済問題について熟知していなければ、アメリカ政府は多額の金を浪費にすることになるとの旨を述べた」と記されているが、この点からもロストウが韓国政策を左右するキーパーソンであったことをうかがい知ることができよう[27]。なお、この時、それまではUSOMを通じて一元化してきた韓国政策の担当窓口も、国務省、国防省、商務省などと多元化し、交渉担当者の地位も局長レベル以上となった。韓国がアジア地域の「ショーウインドー」になるためには、韓国との交渉を優先的に行わなければならず、担当窓口も交渉担当者の地位も格上げされたと考えられる。

第三節　アメリカの「直接的な役割」

1．開発独裁とアメリカの介入

　ここで強調せねばならないのは、アメリカ政府が韓国における「開発独裁体制」の強化に対しても積極的に介入したという点である。その背景として、次の二点が指摘できよう。第一に、アメリカがベトナム戦争を遂行する上で、朴正熙の軍事独裁体制を維持することが必要不可欠であったことである。既に述べたように、アメリカの「より多くの旗を」キャンペーンが行き詰まりのなかで、唯一朴正熙政権だけがベトナム派兵に積極的な姿勢を示したことがその理由である。第二に、「韓国モデル」は、工業化を経済開発の中軸におき、その開発体制の担い手として軍事政権を必要不可欠とした点である。「韓国モデル」を達成させるにあたっては、開発計画を遂行する能力を備えた安定した政権こそ、経済開発計画を成功に導くというのが、米国側の基本的な考えであった。従って、アメリカ政府は「韓国モデル」を推進するために

---

27) "*Meeting between President Johnson and President Park*", WWR memorandum of conversation on Korean economy, Asian Trip Cys of memos, Files of Walt W. Rostow, Box 8, NSF, LBJ Library, Nov.7, 1966.

第三部　高度成長の見えざる手

は、朴正熙軍事政権を安定させ、なお長期化させることが前提条件であったのである。これが「ロストウ路線」である。この点に関しては、1961年に上院外交委員会に報告された『発展途上国の近代化とアメリカの政策』を参照されたい[28]。この政策レポートは、MIT 国際研究センターのロストウらによる共同研究で作成されたものであり、発展途上国の経済開発と政治的安定の関連を論じたものである。この政策論は、社会的変革のためには軍隊、知識人、企業家の三つのグループが重要な役割を果たすと指摘する。中でも軍隊は、多くの過度的社会において決定的な役割を演じていると分析し、軍隊こそが近代化の主体であると強調する。すなわち、社会変革の担い手として軍隊の役割を重視するとの見解を示したものであった。

　アメリカにとりロストウ路線を推進することは、朴正熙軍事政権を正当化すると共に、長期的に強固な政権基盤を確立することを可能にするものであった。そして、そのことはアメリカの朴正熙軍事政権の強化を積極的に果たすことにもつながるものとなった。とりわけ、1967年の大統領と国会議員のダブル選挙は、まさにこのようなアメリカ政府の政策の正念場であった。すなわち、前回1963年の大統領選挙において、朴正熙候補が46.6％、尹潽善候補が45.1％を獲得し、その差はわずか15万6026票という結果に対し、この年の選挙では朴正熙の当選は確実なものとされなければならなかったのである。結果的に1967年の大統領選挙では朴正熙候補が圧勝した。朴正熙候補は51.4％を獲得し、尹候補の41.0％と比べて10％ポイントも上回ったのである。国会議員選挙においても、朴正熙政権の与党は全体議席の70.9％を占める129席を確保したが、これは憲法改正に必要な議席数を13議席も上回るものであった。1963年の選挙でわずか1.6％ポイントの差しかなかったことを考えると、その差はあまりも大きなものであった。こうした結果が、ゆくゆくは1969年に実施された「三選改憲」を通して、軍事独裁政権の長期化を図った際の大きな布石となったというのはいうまでもなかろう。1969年、長期独裁政権を築くために、一夜のうちに変則的な方法で国会を通過させた「三選改憲」のことである。世論からも激しい批判を浴びた三選改憲であっ

---

28) 但し、軍隊の単独指導では、社会の近代化に伴う様々な問題を処理しえないので、知識人などの指導を受けなければならないという。すなわち、「軍隊、官僚などのエリートは社会的安定を維持するに必要な威力的力と組織力もつ。世俗的インテリ層は変革を遂行するに必要な知識をもつ」ということによる相乗作用が、社会的変革の速度を急速に高められる。ミリカン・ブラックマー編（1962）54頁。

第八章　米国家安全保障と「ショーウィンドウ戦略」

た。しかし、米国政府はそれを阻止しようとせず、それどころか、逆に朴正熙を支持し、米国は朴政権を「民主主義に向かって前進」していると評価したのである[29]。1963年の大統領選挙の際とは、対照的な対応であった。

　こうした帰結はあくまでもアメリカ政府のシナリオ通りであったとも考えられよう。韓国のダブル選挙と時を同じくして、アメリカ政府が朴正熙大統領の支持・強化に乗り出していたという実態がそのなによりの証左である。ここでは、いくつかの例を取り上げながら、朴正熙大統領に対するアメリカ政府の積極的な後押しの実態を明らかにしてみることにしよう。第一は軍事力のサポート、第二に経済開発のサポート、第三に緊密かつ友好的な関係維持である。

　第一に、1967年3月15日の金聖恩国防長官とブラウン米空軍長官との会談内容を記した外交文書によると、国防力増強を通じて朴正熙政権の支持拡大をはかろうとした「アメリカ政府の後押し」の一端を浮き彫りにしている。下記は会談内容の一部を示したものであるが、国防省からも「タイミングの重要性」が謳われているのがわかろう[30]。

　　金長官（金聖恩国防長官）：マクナマラ国防長官と会談の際に、今年中にHU-1D
　　　　（多用途ヘリ）6台を、そのうち2台は4月中に提供するという約束であったが、おわかりなのか？
　　ブラウン長官（米空軍長官）：そうだ。操縦士の訓練は行っているのか？
　　金長官：今、アメリカ国内で訓練中だ。
　　マックコーネル大将（空軍参謀総長）：昨年冬の米8軍用ヘリコプターの支援はどうだ？
　　金長官：満足だ。
　　マックコーネル大将：4月中に必ず受け取らねばならない理由でもあるのか？
　　ブラウン長官：選挙だ。わが国だって同じだろう。

29）藤高明・清田治史訳（1988）、72頁を参照。
30）米州課（1967）「金国防長官とマクナラマ米国防長官及びブラウン米空軍長官との会議録」『丁一権総理米国訪問、1967.3.10-19』韓国外務部外交文書（Microfilm番号：C-0021-01、フレーム番号：130）。

第三部　高度成長の見えざる手

　第二に、アメリカ政府が開発借款を通じて経済開発対する強力な支援を印象づけ、朴正熙大統領の再選を後押ししたことも明らかである。社会資本の隘路を打開するためのインフラ投資は、韓国の経済政策にとって決定的な重要性を持っていたが、電力開発プロジェクトは象徴的な意味合いも大きいものであった。1967年4月、嶺南火力発電プロジェクトに対する借款供与のコミットメントは、朴正熙政権の政治的安定に寄与することを目的としたものであった。

　アメリカ政府が朴正熙政権に有利な状況を築くために、選挙期間をターゲットに展開していた政策の情況を示すメモを以下に示す。一つは、1967年4月15日のウィリアム・ガードよりジョンソン大統領宛のメモで、そこでは「この開発借款は韓国の政治的側面から承認のタイミングが非常に重要である。大統領選が5月3日に予定されており、国会議員選挙もその一ヵ月後に続く。したがって、米国務省はこの借款の公表を5月3日の選挙前に行うことを勧める」と勧告している[31]。二つは、同年4月21日にチャールズ・L．シュルツ（行政管理予算局局長）からジョンソン大統領に宛てたメモで、「朴大統領は、この借款の承認を5月3日に来るべき大統領選挙の前に公表するよう強く願っている。同借款は、韓国の将来への確実な投資と見られる」と勧告した[32]。三つは、ジョンソン大統領宛のロストウ補佐官メモであり、「韓国大使館は借款の公表が大統領選挙（5月3日）以降になることを強く求めている。彼らの判断によると、選挙前の公表は朴正熙大統領にとって得るものより失うものが多くなるとのことである。なお、選挙後の公表が来るべき国会議員選挙での与党の支持を強化させることとなる」と勧告しているのである[33]。いずれの外交文書も、公表のタイミングにまで気を配っており、アメリカ政府側が朴正熙政権を維持・強化させるために奔走していたことを物語る。

　第三に、アメリカ政府は、韓国政府要人及び経済使節団の米国訪問を通じて官民一体となった経済外交を展開することにより、両国の緊密かつ友好的な関係を印象づ

---

31) *"New Project Approvals; Korea Development Loans"*, MEMORANDUM FOR THE PRESIDENT, Korea memos and cables Vol. Ⅳ （1/67-8/67/, KOREA, Box 255, NSF, LBJ Library, April 15, 1967.

32) *"Power projects loans for Korea"*, MEMORANDUM FOR THE PRESIDENT, Korea memos and cables Vol. Ⅳ （1/67-8/67/, KOREA, Box 255, NSF, LBJ Library, April 21, 1967.

33) *"Loans to Korea for Power Development"*, MEMORANDUM FOR THE PRESIDENT, Korea memos and cables Vol. Ⅳ （1/67-8/67/, KOREA, Box 255, NSF, LBJ Library, May 1, 1967.

け、朴正熙大統領の再選に弾みをつける狙いを持っていた。1967年3月、韓国政府は、丁一権総理、金聖恩国防長官、朴忠勲商工部長官、李厚洛大統領秘書室長など政府要人の他に、経済界の大規模な「対米経済使節団」を派遣したのがそれである。同使節団がアメリカ政府の援助で渡米し、その破格の待遇を受けていたことは既に述べたとおりである[34]。

とりわけ、同使節団が、時期的に韓国でのダブル選挙を控えてアメリカに派遣されていたことも注目されなければならない。この点に関し、ロストウのメモによると、アメリカ政府は朴正熙大統領の再選を支援するという意図も持っていたとされる。すなわち、1967年3月、対米経済使節団の訪米の際に、ロストウ補佐官はジョンソン大統領に対して「この訪問を通じて求められるのは、韓国との緊密かつ友好的な関係を維持すると共に、ベトナム関連の韓国政府要人らと二国間協議を続けること、そして彼らに我々の持続的な経済援助と軍事援助を確信させることである。この訪問はまた、来月再選を目指す朴正熙政権に対する我々の支持を暗黙裡にデモンストレーションする役割も果たす」とのメモを渡していたのである[35]。

加えて、アメリカ政府が、米国経済界の代表からなる「ボール・ミッション」を韓国に派遣したのは、1967年3月のことである（3月18日から24日までに実施）。これは当初同年6月の予定であったのが、3月の実施に急に変更されたものであった。注目すべきは、韓国政府より「韓国大統領選挙の前に」という要請があり、それにアメリカ政府が素早く対応し、早期実施を実現させたという点である[36]。かくして、朴正熙大統領の再選を後押ししていた「アメリカ政府の配慮」の一端がここでも浮き彫りになる。

こうした諸点を踏まえると、朴政権の長期安定化は韓国の経済発展を促進するとともに、「開発独裁体制」を確立するというアメリカ政府の一挙両得策にほかならない。それはとりもなおさず韓国の位置づけが米国の外交史上最も高いレベルに引き上

---

34) 全國經濟人連合會40年史編纂委員會（2001）、310〜316頁参照。
35) *"Our meeting with Korean Prime Minister il kwon Chung"*, MEMORANDUM FOR THE PRESIDENT, Korea PM Chung Il-Kwon Visit Briefing Book, Asia and Pacific, Box 257, NSF, LBJ Library, Mar.11. 1967.
36) *"U.S. Trade and Investment Mission to Korea"*, MEMORANDUM FOR HONORABLE WILLIAM JORDEN (The White House), Korea memos Vol. Ⅲ 65.11-66.12, KOREA, Box 255, NSF, LBJ Library, November 30, 1966.

げられ、発展途上国のなかで韓国だけが特例を受けていたことを意味するものであった。

2. 援助依存経済と「対韓国際経済協議グループ」

　ここで、一考を要するのは、なぜ韓国の外資導入は1960年代後半より拍車が掛かったかであろう。こうした背景として、しばしば指摘されているのが、借款に対する政府の支払保証手続きなどを改善すると同時に、外国人直接投資を円滑に誘致することを目的で制定された、1966年の新しく包括的な「外資導入法」である。すなわち、この法律の制定により、外資奨励政策や国内外の金利差などと共に誘因効果を高め、韓国の外資導入は著しく増大を果たした、という見解である。確かに、法律の整備は、プル効果を発揮して外資誘致になんらかの影響を及ぼしたかもしれない。しかしながら、60年代前半に、同類の措置が講じられていたにもかかわらず、その効果が十分発揮できず、外資導入の挫折を経験したことについて、それを解明する必要があろう。すなわち、1960年には外資促進法をはじめ、1962年の借款に対する政府の支払保証に関する法律などといった施策が採択されていたにもかかわらず、それが十分な誘因効果を発揮できなかった一方、60年代後半からは第２次開発計画に必要となる借款計画をはるかに超える外資が導入されたことを想起する必要があろう。したがって、韓国政府の政策方針とは相反する、外資依存度の深化や目標の大幅な超過達成といった帰結と関連して、こうした疑問に対する解明をしなければならない。

　とりわけ、韓国の外資導入要因を考える上で、考察しなければならない点は、外資の供給サイドである。というのは、韓国は、二つの大きなリスク問題を抱えていたが、それでも多額の借款が供与されていたからである。その一つは、経済的な要因としての「貧困の悪循環」という問題である。当時の韓国は、第一次計画が行きづまり、目標を引き下げた「縮小修正計画」に踏み切らざるを得なかったことがそれである。しかも、無償援助を受けている貧しい国家の一つとして、国際金融市場での信用度は非常に低かった。その上、外資導入の停滞は国際収支の慢性的な赤字をカバーできず、外貨準備高は危機的状況に陥ったのである。外資のほとんどを占める借款は借金である以上、その返済能力が貸し手にとって重要な貸出の与件となることは明白である。しかしながら、借款に対する支払い保証という措置を韓国政府が実施したとしても、それが企業のリスクマネジメントには役に立つかもしれないが、国際金融市場

第八章　米国家安全保障と「ショーウィンドウ戦略」

でのカントリー・リスクの懸念を払拭できるまでの効果は期待できず、依然としてカントリー・リスク問題は避けられていない。

　もう一つは、韓国は、分断国家の一つとしてつねに北朝鮮との緊張関係を保つという地政学的問題である。とくに60年代の後半は、朝鮮半島に緊張関係が強まったことにより、カントリー・リスクも一層高まりを見せた時期でもある。東西冷戦のなかで、韓国軍のベトナム参戦に伴い、「第2戦線」と言われるほど韓国と北朝鮮との間に緊張関係は高まっていたからである。たとえば、休戦ラインでの武力衝突の他にも、北朝鮮による米国情報収集艦プエブロ号の拿捕事件や大韓航空機の乗っ取り事件など緊張関係を助長したニュースは枚挙にいとまがない。なかでも、1968年1月には、北朝鮮の武装ゲリラによるソウル侵攻事件がおこり、大統領公邸が襲撃されたという事実が、なにより当時の状況を物語る。北朝鮮の武装ゲリラ31人が、米軍側が警備する休戦線地域を通過し、ソウルにしかも大統領公邸にまで侵攻した事件である。これらの状況から勘案しても、韓国にとってカントリー・リスク問題がいかに深刻であったかが推察できよう。したがって、こうした深刻な状況下で、多額の借款が韓国に供与されたのは、供与する側にもそれに符合するメリットまたは必要性が存在するに違いない。そこで、供与国にとって、どのような「プッシュ要因」が後押しを図ったのかについて検討することとしたい。これは、韓国の外資促進要因を解明する上でも、なにより肝心であると考えられる。

　そこで注目しなければならないのが、韓国への援助調整機関である「対韓国際経済協議グループ」の役割である。1966年12月12日に世界銀行によって設立されたこのクラブは、アメリカ、日本、オーストラリア、ベルギー、カナダ、フランス、ドイツ、イタリア、台湾など9ヵ国と、世界銀行、国際通貨基金（IMF）、国連開発計画（UNDP）など3つの国際機関から成る、正式には「対韓国際経済協議グループ」（International Economic Consultative Organization for Korea、以下 IECOK と表記）である。IECOK は、韓国経済及び韓国の経済開発計画に対する経済協力を目的として結成された、援助クラブである。ちなみに、IECOK の設立に伴う共同声明では、韓国経済のロードマップとして第2次経済開発5ヵ年計画の意義を強調し、そのサポートのために多角的な協調を行う、という表明が示された。このように IECOK の目的と、その設立以降における韓国経済の発展とが一致することも当然留意すべきである。

　ひとくちに援助クラブといっても、国際的に見て、発展途上国の中でもインドやパ

キスタンなどわずかな国にしかその設立が見られないのも事実である。したがって、IECOK の設立というのは、韓国経済にとって象徴的な出来事でもある。その意味において、IECOK がどのような経緯で設立されたかについても検討する必要があろう。韓国政府が、対インドおよび対パキスタンの援助クラブごとき、先進諸国による援助グラブの結成をアメリカ政府に提議したのは、1962年である。第一次計画の実施に伴い、外国資金の調達を円滑に進めるためにも、韓国政府にとり援助クラブの設立は念願の課題であったからである。朴正煕大統領宛の大統領秘書室「対韓国際経済協議機構（仮称）の構成に関する経緯及び建議」によると、韓国への投資拡大、借款条件の改善、技術協力の強化、通商振興の拡大など多角的な経済協力を図ることが目的であった、と記されている[37]。

韓国政府は1962年5月に、当時 AID 極東担当次官補ジェイノー（JANOW）に韓国政府の意思を説明し、アメリカ政府の協力を依頼する。しかし、アメリカ政府の反応はいささか冷たく、一向に進む気配はなかった。しかも、1964年8月の米韓関係間会議において、米国側は「同機構の構成は事実上役に立たない」と釘を打ったのである。これにより、事実上アメリカ政府の協力を得られるという望みは絶たれたのである。ところが、1965年に入り、こうした状況が一変することになる。というのは、IECOK の設立案を提議したのは、ほかならぬアメリカ政府であったからである。朴正煕大統領宛の「対韓国際経済協議機構（仮称）の構成に関する経緯及び建議」という報告書によると[38]、1965年4月に、アメリカ政府は IECOK の設立計画を韓国政府に提議し、なおその韓国経済へのインパクトに関しても報告を行った、と記されている。明らかに、それまでの否定的な立場から積極的な姿勢に変化したことが指摘できよう。その上、1965年5月の米韓頂上会談の打合せで、米国政府は、韓国経済発展と外国援助プログラムに関する議題を巡り、IECOK を設立すること、なおその主要メンバーとなる日本と西ドイツ、そして世界銀行などに働きかけることと、韓国側と合意したのである[39]。

---

37) 大統領秘書室（1966）「対韓国際経済協議機構（仮称）の構成に関する経緯及び建議」国家記録院大統領記録館及び、金泰東（1967）、18〜20頁を参照。

38) 大統領秘書室（1966）「対韓国際経済協議機構（仮称）の構成に関する経緯及び建議」国家記録院大統領記録館。

39) "ROK Economic Development and Foreign Economic Assistance Programs", Korea Park Visit Briefing Book (5/17-19/1965), Asia and Pacific, Box256, NSF, LBJ Library, May 12, 1965.

第八章　米国家安全保障と「ショーウィンドウ戦略」

　こうして、アメリカ政府の後押しにより、世界銀行など国際金融機関がメンバーに加わり、IECOK 体制が確立された。また、IECOK の設立が世界銀行主催による援助グラブ形式となったのも、世界銀行内部に設けるという米国案が採択されたからである。そして、世界銀行は、数回にわたり韓国に調査団を派遣し、韓国政府との密接な連絡と協議の下に、第２次開発計画や経済政策につき十分検討を加え、とくに資金面で、第２次開発計画期間中に必要となる外国援助総額や援助条件について策定分析などを行ったのである。IECOK 体制による経済協力が、韓国における実施可能な開発計画の前提とされたためである。なお、IECOK 体制では、いわゆるコンフロンテーション方式が採られ、定期的に援助額および援助条件に関し相互検討と共に、毎年必要とされる援助額についてその分担額の調整も行われた。しかも、経済協議グループという形式は、韓国のような国際的信用度が低い国にとって重要な役割を果しただけではなく、対韓援助のほとんどが IECOK から供与されていたことも強調しなければならない。

　表 8-5 は IECOK 参加諸国からの借款導入額を供与先別に分けて示したものである。第２次開発計画期間中における借款目標額は、７億3600万ドルであったが、IECOK 参加諸国による実績額は19億4800万ドルであった。ほかにイギリスなど非 IECOK 参加諸国からの借款導入額も２億9900万ドルに達したので、期間中の借款導入総額は両者を合計した22億4700万ドルとなったのである。韓国に対する借款の主役はアメリカからの借款であることは言うまでもない。しかしそれについで大きいのは、日本である。すなわち、第２次開発計画の期間中、アメリカは借款総額の43％、日本は23％に達し、両国合わせて３分の２以上を占め、その地位は圧倒的である。借款の導入はアメリカ米日両国への傾斜が目立っているものの、その他に西ドイツ、フランス、イタリア、ベルギー、カナダなどの IECOK 参加諸国からの供与も大幅に増加し、五ヵ国合わせて３億8900万ドルに達した。これは、同期間合計額の17.3％を占めるものであり、第１次計画期間中の9000万ドルを４倍以上も増加したものである。このように IECOK の設立が韓国における借款導入に重要な役割を果したことはいうまでもない。

　ちなみに、日本からの借款実績をみると、第２次開発計画期間中に、商業借款３億6800万ドルと公共借款１億7900万ドルを合わせて、５億4700万ドルに達した。これは、借款総額の約４分の１にあたる。当初、日本からの請求権資金と借款の見込額が

表 8-5 経済開発計画と IECOK 参加諸国からの借款導入額

(単位：100万ドル)

	第1次開発計画 (1962-66)	第2次開発計画 (1967-71)	
	金額	金額	シェア
アメリカ	133	972	43.3%
日　　本	75	547	24.3%
西ドイツ	46	160	7.1%
フランス	44	145	6.5%
イタリア	0	64	2.8%
ベルギー	0	17	0.8%
カ ナ ダ	0	3	0.1%
世界銀行	0	40	1.8%
IECOK 小計	298	1,948	86.7%
合 計 額	317	2,247	100.0%

(出所) 財務部・韓国産業銀行 (1993)、66〜68頁及び110〜116頁より作成。

毎年5000万ドルであったことを考えると、期待された額の二倍以上も貢献したことになる。しかし、ここで強調しなければならないのは、日韓国交正常化が締結されたのが、1965年であるということである。というのは、1965年を境に「成長のトライアングル」という経済システムが構築されたからである。

3．成長のトライアングル形成と韓日国交正常化

日韓の「正常な」関係への決定的な役割を果たしたのは、アメリカであった。日韓交渉は、1951年から始まり、実に14年に及んで何度も中断を繰り返しつつ、アメリカが働きかけることでこの条約が締結されたのである。アメリカの介入はアイゼンハワー政権に始まり、以後さまざまな方法で調整と関与が行われてきた。とりわけ、60年代に入り、ケネディ政権では、日韓交渉が行き詰まりの重大な局面に入ると、交渉を進展させるために明確な声明と支援などを表明し公式的な介入に踏み切ったのも事実である。

第八章　米国家安全保障と「ショーウィンドウ戦略」

　この時期のアメリカの対韓戦略は、韓国を反共の防波堤として見なし、日本との軸を強化して韓国経済をいかに自立させるかにあった。このため、ジョンソン政権にとって最優先すべき課題は、1964年の末までに日韓基本条約を締結することであった[40]。同時に、アメリカは国際収支の悪化もあり、軍事的・経済的な役割分担を同盟国に要求していたが、日本に対する役割分担の要求も顕著なものであった。アメリカがこのような目的を果たすためには、日韓国交正常化を実現させ日本の役割を強化させることが必須となり、アメリカの外交政策の一つの目標に日韓関係改善が置かれた。

　しかし、「平和ライン」及び漁業権や在日韓国人の法的地位などが暗礁となり、その途はけっして順風満帆ではなかった。それに、歴史観の相違及び日本側の度重なる植民地支配を賛美する発言が火種となり、韓国における反対運動はますます盛り上がっていた。ところが、14年にもわたって難航した交渉が、65年に急転して妥結に至ることとなる。当然、なぜ1965年に日韓交渉は終止符を打って、国交回復が実現できたという問題がより重要であろう。とりわけ、1965年1月に行われた日米首脳会談が一つの転機となっていたことは否めない。1月12日に訪米した佐藤首相はジョンソン大統領と会談して、日韓条約の早期締結を誓ったのである。これを機に、日韓会談の早期妥結に拍車がかかる。佐藤首相は、アメリカから帰国後翌2月6日に韓国の丁一権首相と会談をもち、2月17日には椎名外相を韓国に派遣し、日韓条約の仮協定に臨んだ。日米首脳会談からわずか一ヵ月あまりという猛スピードぶりであったことがすべてを語ろう。結局、日韓条約は6月22日には正式調印が行われ、8月14日に開かれた韓国国会で批准されることになる。

　日韓国交正常化を考えるとき、いまひとつ考慮しなければならない点はベトナム戦争である。というのは、日韓条約の早期締結は、ベトナム戦争を遂行するアメリカの安全保障戦略の一部になっていたからである。第一に、アジアに対する開発及び技術援助において日本の占める役割を増大させることである。1965年1月の日米首脳会談において、アジアにおける不安定かつ平和を脅かす情勢、なかんずくベトナム情勢について強い懸念を表明し、アジア諸国の繁栄と社会福祉の発展のために、日本はこれらの諸国に対する経済協力をさらに強化することを合意した。すなわち、ベトナム戦

---

40)　*"Memorandum for Mr. McGeorge Bundy"*, Korea memos Vol.1 (11/1963-6/1964), KOREA, Box 254, NSF, LBJ Library, June 3, 1964及び、*"Memorandum for the President"*, Korea memos Vol.2 (1964/7-1965/8), KOREA, Box 254, NSF, LBJ Library, July 31, 1964.

争に関して、現下の日本では憲法問題があるために、直接的かつ軍事的な役割を期待することが出来ないことを考慮し、日本は経済面での役割を果たし、アメリカの負担を軽減ないし肩代わりする、ということで意見が一致したからである。

　第二に、ベトナム戦争の拡大に伴い、東アジアの安全保障体制の強化、特に日韓両国の政治・経済的な関係強化が早急に必要となったことである。アメリカは、日本が韓国に対して経済的に重要な役割を果たすことを期待していた。(一) 韓国の工業化のために「韓国の国際借款団」を構成するが、それに日本が中心的な役割を果たす、(二) 日韓国交正常化によって、両国の貿易が振興することで、新しい市場を確保する、(三)、韓国軍のベトナム派兵と日韓国交正常化を同時に進めざるを得なかったことである。アメリカとしてはベトナム戦争への介入を正当化する上で、韓国の戦闘部隊をベトナムに派兵することが緊急課題となり、そのためにも日韓国交を早期に正常化する必要があったのである。韓国の国内で、ベトナム派兵問題が新たな争点となることは、日韓国交正常化の成立に障害となるおそれがあると、アメリカは考えていたからである[41]。そこで、先に日韓国交正常化を成立させて、その後にベトナム派兵を行うという計画が持ち出された。その結果、六月に日韓条約を締結させ、また戦闘部隊の派兵案を七月に開催される韓国の国会会議で可決させようというスケジュールが成立したのである。ちなみに、六月に締結させようとしたのは、七月初めには大学生が夏休みに入るために、日韓条約反対に対する社会的混乱の危険性を減らすことができるという理由からであった[42]。

　日韓国交正常にともない、米日韓の安全保障三角形は太いパイプで結ばれ、東アジアにおけるアメリカ主導の安全保障ネットワークの基盤を固めただけではなく、経済面では国際分業の「成長のトライアングル」が構築されることとなる。とりわけ、それまでの韓国の貿易相手国はアメリカであったのだが、日本にとってかわったことの意味は大きい。日本からは輸入も原資材や資本財を中心に大幅に伸び、それを国内の安価な労働力を利用して組み立て・加工し、最終消費財はアメリカに輸出するという、「成長のトライアングル」が形成されたからである。アメリカの安全保障戦略の

---

　41) *"Memorandum for the President"*, Korea Park Visit Briefing Book (5/17-19/1965), Asia and Pacific, Box256, NSF, LBJ Library, May 13, 1965.
　42) *"Visit of President Park"*, Korea Park Visit Briefing Book (5/17〜19/1965), Asia and Pacific, Box256, NSF, LBJ Library, May 7, 1965.

第八章　米国家安全保障と「ショーウィンドウ戦略」

変換を契機に、アメリカと日本との国際分業関係を形成し、いわば韓・日・米の三角貿易構造のなかで、高度経済成長と輸出指向工業化の条件を整えることができたといえよう。

　65年1月の日米首脳会談が、日韓会談の早期妥結に重要な契機となったというのは、先に述べた通りである。しかし、佐藤首相が、ジョンソン大統領と会談にて、日韓条約の早期締結を誓ったことには当然留意すべきである。日韓条約の締結は、日本が韓国へ膨大な請求権資金・借款を提供するとともに、日本の朝鮮に対する植民地支配の歴史を反省することを示すことになる。これは、日本にとって、政治・経済の面ではネガティブな意味をもつもので、日韓国交正常化に対する阻害要因でもあるからである。しかし、「大きな負担」となることが明白だったにもかかわらず、日本が積極的に乗り出したのは、それに値する「メリット」があったに違いない。この点に関していえば、佐藤首相と韓国の丁一権首相との会談について注目する必要があろう。この会談は、日米首脳会議を受けて、2月6日に日韓条約の早期決着を議論するために開かれたものである。とりわけ、アメリカ政府はこの会談に対して強い関心を示し、その進捗状況を注意深く検討していたのである。米外交文書によると、この会談につき「最も成功的」であったとし、その結果「日韓国交正常化の前途も楽観的である」と判断していたことが判明した[43]。なお、この会談につき「30人の芸者とお祭り騒ぎ」をしていたことが高く評価されていた。

　多くの困難な懸案問題、なかでも請求権問題、「平和ライン」及び漁業権問題、在日韓国人の法的地位問題などについて具体的に検討せず、「お祭り騒ぎ」をしていたことには驚かざるを得ない。この点から日本政府が早期決着にむけて明確な意思を表明したことがわかろう。その上で、「お祭り騒ぎ」をしていた実態を見る限り、日本側にもそれに値するものに期待感が高まっていたことも伺える。なお、2月17日に椎名外相は韓国を訪ね、到着後の声明を通して「反省」の意思を表明し、2月20日には仮協定の調印が行われたのもそのためであろう。椎名外相が植民地支配の擁護論者であったことを考慮すると、日韓国交正常化が日本にとってもいかにも重要な課題となっていたかが理解されよう。それは、日米首脳会談において、日本の「負担」と共に、その「保証」に関しても、両国間で合意されていたからであると考えられる。こ

---

43) "*Visit by President Pak of Korea*", Korea Park Visit Briefing Book（5/17〜19/1965）, Asia and Pacific, Box256, NSF, LBJ Library, February 12, 1965.

れに関しては、「日韓条約の締結は、日韓両国にとって著しい政治的かつ経済的利益であるばかりでなく、自由世界全体にとって有益である」という米国文書からも確認できよう。

そして、日韓両国とも、政府と与党は国会において野党の反対を押し切って、日韓条約の批准を強行したのである。しかも、65年における日韓交渉の手順が、従来とは逆に先合意・後条文化作業といった工夫で進められていたのである。これほどまでに締結が急がれたのも、アメリカの安全保障戦略を優先せざるを得なかったという理由からである。その代償に、日韓両国に対する強力な政治的・経済的的利益が保証されていたのだが、この方がより重要な決定要因であったと考えるのが筋であろう。これを端緒に、日本は64年の不況から「いざなぎ景気」に、韓国は高度経済成長へ途を歩んだことがなによりの証しであろう。なお、日韓両国において、佐藤内閣が戦後最長の長期安定政権を、朴正熙大統領が長期独裁政権を築き上げたのも、けっして偶然ではなかろう。ちなみに、日本が60年代後半より高い成長を成し遂げたことは偶然ではなく、「アメリカの安全保障戦略」との有機的な関連性が強まっていたからである。その立ち入った分析は本稿の目的ではないので差し控えるが、ここでは二つの研究を指摘することにとどめよう。

日本は、日米安保条約に基づき、アメリカのベトナム戦争への協力を果たしたが、それはアメリカから「責任分担」の圧力だけではなかった。アメリカ外交史の専門家でもあるマイケル・シャラーは、ベトナム戦争への協力によって日本に対する強力な政治的経済的利益が保証されたと指摘する。「ある点で日本のために戦われたベトナム戦争は、朝鮮戦争に匹敵するほど大きな衝撃を日米関係に与え、軍事的政治的影響を加え、世界的な経済大国として日本の台頭を早めた」と強調し、具体的にはアメリカ市場への参入、沖縄復帰の成算、中国との貿易の実現などをあげている[44]。また、こうした日本の経済大国化については、井村喜代子の優れた実証研究によると、アメリカがベトナム戦争を強行したことと深く関連があり、その特徴は輸出依存的「経済大国」化であると指摘される。「日本はアメリカのベトナム戦争にきわめて積極的に協力していく過程で、ベトナム戦争下の諸条件を最大限に活用して、(中略)、輸出規模の激増と重化学工業化、貿易収支・国際収支の黒字基調への転換と黒字幅の拡大、

---

44) マイケル・シャラー (2004)、323頁。

第八章　米国家安全保障と「ショーウィンドウ戦略」

世界の輸出全体におけるシェア拡大（1960年3.2％→70年6.2％）を実現していった」と結論づける[45]。したがって、日本が、ベトナム戦争を正当化し、アメリカへの支持・協力を強めたことと、60年代後半いわゆる「いざなぎ景気」が出現し、その結果GNP規模も急速に拡大し、67年には西ドイツを抜いて世界第二位にのし上がったということとは、切り離すことはできなかろう。

4．アメリカ政府の自己評価

　1960年代の米韓関係においては、経済的にも政治的にも韓国はアメリカの安全保障戦略のもとにおかれた。但し、韓国が「不安定な米国の継子」であった関係は、1965年の韓国軍のベトナム参戦をもって「ギブ・アンド・テイク」という関係へと移行する。したがって、米韓関係の分岐点は、韓国のベトナム参戦であり、これを境にアメリカの対韓政策は明確に転換した。そして、アメリカにおける韓国の重要性は高まり、韓国を共産陣営に対する経済的優位の証とする「韓国モデル」戦略がとられたのである。このため、アメリカのつくりあげた経済システムのなかで韓国は開発モデルとして優遇措置を受け、その最大の受益者となったのである。要するに、アメリカの「韓国モデル」政策が功を奏した結果、1965年から韓国の高度成長は本格的にスタートしたといえよう。

　1969年、ポーター駐韓米大使は韓米安保委員会の席で、次のような証言を行った。「私と私の仲間、そして私たちの前任者たちにとり、韓国での仕事は、1964年までは、将来的な経済成長の可能性が皆無に等しく、暗黒の時代としか映らなかった。しかしながら、その時代からついに解放され、韓国は私たちとの友好関係と共同の利益に結ばれ、今は有望かつ自立的な、そして希望に満ちた国家に変貌した姿を目のあたりにして感無量である」と述べ、1965年が「暗黒」と「希望」の分岐点であったことを印象づけた[46]。

　また、アメリカ政府は、60年代後半における最も重要な成果の一つとして、韓国の経済発展に果たした自らの役割を強調している。この点に関しては、1968年にジョン

---

45) 井村喜代子（1993）、263頁。
46) 北米2課（1969）「駐韓米国大使ウィリアム Ｊポーター氏の報告書」『安保関係資料、1969』韓国外務部外交文書（Microfilm番号：G-0012-10、フレーム番号：21）。なお、ウィリアム・ポーターの在任期間は、1967年7月から1971年10月である。

ソン大統領宛の「アメリカの対外関係（1963～68）」という報告書を参照されたい。この報告書によると、「アメリカは、韓国に対して巨額の経済・技術援助を行うと共に、経済政策の立案と実施に影響を与え、直接的な役割を果たした」と高く自己評価した[47]。ここで注目しなければならないのは、その「直接的な役割」であろう。アメリカ政府が韓国の経済政策における立案と実施に対して直接的な役割を果たしたという点については、とくに重要なポイントとなる。つまりこのことは、韓国政府は経済開発に絶大な力を発揮することができたのだが、その政策立案及び執行の際には、アメリカ政府が直接的な役割を担っていたことを示唆するからである。

一方、朴正熙大統領も、1968年4月、ジョンソン大統領宛の「米韓間の懸案問題に関する親書」において、アメリカの役割を指摘している。すなわち、「韓国はこれまで、米国政府の直接・間接かつ寛大な経済及び技術援助により大きな恩恵を受けてきましたが、現下新たな段階を迎え、韓国経済は飛躍的な発展を目指しております。よって、米国政府は経済的な支援とともに米民間企業による直接投資またはジョイント・ベンチャーを促し、韓国の経済発展に一層の参与ができるよう切実に願っているところであります。米韓間の貿易が拡大の一途を辿っているのは非常に幸いなことであり、とりわけ韓国商品の米国市場への参入は目を見張るものがあります。これは閣下の特別な配慮と米国政府の官民協力の結果である考えております（中略）」と述べた。ここでは、親書という外交儀礼的な性格を有するものの、「直接・間接かつ寛大な経済及び技術援助」または「官民協力の結果」といった文言が明記されていること、米国側の自己評価と一致するものとしてこの点を強調したからに外ならない。

---

47) *Memorandum for the President : U.S. Relations with Foreign Countries 1963-1968*, Foreign Affairs Data Sheets 12/1967-6/1968, Subject File, Box 19, NSF, LBJ Library, June 24, 1968.

終章　韓国の高度成長をどう見るか

1．韓国経済のターニングポイント

(1) ダイナミックな経済発展

　韓国経済の高度成長を考えるうえで、どの時点をターニングポイントとするのかは最も重要なポイントであろう。そこで肝心なことは、韓国経済のパフォーマンスの規模とスピードを、国際比較の視点で見ることである。

　1960年代はしばしば南北問題の時代とされ、国連では「国連開発の10年」を採択し、発展途上国の年間経済成長率5％の達成を目標に、国連貿易開発会議（UNCTAD）を初め、世界銀行やOECDなどを通じて、先進諸国と発展途上国の間の格差是正に大きい努力がはらわれてきた。その結果、1960年代の世界のGNP成長率は4.6％であったが、発展途上国のそれは5.8％と目標を上回ったのである。多くの発展途上国は1960年代を通じ、目標とされた年率5％の経済成長率を達成するという、大きな成果をあげたことになる。しかしながら、先進諸国との間の格差は縮小しないばかりか、むしろ拡大するという結果を露呈したのである。同時に、発展途上国間の格差の増大といういわゆる「南南問題」といわれる新しい問題にも逢着することになった。すなわち、東アジア諸国は、他の発展途上国と比較するとかなり高い経済成長率を達成し、発展途上国の間においても経済発展の格差が顕著に現れることになったのである。これが「東アジアの奇跡」といわれる故であることはいうまでもなかろう。

　1960年代のアジア諸国のGNP成長率をみると、香港（10.0％）、台湾（9.6％）、シンガポール（8.8％）、韓国（8.6％）、タイ（8.4）などは8％を超え、マレーシア（6.5％）、フィリピン（5.1）も5％を超えていたが、わずかにインドネシア（3.9％）のみが目標を下回っている[1]。東アジア諸国では、ほとんどの国が高い経済成長を成し遂げたこととなる。グラフ終-1は東アジア諸国のGNPの推移を示したものであるが、韓国の60年代後半のGNP伸びは目を見張るものがある。1960年代前半においては、

---

1) U.N.（1971），p.77及び、World Bank（1985）*World Development Report*．を参照。

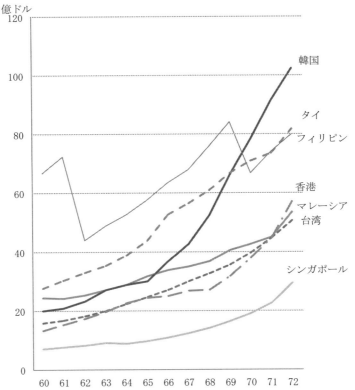

グラフ終-1　東アジア諸国のGDPの推移

（出所）*World Bank, World Development Indicators Online* 及び統計庁（1995）、315頁、溝口敏行編（2008）、393頁、より作成。

マレーシアとほぼ同じ規模であったのが、66年よりマレーシアを上回るようになり、70年にはタイを、71年にはフィリピンを一気に超えていたのである。72年にはその格差はさらに顕著に現れる。60年代後半において、韓国経済がいかに速いスピードで成長していたかが伺えよう。

(2) 経済格差の縮小

　南北問題の視点からみると、驚異的な成長ばかりではなく、韓国が先進国との所得格差をいつから縮小に転じることができたかが、重要なポイントとなる。グラフ終-2は韓国の一人当たりGNPをアメリカとの倍率で示したものであるが、60年代後半に

終章　韓国の高度成長をどう見るか

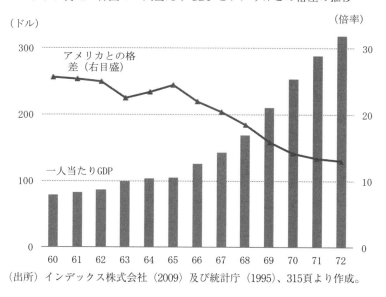

グラフ終-2　韓国の一人当たりGDPとアメリカとの格差の推移

（出所）インデックス株式会社（2009）及び統計庁（1995）、315頁より作成。

急速に縮小していることがわかる。韓国は、前例を見ない驚異的な成長により、1965年にはわずか105ドルに過ぎなかった一人当たりGNPも、72年には319ドルへと3倍以上拡大したのである。アメリカは65年に2563ドルで韓国の24倍強であった一人当たりGNPが、72年には4140ドルとなり、その差が13倍に縮小した。つまり、65年以降において、両者間の格差は相対的に縮小の方向に転じたことが明らかである。

また、北朝鮮との対抗関係上、北朝鮮との経済格差も重要なポイントとなろう。グラフ終-3に示されたとおり、北朝鮮の一人当たりGNPは、57年以降順調に伸びている。これに対して、韓国の一人当たりGNPは、60年代前半までに漸増傾向を辿っていたのが、65年以降急速に伸び始めていることが示されている。比較のために、北朝鮮の一人当たりGNPを100とすると、韓国の指数は、57年の100から65年の65へと大きく低下したが、その後増加に転じ、69年には北朝鮮を上回るようになったのである。すなわち、韓国経済は、加速的な成長を遂げた1965年以降、北朝鮮の経済水準に急速にキャッチアップしていたことが明らかである。

以上のことから、韓国経済のターニングポイントを考える場合、韓国経済が成長を加速化した時期として、なおアメリカとの経済規模が相対的に縮小した時期として、

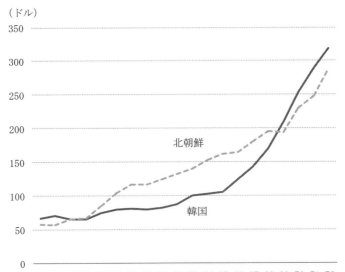

グラフ終-3 一人当たりGNPの推移（韓国と北朝鮮の比較）

(出所) 統計庁（1995）『南北韓の経済社会像比較1995』、41頁、世宗研究所（2011）、42頁、統計庁（1995）、315頁、などより作成。

さらに北朝鮮に対して急速にキャッチアップした時期として、1965年以降の経済がハイライトをあてられるのは至極当然であろう。その意味で、韓国経済のターニングポイントは1965年であると指摘されるべきであろう。

2．政策なき高度成長

(1) 輸出指向工業化と「バイ・コリアン政策」

　韓国の高度成長において、政府の果たした役割が大きかったというのは、今や共通の認識になりつつある。確かに、経済政策の推進には、最高権力集団の独断による強制執行というのは、意志決定の早さ、政策実施までの素早さなど一定の効率性を高めるのは事実である。しかし、経済的変化はあれこれの政策に左右されるものではなく、発展途上国にとって最大の課題である外資の確保、輸出の拡大などの対外関係においてはなおのことである。1960年代初期、韓国政府が積極的な経済政策を実施したにもかかわらず、とりわけ資金源として期待された外資の導入が進まなかったため、

終章　韓国の高度成長をどう見るか

63年には計画目標を引き下げる「下方修正計画」に踏み切らざるを得ず、行き詰まり状態に陥ったことはその例である。また、1965年を境に、いわば韓・日・米の三角貿易構造のなかで、高度経済成長と輸出指向型工業化の条件を整えることができたが、こうした「成長のトライアングル」の形成に関しても、経済政策だけでは十分な説明ができないであろう。

　しかも、経済開発計画の帰結によれば、目標と実績とのギャップが大きすぎる問題とともに、政策方針とのズレも著しく示されるなど、経済政策との因果関係を認めるわけにはいかない。すなわち、第2次開発計画の「自立経済」の達成をスローガンとした資金調達計画は対外依存体制からの低下を目指していたが、その帰結は逆に対外依存傾向を深化させたこと、第一次三ヵ年輸出計画は輸出特化産業の育成とともに輸出市場の多角化及び輸出商品の多様化を目指したものの、その帰結はアメリカと輸出商品の集中度をさらに高めたこと、などはなによりの証左である。要するに、韓国の輸出計画の帰結を、オリンピック競技に例えるとすれば、韓国政府が特技のテコンド、レスリング、柔道、アーチェリーなどの分野から金メダルを期待し、これらの種目に対して重点的な育成強化策が実施されたが、結果は、重点育成強化の種目からは金メダルに届かず、サッカーや陸上競技、水泳、馬術などといった「想定外」分野で金メダルを獲得した、ということになろう。

　こうした「想定外」の帰結は、アメリカの「バイ・コリアン政策」に起因することはいうまでもない。アメリカ市場に限って、韓国の特定のいくつかの品目だけが、他の競合国の輸出品目を駆逐して奇跡的な成長を成し遂げたという事実は、これを裏付けるものである。言い換えれば、アジアの各国がほぼ共通した輸出促進政策メニューを実施したにもかかわらず、韓国だけが他の国と比較にならないほど奇跡的な成果をあげたのは、アメリカの「バイ・コリアン政策」に支えられたからである、といって差しつかえない。

(2) 電子産業の発展とバテル記念研究所

　政府の役割についてもうひとつ注目されなくてはならないのは、産業政策であろう。高度成長時代の産業政策は実に多岐にわたっている。政府系金融機関による政策金融と優遇税制、特定産業の育成及び支援、外資法・為替法による規制などは産業育成政策の中心的な政策であった。とりわけ、国際的に関心が高いのは特定産業の育成及び支援であろう。韓国は発展途上国のなかで唯一、鉄鋼、造船、石油化学、自動

車、電子など重化学工業を育成し、それが韓国経済を牽引するリーディング産業となったからである。さらに象徴的なことは、国際競争力がきわめて弱いと評価されていた電子産業を輸出産業として育成し、世界市場におけるプレゼンスを高めていたことである。

韓国の場合、電子部品を含む電子電気機器が新たな輸出主力製品として台頭したことは、産業構造の高度化または高付加価値化が同時に進展したことを反映するものであり、とくに注目すべきである。他の発展途上国を見ても、電子産業がリーディング産業として成長するケースは非常に限られている。これを発展途上国の産業発展という視点からどのように解釈すべきかという問題に対して、経験法則としてしばしば取り上げられる「産業発展の雁行形態論」や「プロダクト・サイクル仮説」は必ずしもあてはまらない。確かに、アジアには電子製品が輸出主力品となっている国は他にも見られるものの、韓国と台湾を除きそれを基幹産業として発展を成し遂げた例は見ることが出来ない。電子産業特有の加工輸出というパターンによる発展は経験しているものの、それが独自の技術革新システムを構築し、知識基盤産業として発展されるまでに至るケースは見られない。いいかえれば、韓国と台湾は、加工製品を通じた輸出発展から半導体など先端産業技術を担う知識基盤産業へと、電子産業の発展を可能にした稀なケースといえる。

韓国の電子産業の育成を支えるとともに、先進国との大きな技術のギャップを埋めるうえで、とりわけ重要な役割を果たしたのは、いうまでもなくバテル記念研究所であろう。まず指摘されなくてはならないのは、韓国産業の振興にあって、韓国政府が生産能力重視から重化学産業などを優先させた反面、バテル記念研究所は産業リンケージの効果やイノベーション能力の形成のために高度の技術を要するサポーティング・インダストリーを重視していた、ということであろう。すなわち、バテル記念研究所の経験とノウハウを反映し、韓国政府の生産力至上主義から、産業リンケージの効果とイノベーション能力の形成を重視する産業技術アプローチの転換が行われているのである。このことは、韓国政府が目指した重化学工業化とは明らかに異なり、多くの発展途上国が指向した輸入代替工業化とは一線を画するものである。また、それは明らかに高度の技術や知識が支える技術集約的産業の色合いが強く、当時の韓国の力量からすれば野心的に過ぎていたのに加えて、発展途上国にとり「新たな実験」に外ならなかったのである。

終章　韓国の高度成長をどう見るか

　発展途上国一般に、産業振興のために技術革新がボトル・ネックとなっており、電子産業に関して言えばいっそうその発展と技術革新とは密接に関連している。韓国産業の発展を支えるとともに、先進国に新しい機械・設備及び技術などを大きく依存しながらも、先進国にキャッチアップする上で、重要な役割を果たしたものに電子産業における技術革新があると考えられる。例えば、電子産業は国際競争力の要因として労働集約的性格が強く、豊富かつ低廉な労働力を積極的に活用したことがしばしばとりあげられているのだが、韓国の電子産業は労働コスト上昇に伴う低賃金の優位性が低下しつつも、輸出市場でのプレゼンスを高めていった。しかも驚くべき速いスピードで発展を成し遂げたという点を考えても、さらに考慮しなければならない点は技術革新にあろう。

　韓国における技術開発投資は他の発展途上国と比べると非常に高いレベルであったことは今更言うまでもないが、それが1960年代後半から積極的に実施されていたという点についてはほとんど指摘されることはなかった。それは、労働集約的な軽工業部門から、資本集約的な重化学工業部門、そして技術集約的なハイテク産業へと順を追って産業発展が進むという歴史的経験から説明しにくい畏れがあるからであろう。または、先進国の資本と進んだ技術が発展途上国の安い労働力と結び、次第に労働集約的な製品から資本または技術集約的な製品への移行が進むといった産業発展段階論からすると、技術開発力や人材活用といった「技術集約的性格が強い要因」はむしろ捨象すべきである、という思考がはたらいたためと見ることもできるであろう。しかしながら、1965年以降の工業化の進展に際しては、日米からの新しい設備導入と技術移転がなされた一方、新しい技術開発と人材育成を伴っていたのである。すなわち、1960年代後半から労働集約的な産業部門が著しく発展したのだが、同時に研究・技術開発力も著しく強化されたことなどは他の発展途上国では見られない韓国特有の経験といえる。

　いうまでもなく、バテル記念研究所からの独特な支援、すなわち（1）韓国初の産業実態調査、（2）韓国版バテル記念研究所の設立支援、（3）研究開発＆イノベーションシステムの構築、（4）経済政策シンクタンクの構築などがなかったならば、韓国の技術革新は望めなかったに違いない。とりわけ、研究開発＆イノベーションシステムの構築に関していえば、民間R&Dシステムの飛躍的な発展にも多大な影響を与えたことを指摘しなければならないであろう。すなわち、第一に、KISTをモデルにして

70年代に多くの政府系研究機関が相次いで設立されたが、これは KIST からのスピンアウトによるところが大きいということである。第二に、これら政府系研究機関の研究開発では、研究レベルも高度の水準に達しており、半導体や通信システムなど当時の民間部門では充分な研究開発が期待できない先端技術を担う役割を果たしていた点である。第三に、人材育成の結果、研究者は大学や民間企業などに供給されており、ここで活発な人的交流が行われるとともに、民間部門の R&D システムの発展にも大きな役割を果たしていた、ということである。

　本書では触れなかったが、台湾工業技術研究院（Industrial Technology Research Institute, 以下 ITRI と示す）は台湾行政院経済部によって主力産業を育てる狙いで1973年に創設された。ITRI は、研究開発および諸サービスを実施する財団法人である。韓国の KIST より7年後に設立されたものであるが、KIST と類似するところが多いことが特徴でもある。それは産業の技術高度化のための研究開発と技術サービス、新産業育成のための技術開発と事業化等を行うとともに、人材を育成し産業界へ還元する人材育成センターの役割を演じているからである。しかも、バテル記念研究所の元副理事長であるクライド・R．ティプトン Jr. によれば、「台湾については、同国の産業の新しいニーズによりよく対応するためには、多数の研究所をどのように再組織して活性化をはかればよいか、という研究をバテルは政府から委託された」と指摘しているが[2]、台湾の研究体制づくりに対するバテル記念研究所の支援がここからも推察できるだろう。バテル記念研究所による台湾に対する政策的関与が実際にどのように行われていたかについては、未だブラックボックスのままである。発展途上国のなかでとりわけ韓国と台湾の電子産業の発展が著しく、それに KIST と ITRI の果たした役割が両国ともきわめて大きいことは、NIES の電子産業を見ていくうえで見逃してはならない点であろう。

　もっとも、1965年11月に発表されたアメリカ政府の『国家政策要綱韓国編』によると、「アジアにおいては台湾と同様に、韓国も非共産主義国家における成功ケースとして立証すること」と記されている。このことは、台湾も「ショーウィンドウ」モデルとして位置づけられていたことを意味するものであり、この点も合わせて見逃してはならないであろう[3]。

---

　2) クライド・R. ティプトン (1982)、124頁。
　3) ドナルド・ストン・マックドナルド (2001)、63頁。

3.「成長の神話」と見えざる手

　1960年代前半までのインドの工業化は、韓国の経験と比べても、はるかに速い速度で「圧縮された工業発展」が進展していた。それは重工業優先の政策のもとで、資本財を中心に順調な滑り出しを示したが、1965年を境にして成長率は減速し、その後も成長率は容易に回復せず、インドは長期停滞のわなに落ち込んでゆくことになる。一方、アメリカ政府が「最大の失敗の一つ」として烙印を押した国、韓国では、外向きの開発戦略により急速かつ持続的な成長と輸出の拡大を実現していくことになる。世界的な注目と議論の的となる「インドの工業化停滞」と「漢江の奇跡」である。

　こうした成長の明暗については、それぞれの政府の「外的ショックに対する政策対応」の相違によるものであるというのが、これまでの見解であろう。しかしながら、外向きの戦略が両国ともIMF・世界銀行またはアメリカ政府の誘導によるところが大きいこと、アメリカの対外戦略が「インド重視」から「韓国重視」へと変化が見られたことなどを照らし合わせると、アメリカの安全保障戦略に大きく左右された側面は否定できない。すなわち、1960年代前半にあっては、アメリカを中心とする「インドコンソーシアム」体制により、インドは世界最大の規模の外国援助を導入するとともに、経済開発に援助依存度及び貿易依存度を高めていた。しかし、インドコンソーシアムの「切り捨て」は、インドの外貨不足の引き金となり、インドは計画産業の施設材や機械輸入の減少を余儀なくされ、同時にそれが計画の行き詰まりを招来し、インド経済の危機を構造的なものにしたといわざるを得ない。これとは対照的に韓国では、1966年にアメリカを中心とした「韓国援助クラブ」が結成され、韓国に対して積極的な援助が与えられた結果、資本財及び輸出用原資材などの輸入が急増するなど、経済開発は援助依存度及び貿易依存度を高めていた。こうした劇的な変化は、アメリカ政府という見えざる手によって動かされた結果と見るべきであろう。

　要するに、1960年代前半までのアメリカの安全保障戦略は、米ソの経済的影響力を競い合うかたちで進展したことから、米ソによる「開発モデル競争」をバネとして国際関係の中心に組み込まれ、「選択と集中」という政策方針によって、地域的な取り組みはトレード・オフ関係にならざるを得なかった。それによって、アジアの経済開発は、アメリカの安全保障戦略に大きく左右されやすい構造的な問題を抱えるようになったのである。その結果、南アジアが重視され、とりわけ「インドモデル」に強く

傾斜していった。

　しかし、ベトナム戦争の拡大は、韓国を反共産主義の砦とするアメリカの安全保障戦略にきわめて重要な変数として組み込むとともに、「非共産主義国家のショーウィンドウズ」として位置づけ、いわゆる「外向き開発政戦略」と呼ばれる方向に向かわせた。それは「インドモデル」から「韓国モデルへ」と経済開発モデルの転換でもあったといえよう。すなわち、その帰結として、アメリカと日本との間に国際分業関係が形成され、いわば韓・日・米の三角貿易構造のなかで、高度経済成長と輸出指向型工業化の条件を整えることを可能とし、同時に朴正熙大統領の開発独裁体制の強化に寄与しその長期執権の基盤を作り上げる重要な契機となった、ことが強調されなければならないであろう。すなわち、世界で他に類を見ないほど緊密な政策協調が米韓間に行われたことは、韓国を反共産主義の「ショーウィンドウ」にするための手段だったわけで、この点を強調したからに外ならない。

　ここで日本についての立ち入った分析は本書の目的ではないので差し控えるが、「アメリカ国家安全保障問題」というのは、日本の高度成長を解明するうえで重要な課題であろう。というのは、アメリカは日本をアジア地域の中心軸として、アジアの非共産主義国を一つの地域とし、軍事・経済面に有機的に統合することを重点戦略の一つとしていたからである。ベトナム戦争の拡大を契機に、日韓経済関係をアジアにおいて重要な軸として見なし、日韓国交正常化にアメリカの積極的な介入が行われたことがなによりの証左である。それは、アジアにおけるアメリカ主導の安全保障ネットワークの基盤を固めただけではなく、経済面では国際分業の「成長のトライアングル」を構築する契機となり、韓国と日本はアメリカ市場へのチャンスを広げたことにより、高度成長を成し遂げることができたと言えよう。

　もうひとつ指摘しなければならない点は、最高経営者（CEO）からなる「トップマネジメント視察団」のことであろう。というのも、アメリカが東西冷戦の中でイギリスと日本を国家安全保障戦略の要と位置づけていたという点を照らし合わせると、その支援が国家安全保障戦略の一環として行われていたことを示唆するからである。したがって、アメリカ政府が韓国と日本の「トップマネジメント使節団」に対して支援を行ったことは偶然ではなく、「アメリカ国家安全保障戦略」のもとにおかれていたためであったともいえよう。その意味で、韓国と日本がアメリカとの緊密な政策協調を行ったことも、単に二国間の経済交流というよりも、「アメリカ国家安全保障戦略」

終章　韓国の高度成長をどう見るか

の一端であったといって差しつかえないだろう。時期的な要因を見ても、アメリカ政府が「トップマネジメント視察団」の支援に乗り出したとき、すなわち1950年後半以降における「日本の奇跡」と1960年代後半以降における「漢江の奇跡」が見事に一致することから、やはり、アメリカの国家安全保障戦略と切り離すことはできないと考えられるのである。

参照文献

【日本語文献】

青木昌彦・金瀅基・奥野（藤原）正寛（1997）『東アジアの経済発展と政府の役割』白鳥正喜監訳、日本経済新聞社。

アジア経済研究所（1971）『発展途上国の経済統計（1970年版）』96頁。

アジア経済研究所（1975）『1960年代韓国製造業の発展――その統計的分析――』アジア経済研究所。

アジア経済研究所経済協力調査室監訳（1973）『DAC加盟国の開発援助：1970年年次審査』アジア経済研究所。

アジア経済研究所経済成長調査部編（1974）『発展途上国経済統計要覧』。

アジア経済研究所編（1972）『韓国の主要商品別主要相手別輸出入表（1960-1970）』アジア経済研究所。

アジア経済研究所編（1975）『1960年代韓国製造業の発展――その統計的分析――』。

アジア経済研究所編（1981）『発展途上国の電氣・電子産業』アジア経済研究所。

アメリカ合衆国商務省編（1986）『アメリカ歴史統計：植民地時代～1970年〈第1巻〉』斎藤眞・鳥居泰彦監訳、原書房。

アメリカ合衆国商務省編（1986）『アメリカ歴史統計：植民地時代～1970年〈第2巻〉』斎藤眞・鳥居泰彦監訳、原書房。872～875頁より作成。

アメリカ合衆国商務省編（1986）『アメリカ歴史統計：1971～1985年の主要統計＆全3巻総索引〈別巻〉』斎藤眞・鳥居泰彦監訳、原書房。1316-1317頁。

荒川英・矢野誠也編（1968）『アジア諸国の経済成長と開発計画（上）』アジア経済研究所。

荒川英・矢野誠也編（1969）『アジア諸国の経済成長と開発計画（下）』アジア経済研究所。

安秉直（2005）「キャッチ・アップ過程としての韓国経済成長史」『歴史学研究』6月号。

井草邦雄編（1988）『アセアンの経済計画――歴史的課題と展望――』アジア経済研究所。

池尾和人・黄圭燦・飯島高雄（2001）『日韓経済システムの比較制度分析』日本経済新聞社。

伊藤健市（2009）「トップ・マネジメント視察団は何をアメリカから学んだのか（1）――日本生産性本部海外視察団からの教訓――」『關西大学商学論集』第54巻3号。

井上隆一郎・浦田秀次郎・小浜裕久（1990）『東アジアの産業政策――新たな開発戦略を求めて』日本貿易振興会。

今岡日出紀（1985）「複線型成長の論理と背景」『中進国の経済発展』アジア経済研究所。

今川瑛一（1991）『アメリカ大統領のアジア政策』アジア経済研究所。

井村喜代子（1993）『現代日本経済論』有斐閣。

インデックス株式会社（2009）『アジア経済統計年鑑 CD-ROM 版 2008』。

インデックス株式会社（2009）『米国経済統計年鑑 CD-ROM 版 2009』。

インド経済協力調査団（1971）『インド経済協力調査報告』外務省経済協力局。
インド政府計画委員会（1962）『インドの第3次5ヵ年計画Ⅰ』アジア経済研究所。
浦田秀次郎（1995）『貿易自由化と経済発展——途上国における生産性分析——』アジア経済研究所。
絵所秀紀（1987）『現代インド経済研究』法政大学出版局。
絵所秀紀（1991）『開発経済学——形成と展開』法政大学出版局。
絵所秀紀（1994）「インド・モデルから韓国モデルへ」『講座現代アジア3 民主化と経済発展』東京大学出版会。
絵所秀紀（1994）『開発と援助——南アジア・構造調整・貧困——』同文館。
絵所秀紀（2002）『開発経済学とインド——独立後インドの経済思想』日本評論社。
エズラ．F. ヴォーゲル（1993）『アジア四小龍』渡辺利夫訳、中公公論社。
大江志乃夫・小林英夫他編（1993）『近代日本と植民地3　植民地化と産業化』岩波書店。
大坂府立商工経済研究所（1968）『韓国中小企業の経営分析：メリヤス肌着、皮革、電動機製造業の実態』（海外資料紹介 No.6）。
大杉一雄編（1968）『インド　経済と投資環境』アジア経済研究所。
大坪滋・木村広恒・伊東早苗（2009）『国際開発学入門』勁草書房。
岡崎淳・加藤正明・小西勝之（2009）「KEYNOTE 照明用LEDの現状と将来」『シャープ技報』99号。
小此木政夫・文正仁編（2001）『日韓共同研究叢書4　市場・国家・国際体制』慶應義塾大学出版会。
カーター・J. エッカート（1994）「植民地末期朝鮮の総力戦・工業化・社会変化」『思想』7月号。
外務省経済局アジア課（1968）『韓国繊維工業の現状と展望』。
外務省経済局スターリング地域課［訳］（1960）『インド国民経済の分析および展望』外務省経済局。
郭洋春（1990）「戦後世界経済と東アジア：東アジア経済圏の開発とその経済的・政治的意味」『立教経済学研究』第43巻第4号。
鹿島平和研究所編（1973）『対外経済協力大系』第6巻。
梶村秀樹（1983）「韓国経済における政府の役割——1960～70年代——」『韓国経済試論』白桃書房。
片野彦二（1966）『インドにおける経済計画の理論』アジア経済研究所。
加藤長雄編（1966）『インド経済発展の諸問題Ⅰ』アジア経済研究所。
河合和男・尹明憲（1991）『植民地期の朝鮮工業』未来社。
川口融（1980）『アメリカの対外援助政策』アジア経済研究所。
川田順造・岩井克人・鴨武彦・恒川恵市・原洋之介・山内昌之（1998）『開発と政治』岩波書店。
菅英輝（2010）『冷戦史の再検討』法政大学出版局。
韓国産業経済研究所（1967）『韓国の通信・電子機器工業の実態——投資市場として脚光を

浴びている韓国の電子工業部門——』。
木宮正史（2008）「韓国外交史料館」『現代韓国朝鮮研究』 8号。
金俊行（2006）『グローバル資本主義と韓国経済発展』御茶の水書房。
金正濂（1991）『韓国経済の発展：「漢江の奇跡」と朴大統領』サイマル出版会。
金泳鎬著（1988）『東アジア工業化と世界資本主義』東洋経済新報社。
木村光彦（1999）『北朝鮮の経済　起源・形成・崩壊』創文社。
金立三（2007）『韓国経済の奇跡：礎を築いた民間経済人の熱き思い』花房征夫訳、晩声社。
クライド・R. ティプトン（1982）『バテルは世界を創る——知られざる技術開発機関の軌跡』加山幸浩・竹本正男訳、東洋経済新報社。
倉沢愛子他編（2006）『20世紀の中のアジア・太平洋戦争』岩波書店。
栗本弘（1970）「韓国経済の進歩と停滞」『調査資料月報』日本エカフェ協会、8月号。
黒沢一晃（1983）『インド経済概説』中央経済社。
経済企画庁調査局編（1995）『アジア経済95』大蔵省印刷局。
経済協力開発機構（1986）『開発援助25年の歩み：OECD開発援助委員会（DAC）1985年議長報告』外務省経済協力局。
経済産業省（1969）『通商白書』。
国際連合『世界統計年鑑』1965年～1973年版。
国際連合編『アジア経済年報』（日本エカフェ協会訳）東洋経済新報社、各年度版。
小島清（1962）『東南アジア経済の将来構造』アジア経済研究所。
小島眞（1993）『現代インド経済分析』勁草書房。
小浜裕久（1992）『直接投資と工業化——日本・NIES・ASEAN』日本貿易振興会。
小林英夫（1983）『戦後日本資本主義と「東アジア経済圏」』御茶の水書房。
小原敬士・新川健三郎訳（1972）『経済学・平和・人物論』河出書房新社。
小宮隆太郎・奥野正寛・鈴村與太郎編（1984）『日本の産業政策』東京大学出版会。
ゴム報知新聞社編（1965）『韓国ゴム工業レポート』ゴム報知新聞社。
ゴム報知新聞社編（1967）『ゴム年鑑1967』ゴム報知新聞社。
ゴム報知新聞社編（1968）『ゴム年鑑1968』ゴム報知新聞社。
ゴム報知新聞社編（1973）『韓国ゴム年報1973』ゴム報知新聞社。
ゴム報知新聞社編（1975）『韓国ゴム年報1975』ゴム報知新聞社。
高龍秀（2000）『韓国の経済システム』東洋経済新報社。
近藤憲平（1970）『韓国・台湾・香港輸出雑貨産業の発展：わが国雑貨産業との関連について』アジア経済研究所。
斉藤修（2008）『比較経済発展論——歴史的アプローチ』岩波書店。
坂本正弘・滝田賢治（1999）『アメリカ外交の研究』中央大学出版部。
司空壹（1994）『韓国経済——新時代の構図』宇山博訳、東洋経済新報社。
佐々木隆雄（1997）『アメリカの通商政策』岩波書店。
佐藤元彦・平川均（1998）『第四世代工業化の政治経済学』新評論。
佐藤宏（1991）『南アジア経済』アジア経済研究所。

澤田貴之（2002）『インド経済と開発』創成社。
ジョージ・R. パッカード（2009）『ライシャワーの昭和史』森山尚美訳、講談社。
末廣昭（1994）「アジア開発独裁論」中兼和津次編『講座現代アジア・第2巻近代化と構造変動』東京大学出版会。
末廣昭（1998）「東南アジア経済論」『20世紀システム4　開発主義』東京大学出版会。
末廣昭（2000）『キャッチアップ型工業化論』名古屋大学出版会。
鈴木長年編（1974）『アジアの経済発展と輸出指向工業化』アジア経済研究所。
世界銀行（1997）『世界開発報告1997——開発における国家の役割』海外経済協力基金開発問題研究会訳、東洋経済新報社。
総合研究開発機構（1988）『日韓経済発展比較論』総合研究開発機構。
総理府統計局編『国際統計要覧』各年度版。
高崎宗司（1996）『検証日韓国会談』岩波書店。
高中公男（2000）『外国貿易と経済発展』（東アジア長期経済統計第9巻）勁草書房。
高橋基樹・福井清一（2008）『経済開発　研究と実践のフロンティア』勁草書房。
滝沢秀樹（1988）『韓国社会の転換』御茶の水書房。
武田晴人編（1995）『日本産業発展のダイナミズム』東京大学出版会。
谷浦孝雄（1989）『韓国の工業化と開発体制』アジア経済研究所。
谷浦孝雄（1991）『アジア工業化の軌跡』アジア経済研究所。
谷光太郎（2002）『日米韓国台半導体産業比較』白桃書房。
S. チャクラヴァルティー（1989）『開発計画とインド——理論と現実——』黒沢一晃・脇村孝平訳、世界思想社。
趙淳（2005）『韓国経済発展のダイナミズム』藤川昇悟訳、法政大学出版局。
趙利済・渡辺利夫・カーター・J. エッカート編（2009）『朴正熙の時代——韓国の近代化と経済発展——』東京大学出版会。
通商産業省通商産業政策史編纂委員会（1990）『通商産業政策史（第6巻）第Ⅱ期 自立基盤確立期（2）』。
通商産業省貿易振興局『経済協力の現状と問題点』各年度版。
蔦川正義（1972）『韓国の貿易と産業・市場構造』アジア経済研究所。
鶴田俊正・伊藤元重（2001）『日本産業構造論』NTT出版。
電子経済研究所（1973）『電子工業の東南亜地域進出企業調査報告書』。
電子経済研究所電子情報編集部編（1973）『電子工業の東南亜地域進出企業調査報告書：電子情報』電子経済研究所。
涂照彦（1990）『東洋資本主義』講談社。
永野周志（2002）『台湾における技術革新の構造』九州大学出版会。
中村哲・安秉直編（1993）『近代朝鮮工業化の研究』日本評論社。
中村平治編（1972）『インド現代史の展望』青木書店。
西口章雄・浜口恒夫編（1990）『インド経済』世界思想社。
西口章雄（1998）「インド：経済開発戦略の転換と展望」『新版世界経済——市場経済のグロ

ーバル化──』ミネルヴァ書房。
西崎文子（2004）『アメリカ外交とは何か』岩波書店。
日本関税協会『貿易年鑑』各年度版。
日本銀行調査局（1970）「ベトナム特需とアジア経済」『調査月報』4月号。
日本銀行調査局（1973）「ベトナム特需について」『ベトナム戦後復興開発と日本の役割』経済発展協会。
日本銀行統計局『アジア・大洋州主要国の国際比較統計』1967～69年版。
日本銀行統計局『日本経済を中心とする国際比較統計』各年度版。
日本経済調査協議会（1968）『対対韓外国人投資企業実態調査報告書』日本経済調査協議会。
日本電子工業振興協会（1969）『東南アジア地域電子工業化基礎調査報告書』。
日本貿易振興会（1968）『東南アジア諸国における貿易と工業化の進展（NO.1韓国編）』日本貿易振興会。
日本貿易振興会（1969）『米国のケミカルシューズ・ゴム履物市場調査』（市場動向シリーズ391）。
日本貿易振興会『海外市場白書（概観・地域編）』65～75年度。
朴一（1992）『韓国NIES化の苦悩──経済開発と民主化のジレンマ──』同文館。
朴根好（1993）『韓国の経済発展とベトナム戦争』御茶の水書房。
橋本寿朗（1995）『戦後の日本経済』岩波新書。
服部民夫（1987）『発展の構図──韓国の工業化』アジア経済研究所。
服部民夫・佐藤幸人編（1996）『韓国・台湾の発展メカニズム』アジア経済研究所。
花房征夫（1978）「韓国輸出衣服業の発展過程と成長要因」『アジア経済』7月号。
林一信（1980）「韓国」アジア経済研究所編『発展途上国の繊維産業』アジア経済研究所。
V. N. バラスブラマニヤム（1988）『インド経済概論』古賀正則・長谷安郎・松井和久・山崎孝治訳、東京大学出版会。
原朗・宣在源（2013）『韓国経済発展への経路』日本経済評論社。
原覚天（1967）『現代アジア経済論』勁草書房。
原覺天（1970）『韓国経済の奇跡：高度経済成長と日韓経済協力』日本国際問題研究所。
原覚天（1975）『アジア経済発展論』日本経済新聞社。
原覺天編（1966）『経済援助の研究』アジア経済研究所。
原覺天編（1967）『経済援助と経済成長』アジア経済研究所。
原洋之介（1994）『東南アジア諸国の経済発展──開発主義的政策体系と社会の反応──』リブロポート。
原洋之介（1996）『開発経済論』岩波書店。
原洋之介（2000）『アジア型経済システム』中央公論新社。
東茂樹（2000）『発展途上国の国家と経済』アジア経済研究所。
平川均（1992）『NIES──世界システムと開発──』同文館。
平山龍水（1997）「朝鮮半島と日米安全保障条約──日米韓連鎖構造の形成」『国際政治・日米安保体制──持続と変容』第115号。

ファーイースタン・エコノミック・レビュー（1964）「アメリカの対アジア経済関係」『エカフェ通信』9月1日号（NO.383）。
深沢宏（1972）『インド社会経済史研究』東洋経済新報社。
藤高明・清田治史訳（1988）『朴正煕時代』朝日新聞社。
藤本一美（2004）『ジョンソン大統領とアメリカ政治』つなん出版。
藤森英男（1990）『アジア諸国の産業政策』アジア経済研究所。
藤森英男（1991）『アジア産業政策の事例研究』アジア経済研究所。
プラナブ・バルダン（2000）『インドの政治経済学――発展と停滞のダイナミクス――』（近藤則夫訳）勁草書房。
堀和生・中村哲編（2004）『日本資本主義と朝鮮・台湾』京都大学学術出版会。
本多健吉編（1990）『韓国資本主義論争』世界書院。
松山幸雄（1965）「朴大統領に"破格の優遇"――韓国に利したベトナム戦争――」『朝日ジャーナル』6月6日号。
松本厚治・服部民夫（2001）『韓国経済の解剖――先進国移行論は正しかったのか――』文眞堂。
マリ＝シモーヌ・ルヌー（1985）『インド亜大陸の経済』白水社。
丸山静雄（1966）『アメリカの援助政策』アジア経済研究所。
溝口敏行編（2008）『アジア長期経済統計1 台湾』東洋経済新報社。
ミリカン・ブラックマー編（1962）『低開発諸国の近代化――その過程と対策――』石沢元晴訳、日本外政学会。
宮崎義一著（1986）『世界経済をどう見るか』岩波新書。
H. ミント（1965）『低開発国の経済学』結城司郎次・木村修三訳、鹿島研究所出版会。
H. ミント（1973）『低開発国の経済理論』渡辺利夫・小島真・高梨和紘・高橋宏訳、東洋経済新報社。
村上敦（1967）『インドの工業発展と日印貿易』アジア経済研究所。
森野勝好（1987）『発展途上国の工業化』ミネルヴァ書房。
M. F. モンテス・坂井秀吉編（1990）『フィリピンの経済政策とマクロ経済展望』アジア経済研究所。
矢野誠也（1967）『アジア経済の20年の展望』アジア経済研究所。
山岡喜久男（1971）『アジア開発のメカニズム――工業編』アジア経済研究所。
山口博一（1982）『現代インド政治経済論』アジア経済研究所。
山澤逸平・平田章編（1987）『発展途上国の工業化と輸出促進政策』アジア経済研究所。
山中一郎（1988）『南アジア諸国の経済開発計画』アジア経済研究所。
山本鉄太郎編（1969）『ゴム年鑑69〜70』ゴム報知新聞社。
山本登編（1964）『アジア諸国経済開発の比較研究』アジア経済研究所。
山本登編（1971）『アジアの貿易』東洋経済新報社。
柳澤悠（2014）『現代インド経済』名古屋大学出版会。
山岡喜久男（1971）『アジアの工業（アジア経済講座第4巻）』東洋経済新報社。

吉沢南（1990）「ベトナム戦争と日韓条約」歴史学研究会編『日本同時代史④高度成長の時代』青木書店。
吉原久仁夫（1991）『第八巻東南アジアの経済』弘文堂。
李祥雨（1988）『朴正煕時代——その権力の内幕』藤高明・清田治史訳、朝日新聞社。
李種元（1996）『東アジア冷戦と韓米日関係』東京大学出版会。
李鍾元（2008）「米国公文書館と米韓関係資料」『現代韓国朝鮮研究』第8号。
李鍾元（2009）「日韓の新公開外交文書に見る日韓会談とアメリカ」（1）『立教法学』第76号。
李鍾元・木宮正史・浅野豊美（2011）『歴史としての日韓国交正常化Ⅱ脱植民地化編』法政大学出版局。
李鍾元・木宮正史・浅野豊美（2011）『歴史としての日韓国交正常化Ⅰアジア冷戦編』法政大学出版局。
李庭植（1989）『戦後日韓関係史』（小此木政夫・吉田博司訳）中央公論社。
李素玲（1985）「韓国の官僚制——朴体制下の政治構造との関連において」大内穂・下山瑛二編『開発途上国の官僚制と経済発展』アジア経済研究所。
W. W. ロストウ（1961）『経済成長の諸段階』ダイヤモンド社。
ロバート・ウェード（2000）『東アジア資本主義の政治経済学——輸出国と市場誘導政策——』長尾伸一・畑島宏之・藤縄徹・藤縄純子訳、同文館。
和田春樹・後藤乾一・木畑洋一・山室信一・趙景達・中野聡・川島真（2011）『東アジア近現代通史第7巻 アジア諸戦争の時代1945-1960年』岩波書店。
渡辺利夫（1982）『現代韓国経済分析』勁草書房。
渡辺利夫（1986）『韓国——ヴェンチャー・キャピタリズム——』講談社現代新書。

【英語文献】

Alice H. Amsden (1989), *Asia's Next Giant: South Korea and Late Industrialization*, Oxford University Press.
Anthony S. Campagna (1991), *The Economic Consequences of the Vietnam War*, Praeger Paperback.
Balassa Bela (1981), *The Newly Industrializing Countries in the World Economy*, Pergamon Press.
Battelle Memorial Institute (1965), "Report on the Establishment and Organization of a Korean Institute of Industrial Technology and Applied Science", Battelle Memorial Institute.
Battelle Memorial Institute (1968), "Research Report: Korean Institute of Science and Technology, September 1, 1967, to December 31, 1967, "February 26, Battelle Memorial Institute.
Battelle Memorial Institute (1971), "Report on Battelle's Assistance to the Korea Institute of Science and Technology 1966-1971", Battelle Memorial Institute.
Battelle Memorial Institute Team (1966), "Status Report: Korean Institute of Science and

Technology, June 1 to September 1, 1966, ", Battelle Memorial Institute.

Bruce Cumings (1984), "The Origins and Development of The Northeast Asian Political Economy: Industrial Sectors, Product Cycles, and Political Consequence", *International Organization*, Vol. 38, No. 7.

Bruce Cumings (1997), *Korea's Place in the Sun: A Modern History*, W. W. Norton & Company.（横田安司・小林知子訳（2003）『現代朝鮮の歴史――世界のなかの朝鮮――』明石書店).

Bureau of International Commerce (1967),"Special Report Mission finds trade, investment openings in Korea" *International Commerce*, August 7（Vol. 73-32).

Carter J. Ecker (1991), *Offspring of Empire: The Koch'ang Kims and the Colonial Origins of Korean Capitalism, 1986-1945*, Washington University Press.

Claude A. Buss (1982), *The United States and The Republic of Korea: Background for Policy*, Stanford: Hoover Institute Press.

Cole David C. and Princeton N. Lyman (1971), *Korean Development: The Interplay of Politics and Economics*, Cambridge: Harvard University Press.

Cole David C. (1980), "Foreign Assistance and Korean Development", in David C. Cole, Youngil Lim, Paul W. Kuzunets, *The Korean Economy-Issues of Development*, Center for Korean studies, Korea Research Monograph No. 1, University of California, Berkeley.

David Milne (2009), *America's Rasputin: Walt Rostow and the Vietnam War*, Hill and Wang.

Diane and Michael Jones (1976), "Allies Called Koreans", *Bulletin of Concerned Asian Scholars*, Vol. 8, No. 2.

Donald D. Evans (1971), "The Korea Institute of Science and Technology：A Brief Description and Rationale", Battelle Memorial Institute.

Donald Stone MacDonald (1992), *U.S.-Korean Relation from Liberation to Self-Reliance The Twenty-Year Record*, Westview Press.（ドナルド・ストン・マックドナルド（2001）『韓米関係20年史（1945-1965年）解放から自立まで』韓国歴史研究会1950年代班訳、ハンウル；韓国語).

ELECTRONIC NEWS (1967), "Battelle Business Planners See Bright Korean Outlook", *ELECTRONIC NEWS*, Monday, March 20.

Evans Peter (1979), *Dependent Development: The Alliance of Multinationals, States and Local Capital in Brazil*, Princeton University Press.

Evans Peter (1987), "Dependency and the State in Recent Korean Development: Some Comparisons with Latin American NICs", in Kyong-Dong Kim ed., *Dependency Issues in Korean Development*, Seoul National University Press.

Frank Baldwin, G. Breidenstein (1975), *Without Parallel: The American-Korean Relationship Since 1945*, Pantheon.

Frank Baldwin (1975), "America's Rented Troops: South Koreans In Vietnam", *Bulletin of*

Concerned Asian Scholars, Vol. 7-4, October-December.

Frederic C. Deyo (1987), *The Political Economy of the New Asian Industrialism*, Cornell University Press.

Gregg Andrew Brazinsky (2005), "From Pupil to Model: South Korea and American Development Policy during the Early Park Chung Hee Era", *Diplomatic History*, Vol. 29：1.

Gregg Andrew Brazinsky (2007), *Nation building in South Korea：Koreans, Americans, and the making of a democracy*, University of North Carolina Press.

Han Sung-Joo (1978), "South Korea's Participation in the Vietnam Conflict: an Analysis of the U.S.-Korean Alliance", *Orbis*, Vol. 21：4.

Harriet Ann Hentges (1975),"The repatriation and utilization of high-level manpower: a case study of the Korea Institute of Science and Technology", Paper of PH.D, Johns Hopkins University.

Havens Thomas R.H. (1987), *Fire Across the Sea: The Vietnam War and Japan 1965-1975*, Princeton University Press（トーマス・R. H. ヘイブンズ（1990）『海の向こうの火事――ベトナム戦争と日本1965～1975――』吉川勇一訳、築摩書房).

Hirschman, Albert O. (1958), *The Strategy of Economic Development*. Yale University Press（アルバート・ハーシュマン（1961）『経済発展の戦略』麻田四郎訳、巌松堂).

Hong Kyudok (1991), "Unequal Partners: ROK-US Relations during The Vietnam War (South Korea, Korean-United States Relations)", Paper of PH.D, University of South Carolina.

House of Representative (1978), *Investigation of Korean-American Relation, Report of the Subcommittee on International Organizations of the Committee on International Relations, 95th Congress, 2nd Session*, Washington D.C.: U.S. Government Printing Office（ソウル大学韓米関係研究会訳（1986）『プレイザー報告書』実践文学社；韓国語).

John Lie (1998), *Han Unbound: The Political Economy of South Korea*, Stanford University Press.

Johnson Chalmers (1986), "The Neosocialist NICS: East Asia", *International Organization*, Vol. 40-2, spring.

Jung-en Woo (1991), *Race to the Swift: State and Finance in Korean Industrialization*, Columbia University Press.

K. Ali Akkemik (2009), *Industrial development in East Asia: a comparative look at Japan, Korea, Taiwan, and Singapore*, Baskent University, Turkey.

Kim Hyun-Dong (1990), Korea's *Involvement in The Vietnam War, Korea and The United States*, Research Center for Peace and Unification of Korea.

Kim Hyung-A (2003), *Korea's Development Under Park Chung Hee: Rapid industrialization, 1961-79*, Rout ledge.

Kim Joungwon (1966), "Korean Participation in Vietnam War", *World Affairs*, Apr. May. June.

Kim Se-Jin (1970), "South Korea's Involvement in Vietnam and Its Economic and Political Impact," *Asian Survey*, Vol. 10：6, June.

Kimber Charles Pearce (2001), *Rostow, Kennedy, and the Rhetoric of Foreign Aid*, Michigan State University Press.

Kreuger Anne O. & Corbo V. (1985), *Export-Oriented Development Strategies: The Success of Five Newly Industrializing Countries*, Westview Press.

Kreuger Anne O. (1979), *The Developmental Role of the Foreign Sector and AID*, Harvard University Press.

Kuznet Paul W. (1977), *Economic Growth and Structure in the Republic of Korea*, Yale University Press.

Kuznets, S. (1956), "Quantitative aspects of the economic growth of nations", *Economic Development and Cultural Change*, No. 5.

Kwak Tae-Hwan (1982), *U.S.-Korean Relations 1882～1982*, Kyungnam University Press.

Leroy P. Jones and Il Sakong (1980), *Government, Business, and Entrepreneurship in Economic Development: The Korean Case*, Harvard University Press（司空壹・L. P. ジョーンズ（1981）『経済開発と政府及び企業家の役割』韓国開発研究院；韓国語）.

Lloyd C. Gardner & Ted Gittinger (2000), *International perspectives on Vietnam*, Texas A&M University Press.

M Lee, JS Shim (2008), *The Korean economic system: governments, big business and financial institutions*, Ashgate.

Michael Schaller (1997), *Altered States: the United States and Japan since the Occupation*, Oxford University Press（マイケル・シャラー（2004）『「日米関係」とは何だったのか——占領期から冷戦終結後まで』市川洋一訳、草思社）.

Max F. Millikan and W. W. Rostow (1957), *A proposal: key to an effective foreign policy*, New York: Harper & Brothers.

Min Yong Lee (2011), "The Vietnam War: South Korea's Search for National Security", *THE PARK CHUNG HEE ERA: The Transformation of South Korea*, Harvard University Press.

Myrdal, Gunnar (1957), *Economic Theory and Under-Developed Regions*, London: Gerald Duckworth & Co. Ltd.（グーナル・ミュルダール（1959）『経済理論と低開発地域』小原敬士訳、東洋経済新報社）.

Naya Seiji (1971), "The Vietnam War and Some Aspects of its Economic Impact on Asian Countries", *The Developing Economies*, Vol. 9：1.

Nicholas Evan Saratakes (1999), "In the Service or Pharaoh? The United States and the Deployment of Korean Troops in Vietnam, 1965-1968," *Pacific Historical Review*, Vol. 68：3.

OECD (1979), *The Impact of the Newly Industrializing Countries on Production and Trade in Manufactures*, Paris: OECD（大和田悳朗訳（1980）『OECDレポート新興工業

国の挑戦』東洋経済新報社).

Park Joon-Young (1981), "The Political and Economic Implications of South *Korea's Vietnam Involvement* 1964〜1973", Korea & World Affairs, Vol. 5 : 3.

Paul Poast (2005), *The Economics of War*, McGraw-Hill/Irwin（ポール・ポースト（2007）『戦争の経済学』山形浩生訳、バジリコ).

Princeton N. Lyman (1968), "Korea's Involvement in Vietnam," *Orbis*, Vol. 16-2.

Robert M. Blackburn (1994), *Mercenaries and Lyndon Johnson's "More flags": The Hiring of Korean, Filipino, and Thai Soldiers in the Vietnam War*, Jefferson, N.G.

Stephan Haggard (1990), *Pathways from the Periphery: The politics of Growth in the Newly Industrializing Countries*, Cornell University Press.

U.N., *Economic Survey of Asia and the Far East*, 各年版。

U.N., *Economic and Social Survey of ASIA and the PACIFIC*, 各年版。

U.N., *Statistical Yearbook for Asia and The Far East*, 各年版.

U.N., *Yearbook of International Trade Statistics*, 各年版.

U.S. Department of Commerce, *Statistical Abstract of the United State*, 各年版.

Victor D. Cha (2000), *Alignment Despite Antagonism: The United States-Korea-Japan Security Triangle*, Stanford University Press（ヴィクター・D・チャ（2003）『米日韓　反目を超えた提携』船橋洋一・倉田秀也訳、有斐閣).

W.W. Rostow (1985), *Eisenhower, Kennedy, and foreign aid*, University of Texas Press.

W.W. Rostow (1986), *The United States and the Regional Organization of Asia and the Pacific, 1965-1985*, University of Texas Press.

W.W. Rostow (1996), "Vietnam and Asia", *Diplomatic History*, Vol. 20 : 3.

W.W. Rostow (2003), *Concept and Controversy: sixty years of taking ideas to market*, University of Texas Press.

World Bank (1993), *The East Asian Miracle: Economic Growth and Public Policy*, New York : Oxford University Press（世界銀行（1994）『東アジアの奇跡――経済成長と政府の役割』白鳥正喜・海外経済協力基金開発問題研究会訳、東洋経済新報社).

World Bank, *World Development Report*, New York, Oxford University Press, 各年版。

World Bank, *World Development Indicators Online*（http://data.worldbank.org/indicator）

〈LBJ Library 所蔵資料：年次順〉

"Memorandum of conversation between the President and the Prime Minister of Korea", Korea memos Vol. 1 (11/1963-6/1964), KOREA, Box 254, NSF, LBJ Library, April 13, 1964.

"Memorandum for Mr. McGeorge Bundy", Korea memos Vol. 1 (11/1963-6/1964), KOREA, Box 254, NSF, LBJ Library, June 3, 1964.

"Memorandum for the President", Korea memos Vol. 2 (7/1964-8/1965), KOREA, Box 254, NSF, LBJ Library, July 31, 1964.

"Memorandum for Mr. McGeorge Bundy", Korea memos Vol.1 (11/1963-6/1964), KOREA, Box 254, NSF, LBJ Library, June 3, 1964及び、"Memorandum for the President", Korea memos Vol. 2 (1964/7-1965/8), KOREA, Box 254, NSF, LBJ Library, July 31, 1964.

"CINCPAC FOR POLAD", Korea cables Vol. 2 (7/1964-8/1965), KOREA, Box 254, NSF, LBJ Library, December 17, 1964.

"Position Paper on Southeast Asia", Memo to the President, McGeorge Bundy 10/1-12/31 Vol. 7 (1 of 2), NSF, December 2, 1964.

"Third Country Assistance to Vietnam (SECRET)", Memo to the President, McGeorge Bundy 10/1-12/31 Vol. 7 (1 of 2), NSF, December 4, 1964.

"CINCPAC FOR POLAD", Korea cables Vol. 2 (7/1964-8/1965), KOREA, Box 254, NSF, LBJ Library, December 17, 1964.

"SAIGON PASS COMUSMACV PRIORITY UNN", Korea cables Vol. 2 (7/1964-8/1965), KOREA, Box 254, NSF, LBJ Library, December 19, 1964.

"Schedule of Foreign Visitors for 1965", Memo to Mr. Benjamin H. Read Executive Secretary Department of State, Chron File 1-14 January 1965 (2 of 2), Files of McGeorge Bundy, Box 6, NSF, LBJ Library, January 2, 1965.

"Visit by President Pak of Korea", Korea Park Visit Briefing Book (5/17~19/1965), Asia and Pacific, Box 256, NSF, LBJ Library, February 12, 1965.

"Memorandum for the President", Korea Park Visit Briefing Book (5/17~19/1965), Asia and Pacific, Box 256, NSF, LBJ Library, March 1, 1965.

"Under Secretary Ball said that we were grateful for Korea's assistance in South Vietnam", Memorandum of Conversation, Korea memos vol. 2 (7/1964-8/1965), Korea, Box 254, NSF, LBJ Library, March 16, 1965.

"Call on the President by the Korean Foreign Minister Tong Won Lee", MEMORANDUM FOR MARVIN WATSON THROUGH McGeorge BUNDY, Chron File 13-31 March 1965 (2 of 2), Files of McGeorge Bundy, Box 7, NSF, LBJ Library, March 16, 1965.

"Memorandum of Conversation", Korea memos Vol. 2 (1964/7-1965/8), Korea, Box 254, NSF, LBJ Library, Mar. 17, 1965.

"KEY ELEMENTS FOR DISCUSSION, THURSDAY, APRIL 1, at 5 : 30 PM", Memo to the President, McGeorge Bundy March 4/14/65 Vol. 9 (2 of 3), NSF, LBJ Library, April 1, 1965.

"For Ambassador from the Secretary", Memo to the President, McGeorge Bundy, 4/15~5/31/65 Vol. 10 (3 of 3), NSF, LBJ Library, April 14, 1965.

"Memorandum of Conversation", Korea memos Vol. 2 (7/1964-8/1965), KOREA, Box 254, NSF, LBJ Library, April 16, 1965.

"Foreign Policy Questions and Answers other than Vietnam", Memo to the President, McGeorge Bundy, March 4/14/65 Vol. 9 (2 of 3), NSF, LBJ Library, April 27, 1965.

"Visit of President Park", Korea Park Visit Briefing Book (5/17~19/1965), Asia and Pacific, Box 256, NSF, LBJ Library, May 7, 1965.

"ROK Economic Development and Foreign Economic Assistance Programs", Korea Park Visit Briefing Book (5/17-19/1965), Asia and Pacific, Box 256, NSF, LBJ Library, May 12, 1965.

"Memorandum for the President", Korea Park Visit Briefing Book (5/17-19/1965), Asia and Pacific, Box 256, NSF, LBJ Library, May 13, 1965.

"Joint Communique", Visit of President Park, Korea Park Visit Briefing Book 5/17-19/1965, Asia and Pacific, Box 256, NSF, LBJ Library, May 16, 1965.

"U.S.-Korean Relations", Memorandum of Conversation, Korea memos Vol. 2 (1964/7-1965/8), Korea, Box 254, NSF, LBJ Library, May. 17, 1965.

"Cabinet and Review: Summary", Cabinet Committee on Aid, Files of McGeorge Bundy, Box 15 ,NSF, LBJ Library, November 3, 1965.

"A UNITED STATES ASSISTANCE STRATEGY FOR INDIA", AID Meeting "Thursday", Files of McGeorge Bundy, Box 16, NSF, LBJ Library, November 8, 1965.

"KOREA", Non Committee, Files of McGeorge Bundy, Box 15, NSF, LBJ Library, December 22, 1965.

"Cable: For the President from the Vice President", Korea Cable Vol. 3, Korea, Box 255, NSF, LBJ Library. Jan. 1, 1966.

"Cable: ROK Forces for RVN", Cable to the President, Files of McGeorge Bundy 1/19-2/4 1966, Vol. 19 (1 of 3), NSF, LBJ Library, February 1, 1966.

"Korean Institute for Industrial Technology and Applied Science", Memorandum for the President:, Korea, Name File, Box 225, NSF, LBJ Library. February 9, 1966.

"U.S. Trade and Investment Mission to Korea", MEMORANDUM FOR HONORABLE WILLIAM "Korean Institute of Science and Technology", Memorandum for Walt Rostow Special Assistant, Korea memos Vol. 3 (11/1965-12/1966), Korea, Box 225, NSF, LBJ Library. August 23, 1966.

"Troop Strengths in Vietnam as Percentage of National Populations", Asian Trip Cys of memos, Files of Walt W. Rostow, Box 8, NSF, LBJ Library, October 10, 1966.

"CIA Report: The Situation in the Republic of Korea", Korea memos vol.3, Korea, Box 255, National Security File, LBJ Library. October 12, 1966.

"SUMMARY PROPOSAL FOR ECONOMIC DEVELOPMENT OF KOREA", WWR memorandum of conversation on Korean economy, Asian Trip Cys of memos. etc., Files of Walt W. Rostow, Box 8, NSF, LBJ Library, Nov. 1, 1966.

WWR memorandum of conversation on Korean economy, Asian Trip Cys of memos, Files of Walt W. Rostow, Box 8, NSF, LBJ Library, Nov. 1, 1966.

"Meeting between President Johnson and President Park", WWR memorandum of conversation on Korean economy, Asian Trip Cys of memos. etc., Files of Walt W. Rostow, Box 8, NSF, LBJ Library, Nov .7, 1966.

"U.S. Trade and Investment Mission to Korea", MEMORANDUM FOR HONORABLE WILLIAM JORDEN The White House, Korea memos Vol. Ⅲ 65.11-66.12, KOREA, Box 255, NSF, LBJ Library, November 30, 1966.

"U.S. Trade and Investment Mission to Korea" (TO THE PRESIDENT FROM WALT ROSTOW), Korea memos Vol. Ⅲ 65.11-66.12, KOREA, Box 255, NSF, LBJ Library, December 2, 1966.

"Public Law 480 Program with the Republic of Korea", MEMORANDUM FOR THE PRESIDENT, Korea Filed by the LBJ Library, KOREA, Box 256, NSF, LBJ Library, March 6, 1967.

"Our meeting with Korean Prime Minister il kwon Chung", MEMORANDUM FOR THE PRESIDENT, Korea PM Chung Il-Kwon Visit Briefing Book , Asia and Pacific, Box 257, NSF, LBJ Library, Mar. 11. 1967.

"P.L. 480 Program for Korea", MEMORANDUM FOR THE PRESIDENT, Korea Filed by the LBJ Library, KOREA, Box 256, NSF, LBJ Library, March 11, 1967.

"U.S. Private Investment and Trade Exploratory Mission to Korea", MEMORANDUM FOR THE PRESIDENT, Korea Filed by the LBJ Library, KOREA, Box 256, NSF, LBJ Library, March 15, 1967.

"MAP TRANSFER PROGRAM", (Report) VISIT OF PRIME MINISTER IL KWON CHUNG OF THE REPUBLIC OF KOREA Marchi14-15, 1967, Korea PM Chung Il-Kwon Visit Briefing Book, Asia and Pacific, Box 257, NSF, LBJ Library, Mar. 15 1967.

"New Project Approvals; Korea Development Loans", MEMORANDUM FOR THE PRESIDENT, Korea memos and cables Vol. Ⅳ (1/67-8/67/, KOREA, Box 255, NSF, LBJ Library, April 15, 1967.

"Power projects loans for Korea", MEMORANDUM FOR THE PRESIDENT, Korea memos and cables Vol. Ⅳ (1/67-8/67/, KOREA, Box 255, NSF, LBJ Library, April 21, 1967.

"Loans to Korea for Power Development", MEMORANDUM FOR THE PRESIDENT, Korea memos and cables Vol. Ⅳ (1/67-8/67/, KOREA, Box 255, NSF, LBJ Library, May 1, 1967.

"Letter: Dear Mr. President," Korea, Special Head of State Correspondent Files, Box 33, NSF, LBJ Library, May 16,1967.

Memorandum for the President: U.S. Relations with Foreign Countries 1963-1968, Foreign Affairs Data Sheets 12/1967-6/1968, Subject File, Box 19, NSF, LBJ Library, June 24, 1968

"Authorization for FY 1969 Program Assistance and P.L. 480 Program for Korea", MEMORANDUM FOR THE PRESIDENT, Korea memos and cables Vol. Ⅵ (4/68-12/68/, KOREA, Box 256, NSF, LBJ Library, October 31, 1968.

参照文献

【韓国語文献】

経済開発計画評価教授団編（1967）『第1次経済開発5ヵ年計画（1962-1966）評価報告書（評価教授団）』企画調整室．

経済企画院（1966）『第2次経済開発5ヵ年計画』．

経済企画院（1982）『開発年代の経済政策：経済企画院20年史』．

経済企画院『主要経済指標』各年度版．

国防部軍史編纂研究所（2007）『統計で見るベトナム戦争と韓国軍』．

国際協力部（1967）「『ジョージ・ボール』ミッションとその活動」『経協』4月号．

国際商事株式会社（1979）『国際商事三十年史1949〜1979』国際商事．

国会図書館立法調査局（1965）『ネイサン報告書（上巻）』立法参考資料第42号．

国会図書館立法調査局（1966）『ネイサン報告書（中巻）』立法参考資料第51号．

国会図書館立法調査局（1971）『戦後米国の対韓政策——サイミントン委員会公聴録——』韓国国会図書館．

金星社（1985）『金星社二十五年史』．

金光錫・朴埃卿（1979）『韓国経済の高度経済成長要因』韓国開発研究院．

キム・クンベ（1989）「韓国化学技術研究所（KIST）設立過程に関する研究：米国の援助とその影響を中心に」『韓国科学史学会誌』第12巻第1号．

金錫喜外（1989）『国内電子産業における外国人直接投資の効果』産業研究院．

キムヨンソプ他15人『科学大統領朴正熙とリーダーシップ』MSDメディア．

金錫（1967）「対米経済使節団の訪米成果」『貿易振興』5月号（第6巻第45号）．

金正濂（2006）『（金正濂回顧録）最貧国から先進国入り口まで：韓国経済政策30年史』ランダムハウスコリア．

金泰東（1967）「対韓国際経済協議体構成が意味すること」『貿易振興』2月号（第6巻第42号）．

金興起（1999）『秘史経済企画院33年：栄辱の韓国経済』毎日経済新聞社．

内閣企画調整室編（1969）『韓国経済発展の理論と現実（II）』内閣企画調整室．

大韓メリヤス工業協同組合連合会（1966）『韓国メリヤス工業総覧』．

大韓メリヤス工業協同組合連合会（1968）『メリヤス工業年報68』．

大韓メリヤス工業協同組合連合会（1971）『メリヤス工業年報71』．

大韓貿易振興公社（1965）『輸出特化産業の業種別現況調査』．

大韓貿易振興公社（1968）『布靴及び合板の米国市場』（海外市場調査シリーズ商品別）大韓貿易振興公社．

大韓貿易振興公社（1971）『履物類』．

大韓貿易振興公社（1971）『電子部品』．

大韓貿易振興公社（1992）『韓国の輸出振興30年』大韓貿易振興公社．

大韓貿易振興公社調査部編（1965）『韓國の輸出商品』．

大韓貿易振興公社輸出振興委員会事務局（1965）『第二次五ヵ年輸出計画解説』大韓貿易振興公社．

大韓民国公報部（2011）『朴正熙大統領訪米日記』コラス。
大韓紡織協会（1966）『繊維年報1966』。
大韓商工会議所（1969）『越南休戦と韓国経済』。
東亜出版社編集部（1966）『成年韓国　外国人の見解』東亜出版社。
W. W. ロストウ（1965）「韓国の経済開発とその問題点」（『友誼と信義の架橋』東亜出版社。
貿易振興編集部（1965）「（インタービュー）対米輸出増大のための諸問題点——当公社呉社長、米実業家使節団の招聘活動のための訪米を終えてから——」『貿易振興』12月号。
貿易振興編集部（1966）「米実業家貿易使節団の訪韓成果とその内容」『貿易振興』1月号。
貿協誌編集部（1967）「第2次輸出振興拡大会議報告」『貿協誌』2月号。
貿易振興編集部（1967）「『ボール』使節団の訪韓成果——授援から通商に——」『貿易振興』4月号。
貿協誌編集部（1967）「第5次輸出振興拡大会議」『貿協誌』5月号。
貿協誌編集部（1967）「第6次輸出振興拡大会議報告」『貿協誌』6月号。
貿協誌編集部（1967）「（資料）対米輸出増進方案と問題点」『貿協誌』6月号。
貿協誌編集部（1967）「第7次輸出振興拡大会議報告」『貿協誌』7月号。
貿協誌編集部「（1967）67年度上半期輸出実績の分析とその展望」『貿協誌』7月号。
貿協誌編集部（1967）「第2次5ヵ年輸出計画」『貿協誌』8月号。
貿易振興編集部（1968）「米国衣類市場動態」『貿易振興』6月号。
文晩龍（2006）「韓国の"頭脳流出"変化と韓国科学技術研究所（KIST）の役割」『韓国文化』第37集。
文晩龍（2010）『韓国の現代的研究体制の形成　KISTの設立と変遷1966〜1980』ソニン。
文正仁・金セジュン編（2004）『1950年代韓国史の再照明』ソニン。
朴泰均（2006）『友邦と帝国、韓米関係の二つの神話：8・15から5・18まで』創批。
朴泰均（2007）『原型と変容：韓国経済開発計画の起源』ソウル大学出版部。
釜山地方国税庁第4調査担当官室（1986）『履物製造業研究報告』釜山地方国税庁。
商工部（1965）『商工白書』。
商工部（1971 a）『通商白書』。
商工部（1971 b）『輸出統計1971』。
商工部（1974）『通商年報1973』（上巻・下巻）。
商工部『商工統計年報』各年度版。
世宗研究所（2011）『統計で見る南北韓変化像研究：北韓研究資料集』世宗研究所。
安秉直（1989）「中進資本主義としての韓国経済」『思想文芸運動』秋号。
安秉直編（2001）『韓国経済成長史　予備的考察』ソウル大学出版部。
延世大学校産業経営研究所（1972）『韓国電子製品の対米マーケティング戦略分析』延世大学校産業経営研究所。
呉源哲（1996）『韓国型経済建設——エンジニアリング・アプローチ（第1巻〜第7巻）』起亜経済研究所。
呉源哲（2006）『朴正熙はいかに経済大国を築いたか』起亜経済研究所。

外務部(1971)『60年代の韓国外交』。
外務部(1973)『韓国軍の越南派兵関係文献集』。
外務部(1979)『韓国外交30年1948-1978』。
外務部(1979)『韓国外交30年(1948〜1978)』。
外務部・大韓貿易振興公社(1967)『北米地域公館の通商拡大会議報告』大韓貿易振興公社。
Udell, Jerom I (1967)「韓国男子用被服工業に対する調査報告書(下)」『紡績月報』No. 184。
Udell, Jerom I (1966)「韓国男子用被服工業に対する調査報告書(上)」『紡績月報』No. 183。
肉声できく経済奇跡編纂委員会(2013)『コリアンミラクル』ナナム。
李光杓(1968)「〈特別ルポ〉越南戦場の韓国新興財閥」『中央』8月号。
李起鴻(1999)『経済近代化の逸話：国家長期経済開発立案者の回顧録』ホイスサ。
李大根(1987)『韓国戦争と1950年代の資本蓄積』カチ社。
李大根ほか(2005)『新しい韓国経済発展史：朝鮮後期から20世紀高度成長まで』ナナム出版。
李東元(1991)「元老交友記」『週刊毎経』毎日経済新聞社、91年3月13日号〜92年2月26日号。
李炳天編(2003)『開発独裁と朴正煕時代：韓国における近代の形成』創批。
李天杓(1981)『輸出主導型成長経済の為替政策』韓国開発研究院。
林正徳・朴在云(1993)『韓国履物産業』産業研究院。
財務部税関局『貿易統計年報』各年度版。
財務部・韓国産業銀行(1993)『韓国外資導入30年史』。
全国経済人連合会調査部(1971)『電子産業の現況と開発対策』全国経済人連合会。
全国経済人連合会(1976)『韓国経済の現状と課題』。
全国経済人連合会(1986)『韓国経済政策40年史』。
全国経済人連合会(1987)『韓国経済開発概観』。
全国経済人連合会『韓国経済年鑑』各年度版。
全國經濟人連合会40年史編纂委員會(2001)『全経連40年史(上巻)』全国経済人連合会。
鄭萬永(1973)「KIST電気電子分野の研究活動」『電信電話研究』(韓国電気通信産業研究所)Vol. 2-10。
趙甲済(1998)『俺の墓に唾を吐け――近代化革命家朴正煕の悲壮な生涯』朝鮮日報社。
趙利済・カーター・エッカート編(2005)『韓国近代化、奇跡の過程』月刊朝鮮社。
趙淳(1991)「圧縮成長の始発と開発戦略の定着：1960年代」具本湖編『韓国経済の歴史的照明』韓国開発研究院。
曺喜昖(2007)『朴正煕と開発独裁：5・16から10・26まで』歴史批評社。
朱大永(1989)『わが国電子産業のOEN輸出現況と発展方向』産業研究院。
チェサンオ(2010)「韓国の輸出指向工業化と政府の役割1965〜79：輸出振興拡大会議を事例に」『経営史学』第25集第4号。

崔容鎬（2004）『ベトナム戦争と韓国軍』国防部国史編纂研究所。
木宮正史（2008）『朴正熙政府の選択：1960年代輸出志向型工業化と冷戦体制』フマニタス。
統計庁『南北韓経済社会像比較』各年版。
統計庁（1995）『統計で見る韓国の足跡』。
韓国開発研究院（1978）『外資導入の国民経済的効果分析』。
韓国科学技術研究所（1967）『電子工業』調査報告書。
韓国科学技術研究所（1967）『窯業工業』調査報告書。
韓国科学技術研究所（1968）『包装工業』調査報告書。
韓国科学技術研究所（1968）『電子工業育成策樹立のための国内電子工業および関連分野調査報告書』。
韓国科学技術研究所（1969）『携帯用通信機のスタート』科学技術処。
韓国科学技術研究所編集委員会（1977）『韓国科学技術研究所10年史』。
韓国科学技術研究院（2006）『KIST40年史：1966〜2006』。
韓国貿易協会（1971）『韓国の産業及び貿易政策史（1945〜1970）』。
韓国貿易協会『貿易年鑑』各年度版。
韓国産業経済研究所（1967）『韓国の通信・電子機器工業の実態——投資市場として脚光を浴びている韓国の電子工業部門——』。
韓国産業銀行調査部（1967）『韓国の産業1966年（上・中・下）』。
韓国産業銀行調査部（1968）『わが国工業の発展と課題』。
韓国産業銀行調査部（1970 a）『工業要覧』。
韓国産業銀行調査部（1970 b）『電子工業の現況と開発方向』韓国産業銀行。
韓国産業銀行調査部（1971）『韓国の産業1971年（上・中・下）』。
韓国商工会議所（1971）『韓国経済の諸問題』。
韓國生産性本部生産性研究所編（1965）『輸出特化産業の實態と育成計劃に関する調査報告』韓國生産性本部。
韓国生産性本部編（1967）『繁栄する米国の産業社会と最高経営者の役割：第一次韓国トップマネジメント米国視察報告』韓国生産性本部生産性研究所。
韓国生産性本部編（1968）『米国の産業発展と経営秘訣：第二次韓国トップマネジメント米国視察報告』韓国生産性本部。
韓国生産性本部編（1987）『韓国生産性運動30年史』韓国生産性本部。
韓国繊維団体連合会『繊維年報』1969、1972、1973年版。
韓国履物輸出組合（1990）『韓国履物輸出統計』。
韓国履物研究所（1991）『韓国履物産業』。
韓国歴史政治研究会・キムヨンチク編（2005）『史料で見る韓国の政治と外交：1945〜1979』誠信女子大學校出版部。
韓国銀行（1970）『国別商品別貿易統計1965〜1969』。
韓国銀行（1971）『韓国産業構造の再編成』。
韓国銀行『経済統計年報』1964〜1979年版。

韓国銀行調査部（1966）『輸出戦略商品対する基礎調査』韓国銀行。
韓国電子工業振興会（1981）『電子工業二十年史』韓国電子工業振興会。
韓国電子工業振興会（1989）『電子工業三十年史』韓国電子工業振興会。
韓国電子工業協同組合（1997）『韓国電子工業協同組合30年史』韓国電子工業協同組合。
韓国精密機器センター編（1970）『電子工業便覧1970』。
韓国精密機器センター編（1972）『電子工業年鑑1972』韓国精密機器センター。
韓国精神文化研究院編（1999）『1960年代韓国の工業化と経済構造』白山書堂。
韓国精神文化研究院編（2002）『朴正熙時代研究』白山書堂。
韓国中央情報部（1965）『朴正熙大統領訪米の意義及び成果』7月20日。
韓国学中央研究院編（2009）『朴正熙時代の韓米関係』白山書堂。
ハムテクヨン・ナムグンコン（2010）『韓国外交政策：歴史と争点』社会評論。
許粋烈（2005）『開発なき開発：日帝下朝鮮経済開発の現状と本質』ウンヘンナム。
玄源福（2005）『大統領と科学技術』科学サラン。
弘益大学附設経営研究所編（1969）「韓国保税工場の実態分析と加工輸出増大戦略」『弘大論叢』（人文社会科学編）。
黄仁政（1985）『行政と経済開発』ソウル大学出版部。

〈国家記録院大統領記録館所蔵：年次順〉
大統領秘書室（1964）「軍援移管に関する対策」大統領報告書（分類番号第944-54号）1964. 3. 2、国家記録院大統領記録館。
大統領秘書室（1964）「外資導入促進（借款と建設）」大統領報告書（分類番号第320-136号）1964. 5. 14、国家記録院大統領記録館。
大統領秘書室（1964）「外貨（獲得と節約）」大統領報告書（分類番号大秘政第31011-142号）1964. 5. 16、国家記録院大統領記録館。
経済企画院総務課（1964）「輸出振興のための施策補完」一般文書（管理番号 BA0138603）1964、国家記録院大統領記録館。
経済企画院総務課（1964）「輸出目標額達成のための対策」一般文書（管理番号 BA0138604）1964. 10、国家記録院大統領記録館。
大統領秘書室（1964）「輸出促進と新市場開拓」大統領報告書（分類番号第1312, 11-302号）1964. 12. 1、国家記録院大統領記録館。
外務部米州局審議官（1965）「1965年度対越南軍需物資輸出」一般文書（管理番号 CA0005004）1965、国家記録院大統領記録館。
経済企画院総務課（1965）「輸出振興施策に関するネイサン顧問団の評価報告書」一般文書（管理番号 BA0138609）1965、国家記録院大統領記録館。
経済企画院総務課（1965）「1965年度輸出振興総合施策」一般文書（管理番号 BA0138607）1965. 1、国家記録院大統領記録館。
大統領秘書室（1965）「総合輸出振興施策」大統領報告書（分類番号大秘政1313, 1-14）1965. 1. 20、国家記録院大統領記録館。

大統領秘書室(1965)「IMF借款」大統領宛報告書(報告番号第65-59号) 1965. 2. 22、国家記録院大統領記録館.
大統領秘書室(1965)「閣下訪米時の参考資料」大統領報告書(報告番号65第65-99号) 1965. 4. 20、国家記録院大統領記録館.
経済企画院総務課(1965)「輸出振興総合施策の補完」一般文書(管理番号BA0138609) 1965. 5、国家記録院大統領記録館.
財務部国際金融局国際金融課(1965)「変動為替レート制の実施以後、輸出不振の打開策建議」一般文書(管理番号　BA0145914) 1965. 5. 6、国家記録院大統領記録館.
大統領秘書室(1965)「米国の対越南援助物資調達」大統領報告書(報告番号65-167) 1965. 7. 2、国家記録院大統領記録館.
総務処(1965)「三億弗輸出計画」国務会議録(管理番号BG000461) 1965. 7. 31、国家記録院大統領記録館.
大統領秘書室(1965)「駐米大使とKillen駐越USOM処長の合意内容に関する報告」大統領報告書(報告番号65-?) 1965. 8. 2、国家記録院大統領記録館.
大統領秘書室(1965)「William Bundy　国務次官補の演説」大統領報告書(報告番号65-253) 1965. 9. 29、国家記録院大統領記録館.
大統領秘書室(1965)「金利現実化現況」大統領報告書(報告番号第65-305号) 1965. 10. 21、国家記録院大統領記録館.
大統領秘書室(1965)「駐米大使の電文報告」大統領宛報告書(報告番号第65-378号) 1965. 12. 1、国家記録院大統領記録館.
大統領秘書室(1965)「駐米大使の電文報告」大統領宛報告書(報告番号第65-392号) 1965. 12. 6、国家記録院大統領記録館.
大統領秘書室(1965)「対越軍納促進のための米国防省視察団訪韓」大統領宛報告書(報告番号第65-428号) 1965. 12. 15、国家記録院大統領記録館.
外務部米州局審議官(1966)「1966年度対越南軍需物資輸出」一般文書(管理番号CA0005004) 1966、国家記録院大統領記録館.
大統領秘書室(1966)「IMF調査団中間報告」大統領報告書(報告番号第66-35号) 1966. 1. 20、国家記録院大統領記録館.
大統領秘書室(1966)「科学技術研究所設置推進状況」大統領報告書(報告番号第66-40号) 1966. 1. 21、国家記録院大統領記録館.
大統領秘書室(1966)「IMF調査団第2次中間報告」大統領報告書(報告番号第66-41号) 1966. 1. 22、国家記録院大統領記録館.
大統領秘書室(1966)「IMF調査団第3次報告」大統領報告書(報告番号第66-51号) 1966. 1. 29、国家記録院大統領記録館.
大統領秘書室(1966)「財政安定計画及びIMF協定」大統領報告書(報告番号第66-94号) 1966. 2. 18、国家記録院大統領記録館.
大統領秘書室(1966)「韓国科学技術研究所の設置経過及び現況」大統領報告書(報告番号第66-137号) 1966. 3. 5、国家記録院大統領記録館.

参照文献

大統領秘書室（1966）「対越南軍納」大統領報告書（報告番号第66-139号）1966. 3. 7、国家記録院大統領記録館。
大統領秘書室（1966）「対韓国際経済協議機構（仮称）の構成に関する経緯及び建議」大統領報告書（報告番号第66-214号）1966. 4. 1、国家記録院大統領記録館。
大統領秘書室（1966）「電子工業用部分品工場（Fairchild）」大統領報告書（報告番号第66-607号）1966. 5. 24、国家記録院大統領記録館。
大統領秘書室（1966）「第2次経済開発5ヵ年計画（総量計画）の問題点」大統領報告書（管理番号：0A00000000028938）1966. 5. 25、国家記録院大統領記録館。
大統領秘書室（1966）「最高経営者視察団〈米国〉派遣」大統領報告書（報告番号第66-759号）1966. 7. 8、国家記録院大統領記録館。
大統領秘書室（1966）「韓国軍越南増派による米国の対韓協調現況」大統領報告書（報告番号第66-998号）1966. 7. 8、国家記録院大統領記録館。
大統領秘書室（1966）「最近の輸出不振現況とその原因」大統領宛報告書（報告番号第66-1018号）1966. 10. 6、国家記録院大統領記録館。
大統領秘書室（1966）「外資導入事業の推進状況」大統領報告書（報告番号第66-1026号）1966. 10. 8、国家記録院大統領記録館。
大統領秘書室（1966）「世界銀行（IBRD）の第2次5ヵ年計画評価報告」大統領報告書（報告番号第66-1155号）1966. 11. 25、国家記録院大統領記録館。
大統領秘書室（1967）「越南増派による米国の対韓協調方案についての総合検討報告」大統領報告書（報告番号第67-23号）1967. 1. 17、国家記録院大統領記録館。
大統領秘書室（1967）「輸出工業団地造成の業務促進のための措置結果」大統領報告書（報告番号第67-58号）1967. 2. 1、国家記録院大統領記録館。
経済科学審議会議事務局（1967）「外資導入効率化方案」（管理番号0A00000000041492）1967. 2. 16、国家記録院大統領記録館。
経済科学審議会議事務局（1967）「電子工業育成の方案」（記録物生産ID EA0023116）1967. 3. 3、国家記録院大統領記録館。
大統領秘書室（1967）「越南派兵による米国の対韓協調方案についての実践現況報告（67. 4. 10現在）」大統領報告書（報告番号第67-253号）1967. 4. 20、国家記録院大統領記録館。
大統領秘書室（1967）「USOM処長の報告内容」大統領報告書（報告番号第67-442号）1967. 7. 23、国家記録院大統領記録館。
大統領秘書室（1967）「電子工業育成と金玩煕博士の招聘」大統領報告書（報告番号第67-506号）1967. 8. 12、国家記録院大統領記録館。
大統領秘書室（1967）「金玩煕博士の予備調査計画」大統領報告書（報告番号第67-700号）1967. 9. 23、国家記録院大統領記録館。
大統領秘書室（1967）「ブラウン覚書に関する韓・米実務作業班活動状況」大統領報告書（報告番号第67-760号）1967. 10. 19、国家記録院大統領記録館。
大統領秘書室（1967）「貿易拡大会議時の指示事項及び措置結果」大統領報告書（報告番号第67-855号）1967. 11. 17、国家記録院大統領記録館。

大統領秘書室（1968）「"ブラウン"書翰移行度に関する韓・米共同作業班の報告」大統領報告書（報告番号第68-37号）1968. 1. 16、国家記録院大統領記録館。
大統領秘書室（1968）「帰国科学者の韓国科学技術研究所における活動状況」大統領報告書（報告番号第68-186号）1968. 2. 19、国家記録院大統領記録館。
大統領秘書室（1968）「電子工業振興院（仮称）設立のための予備調査中間報告」大統領報告書（報告番号第68-286号）1968. 3. 12、国家記録院大統領記録館。
大統領秘書室（1968）「韓国科学技術研究所の所要外資に関する報告」大統領報告書（報告番号第68-76号）1968. 6. 7、国家記録院大統領記録館。
大統領秘書室（1968）「電子工業調査研究現況」大統領報告書（報告番号第68-183号）1968. 6. 12、国家記録院大統領記録館。
大統領秘書室（1968）「駐米大使の経済関係特別報告の処理状況報告」大統領報告書（報告番号第68-488号）1968. 7. 15、国家記録院大統領記録館。
大統領秘書室（1968）「現代自動車工場の建設推進現況報告」大統領報告書（報告番号第68-310号）1968. 8. 1、国家記録院大統領記録館。
大統領秘書室（1968）「韓国科学技術研究所の外資予算の一部転用推進建議」大統領報告書（報告番号第68-214号）1968. 11. 21、国家記録院大統領記録館。
外務部（1968）「韓米懸案問題に関する米側との面談」大統領報告書（報告番号第68-689号）1968. 12. 9、国家記録院大統領記録館。
大統領秘書室（1968）「科学技術研究所の現況及び問題点報告」大統領報告書（報告番号第68-244号）1968. 12. 13、国家記録院大統領記録館。
大統領秘書室（1969）「電子工業振興基本計画」大統領報告書（報告番号第69-8号）1969. 1. 16、国家記録院大統領記録館。
大統領秘書室（1969）「東芝電子工業の対韓投資の推進現況」大統領報告書（報告番号第69-122号）1969. 3. 4、国家記録院大統領記録館。
大統領秘書室（1969）「IECOK第3次年次総会中間報告全文要約」大統領報告書（報告番号第69-232号）1969. 4. 22、国家記録院大統領記録館。
大統領秘書室（1969）「東芝電子工業の投資確定報告」大統領報告書（報告番号第69-342号）1969. 6. 10、国家記録院大統領記録館。
大統領秘書室（1969）「韓国科学技術研究所の69年度事業実績及び70年度事業計画報告」大統領報告書（報告番号第69-758号）1969. 12. 24、国家記録院大統領記録館。
大統領秘書室（1969）「第3次経済開発5ヵ年計画の作成指針（案）に対する意見」大統領報告書（報告番号第69-22号）1969. 12. 3、国家記録院大統領記録館。
大統領秘書室（1970）「"ブラウン"覚書の公開問題（外務長官報告）」大統領報告書（報告番号第70-29号）1970. 1. 29、国家記録院大統領記録館。
大統領秘書室（1970）「"ブラウン"覚書の公開問題に対する韓国政府の立場（外務長官報告）」大統領報告書（報告番号第70-55号）1970. 2. 17、国家記録院大統領記録館。
大統領秘書室（1972）「米国の韓国履物類の相計関税適用に関する対策交渉中間報告」大統領報告書（報告番号第72-228号）1972. 7. 14、国家記録院大統領記録館。

参照文献

〈韓国外交史料館所蔵：年次順〉

景武臺（1958）『米国の対韓援助、1956〜58』韓国外務部外交文書（登録番号：337、分類番号：761.52US、Microfilm 番号：Re-0033-16)、韓国外交史料館。

亜中東課（1965）『韓国の外交政策、1965』韓国外務部外交文書（登録番号：1425、分類番号：721.1XX, Microfilm 番号：C-0010-02)、韓国外交史料館。

欧米課（1965）『朴正煕大統領米国訪問、1965.5.16-25、全2巻（V.1 基本文書集）』韓国外務部外交文書（登録番号：1482、分類番号：724.11US、Microfilm 番号：C-0011-07)、韓国外交史料館。

北米課（1965）『李東元外務部長官米国訪問1965』韓国外務部外交文書（登録番号：1488、分類番号：724.31US、Microfilm 番号：C-0012-01)、韓国外交史料館。

東南亜洲課（1965）『韓国の対越南軍事援助、1965』韓国外務部外交文書（登録番号：1517、分類番号：729.17VT、Microfilm 番号：G-0003-01)、韓国外交史料館。

米州・欧米通商局（1965）『対越南軍需物資輸出交渉、1965』韓国外務部外交文書（登録番号：1677、分類番号：765.54VT、Microfilm 番号：N-0004-05)、韓国外交史料館。

安保担当官室（1966）『Brown 覚書（韓国軍越南増派）、1966』韓国外務部外交文書（登録番号：1867、分類番号：729.13US、Microfilm 番号：G-0004-04)、韓国外交史料館。

安保担当官室（1966）『Brown 覚書に関する実践現況報告、1966』韓国外務部外交文書（登録番号：1869、分類番号：729.22、Microfilm 番号：G-0004-06)、韓国外交史料館。

米州課（1966）『Humphrey,Hubert H. 米国副大統領の訪韓、1966』韓国外務部外交文書（登録番号：1824、分類番号：724.12US、Microfilm 番号：C1-0017-11)、韓国外交史料館。

米州課（1966）『Johnson, Lyndon B. 米国大統領訪韓、1966.10.31〜11.2』韓国外務部外交文書（登録番号：1826、分類番号：724.12US、Microfilm 番号：C-0017-10)、韓国外交史料館。

米州課（1966）『Rusk, Dean 米国務長官の訪韓、1966.7.8-9』韓国外務部外交文書（登録番号：1833、分類番号：724.32US、Microfilm 番号：C-0017-17)、韓国外交史料館。

安保担当官室（1967）『Brown 覚書に関する実践現況報告、1967』韓国外務部外交文書（登録番号：2187、分類番号：729.22、Microfilm 番号：G-0005-03)、韓国外交史料館。

安保担当官室（1967）『Clifford-Taylor 米国特使の訪韓、1967.8.2〜3』韓国外務部外交文書（登録番号：2161、分類番号：724.42US、Microfilm 番号：C1-0023-03)、韓国外交史料館。

通商2課（1967）『韓・米商工長官会談、第1次、ソウル、1967.10.28〜11.1』韓国外務部外交文書（登録番号：2424、分類番号：765.31US)、韓国外交史料館。

米州課（1967）『Humphrey, Hubert H. 米国副大統領の訪韓、第3次、1967.6.29〜30』韓国外務部外交文書（登録番号：2156、分類番号：724.12US、Microfilm 番号：C1-0018)、韓国外交史料館。

米州課（1967）『丁一権総理米国訪問、1967.3.10-19』韓国外務部外交文書（登録番号：2135、分類番号：724.21US、Microfilm 番号：C-0021-01)、韓国外交史料館。

米州課（1967）『崔圭夏外務長官の米国訪問、1967.11.12〜20』韓国外務部外交文書（登録

番号：2137、分類番号：724. 31US)、韓国外交史料館.

安保担当官室（1968）『Brown 覚書に関する実践現況報告、1968』韓国外務部外交文書（登録番号：2638、分類番号：729. 22、Microfilm 番号：G-0008-10）、韓国外交史料館.

安保担当官室（1968）『Brown 覚書の実践に関する韓・米共同実務作業班報告、1966〜68』韓国外務部外交文書（登録番号：2635、分類番号：729. 22、Microfilm 番号：G-0008-07）、韓国外交史料館.

安保担当官室（1968）『韓・米外務長官会談、Wellington（ニュージーランド)、1968. 4. 4』韓国外務部外交文書（登録番号：2566、分類番号：723. 1US、Microfilm 番号：Re-0026-03）、韓国外交史料館.

条約課（1968）「韓国科学技術研究所施設導入のための AID 借款協定締結」『韓・米（輸出入銀行）の間の人工衛星地区局建設のための借款協定、1968』韓国外務部外交文書（登録番号：2735、分類番号：741. 24、Microfilm 番号：J-0050-08）、韓国外交史料館.

東南亜2課・米州課（1968）『越南参戦7ヵ国外相会議、第2次、Wellington（ニュージーランド）、1968. 4. 4』韓国外務部外交文書（登録番号：2567、分類番号：723. 3XB、Microfilm 番号：C1-0020-04）、韓国外交史料館.

北米1課（1968）『Bundy, William P. 米国務省東アジア及び太平洋担当次官補の訪韓、1968. 7. 22〜24』韓国外務部外交文書（登録番号：2605、分類番号：724. 62US、Microfilm 番号：C-0028-19）、韓国外交史料館.

北米1課（1968）『崔圭夏外務長官の米国訪問、1968. 12. 3〜7』韓国外務部外交文書（登録番号：2579、分類番号：724. 31US)、韓国外交史料館.

北米1課（1968）『朴正熙大統領米国訪問、1968. 4. 17〜9、全2巻（V.1 基本文書集）』韓国外務部外交文書（登録番号：2577、分類番号：724. 11US、Microfilm 番号：C-0026-06）、韓国外交史料館.

北米2課（1968）『米国の対韓軍事援助現況、1968』韓国外務部外交文書（登録番号：2636、分類番号：729. 22、Microfilm 番号：G-0008-08）、韓国外交史料館.

北米2課（1968）『韓・米安保問題関連資料、1968』韓国外務部外交文書（登録番号：2639、分類番号：729. 29、Microfilm 番号：Re-0030-01）、韓国外交史料館.

北米2課（1968）『韓・米安保問題関連資料、1968』韓国外務部外交文書（登録番号：2639、分類番号：729. 29、Microfilm 番号：Re-0030-10）、韓国外交史料館.

北米2課（1968）『韓国の対米軍援交渉、1968』韓国外務部外交文書（登録番号：2637、分類番号：729. 22、Microfilm 番号：Re-0029-07）、韓国外交史料館.

安保担当官室（1969）『Brown 覚書に関する実践現況報告、1969』韓国外務部外交文書（登録番号：3102、分類番号：729. 22、Microfilm 番号：G-0012-13）、韓国外交史料館.

安保担当官室（1969）『韓国軍事力増強計画、1969』韓国外務部外交文書（登録番号：3090、分類番号：729. 11、Microfilm 番号：Re-0028-06）、韓国外交史料館.

通商2課（1969）『米国の繊維製品輸入制限措置、1969』韓国外務部外交文書（登録番号：3307、分類番号：765. 01US、Microfilm 番号：N-0008-01）、韓国外交史料館.

通商2課（1969）『韓・米商工長官会談、第3次、ソウル、1969. 5. 13〜15』韓国外務部外

交文書（登録番号：3311、分類番号：765. 31US、Microfilm 番号：N-0008-05）、韓国外交史料館。
東南亜2課（1969）『韓・越南経済協力、1968〜69』韓国外務部外交文書（登録番号：2382、分類番号：761. 2VT、Microfilm 番号：M-0014-03）、韓国外交史料館。
北米課（1969）『Green, Marshall 米国務省東アジア及び太平洋担当副次官補の訪韓、1969. 4. 11〜13』韓国外務部外交文書（登録番号：3057、分類番号：724. 62US、Microfilm 番号：Re-0026-28）、韓国外交史料館。
北米課（1969）『朴正煕大統領米国訪問、1969. 8. 20〜25、全3巻（V.1 基本文書集）』韓国外務部外交文書（登録番号：3017、分類番号：724. 11US、Microfilm 番号：C-0033-01）、韓国外交史料館。
北米課（1969）『韓・米国防閣僚会談、第3次、Honolulu、1970. 7. 21〜22、全2巻（V.2 資料集）』韓国外務部外交文書（登録番号：3635、分類番号：729. 21US）、韓国外交史料館。
北米2課（1969）『安保関係資料、1969』韓国外務部外交文書（登録番号：3099、分類番号：729. 19、Microfilm 番号：G-0012-10）、韓国外交史料館。
北米2課（1969）『崔圭夏外務長官の米国訪問、1969. 11. 4〜21』韓国外務部外交文書（登録番号：3022、分類番号：724. 31US）、韓国外交史料館。
北米2課（1969）『米国の国防関係、1969』韓国外務部外交文書（登録番号：3096、分類番号：729. 14US、Microfilm 番号：G-0012-07）、韓国外交史料館。
北米2課（1969）『米国の対韓軍事援助現況、1969』韓国外務部外交文書（登録番号：3101、分類番号：729. 22、Microfilm 番号：G-0012-12）、韓国外交史料館。
北米2課（1969）『韓国の対米軍援交渉、1969』韓国外務部外交文書（登録番号：3103、分類番号：729. 22、Microfilm 番号：G-0012-14）、韓国外交史料館。
北米2課（1970）『Symington 聴聞会、1970. 全2巻（V.1 基本文書集）』韓国外務部外交文書（登録番号：3629、分類番号：729. 13US、Microfilm 番号：G-0017-06）、韓国外交史料館。
北米2課（1970）『Symington 聴聞会、1970. 全2巻（V.2 資料集）』韓国外務部外交文書（登録番号：3630、分類番号：729. 13US、Microfilm 番号：G-0017-07）、韓国外交史料館。
北米2課（1970）『国軍現代化計画、1970』韓国外務部外交文書（登録番号：3624、分類番号：729. 11、Microfilm 番号：Re-0028-09）、韓国外交史料館。
欧州課・北米1課（1974）『青瓦台安保情勢報告会議資料、1972〜74』韓国外務部外交文書（登録番号：7123、分類番号：729. 19、Microfilm 番号：Re-0028-14）、韓国外交史料館。
北米1課（1972）『Brown, Winthrop G. 米国務部東アジア・太平洋担当副次官補の訪韓、1972. 5. 16〜18』韓国外務部外交文書（登録番号：5022、分類番号：724. 62US、Microfilm 番号：Re-0026-29）、韓国外交史料館。
北米2課（1972）『韓国の外交政策、1972』韓国外務部外交文書（登録番号：4844、分類番号：721. 1、Microfilm 番号：C-0051-01）、韓国外交史料館。

事項・人名索引

《ア行》

圧縮された工業発展　32、303
アメリカ
　　アジア向け経済援助　61
　　アジア向け軍事援助　58
　　安全保障戦略　11-13、273、289-290、
　　　292、303-305
　　インド重視　11、48-50、262、303
　　インド重視政策　48
　　インドに対する開発戦略　83
　　援助政策　11、44-46、48、51-52、60
　　海外軍事支出　62-63
　　対アジア輸入動向　69
　　対インド支援戦略　51
　　対インド政策　50
　　対インドへの援助　75-76
　　対外政策（戦略）　51、83、262
　　東アジア向け経済援助　61
　　東アジアむけ軍事支出　62
　　南アジア重視　51、59
R. J. ベングストン　247
インド
　　開発能力　48
　　技術集約的工業製品　38
　　工業化停滞　70、72、303
　　工業生産の先進国　31
　　工業製品の輸出　37
　　自動車の国産化　34
　　自動車の生産能力　34
　　資本財産業　72
　　資本財の輸入　80
　　乗用車の生産　35
　　対外経済援助の受入　75
　　対米依存度　75

停滞　70
見捨て　73
輸出工業化率　37
輸出指向型産業　37
インドコンソーシアム　50、59、77-
　　78、84、303
インドモデル　49、76、303-304
エンゲル係数　26、30

《カ行》

外資依存の深化　99
外貨事情の悪化　21、36、38
外資導入計画　99、109
開発独裁体制　279、283、304
開発モデル競争　11
下方修正計画　18-20、86、299
ガルブレイス　49-50
為替レート現実化政策　108-111
雁行形態的発展論　31-32、255
漢江の奇跡　70、86、90、262、303、305
韓国
　　原資材輸入依存度　93
　　産業構造の変化　90
　　借款依存体制　101
　　消費率　25
　　所得水準　22-23
　　対外依存体制　99
韓国援助クラブ　13、84、303
韓国科学技術研究所（KIST）　221-236、242、
　　244、247、249、251、301-302
韓国軍のベトナム派兵　155、177、215、262-
　　263、267-269、273-275
韓国版バテル記念研究所　225、301
技術情報センター　230-232
北朝鮮の生産能力　21

333

金聖恩　281、283
金正濂　258
キャロット＆スティック　51
クーリー基金　259-261
経済開発計画評価教授団　18
経済科学審議会　237、241、246
経済分析システム　228
研究開発（R&D）システム　13、223、249、
　　　301-302
遣米経済視察団　207
後発性利益　4
コウマー　269
国家開発計画方式　44
固定資本形成　27、40、52
固定資本投資の規模　28
固定資本投資の資本財輸入依存度　106
固定資本投資率　27-28

《サ行》

砂上の楼閣　16
佐藤首相　289、291
サポーティング・インダストリー　244、300
産業別国民所得　23
産業リンケージ　242、300
三白産業　17、20
椎名外相　291
C. S. ピート　247
資金調達計画　100
資金調達計画の帰結　96
資金調達の不振　19-20、22
資本財の輸入計画　40、102
沈汶澤　247、249-250
社会経済開発5ヵ年計画　53
自由世界援助プログラム（より多く旗を）
　　　263-265、279
重点11ヵ国　120-124
受託研究　224-225
受託研究システム　227-229、236
春窮農家　21
情報分析システム　228、230
ショーウィンドー　273、275-279、302、304
ショーウィンドー戦略　13

ジョージ・ボール　212-217、259
植民地期工業化　6
丁一権　274、283、291
丁元　249-250
ジョンソン大統領　50-51、54、173、206、
　　　208、215-216、222-223、262、265、
　　　272、274、289、291、293
鄭萬永　247、249
スプートニク・ショック　43
政策シンクタンク　233、236、301
成長のトライアングル　91、94
選択と集中　44、49、262、303

《タ行》

ターゲティングポリシー　234、246
タイ・国家計画庁　53
第一次三ヵ年輸出計画（第一次輸出計画）
　　　112-117、120-123、126、132、152、
　　　175、180、299
　　　衣類製品の帰結　154
　　　機械類の帰結　135
　　　成果　121
　　　繊維製品の帰結　151
　　　電気機械の帰結　140
　　　履物の帰結　142
　　　目標と実績　114
　　　立案と実施　114
対韓国際経済協議グループ（IECOK）　285-
　　　288
第二次五ヵ年輸出計画（第二次輸出計画）
　　　179-180、183
対米経済視察団　207-208、258、283
台湾工業技術研究院　302
崔亨燮　228、230
テイク・オフ（離陸）　31、51、206、276-278
電子工業センター　238-240
電子材料の開発体制　249
電子産業
　　　育成計画（方針）　184、237、239、243
　　　育成方案　10、237-238、241、246、255
　　　クロノロジー　9
　　　実態調査　237、247

　　　　振興8ヵ年計画　9、184、237
　　　　振興（育成）政策　9、159、237、244
　　　　振興法　9-10、161、184、237
　　　　マスタープラン　237、242-238、247
東南アジア開発構想　58
東南アジア特別費　62、76
トップマネジメント（最高経営者）視察団
　　　207-209、304

《ナ行》

南北問題　41-43
NIES論の限界　7

《ハ行》

バイ・アメリカン政策　204-205、211
バイ・コリアン政策　13、186、204-205、262、
　　　299
朴・ジョンソン首脳会談　205-206、271、275
朴忠勲　207、237、243、258、283
朴正煕　11-12、18、52-54、237、265、270-
　　　273、280-283、294、304
バテル記念研究所　10、219-237、242-248、
　　　250、255、262、299-301
　　　　オリエンテーションプログラム
　　　　　　229-230
　　　　在外韓国人科学技術者実態調査　226
　　　　在外韓国人科学技術者リクルート
　　　　　プログラム　228
　　　　産業実態調査　229-230、244、301
　　　　産業実態調査レポート　244-245、247
　　　　研究経験プログラム　229、231、233、
　　　　　　249
バンディ国務次官補　211、270
半導体技術開発センター　215
バンドン会議　41、43
ハンブリー副大統領　268、270
東アジアの奇跡　4-5、7、295
ビッグ・プッシュ　49
貧困のスパイラル　19-20、22、29、86、89-90
フィット＆ギャップ分析　8、12、108、115

フィリピンの開発構想　53
ブラウン覚書　177、179、268
ブラウン米大使　265、268、279
平均消費性向　25
平均貯蓄性向　25
米航空宇宙局（NASA）　251
米実業家使節団　212-213
米政府物資購買使節団　210-211
ベル研究所　223、250
貿易特化係数　126-127
ポーター駐韓米大使　293
ホーニック博士　222-223
ポール・ミッション　214-218、258、283
保税加工輸出　202-203
ホフマン比率　32

《マ行》

マクナマラ国防長官　54、211
マサチューセッツ工科大学（MIT）国際研究
　　　センター　48、280
ミリカン・ロストウ提案　49

《ヤ行》

輸出工業化率　30、36
輸出振興拡大会議　8、113、132、217
輸出振興総合施策補完　111
輸出特化産業　109、112、114、127-132、152、
　　　162、175、177、179-180、182、243、
　　　299
輸出目標の乖離率　117-118、120、128-129
輸出目標とのギャップ　118、123

《ラ行》

ラスク国務長官　208、272
李東元　211、268
労働分配率　24
ロストウ　31、48-49、215、258、270、275-
　　　280、282-283
ロストウ路線　48-51、83、276-278、280

図表索引

(第一部) アジア諸国の発展経路と工業化

第一章　1960年代初期のアジア経済
　グラフ1-1　アジア諸国の一人当たり国民所得（1964年、ドル）………………23
　グラフ1-2　産業別国民所得の構成（1964年）……………………………………24
　グラフ1-3　アジア各国の平均貯蓄性向の推移（1964年）………………………26
　グラフ1-4　個人消費支出構成費の国際比較（1964年）…………………………27
　グラフ1-5　固定資本投資率と国内貯蓄率（1964年）……………………………28
　グラフ1-6　輸出総額と輸出依存度（1964年）……………………………………29
　グラフ1-7　アジア諸国の工業化率と機械部門の比重（1963年）………………33
　グラフ1-8　産業構造の比較（インドと韓国）……………………………………34
　グラフ1-9　アジア主要国の乗用車生産の推移……………………………………35
　グラフ1-10　商品類別輸出実績の比較（1964年）…………………………………37
　グラフ1-11　輸入総額と資本財輸入比重（1964年）………………………………39
　グラフ1-12　アメリカの経済援助供与額の推移（アジア主要国別）……………47
　グラフ1-13　アメリカの経済援助供与額に占めるシェア（アジア主要国別）…48
　表1-1　産業別成長率（当初目標と修正目標）……………………………………19
　表1-2　投資率と貯蓄率（当初目標と修正目標）…………………………………20
　表1-3　アジア諸国の輸出工業化率…………………………………………………36
　表1-4　アメリカの地域別経済援助の変化…………………………………………45

第二章　転機としての1965年
　グラフ2-1　アジアの輸出の推移（地域別）………………………………………56
　グラフ2-2　アジア諸国の主要輸出先の推移………………………………………57
　グラフ2-3　アジア地域の経済援助受入額の推移…………………………………58
　グラフ2-4　アメリカのアジア地域向け経済援助の推移…………………………59
　グラフ2-5　日本のアジア地域向け経済援助の推移………………………………60
　グラフ2-6　アメリカのアジア地域向け軍事援助額の推移………………………61
　グラフ2-7　アメリカの海外軍事支出とベトナム特需の推移……………………63
　グラフ2-8　1960年代アメリカの輸入の推移………………………………………67
　グラフ2-9　アメリカの発展途上地域別輸入の推移………………………………68
　グラフ2-10　アメリカのアジア地域別輸入の推移…………………………………69
　グラフ2-11　韓国とインドのGDP推移………………………………………………71

グラフ 2-12　韓国とインドの一人当たり GDP 推移 ･････････････････････････････････ 71
グラフ 2-13　インドにおける工業生産の年平均実質成長率 ･････････････････････････ 73
グラフ 2-14　先進国からの経済援助受け入れの推移（韓国とインドの比較）･････････ 74
グラフ 2-15　インドの目的別援助額（1963年末承認額、279億ルピー）･･････････････ 75
グラフ 2-16　アメリカの対外経済援助とインドの地位 ･････････････････････････････ 76
グラフ 2-17　韓国とインドにおける輸入額の推移 ･････････････････････････････････ 77
グラフ 2-18　インドの対米輸入額及び援助受入額、貿易赤字の推移 ･････････････････ 78
グラフ 2-19　インドの用途別輸入額の推移 ･･･････････････････････････････････････ 79
グラフ 2-20　機械類輸入の推移（韓国とインド）･･････････････････････････････････ 80
グラフ 2-21　韓国とインドの輸出額の推移 ･･･････････････････････････････････････ 81
グラフ 2-22　アメリカのインドと韓国からの輸入 ･････････････････････････････････ 82
グラフ 2-23　アメリカ輸入市場における地位変動（インドと韓国）･････････････････ 83
表 2-1　東アジア各国のベトナム特需と対 GDP 比率 ･･･････････････････････････････ 64
表 2-2　アメリカの GDP 伸び率と輸入の伸び ･････････････････････････････････････ 67
表 2-3　アジア各国の製造業平均成長率（1960年代）･･･････････････････････････････ 72

(第二部) 政策なき高度成長

第三章　高度成長の時代へ

グラフ 3-1　総固定資本形成の推移（1970年実質）････････････････････････････････ 87
グラフ 3-2　輸出の推移（1970年実質）･･ 88
グラフ 3-3　輸入の推移（1970年実質）･･ 89
グラフ 3-4　産業構造の変化 ･･･ 91
グラフ 3-5　主要国別輸入のシェアの推移 ･･･ 92
グラフ 3-6　投資計画と実績（対 GNP 比）･･ 97
グラフ 3-7　海外貯蓄の目標と実績（GNP 対比）･･･････････････････････････････････ 98
グラフ 3-8　アジアの海外貯蓄の動き（対 GNP 比）････････････････････････････････ 99
グラフ 3-9　外資導入計画と実績の推移 ･･･ 100
グラフ 3-10　外資導入の推移 ･･ 101
グラフ 3-11　輸入額の目標と実績の推移 ･･ 103
グラフ 3-12　商品類別輸入額の推移 ･･ 104
グラフ 3-13　機械類及び輸送機器の輸入目標と実績の推移 ･･･････････････････････ 105
グラフ 3-14　用途別輸入の推移 ･･ 106
グラフ 3-15　固定資本投資の資本材輸入依存度の推移 ･･･････････････････････････ 107
表 3-1　韓国の需要項目別平均成長率及び寄与率の推移（1970年実質価格）･････････ 87
表 3-2　産業別経済成長率の推移 ･･ 90

表 3-3　第 1 次開発計画と第 2 次開発計画の目標と実績 ………………………… 95

第四章　輸出政策の過大評価：輸出計画のフィット＆ギャップ分析
 グラフ 4-1　商品類別輸出目標と実績 ………………………………………………… 116
 グラフ 4-2　商品類別輸出構成比（計画と実績）…………………………………… 117
 グラフ 4-3　輸出目標額との乖離率（主要品目別）………………………………… 119
 グラフ 4-4　国別輸出目標との乖離率 ………………………………………………… 122
 グラフ 4-5　国別輸出目標とのギャップ ……………………………………………… 123
 グラフ 4-6　主要諸国の輸出目標と実績 ……………………………………………… 124
 グラフ 4-7　主要諸国の輸出の寄与率（目標と実績）……………………………… 125
 グラフ 4-8　主要貿易相手別の貿易特化係数の推移 ……………………………… 126
 グラフ 4-9　輸出特化産業とグループ別輸出計画の帰結 ………………………… 130
 グラフ 4-10　機械類の輸出推移 ……………………………………………………… 135
 グラフ 4-11　機械類の輸出目標と実績 ……………………………………………… 139
 グラフ 4-12　電気機械の輸出目標との乖離率（品目別）………………………… 141
 グラフ 4-13　履物の品目別輸出目標と実績 ………………………………………… 145
 グラフ 4-14　布靴の平均輸入単価比較 ……………………………………………… 148
 グラフ 4-15　韓国と香港からの品目別輸入 ………………………………………… 149
 グラフ 4-16　繊維製品別輸出の推移 ………………………………………………… 151
 グラフ 4-17　繊維製品別輸出計画と実績 …………………………………………… 153
 グラフ 4-18　衣類の品目別輸出目標と実績 ………………………………………… 156
 グラフ 4-19　衣類の製品別生産実績の推移 ………………………………………… 157
 グラフ 4-20　下着類の製品別生産量の推移 ………………………………………… 158
 表 4-1　第一次三ヵ年輸出計画の目標と実績 ……………………………………… 114
 表 4-2　主要国別輸出計画の推移 …………………………………………………… 121
 表 4-3　輸出特化産業と業種別輸出計画の帰結 …………………………………… 129
 表 4-4　輸出10大品目の変遷 ………………………………………………………… 133
 表 4-5　機械類の輸出計画 …………………………………………………………… 136
 表 4-6　機械類の輸出重点品目と輸出計画の帰結 ………………………………… 138
 表 4-7　履物の品目別輸出の推移 …………………………………………………… 143
 表 4-8　履物の輸出計画 ……………………………………………………………… 143
 表 4-9　アメリカの対韓履物輸入 …………………………………………………… 146
 表 4-10　衣類の輸出計画 …………………………………………………………… 155

第五章　電子産業と政策なき発展

　グラフ5-1　アメリカのトランジスタラジオ 輸入市場と各国のシェア（1965年） ……… 163
　グラフ5-2　アメリカのトランジスタラジオ 輸入市場と国別平均輸入価格の推移 …… 163
　グラフ5-3　部門別生産実績の推移 …………………………………………………………… 166
　グラフ5-4　電子産業の部門別輸出実績 ……………………………………………………… 167
　図5-1　酪農センター及び農産加工施設に対する支援プロジェクト ……………………… 176
　表5-1　アジアにおけるテレビ産業の現状と電子産業関連法 ……………………………… 161
　表5-2　電子産業の成長推移 …………………………………………………………………… 165
　表5-3　電子製品の企業別輸出の推移 ………………………………………………………… 168
　表5-4　電子製品の国別輸出状況（1970年） ………………………………………………… 169
　表5-5　製造業部門の生産目標と投資計画 …………………………………………………… 170
　表5-6　主要品目の生産計画 …………………………………………………………………… 172
　表5-7　輸出振興のための技術援助プロジェクト …………………………………………… 178
　表5-8　主要品目別輸出目標（第二次五カ年輸出計画） …………………………………… 181
　表5-9　輸出特化品目別輸出目標（第二次五カ年輸出計画） ……………………………… 182

（第三部）高度成長の見えざる手

第六章　輸出主導成長と「バイ・コリアン政策」

　グラフ6-1　主要国別輸出の推移 ……………………………………………………………… 187
　グラフ6-2　主要国別輸出シェアの推移 ……………………………………………………… 188
　グラフ6-3　主要品目の対米輸出額とシェアの推移
　　　　　　（「中核品目」と「新興品目」の比較） ………………………………………… 190
　グラフ6-4　韓国輸出総額に占める対米主要品目別比重の変化 …………………………… 193
　グラフ6-5　繊維製品の対米輸出の推移 ……………………………………………………… 194
　グラフ6-6　織物製衣類の対米輸出の推移（男性用衣類と女性用衣類の比較） ………… 198
　表6-1　アメリカ向け輸出商品構成の変化 …………………………………………………… 189
　表6-2　衣類の製品別対米輸出の推移 ………………………………………………………… 196
　表6-3　織物製衣類製品の種類別対米輸出の推移 …………………………………………… 200
　表6-4　衣類輸出と対米保税加工輸出（1968年） …………………………………………… 203
　表6-5　米実業家使節団の訪韓と輸出交渉 …………………………………………………… 214

第七章　電子産業の振興とバテル記念研究所

　図7-1　電子工業センターのプロジェクト概要図 …………………………………………… 240
　表7-1　電子産業振興関連クロノロジー ……………………………………………………… 237
　表7-2　産業実態調査とバテル記念研究所の支援 …………………………………………… 245

表7-3	国別外国人投資の推移（到着基準）……………………………………253
表7-4	電子産業における外国人投資の推移 ……………………………………254
表7-5	電子産業に対するアメリカ人投資（単独投資、1969年末）……………255
表7-6	日本電気・電子産業のアジア国別海外投資の推移 ……………………256
表7-7	日本電気・電子産業のアジア進出：国別投資目的別推移 ……………257

第八章　米国家安全保障と「ショーウィンドウ戦略」
表8-1	韓国軍ベトナム派兵のクロノロジー ……………………………………263
表8-2	ベトナム参戦国の派兵規模（1964-1972）………………………………266
表8-3	国内人口に対するベトナム参戦軍人の比率 ……………………………267
表8-4	高位官僚の交流 ……………………………………………………………271
表8-5	経済開発計画とIECOK参加諸国からの借款導入額 …………………288

終章　韓国の高度成長をどう見るか
グラフ終-1	東アジア諸国のGDPの推移 …………………………………………296
グラフ終-2	韓国の一人当たりGDPとアメリカとの格差の推移 ………………297
グラフ終-3	一人当たりGNPの推移（韓国と北朝鮮の比較）……………………298

著者紹介

朴　根好（パク・クンホ）

静岡大学人文社会科学部教授（経済学博士）
1962年韓国生まれ。1984年韓国朝鮮大学卒業。1993年神奈川大学大学院経済学研究科博士課程修了。著書に『韓国の経済発展とベトナム戦争』（御茶の水書房）、『総力戦体制からグローバリゼーションへ』（共著、平凡社）、『20世紀の中のアジア・太平洋戦争（8）』（共著、岩波書店）、『文化の受容と変貌（6）』（共著、ミネルヴァ書房）など。

静岡大学人文社会科学部研究叢書№50
韓国経済発展論──高度成長の見えざる手──

2015年3月25日　第1版第1刷発行

著　者	朴　根好
発行者	橋本盛作
発行所	株式会社 御茶の水書房

〒113-0033　東京都文京区本郷5-30-20
電話 03-5684-0751

Printed in Japan ／ ©Park Keunho 2015　　印刷・製本／シナノ印刷㈱
ISBN978-4-275-02009-3 C3033

韓国の経済発展とベトナム戦争	朴根好 著	A5判・208頁 価格 三三〇〇円 ※
アジアのなかの韓国社会	滝沢秀樹 著	A5判・二六〇頁 価格 三二〇〇円
歴史としての国民経済	滝沢秀樹 著	A5判・二六〇頁 価格 三二〇〇円
グローバル資本主義と韓国経済発展	滝沢秀樹 著	A5判・四七四頁 価格 五〇〇〇円
グローバリズムと国家資本主義	金俊行 著	A5判・二四八頁 価格 三八〇〇円
東アジア市場経済：多様性と可能性	坂田幹男 著	A5判・四五〇頁 価格 八四〇〇円
東アジアのビジネス・ダイナミックス	山口重克 編著	A5判・二八四頁 価格 四二〇〇円
転換期を迎える東アジアの企業経営	伊藤正一 編著	A5判・一九二頁 価格 三六〇〇円
バングラデシュの工業化とジェンダー	孫飛舟 編著	A5判・三五〇頁 価格 七六〇〇円
世界価値論研究序説	長田華子 著	A5判・三三〇頁 価格 六五〇〇円
清沢洌の政治経済思想	中川信義 著	A5判・四三〇頁 価格 五八〇〇円
	山本義彦 著	

御茶の水書房
（価格は消費税抜き）
※は品切れ中